冰雪谱

刘继祥◎著

黑龙江人民出版社

图书在版编目（CIP）数据

冰雪谱／刘继祥著. — 哈尔滨：黑龙江人民出版
社，2019.1
ISBN 978 - 7 - 207 - 11658 - 1

Ⅰ. ①冰… Ⅱ. ①刘… Ⅲ. ①冰—文化②雪—文化
Ⅳ. ①G112

中国版本图书馆 CIP 数据核字（2019）第 019014 号

责任编辑：朱佳新
封面设计：欣鲲鹏

冰雪谱

刘继祥　著

出版发行　黑龙江人民出版社
　　　　　　地址　哈尔滨市南岗区宜庆小区 1 号楼（150008）
　　　　　　网址　www.hljrmcbs.com
印　　刷　北京万博诚印刷有限公司
开　　本　880×1230　1/32
印　　张　12
字　　数　300 千字
版次印次　2019 年 1 月第 1 版　2021 年 1 月第 2 次印刷
书　　号　ISBN 978 - 7 - 207 - 11658 - 1
定　　价　42.00 元

序

冰雪文化行者的低声吟唱

一

一千二百五十年前的一天,也就是公元 758 年,在他乡异国的东瀛,一孤拔的身影于夜色中低歌长吟,"霜天月照夜河明,客子思归别有情。厌坐长宵愁欲死,忽闻邻女捣衣声……"惆怅而歌的诗人并不是什么知名的大诗人,他叫杨泰师。但他是现在有作品留存下来的黑龙江最早的诗人,这篇诗作也可能是有史可寻的黑龙江最早的一首诗。此时的他身为渤海国的归德将军,被渤海文王命为出使团的副使,与另一位渤海国出使团正使杨承庆前往日本行国事。诗人人在他乡,思的是万里之外的白山黑水和家中的亲人,此时的家乡正是"晨起开门雪满山,雪晴云淡日光寒"的冰雪季节。

让思绪越过那千年的雪,轻轻放下手中的笔,外面已有雪花在漫天飘舞,这是冰城入冬的第一场雪。初冬的雪落地即融,精灵一般的身躯化作晶莹的水滴,润物无声地渗进了大地的胸怀。雪还再下,可能在明天的早晨,这城市就会披上一件洁白的霓裳。一如纯洁的天使,将大地、山林、城市、乡村银装素裹起来,一个晶莹透彻的冰雪世界徐徐展现在人们的眼前。相对于冬日里来访的冰雪,人类更像是过客。在这片黑土地上还没有人类之前,冰雪就已经年年来此,那本就是傲然的冰雪与人类的相约。直到数十万年前,人类才姗姗来迟,应赴这一个亘古的邀请。初到此地的人类起始还有许多的不安,朔劲凛冽的北风、一望无际的冰河、漫天狂舞的雪花,对他们的生存提出了巨大的考验。面对严寒酷冷的大自然,最初他们只能将自己深深地置于地下,在大地深处寻找一份温暖;他们只有在火的帮助下,在冰雪天地之间逐渐站稳自己的脚跟。

冰雪好似这片土地上人类一位严厉苛刻的导师,磨砺人的意志,强健人的筋骨,塑造了这里的人们坚忍执着、顽强不屈,如松树般的品格;冰雪又好似慈爱有加的母亲,赋予了这片土地无尽的丰饶。"棒打狍子瓢舀鱼,野鸡飞到饭锅里",取之不尽,用之不竭的自然资源,养成了生活在这片土地上的先民们,浑朴豪迈、奔放乐观的风格。人类在与冰雪砥砺相磨的过程中,得以不断的成长与强健。人们也从早期的恐惧冰雪,逐渐地发展为喜欢冰雪、热爱冰雪,并最终与冰雪融为了一体,成就了一种独有的冰雪精神。何意百炼钢,化为绕指柔,冰雪大地上的人类已经与这寒冰冷雪交融成相濡以沫的情感关联,并构成了一种血脉相连、割舍不断的文化因缘。这是人类在与冰雪打交道千万年以来,一个必然的回馈,即冰雪文化。但冰雪文化到底是什么呢?或许这并不是一个不证自明的命题。

二

我并无意于求证冰雪文化的准确定义,那是象牙塔内学者们的事情。我只是想在不断的追问中,厘清冰雪文化的脉络,毕竟自身的血液里有着它太多的养分。或许这一点期望,也无法得到实现,但对冰雪世界中人们生活的印迹,有一份追忆也是好的。人类的记忆并非是可靠的,一种具有追溯性的历史探索之路也总是充满了迷离一般的失忆,而记忆往往更是回顾往事的无奈之果。但没有记忆却是莫大的悲剧,哪怕就如博尔赫斯《小径分岔的花园》所描述的,在盛开着簇簇鲜花的时光隧道中,到处都是不知去向的小径。但依然希望凭借着寒冰雪地映出的缕缕辉光,去领略人类冰雪文化的神韵与风情。

记得有人向台湾知名学者、台北市首任文化局局长龙应台女士提出过"文化是什么"的问题,且要求回答"简单扼要"。她在文章中这样回道:"日子怎么过,就是文化",我钦佩这种答案。她又写道:"文化,就是一种生活方式,在特定的地理、历史、经济、政治条件中形成。农民不吃牛肉,因为对他而言,牛不是家畜禽兽而是一个事业合伙人。渔民在餐桌上不准孩子翻鱼,因为人在吃,鱼神在看,他不能冒任何即使只是想象的危险。"东北餐桌上盘大如盆的菜码,就是文化,因为如果不这样,主人就会觉得不够真诚实在。东北农村过年包饺子,总要给左邻右舍送上一碗,这不是人家吃不起饺子,而是为了图个邻里的和气,这也是文化。过去东北人正月里不理发,都一股脑地赶到二月二去理发,并不是真的担心会走了舅舅,而是为了求得一个心理安稳,这还是文化。每到冬天,即使在豪华的高档住宅楼里,也能看到大大的、笨笨的酸菜缸,不是吃不起青菜,要的就是这种味道,这同样是文化,是千千万万长期生活在冰雪自然环境中的人们自然而然形成,并逐渐衍生的一种冰雪文化。

冰雪文化在学术上是有定义的,学者的说法是:"冰雪文化是指在冰雪自然环境中从事日常生活的人们,以冰雪生态环境为基础所采取的或创造的,具有冰雪符号的生活方式。"专业的东西往往拗口,我所理解的冰雪文化就是借用龙应台女士的那句话,即长期生活在冰雪自然环境中的人们的日子是怎么过的。文化本身的定义就充满了不确定性,A. Kroeber 和 Clyde Kluckhohn 在他们的著作《文化概念与定义评述》中列举了近三百个文化定义,而且这还只是 1952 年以前的总结。也许我们不必过多地、喋喋不休地去考证概念,而应去不断地挖掘、发现、梳理、展现、创新和塑造人类的冰雪文化。

冰雪文化是有魂的,它的魂不是在洁白的雪中,也不是在晶莹剔透的冰块里。雪堆和冰块本身都无文化可言,但雪雕、冰灯以及冰雪活动却具有丰富的文化意义。雪花飘落无文化意义,但当你歌咏出"雪似鹅毛飞散乱,人披鹤氅立徘徊",哪怕是"黑狗变白狗,白狗身上肿",就有了文化。可见,冰雪文化是归属于人的,也只有人才能塑造出冰雪文化的魂。同样,冰雪文化也离不开冰雪,没有冰雪,自然谈不上冰雪文化,但有了冰雪就会有冰雪文化吗?也不尽然。2008年南方大雪数十天,雪之大已经超过同期的北方,我们能说南方有冰雪文化吗?答案很简单,不能。所以冰雪文化要有限定,学者们将其限定在北纬40°。也许有人会说那北纬39°就没有冰雪文化了吗?我想,具体的地理区域分界线可以商榷,关键是要看自然冰雪环境是否对生活在那里的人类价值体系产生影响,这需要从人的生活方式中去寻找和判定。

三

我个人的理解,冰雪文化不只是冰雪旅游文化。冰雪旅游诚然是冰雪文化中的一个重要组成部分,也是现阶段冰雪文化中被展现最多的部分,但它并没有资格全然代替冰雪文化,因为冰雪文化涉及冰雪环境中人类社会生活的方方面面。冰雪文化是政治的,比如有些城市强调的"以雪为令";冰雪文化是经济的,比如以冰雪为资源所进行的多种经营开发;冰雪文化是艺术的,比如冰灯雪雕;冰雪文化是生活的,比如东北的酸菜、大炖菜;冰雪文化是社会的,比如人们的习惯交往方式;冰雪文化又是个体的,比如某人对冰雪的喜好……冰雪文化虽然可能不是居住在冰雪自然环境下人们生活方式的全部,但它却容纳了多方面的内容,并给人们带来极其深远的影响。

诚然在技术文明高度发达的今天,有些冰雪符号渐渐地淡去了,甚至已杳无踪迹,不会再回归到今天人们的生活之中。但对其进行历史性的追溯和再现还是必要的,可以质疑历史,但是不能没有历史。没有历史的文化,将不可想象。而一切历史就是当代史,对历史的回顾,也是对今天的思考,更是对明天的建构。每一个生活在冰雪自然环境中,且富有文化使命感的人,对冰雪文化的成长,都应"筚路蓝缕,以启冰雪。"

四

我是在白山黑水之间土生土长的,睡过火炕,打过冰窟窿,拜年磕过头,好吃东北大炖菜,喜欢啃冻梨,更钟情缤纷多彩的冰雕雪塑,是典型的东北人,对冰雪世界有过长期的生活体验。但这并不能说明对我国东北的冰雪文化,我会有多么全面的了解和精深的认知,何况冰雪文化本身是具有国际性的,很多地区的冰雪文化都是我闻所未闻的,更谈不上有什么认知的经历。我只是一个在冰雪自然环境中长大的个体,在黑土地上成长起来的一个文化工作者,冰雪世界所造就的千千万万冰雪之子中的一员,但我对这片土地充满了热爱,浓浓的乡土情感催发我这个冰雪文化爱好者拿起笔来,去为冰雪文化做点什么。在写这本书的时候,我翻阅了大量的有关资料,发现有无数的身影在冰雪文化芳草地上默默耕耘,那份感动无以倾诉。今天的冰雪文化事业正如唐代诗人刘禹锡的诗句:"沉舟侧畔千帆过,病树前头万木春。"

五

作为一个初习冰雪文化的爱好者,初进冰雪文化这个大花园,桃李共艳,兰蕙齐芳,其丰富的冰雪文化资源,使我如入宝山空手回,用尽全身气力,也未能入得门室。好在我是以一个漫步者的姿态,这边看看,那边瞧瞧,偶尔摘得一二枝叶,便如获至宝、欣喜至极。但要以此而著文成书,则不免会有浅陋之嫌,令人贻笑大方,只望各位方家窃笑之余,能给予更多的指正。

由于冰雪文化涉及内容广泛,古今中外的衣食住行、风土人情、文学艺术、休闲旅游等许许多多方面,非笔者一时所能力逮,所以本书谨立足于当前所能掌握的有限资源,从一个冰雪文化爱好者的角度去尽可能展现作者眼中的冰雪文化。本书既非学术论著,故可能会有不少偏颇谬误之处,也不是辞赋散文,故也未能妙笔生花、文韵流长。也许只能算是一个冰雪人在冰雪世界中边走边看、随思随想的随手小记,所记的也无非就是耳闻目睹、日常所思的一些平常事宜,但我依然期望,它能够成为一曲冰雪大地行走者的低声吟唱。谨为序。

目　　录

冰雪·饮馔

早期的冰雪饮食

【肚子远没有脑袋高尚】这是一段有关吃的故事,是由生活在冰天雪地的人们讲述的故事。它很遥远,因为自从这片土地有了人类,它就已经开始诉说;它也很近,因为在当前的每一刻它都在我们身边低声絮语;有时它又会让人感觉很陌生,因为它所讲述的那一段,已经是逝去的传说;而更多的时候,它又会让我们熟悉的几乎要熟视无睹,因为它本身就是我们的生活。看起来肚子远没有脑袋高尚,但人们偏偏就要说"民以食为天",谁让人"一顿不吃就饿得慌"呢?

【火的洗礼】人类的老祖宗是从茹毛饮血的阶段走过来的,听上去很粗野、很"野兽",但"饮血"就是吃那些没有经过"火的洗礼"的食物。没办法,远古人类在见到火时只是恐惧和逃跑,而不知道火还能有那么多好处,也只能是吃点儿大自然所赐予的"现成的"食物了。随着火的好处被发现,人类进入了一个熟食的阶段,凡是能弄到的野兽、鱼类等,都来个"火炽石燔"。

【有了文化】人类永远是智慧的,善于琢磨是人之所以区别于其他动物的主要原因,更何况是为了肚子。于是在人类不断而积极的探索中,学会了畜牧或农耕,或是二者兼而有之,这时的人类活动,才能被冠以文化的字样。随着人类吃的东西逐渐丰富起来,煎、炒、烹、炸、烧、烤、煮、涮等也都开始无所不用,这个时候人类进入了烹饪的阶段,可以说这是一个令人激动的转变,因为饮食文化由此开始了它的伟大行程。有了文化,人类的智慧又愈加恣意的活跃,开始改造人的一日三餐,吃从此变得不再那么简单。

【烧烤】我们先跟随着考古学者和历史学者们的脚步,去多少知道一点北方冰雪地带的先民是如何果腹而生的。追逐食物是

— 3 —

人类的天性,随着冰河的后退,无以计数的野兽群从华北以及其他各地向东北移动。为了寻求更为丰富的食物,大批人类祖先也随之向东北迁徙。在辽宁金牛山文化遗址古人类洞穴内,发现了"肢解动物、围火烧烤、敲骨吸髓那种肉食生活场面的遗迹",看来至少在 30 万年前,东北人类祖先就已经开始"烧烤"用食了。寒冷的北方气候,千里逐猎、游牧的劳作方式,需要人类摄取更高的能量,具有更多的脂肪,肉食自然便成为东北先民的主要食物了。

【食物器皿】陶器文化的肇始,即食物器皿的出现,是早期东北人类饮食方式的一次飞跃,也是东北饮食文化有记录的开端。在新石器文化晚期的小珠山遗址、红山文化遗址、昂昂溪文化遗址等都曾发现钵、盆、瓮、罐、杯、瓶形器等陶制器皿或残片,标志着冰雪饮食进入了一个有实物记录的时期。

【窖藏】在黑龙江肇源白金堡文化遗址,还发现了古代房屋、窖穴和窑址等遗迹,可以看出远古先民已经有意识地用窖藏的方式储存食物,以来调剂一年四季的余缺。这在冰雪饮食文化史上,具有不可估量的意义。窖藏存储蔬菜方式被一直流传下来,直到 20 世纪八九十年代在东北乡间还普遍存在。不知与此有无渊源。

【肉食抵寒】处于北方寒冷季节,人类面临更多的挑战,天寒地冻的冰雪环境向人们提出各种考验:不仅要有足够的每日三餐以保证较为充足的体力;又要在经常零下三十摄氏度的寒夜能保持体温,抵御刺骨的严寒,还要增加自身的能量和热量。对于当时的先民来讲,吃野兽的肉,穿野兽的皮,自然是最优的选择。据专家研究,通过摄取大量肉食而获得高能量的饮食方式,比仅以粮蔬为主的饮食方式要高出近乎一个营养级。

【鱼储冰雪中】不独有野兽可作为东北早期人类的食物来源,白山黑水间丰富的水系,也为东北先民提供了大量的渔猎资源。居住在东北寒冷地区的渔猎民族,很早的时候就以鱼为腹中美味了,而且还掌握了在冰冻过尺的河流中打鱼的本事。六千年前,活动在黑龙江、松花江、嫩江流域的满人先民肃慎人就已"凿冰没水中而网取鱼鳖",或许他们那时就会将吃不了的鱼放在冰雪中进行存储。在生存压力面前,人类智慧往往会被发挥到极致。

【养猪】即使能够捕食的野兽资源很多,但完全依靠狩猎来填饱肚子,也不是个很可靠的事情,于是聪明的先人们想出了把较为温良而又比较有口感的动物弄回家来养着的主意。当然这只是一种猜测,但圈养动物在很早的时候就进入先民的家庭,却是不争的事实。据考古发现,在石器时代,居住在镜泊湖畔的肃慎人就已经学会大量养猪,并能"食其肉,衣其皮,绩毛以为布"。养猪的习惯被满人一直保持到现在,即使在今天的东北乡下,养猪依然是乡民蓄养家畜的主流。而随着牛、羊等蓄养动物的出现,先民的餐桌愈加丰富起来。遗憾的是当时还没有文字出现,我们也就看不到先民们的美味菜谱了,但肉类一定是上面的主打"菜品",否则真的无法想象,先民们怎么抵御得了那动不动零下数十摄氏度的严寒天气。

【吃肉,人的新的解放手段】吃肉不仅强身健体,它更大的好处是推动了人类的发展,恩格斯曾说:"肉类食物几乎是现成地包含着为身体新陈代谢所必需的最重要的材料。它缩短了消化过程以及身体内其他植物性的,即与植物生活相适应的过程的时间,因此赢得了更多的时间、更多的材料和更多的精力来过真正动物的生活。……既吃植物也吃肉的习惯,大大地促进了正在形成中的人的体力和独立性。但是最重要的还是肉类食物对于脑髓的影响;脑髓因此得到了比过去多得多的为本身的营养和发展所必需的材料,因此它就能够一代一代更迅速更完善地发展起来。"可见吃肉对于人类是件多么重要的事情,更可见满人祖先的养猪事业是如何的伟大。恩格斯对养猪这类事业的开辟,有着非常高的评价,他说这是人类历史的伟大进步,它"直接成为人的新的解放手段"。

【酒驱寒】肉食可提高热量,而酒则能驱寒,自从酒和酿酒技术从中原传到塞外,一下子就被北方的先民所接收。大碗喝酒、大口吃肉,从那时起,就成了北方民族豪爽之风的体现。他们利用剩余的谷物酿酒,喝酒则成了在游牧、捕猎之余的最爱,甚至把白酒这种技艺性较强的劳作作为高级的教育形式,成了部分特权阶层的专有技能,而且他们不满足于此。

【马奶酒】由于先民们饲养着大量的牛、马、羊等哺乳类家畜,他们就用牛、马、羊乳酿造成酒,后来闻名中外的马奶酒就源于此。"有曲酿酒""有蘖酿酒""嚼米酝酒,饮能至醉",可见至少在1 500年前,塞外先民酿酒、饮酒之风就已经很普遍了。

【乐野处而饮食】早在《黄帝内经》中有记载:"东方之城,其民食鱼而嗜咸;西方之民华实而脂肥;北方之民乐野处而乳食;南方之民嗜酸而食胕。"冰雪自然环境对当地人的饮食结构、饮食种类、饮食习惯、饮食风俗等具有重要的影响,同时这种影响会延伸到人们的生活方式、交流模式、文化礼仪等诸多方面,并且这种影响非常久远。从数千年来冰雪饮食文化体系的演变中就可略见一斑。

【南北饮食殊异】有学者认为,以冰雪自然环境为特色的东北地区饮食文化于汉朝时期就已经南北有别。瞿宣颖先生就东北饮食文化现象分析道:"自汉以来,南北饮食之宜,判然殊异。盖北人嗜肉酪麦饼,而南人嗜鱼菜稻茗,如此者数百年。隋唐建都于北,饶有胡风,南食终未能夺北食之席。"也正是因为独有的饮食文化风格,具有冰雪特点的东北区域饮食文化才得以源远流长,且渐趋丰厚。

【储藏大葱】春秋战国时期东北饮食文化受到了中原饮食文化的影响。在今天东北的冬天常见到居民有储藏大葱的习惯,这种葱曾为北方所独有,古书有记载:"(齐桓公)北伐山戎,出冬葱与戎菽,布之天下。"从中可以得知,春秋霸主之一齐桓公曾到东北这边来打过仗,并将冬葱和大豆作为战利品带回了国,然后开始传播耕种。或许这可算作有历史文字记载的、最早的冰雪饮食文化交流吧。

渤海国冰雪饮食

【渤海国】在东北的历史中,渤海国是个了不起的阶段。建国229年的渤海国,最初以旧国(今吉林敦化)为中心,后以上京龙泉府(今黑龙江宁安市渤海镇)—东京龙原府(今吉林珲春八连城)—中京显德府(今吉林和龙县古城)为中心,不断地扩疆掠地,形成了绵延 5 000 里的渤海国疆域。它不仅与当时的唐朝及邻族有密切的交流,还曾多次出使日本,两国之间在饮食文化方面也有着密切的交流。《新唐书·渤海传》在提到渤海国的特产时,记载道:"俗所贵者,曰太白山之菟,南海之昆布,栅城之豉,扶余之鹿,鄚颉之豕,率滨之马,显州之布,沃州之棉,龙州之绵,龙州之䌷位城之铁,卢城之稻,湄沱湖之鲫。果有丸都之李,乐游之梨",而且这只是渤海国强盛时期的一部分而已。其中栅城之豉就是在东北至今仍广泛使用的一种大酱,俗称"高丽大酱"。

【渤海国冬季饮食】丰富的渤海国饮食文化,对后世东北饮食文化产生了极其深远的影响。我们从学者们对当时渤海国冬季饮食的描述,就可略见一斑。窖储的蔬菜有白菜、土豆和萝卜,这些种类与直到 20 世纪 80 年代,东北一般人家所储藏的过冬蔬菜几乎完全相同。然而让人更为惊奇和更加感兴趣的还不止这些。渤海国满族先民还腌制酸菜、小咸菜,晾制茄子、豆角、西葫芦等各种蔬菜干。看来这些在现今东北大多地区依然广为流传的饮食,在 1 200 多年前,就已经很普及了。

【小豆腐】在渤海国还有一种小豆腐,其吃法也被满人沿用至今。它是将大豆磨碎,加入适量的干菜,放进锅里煮熟。然后将其团成团放在寒冷的室外冷冻,吃的时候,将冻得已经很结实的小豆腐放在锅内加热,最后再拌上满族酿制的东北大酱。这种吃法在现在的东北城市中已不大多见,不知在还保留着满族饮食传统的家庭中是否尚能见到。

【火锅炕】寒冬腊月,北风呼啸,雪花飘飘,好友四五人环坐在热乎乎的火炕上,炕中有一方桌,桌上则有一热腾腾的火锅。几人推杯换盏,面红耳热,一边朵颐着锅中美味,一边品味着五湖四海。这样的场景,想必大多北方人都不会陌生,火锅一直就是东北人在冬季最喜爱的美食之一。今人热衷于此,古人又何尝不是?

【三足火锅】在对渤海国进行考古挖掘的时候,人们发现了与现在常见的火锅非常类似的三足火锅,它已经距今1 200多年,据有的学者考证说这是中国最早的火锅,比宋代火锅早了近200多年,可谓是火锅的鼻祖。有诗赞道:"比邻春酒喜相对,薄肉酸菜火一锅。海菌千茎龙五爪,何家风味比人多!"渤海国人的火锅为三足火锅,以炭火为燃料,火锅底汤往往为著名的山珍野味飞龙汤或鸡汤,有时还用榛蘑、元蘑等各种山蘑菇做调汤食用。可涮的野味往往有野鸡、狍子、鹿肉等,肉品与菜品也都甚为丰富,肉品有猪肉、羊肉、鸡肉、鱼肉等,最后还会涮上一些酸菜、粉丝、冻豆腐等。通过上述对火锅吃法的描述,人们可以了解一千多年前的火锅宴与我们现在竟然如此相像。

东北火锅宴史

【满族火锅】自渤海国起,满族火锅逐渐丰富,到了清代满人入主中原后,满族火锅更是获得了极大的发展,并得以向全国推广。在满族民间火锅种类繁多,白肉锅、天上锅、地上锅、水中锅、雀火锅、什锦火锅……天上飞的,地上跑的,水里游的,凡在东北能够找到的可食之物几乎全被涮入其中。

【套桌】在满族民间,尤其是乡下,人们都喜欢在火炕上吃火锅,并因此发明了一种专门吃火锅的套桌,其桌腿短如炕桌,桌面中间有一圆洞,可将铁锅直接放入其中,很是方便人们在炕上进食。满族火锅不唯独在民间大受人们喜爱,在宫廷、王府、豪门也颇受欢迎。

【吃火锅的日子】在今人金寄水、周沙尘所著《王府生活实录》对清代王府火锅有着较为详细的描述。首先吃火锅的日子是有说法的,从冬至起,"凡是数九的头一天,即一九、二九……直到九九,都要吃火锅",甚至到九九的最后一天也要吃火锅,从数九开始一共要吃十次,而且每次吃的火锅内容都要不一样。

【一九的火锅】一九的火锅主要为涮羊肉,之后的火锅有山鸡锅、银鱼锅、紫蟹蛎蝗火锅、狍子肉火锅、鹿肉火锅、野味锅等。

【一品锅】"九九末一天,吃的是'一品锅'。此锅为纯锡所制,大而扁,因盖上刻有'当朝一品'字样故名。它以鸽蛋、燕菜、鱼翅、海参为主,五颜六色,实际上是一大烩菜。"从上面的记载中,可以看出满族火锅的特点。满人对火锅汤料很在意,常要加一些烤鸭、生鸡片、蘑菇等;调料上只有白酱油、酱豆腐、韭菜花等。这些满族火锅与其他火锅的不同之处,也正是满族的饮食文化特点。

【千叟宴】富有鲜明冰雪饮食文化特征的满族火锅在大江南北的盛行,是我国冰雪饮食文化交流史上的重大事件之一,它的影响甚或可以与另一东北冰雪饮食文化中的至尊之作——满汉全席相媲美。火锅自此成为华夏大地上最为常见的饮食之一,而满汉全席则登堂入室,成为华夏饮食中的王冠。历代清朝皇帝都喜食火锅，常把其作为清朝御膳中的主菜。乾隆皇帝六下江南，每到一处必吃火锅。嘉庆皇帝登基，在宫中举办了一次历史上规模最大的火锅宴——"千叟宴"，共用火锅 1 555 个，就餐宾客达数千人。

【菊花火锅】在清宫众多的火锅当中，以菊花火锅最为知名，也最为高雅，历来为文人雅士所追捧，据说为慈禧太后所发明。菊花火锅用料之讲究，就食过程之繁缛，场景之夸张，亦非平常人家所能享受。只说那有关菊花用料一项，便让人望而却步了。慈禧太后身边的女官官德龄，在其所写的《御香缥缈录》中对此所述甚为详细，"先把那一种名唤雪球的白菊花采下一二朵来"，"每次总是随采随吃的，采下之后就把花瓣一起摘下来，拣出那些焦黄的或污垢的几瓣一起丢掉，再将留下的浸在温水里漂洗，末了便把它们捞起，安在竹篮里沥净……"不过这菊花火锅确实十分好吃，即使那口味十分挑剔的慈禧太后，也"往往会空口吃下许多去"。至今北京的一些大饭店仍有经营菊花火锅这一传统项目。到今天，随着百姓生活水平的提高，人们也不独在冬天吃火锅了，只要想吃，无论什么季节都可以享用。各个地域的火锅也都涌入了东北，四川火锅、北京火锅、清真火锅、台北火锅、重庆火锅，不同的风味，却是一样的热闹，大家围在一处，依然的气氛热烈、天南地北地呼喝着……

满族饮食文化简述

【满族饮食文化】东北饮食文化由于其历史形成原因，多为少数民族饮食文化，即使在以汉人居多的区域，其饮食习惯也多被同化，尤其是冬季的冰雪饮食习俗，而其中影响最大的就是满族饮食文化。满族及其先人长期生活在白山黑水之间，是一种以打围捕猎、撒网捕鱼为主,饲养和种植为辅的饮食文化方式。大自然赐予了满人丰富的食物资源,无论是天上飞的,如野鸡、大雁、野鸭、飞龙、鹌鹑等飞禽,还是水里游的,如黑鱼、鲤鱼、草鱼、鲶鱼、鲫鱼等鱼类;或是地上长的,如蕨菜、苦菜、猫耳朵、大叶芹、小叶芹等都可能成为他们桌上的美味佳肴。

【金代女真人饮食】满人的先民金代女真人早期的饮食方式在宋人的笔下,显得有些粗糙蛮荒,金人"其饭食则以糜酿酒,以豆为酱,以半生米为饭,渍以生狗血及葱、韭之属,和而食之,芼以芜荑"。对于冬天的饮食方式则说道:"冬亦冷饮,却以木碟盛饭,木盆盛羹,下饭肉味与下粥一等。饮酒无算,只用一木勺子,循环酌之。炙股烹脯,以余肉和菜捣臼中,糜烂而进。"这种清鲜可口、饶有风味的吃法,在当时饮食文化已十分发达的宋朝士人的眼中,却是不能登大雅之堂的。随着女真人与汉人及其他民族接触日多,饮食种类和方式都不同程度地吸收了其他的先进饮食文化,但其最具特色的地方依然被传承下来。

【冰雪饮食文化风格】在满人千余年来的冰雪自然环境中,无论是在饮食原料还是饮食方式上,均形成了具有独特风格的冰雪饮食文化风格,所产生的影响也极为深远和广泛,即使在今天的东北饮食文化体系中,也可以很容易地看到其特有的冰雪饮食文化脉络。针对满族的饮食习俗,清末民初时一段乡谣概述得较为有趣:"南北大炕,高桌摆上。黄米干饭,大油熬汤。膀蹄肘子,切碎端上。四个盘子,先吃血肠。"又云:"黏面饼子小米粥,酸菜粉条炖猪肉。平常时节小豆腐,咸菜瓜子拌苏油。"

天下冰雪美味之大成——冰雪宴席

【满汉全席】自清入关以来,具有浓厚冰雪饮食文化风格的满族饮食文化也随之进入华夏大地,不仅将满族火锅推向了全国,并全面地与以汉族为主的华夏饮食文化进行了广泛而深入的融合。这也是迄今为止,冰雪饮食文化乃至东北饮食文化,与其他饮食文化最具深远意义的一次交流和碰撞,也是冰雪饮食文化对华夏饮食文化宝藏的一次巨大的贡献。闻名世界的满汉全席就是此次饮食文化交流的结晶之一。满汉全席源承于白山黑水,滥觞于京,进而推及各地,天津、广东、湖北、东北、四川、扬州等地都有满汉全席。在今天被挖掘出的满汉全席菜谱中,不难发现东北传统饮食文化的痕迹。如肉片汆酸菜、白煮猪羊肉、肉炒酸菜、玉米粥、小窝头等,至于以飞龙、猴头菇、野鸡、鹿肉、狍子等东北山珍野味为主的菜肴更是不胜其数。清宫满汉全席的原料多来自满族故乡东北,其烹饪方法也多承继满族传统。出于民族统治的政治考虑,历代清朝皇帝都十分强调保持自己民族在东北时期的传统饮食习俗。可见,处于塞北广漠大地的冰雪饮食文化,即使在深宫皇廷之处仍不绝如缕。

【冰雪宴会】随着满汉全席在全国各地流传,各地的风味也被不断地充实到满汉全席之中,从较近的满汉全席菜谱中,可以看出现在的满汉全席比从前更为丰富了。但因为某些珍贵原料已经难以寻觅得到,大多数人也只能望洋兴叹。不过在满人及其他的少数民族中也有一些较为适合一般人家的冰雪宴会,尤其随着冰雪饮食文化的发展,在新中国成立后陆续出现了一系列以满汉全席中冰雪饮食要素为根源的冰雪宴会食谱,为更多的人能享受到美味、丰饶的冰雪宴会,提供了更多品尝的机会。如满族的全猪席、全羊席、鳇鱼席,赫哲族的渔家宴、鳇鱼宴、猴头宴,蒙古族的敬客极品全羊席,鄂伦春族的狍肉宴,以及新中国成立以后被重新挖掘整理的哈尔滨天鹅饭店的东巡宴、哈尔滨国际饭店的飞龙宴、哈尔滨江南春饭店的猴头宴……

【冰雪第一鱼宴——鳇鱼宴】在东北各民族中的鱼宴中,以鳇鱼宴最为名贵,鳇鱼为黑龙江著名特产。如今的鳇鱼宴以赫哲族鳇鱼宴为主源头而逐渐发展成熟。它一般是由六道凉菜、八道大菜、四种细点、两种地方名酒组成。以鳇鱼肉、鳇鱼筋、鳇鱼翅、鳇鱼唇、鳇鱼腹、鳇鱼皮、鳇鱼肚、鳇鱼肠和鳇鱼子等为主料,其中又以鳇鱼鼻、鳇鱼翅、鳇鱼筋和鳇鱼唇最为名贵。烹饪方法集中了红烧、扒、熏、拌、烤、爆、煸、熘、氽、冻等。在清朝的时候,渔民们捕捞到鳇鱼后,官府要登记备案。为了不使捕捞到的鳇鱼死掉,还在松花江岸边建造了"鳇鱼圈",这便是哈尔滨"鳇鱼圈"地名的来历。"鳇鱼圈"设有专人看管把守,入冬以后,渔民破冰将鱼打捞上来,先送到关道衙门,然后按照指定的时间、地点押送到京城。运鳇鱼的牛、马车上插一面黄色绣花旗,表示是给皇帝进贡的贡品,沿途官员一路迎送,其他车辆一律给鳇鱼车让道,任何人不得碰掉一块鳞片。在除夕之前送到皇宫,不能误皇帝正月初一的祭祀。如今在有些大城市的大酒店也打出了鳇鱼宴的招牌,但随着野生鳇鱼的迅猛减少,其原有的品位想必也逊色不少。大概只有到赫哲人的居住地,或许还能略见一斑。

【猴头蘑、猴头宴】猴头蘑为黑龙江大兴安岭特产,是中国传统四大名菜(猴头、燕窝、熊掌、鱼翅)之一。素有"山珍猴头,海味燕窝"之称。猴头是一种营养丰富的大型真菌,常常生长在栎树、胡桃的枯枝上,也有的生长在倒木上和活树的伤口外。它呈圆球形,表面覆盖着一层鲜嫩的黄色茸须,毛茸茸的,极像仔猴的脑袋,故得此名。猴头蘑是一种营养价值很高的食用菌类,含有丰富的蛋白质和多种维生素,味道也特别鲜美,氨基酸种类多过16种以上,并含有多种维生素和较高的矿物质成分。猴头含有很多药效成分,它还具有利五脏、助消化、滋补身体及治疗胃溃疡、十二指肠溃疡、神经衰弱等病的功效。同时,猴头还含有多种糖类物质,对癌细胞有明显的抑制作用。

山区人民流传着一种有趣的说法:猴头是对着脸长的,如果在这棵树上发现一个，就能在对面的树上找到另一个；若是找不到，那就是没有下到功夫，或者是那个已经被别人采去了。其实不完全如此，猴头蘑是一种菌类，成熟的菌种随风飘落，遇到适合它生长的条件，它便迅速地发育起来。在光、湿度和气温十分适宜的地方，每逢大年，有的一棵树上可长三四个，多者竟达七八个，而对脸长的极少。

猴头蘑在赫哲语中被称为"格依又陈依格达付克尼"。随着经济的发展，赫哲人在传统食法的基础上，创新推出了猴头宴。猴头宴主要分为冷盘和热炒两类，冷盘包括麻辣猴头与卤猴头，热菜则以片、条、粒、丝方式烹饪，有三色猴头片、松仁猴头米、异香猴头丝、白扒猴头、百花酿猴头及翡翠猴头条。20世纪80年代哈尔滨市十大饭店之一的江南春饭店也推出过猴头宴，在当时轰动一时。当时的猴头宴菜单是：大花拼为梅花金鹿。10个小菜有拌鸡丝洋粉、白斩鸡、风味香肠、炝鸡丝蕨菜、糖醋鱼卷、水晶虾、渍香瓜、松花鸽蛋、茶烧肉条等；10大热菜有金丝鸡茸猴头、炸三样、玉米羹、双色马哈鱼、佛手摘桃、乌龙戏珠、生菜大虾、植物四宝等；两道点心是咸心一道两样：三鲜锅烙、四季烧卖；甜点心一道两样：三明治蛋糕、双色菊花酥。从其所蕴含的猴头分量来看，与赫哲猴头宴相比似乎要逊色几分。

【全猪宴与白肉血肠】满人自其祖先肃慎人起就有了养猪的习俗，关于猪的烹饪方式比较多，而具有代表性的就是他们的全猪席。全猪席源于满族的"阿木孙肉"（祭肉）。在何刚德著的《春明梦余录·客座偶谈》中有所记载："满人祭神——未明而祭，祭以全豕去皮而蒸，黎明时，客集于堂，以方桌面列炕上，客皆登炕坐。席面排糖蒜韭菜末，中置白片肉一盘，连递而上，不计盘数以食饱为度，旁有肺、肠数种，皆白煮，不下豆豉，末后有白肉末一盘，白汤一碗，即可下老米饭。"这种整猪的吃法为后来满族全猪席的雏形。后来流传于东北农村的杀年猪，除了不是以全猪来蒸,其他食法都与其颇为相近,算是全猪宴的乡村普及版吧。很多有在东北农村生活经历的人,想必对此都会有深刻的记忆,毕竟那是当时一年中难得的几个能够痛快吃肉的日子。焯肉、蒸白肉、各种下水等,均是管够吃,以致一连几日,脸上都一扫平常菜色而油面发光。笔者甚至还见过,在猪刚被开膛时,有人生吃板油的场景,现在想来都不禁胆寒。东北乡下杀年猪时,必有一道菜需要主人家呈上,那就是白肉血肠。

白肉血肠源自满族祭祀,后滥觞于东北整个大地,直至北京城。血肠做法很简单,将新鲜猪血加调料后灌入洗净的猪肠内,然后结扎好放在锅中煮熟,切成薄片即可食用。血肠可单独佐以蒜泥、韭菜花、辣椒油等食用,入口绵软,香气四溢;也可将其与白肉、酸菜丝、粉条放在肉汤中同炖,红、白相间,不仅好看,而且好吃。清人姚元之在其《竹叶亭杂记》中曾记载道:"主家仆片肉于锡盘飨客,亦设白酒。是日则谓吃肉,吃片肉也。次日则谓吃小肉饭,肉丝冒以汤也。"清人吴桭臣所著《宁古塔纪略》中对清人吃血肠的描述较为详细,"大肠以血灌满,一锅煮熟。请亲友列炕上,炕上不用桌,铺设简单,一人一盘,自用小刀食。"可见白肉血肠于数百年前就已十分普遍,并一直流传至今天,依然兴盛不衰。血肠的吃法不独为满族所有,鄂伦春、鄂温克、达斡尔等少数民族也都有吃血肠的习俗,而且血肠的种类还有鹿血肠、羊血肠、狍血肠等。

【全羊席】满人全羊席不同于蒙古族及其他一些民族烤全羊的吃法,清末学者徐柯在《满汉通吃·第十二章·宴会》中写道:"清江疱人善制羊,如设盛宴,可以羊之全体为之。蒸之、烹之、炮之、炒之、爆之、灼之、炸之。汤也、羹也、膏也、甜也、咸也、辣也、椒盐也。所盛之器,或以碗,或以盘,或以碟,无往而不见为羊也。多至70~80品,品各异味……谓之曰全羊席。同、光间有之。"满族地区的全羊席常用108种菜品,分为3组,每组36道菜。36道菜又由 6 冷菜、6 大件、24 个熘炒菜组成。也有 8 道、12 道、24 道的形式。但无论哪种形式,第一道菜必须是扒羊头,最后一道菜必须是烧羊尾。而且每道菜都有一好听的名字,如羊鼻——采闻灵芝、羊眼——凤眼珍珠、羊肺——彩云子箭……每个名字都透出一种山野的风味。

【千古一香飞龙宴】说起冰雪宴会不能不提飞龙宴,飞龙宴以其第一道热菜是三元宫廷飞龙而命名。飞龙是由满语"斐耶楞右"转音而来,学名榛鸡,又称松鸡。飞龙产于大小兴安岭,形似鸽子,重不足斤,前胸肌脯硕大丰满,颈骨长而弯曲,犹如龙骨;腿短有羽毛,爪面有鳞,就像龙爪一般,故取名"飞龙鸟"。雌雄成双成对,形影不离,如丧偶,另一只就会终身独守,矢志不移,故有"林中鸳鸯"的美称。飞龙被人们誉为"禽中珍品"。飞龙具有肉用价值,数百年前就为人们所知,明代于诠有诗道:"莽苍苍染山林,百啭千声鸣贵禽。千古一香飞龙鸟,宴上玉馐飨嘉宾。"清代学者西清在《黑龙江外记》中写道:"(飞龙)肉味与雉同,汤尤鲜美。"

边瑾在《鄂伦春竹枝词》中描写了鄂伦春少女打飞龙的情景:"山南山北绿重重,家住凌霄第一峰。十五女儿能试马,柳荫深处打飞龙。"飞龙肉含有丰富的蛋白质及微量元素,肉质细嫩,适于汆、烤、蒸、烧等,而最佳食用则为吊汤。飞龙汤自具一格,汤清味浓,不需作料,就满室飘香。色味俱佳的飞龙肉还有一个奇异的特性,若把它和别的肉掺在一起烹调,别的肉竟也成了飞龙肉味,堪称一绝。飞龙汤为清代黑龙江向皇帝进贡的贡品。20 世纪 80 年代,哈尔滨国际饭店创出飞龙宴,引起了国内外餐饮界的轰动,其烹饪的鲜飞龙汤曾获"玉液琼浆不如飞龙汤"的赞誉。哈尔滨飞龙宴,以林海孔雀等 6 盘冷菜为宴会前奏,三元宫廷飞龙、御膳百花熊掌、聚宝麒麟狍鼻、人参高汤水鱼、银耳冰糖雪蛤、吉祥如意猴蘑等八道热菜是飞龙宴的主菜。最后还有灯秋叶、原笼饺、桃酥、冰城三丝炒面、冰城小吃和冰点等,使人们对飞龙宴回味无穷。

【鄂伦春人的狍子宴】过着"食肉寝皮"游猎生活的鄂伦春族,其中食用最多的就是狍子肉。狍肉号称"瘦肉之王",具有滋阴补阳双重保健功能。鄂伦春人狍肉宴有家庭狍肉宴和婚礼狍肉宴两种。家庭狍肉宴一般为节日和迎送宾客而举行,其中必不可少生狍肝、煮狍肉、烤狍肉、狍血肠、杂花菜以及韭菜花等。第一道菜为生狍肝,生狍肝是主人从狍子的内脏中现取出来的,颜色鲜红,还冒着体内的热气。直接用刀将生狍肝切成小块,不放任何作料趁热吃下去,其场面颇有些生猛,但生狍肝的味道却极为鲜嫩、柔和,有一股独特的腥香味,不过依然为一般汉人所不敢食,只能享受后面的煮狍肉、烤狍肉、狍血肠等,狍子肉煮到八分熟就可以蘸作料吃了。鄂伦春人婚礼狍肉宴所用狍子必须是生擒的一对,在新郎新娘拜完"山神"后,由一名德高望重的长者主刀将狍子杀掉,剥下的狍子皮要放在火上烤焦,据说这是为了让烟雾带着狍皮被烤焦的特殊香味弥漫整个猎乡,让所有人都能分享婚礼的欢乐与幸福。

【发展中的冰雪宴】近年来,为了弘扬东北冰雪饮食文化,从1985年起,在哈尔滨冰雪节陆续举办了冰雪菜点大赛,推出了系列冰雪宴。来自哈埠的名厨先后开发了"雪山鸳鸯飞龙""金凤卧雪莲""冰城八景""狗拉雪橇""雪地梅花鱼""雪中菊花""雪花羊肉""雪花绣球梅""雪莲花""冰雪金丝面"等众多冰雪菜点,并陆续出现在哈尔滨市各大饭店的餐桌上。近年来,冰雪宴的制作表现出从平面图案向立体形象过渡的发展趋势。新颖美观、玲珑精巧,充分展现了冰城名厨精湛的技艺。宾客从具有新奇感、神秘感和强烈的地域文化气息的冰雪饮食中,领略与品味着龙菜冰雪饮食文化的特色。

寻常人家东北炖

【**东北大炖菜**】冰雪饮食大餐大多为迎宾送客、庆典喜筵所设，一般百姓人家自是不能时常就食，而在冬季平常人家饭桌上最为常见的就是东北大炖菜了。东北炖菜起源何时何地众说纷纭，以满族发明之说为多，曾有记载满族先民"以肉和菜捣臼中糜烂而进"，但其他民族早期也有这种烹饪方式，其源头已不易断定。千余年来，炖菜的饮食方式在东北各地少数民族的生活中很常见，过去的游牧民族常迁徙而居，四处游走，过于繁缛的烹饪方式自然不能适应。简单、方便，且具有高热量的饮食，则备受游牧民族推崇，于是在这种情况下，炖菜这一锅烩的烹饪方式，逐渐被推广和流传下来，并被勤劳、智慧的劳动人民不断的花样翻新、日益多样。最早的炖菜已不可查，但或许可以想象一下。劳作了一日的人们或在林中，或在河畔，用树枝支起三脚架，在上面挂上一陶罐或铁锅，底下燃起篝火，将锅中放上清水，然后将捕猎而来的肉或鱼，及采摘来的青菜等一股脑放在锅中煮食，随着升腾的热气，人们就着随身携带的干粮，大快朵颐起来，虽不是什么珍馐美味，但也能使人饱腹而安。

【**民族炖菜**】东北各少数民族多有以炖为食的方式。朝鲜族的炖牛尾巴汤、炖排骨汤、炖骨头汤及炖狗肉汤等都很知名；满族的猪肉炖粉条、酸菜白肉则是东北炖菜的典范之作；鄂温克人的猴头炖乌鸡、清炖雪兔，野味盎然、鲜美无比；鄂伦春族的野菜炖肉、什锦炖肉、豆角炖肉、白菜炖肉等，听上去与今天的东北炖菜多有相近之处……可见各民族都有着十分悠久的炖菜史。从各民族的炖菜饮食方式中不难看出，现今的东北炖菜有着它们太多的影子，是对各民族炖菜的沿袭、汲取、创新和发展，使其更加平民化、大众化。东北菜以其质朴、自然、经济的风格,高热量、营养丰富的饮食特性,成为东北民间最受欢迎的菜肴,也是东北人抵御寒冬冷雪的好伴侣。或如人所评述:"东北炖菜,看上去乱作一团,大大咧咧,其实有荤有素,刚柔相济,集天地精华于一体,香味暗藏其中,很有内涵。"东北菜做法大都很简单,多是两两搭配,一起下锅,大火狂炖,在滚烫中消弭界限,你中有我,我中有你,最后达到营养的零距离。

【八大炖】东北炖菜既为热菜,又为汤菜,早期就有八大炖之说,主流的说法包括:猪肉炖粉条、羊肉汆酸菜、牛肉炖土豆、肉骨炖豆腐、小鸡炖蘑菇、得莫利炖鱼、胡萝卜炖排骨、牛肉萝卜炖粉丝。其中以猪肉炖粉条和小鸡炖蘑菇最广为人们喜爱。猪肉炖粉条做法简单,吃起来香腻解馋,余味不绝,即使好清淡的南方人来到东北也都要第一个点上它,满足一下口腹之欲。小鸡炖蘑菇在八大炖里算是高档菜了,自很早就有"姑爷菜"之称,有着"姑爷进了门,小鸡吓掉魂"的趣谈。过去东北的习俗,正月初三,出阁女儿同女婿回娘家省亲拜年,娘家为表示对姑爷尊重,往往要杀鸡做上一道小鸡炖蘑菇摆宴款待,寓意着婚姻美满、父母深恩、姻亲情重。足可见东北炖菜的深入人心。

油炸冰溜子

【油炸冰溜子】来过黑龙江的人,可能会有吃过拔丝冰淇淋或拔丝冰棍这道菜的,大多的客人都会奇怪,这冰与火怎么能相容啊?其实整个过程并不算复杂,在冰淇淋外面挂上一层鸡蛋与面和成的糊,然后放在油锅里炸,之后再挂浆就成了。但要求的技艺却是很高,需要大师傅不仅掌握好火候,还要眼疾手快。据说得一级以上的厨师才能做好这道菜。端上来后,也要求食客快

吃,否则就不好吃了。相传这拔丝冰淇淋是来源于东北民间的
"油炸冰溜子"。

【挂幌】从前,东北的饭馆挂幌是有说道的,一般是一到四个
幌子。挂一个幌表示只能做民间日常饭食;挂两个幌是能做地方
上的各道炒菜;挂三个幌是南北大菜都会做,至于挂四个幌可就
了不得了,客人点啥就得能做啥。传说有个老汉开了一个饭店,
他侄子在饭店做跑堂。可是老汉的侄子对饭店挂幌的门道毫不
知情,有一天趁老汉不在家,把四个幌都一股脑地挂了出去。不
一会儿,一个穿得又破又烂的老人走了进来,跑堂的看老人那副
穷样子,根本没有上前理会他。老人没计较跑堂的冷淡,说道:
"你们卖不卖饭了?"跑堂的骄横地说:"卖,你能吃得起吗?"话音
刚落,从外面走进来一个富贵人家模样的公子哥。跑堂的赶紧迎
了上去,连连谄媚地问:"大爷,您吃啥? 喝啥?"公子哥不屑地说:
"你挂几个幌?""四个。""那就是要啥有啥了?""当然。""好。给
我来个'油——炸——冰——溜——子——'!"

跑堂一下子就傻了眼,他连听都没听过这道菜,更甭提怎么
做了。公子哥一见跑堂的被吓唬住了,手一挥,几个随从跑了过
来,公子哥蛮横地说道:"把幌子和这店堂都给我砸了!"这些爪牙
刚要动手,就听有人大喝一声:"慢!"大伙回头一看,原来是那位
身穿破长衫的老汉。公子哥问:"你为啥不让砸,难道你会做油炸
冰溜子?""没有那金刚钻就不揽那瓷器活,不会做就不敢挂四个
幌子。""这么说,你是这饭店的后台老掌柜的啦?""正是。""好!
那就上这道菜!"

老汉对愣在一旁的小跑堂的喝道:"还站着干什么? 去,给我
拿一个盆来!"跑堂的这时才如梦初醒,急忙取来一个铜盆递给老
汉,老汉接过盆推门走了出去。这时,外面冰天雪地,饭店的房檐
下,一排排的冰溜子长短不一地挂在那里。老人把冰溜子掰下放
到盆里后,端到后厨调味、裹面,放入滚热的油锅一炸,就端到了

公子哥面前。公子哥一看,哑口无言,只能灰溜溜地带着随从走了。

这时,饭店老掌柜回来了,跑堂的把刚才发生的事情经过学了一遍,老掌柜心里对那位老者很是感激,说:"赶快去找那老者!"跑堂的跑出去,茫茫的风雪中,已不见老者的身影。老掌柜说:"孩子啊,以后记住这个教训吧!今后一不能以貌取人;二不会的事不要装会,要讲究诚心。这老汉可能是神仙啊,是特意来点化咱们的!"

跑堂的听到这里,马上到外面摘下了二个幌。"油炸冰溜子"这道菜也在东北民间流传了下来。其实这道菜的原理是主灶者利用冰冷和火热之间的时差,找准火候,将食材迅速放在滚油中即刻就捞出,这样里面的冰不会融化,外边的面也熟了。前面所说的拔丝冰淇淋,在此基础上还要挂浆、拔丝,比油炸冰溜子尚要难上几分,是对油炸冰溜子的传承与创新。可见这种来自于东北民间的智慧创造,在今天得到了发扬光大。

【空心疙瘩汤】除了这道菜,在东北还有"空心疙瘩汤",也有人称为珍珠空心疙瘩汤,其原理和油炸冰溜子类似,也是过去流传下来的。

北方的冬天,人们都愿意吃热乎乎的疙瘩汤,但知道如何做空心疙瘩汤的却不多。好多事情都是难者不会,会者不难,说了出来,往往会让人恍然大悟。先在冰箱里冻上一些玻璃球大小的冰球,或者直接将冻好的冰块敲成碎冰也可以,但就没有冰球那样匀称好看了。把冰球放在一个大盘子里,将面粉撒在上面,然后像滚元宵一样滚动冰球,再一层一层地往上撒面,等滚成了大小适宜的小面球就可以了。最后将滚好的小面球放入滚开的汤锅中,一个个圆形的小面球,像一个个小珍珠在汤里打着滚儿,特别好看。汤开了几分钟,像珍珠一样的疙瘩汤就好了。吃的时候,需要先将疙瘩用筷子夹开,否则会有一股热气喷出来,以免烫着嘴。不仅疙瘩是空的,而且吃起来会很筋道。尤其是在伤风感冒的时候,来上一碗珍珠空心疙瘩汤,出一身热汗,病很快就会好的。在东北民间就有句这样的俗语:"三分病,七分装,一心想吃疙瘩汤。"

酸菜传奇

【酸菜】在过去寒冷的东北地区,一年中大约有半年吃不上时令新鲜的蔬菜,勤劳、智慧的人们创造了腌渍酸菜的饮食方式,来度过冬春两季。据考证,满人的先民在 1 400 多年前的渤海国时期就已经创造了腌渍酸菜的吃法。满人称酸菜为布缩结,在北方的志书中多有记载。《奉天通志》中有这样的记载:"及至秋末,车载秋菘(即白菜)渍之瓮中,名曰酸菜。"《吉林通志》中记载:"多蓄白菜,煮以沸水中,置之缸中,以石压之,日久则味酸质脆,爽若哀梨,为御冬之用。"《黑龙江述略》的记载较为详细:"至秋末则惟黄芽白一种,土人以盐浸之,贮瓮中留供冬春之需谓之酸菜,调羹颇佳。"《呼兰县志》中写道:"香瓜消暑果,酸菜御冬羹。"《双城县志》也有记载:"家家更腌藏各种蔬菜……菘(白菜)则渍会酸,谓之酸菜,均系冬时之副食品。"

【渍酸菜的发明者】酸菜不仅在正史之中有大量的记载,在民间也有着美妙的传说。据说渍酸菜的发明者是一位名不见经传的满人村妇。其实在现实当中,很多美味食品都是由平凡的人所创造的,如很有名气的麻婆豆腐等。人类的历史不仅仅是由那些大人物所书写,小人物也往往会在无意间抹上浓重的一笔。再回到这个故事上来,说这个满人村妇在准备做饭,从大水缸里舀水时,不小心将手指上的顶针掉进了水缸里,由于当时缸里水还很多,便没有将顶针捞出来。过了一个多月,她淘洗水缸时,才取出了顶针,发现顶针竟然没有生锈,而平时遗忘在其他角落里的顶针却常常锈迹斑斑。当时,正是她为储菜发愁的秋末冬初时节。她忽然灵机一动:如果把白菜浸泡在水缸里也许不会腐烂吧。于是她刷好一口大缸,又把白菜洗干净,一棵棵地码放在缸里并填满了清水,为了防止白菜漂浮,她让丈夫搬来一块大石头压上。到了冬天,她从缸里捞出一棵白菜,一看,白菜果然没烂,只是颜色发黄。她揪下一点菜心放进嘴里一嚼,甜酸甜酸的,味道好极了。过年炖猪肉时,她切上一棵渍好的酸菜,口感别具风味。从此,一传十,十传百,渍酸菜就在东北传开了。

【酸菜缸、大石头】酸菜如今在东北人的饮食习惯中,已经具有了不可或缺的重要地位。在过去的东北人家里,有两样东西不可缺少,一是酸菜缸,二是腌酸菜用的大石头。由此可见酸菜在东北百姓人家的普及。满人腌渍酸菜的办法一直流传到今天,其工艺别致、繁复,以致曾有拿腌酸菜作为衡量主妇是否能干的乡俗。

【选、洗菜】首先在对白菜的选择上就有讲究,白菜棵不能太大,但是心儿要饱满;叶子不能太多,多余的菜叶要用刀削下去一些。因为棵大不容易腌透,叶子多的腌出的酸菜色泽暗淡,而且不脆。选好白菜后,要把白菜菜根儿削掉,然后将一棵一棵白菜洗净,再把菜上的水滴控净。或许不少小时候在东北生活过的人,都有过帮助父母完成选菜和洗菜的经历。

【刷洗酸菜缸】刷洗酸菜缸是一道需要很细心的工序,大人一般不会让孩子去做,而是自己亲自刷酸菜缸,因为如果盛放酸菜的缸刷不干净,白菜不等腌好就会烂掉。当谁家酸菜还没腌制好就烂掉的时候,那家的主妇总会遭到人们暗里的讥讽,嘲笑她的懒惰和笨拙。

【码缸】接下来的程序是码缸,就是将白菜码放在缸中。先在缸底撒一层大颗粒的咸盐,然后把白菜根部朝外叶子朝里整齐地码一圈，接着再撒一层盐，再码一层白菜，如此下去，白菜码到半缸时，将一块新白布铺到白菜上，或者用手使劲按压，或者找来孩子，也用新白布将脚裹好，然后将孩子抱到缸里用力去踩，为的是把白菜压实成些。

【压石头】码完白菜后，就在白菜上面压一块百十来斤重，已经清洗干净的石头。别小看这石头，它多是男主人在外面千挑万选找回来的，有的石头能用上几十年，见证着一个家庭的喜怒哀乐、兴旺衰落。压上石头后用削下来的白菜叶子在酸菜上面一层一层盖好，在缸上形成一个绿绿的白菜包。白菜包上面有时要苫上一层塑料布，但不能苫严实，否则不透气酸菜也会烂掉的。

【换水倒缸】要不时地坚持换水，看见酸菜有白醭了就换水，等到腌好后，还要及时倒缸，就是把底下的酸菜倒到上面来，这样酸菜才能好吃可口。虽然人们吃东西越来越精细、越来越讲究了，好多精致的南方饮食也都流入东北，但即使在很洋气的哈尔滨这样的大城市里，腌渍酸菜依然十分普遍。

【酸菜洗油】经过一个月漫长的等待，酸菜就可以捞出来尽情食用了。在东北，酸菜一般有炖、炒、包饺子和生吃四种。酸菜洗油，所以人们将其多与肉放在一起。大多数人对于油腻的白肉往往难以下咽，只消一两口肥肉下去，就再也吃不下去了，但将肉与酸菜弄在一起，就犹如花哨女子洗尽铅华，顿时减了肥、去了腻、增了香，爽润可口，肥而不腻。

【汆白肉】酸菜最高、最经典的表现形式，是与肉在一起炖，火锅、砂锅、铁锅均可，俗称酸菜白肉、酸菜火锅，雅称汆锅、汆白肉。汆白肉用的酸菜，主要是菜帮。在切的时候要顺茬用刀，片出三两个层次，薄近透明。然后横切成丝，极细的丝，与白肉和花椒、八角、海米等合炖，炖好了以后，再佐以韭花、腐乳、蒜末等小料。趁热吃下，顿觉通体舒坦。还可以将血肠加入白肉和酸菜之中，通常叫作酸菜血肠白肉，是满族传统食品，当然到了今天，无论在东北的城里或乡村,也早已是全民通吃了。在乡下,吃酸菜血肠白肉最为地道,血肠往往是农民自家杀猪时自己灌的,白肉也是自家养的猪,是绝对的绿色食品。当一碗一碗的酸菜血肠白肉放在你面前的时候,内心的想法也只剩下一句东北土话了:"可劲儿造吧。"

【生吃酸菜心】相比于炖酸菜、炒酸菜,还有一种吃法则再简单不过,就是生吃酸菜心。小小的酸菜心,颜色嫩黄,生吃特别爽脆,那是许多东北人儿时最为温馨的味道。每当妈妈切酸菜的时候,大小孩子们总会挤在一旁,等候着分享这白白的、脆脆的、酸酸的美味。酸菜心可以蘸酱或直接生吃,尤其是生吃,酸得让人耳目清新,还可以醒酒提神,甚至有人称生吃酸菜心有"钻舌感"。其实无论酸菜的哪种吃法,都会让你一饱口福,那酸酸的味道、浓浓的风情,也许这时你想说的只有那一句曾风靡全国的歌词了:"翠花,上酸菜。"

【孔子吃酸菜】东北酸菜的来历已经不好考据,许是满人先民自己创造的,抑或是从中原传过来的,然后经过创新而成为今天人人喜爱的冰雪饮食,但酸菜不独为东北所有却是事实。酸菜,古称菹,在孔子完成的一部中国礼教之大成的书籍——《周礼》中就载有其大名,如"醢人掌五齐七菹",《诗经·小雅》:"田中有庐,疆场有瓜;是剥是菹,献之皇祖。"这里的菹指的就是3 000年前的酸菜,只不过酸菜的原料可能有所不同。在《吕氏春秋》中,有"文王嗜菖蒲菹酸菜,孔子闻而服之。缩额而食之三年,然后胜之"。说的是曾写出千古奇书《周易》的大圣人周文王爱吃用菖蒲腌渍成的酸菜,孔子听说了,也开始学着吃,皱着眉头苦吃了三年菖蒲菹,终于习惯了。可见酸菜在我国不同地域和历史阶段,所用的原料也是不同的。想必文王那时吃的要是东北酸菜,孔子老人家也就不必要"缩额"三年了。在北魏的《齐民要术》中有专门介绍菹的一个章节,更是详细介绍了我们的祖先用白菜(古称菘)

等原料腌渍酸菜的多种方法。

【中国酸菜带】据传,在秦朝修筑万里长城的时候,数以万计的役工就是靠着酸菜补充营养,维持体力的。除了冰雪世界的东北酸菜天下闻名以外,在河北、河南、山西、陕西、甘肃、宁夏、内蒙古等地都有香飘千家、恩泽万户的酸菜。有人将其形容为沿着古老长城的中国"酸菜带"。在南方湖南、云南、贵州等地也有酸菜,但原料、工艺及吃法都大不相同,以致有的东北人到了南方,听说有酸菜可吃,往往惊讶不已且要吃上一吃,品尝过后才知那是风味完全不同的两种菜肴。不过有一首打油诗倒也说得不错,"一方水土一方人,酸菜同源不同宗。处处酸菜皆养人,养了古人养今人。"

【埃及人吃酸菜】能把中国各地的酸菜吃遍已是不大容易,在国外也有各种各样的酸菜。几千年前,酸菜就被埃及人所青睐,据说被收录进菜谱的酸菜种类多达 16 种。历史上的埃及一到每年的秋末冬初,蔬菜就要断季的时节,农家便开始腌制酸菜。埃及人腌酸菜有很多讲究,用的原料也相对要繁杂一些,主要有黄瓜、萝卜、辣椒、橄榄、圆白菜、洋葱等。配料和底料更是让人眼花缭乱,如胡椒、大蒜、大料、柠檬、姜、茴香、各种酱类,以及其他叫不出名字的调料。看上去更接近我们的腌制咸菜,不过据说埃及酸菜让人酸倒牙。

【莱茵河畔的酸菜】在遥远的欧洲德国也有酸菜,而且德国人以吃酸菜闻名于世,甚至德国人被西方各国往往贬义地称其外号为"酸菜",可见德国酸菜名气之大,以致有人说在德国能大于希特勒名气的也就只有酸菜了。莱茵河畔的酸菜与东北酸菜,无论是在色泽还是味道方面都非常相像。只是德国酸菜由甘蓝腌制,不如东北酸菜口感脆生,经不起炖,沸汤里滚上几开,就有些软塌塌了。喜欢酸味美食的德国人做酸菜的方法也是不少,炖、凉拌或是煮汤,吃德国猪脚、德国香肠时,配上酸菜也会增添风味。比较常见的吃法有烤猪肉配酸菜芥末酱：几片红白相间的猪肉整齐地摆在盘子里，上面堆满了德国酸菜，淋上芥末酱。这道菜里德国酸菜脆香可口，白肉肥而不腻。酸菜也常被用来制作鲁宾三明治，还有酸菜炖排骨，只是不晓得与我们东北的酸菜炖排骨有什么样的不同，不过可以看出德国人与中国东北人英雄所见略同，深谙酸菜洗油的本性。

【法国酸菜】美食不能独占，与中国美食文化齐名，以法国大餐享誉世界的法国人自然也不甘人后。在法国民间有一种在腌渍风格上很近似的酸菜，原料与德国一样同为甘蓝，将甘蓝切丝后，一层菜一层盐，交替平铺于专用陶器中，另加一种杜松子调味，缓缓发酵而成。配以熏肉猪蹄，银刀银叉，充任法式大菜。虽然法、德的酸菜在口感上不能完全代替我们的东北酸菜，但对于飘落在异乡的东北人，也可以解馋虫、化乡愁，暂把他乡作故乡了。

【酸菜进入欧洲】据说，自从 13 世纪蒙古铁骑闯入欧洲，就把中国的酸菜也带到了欧洲（或许酸菜也可以强壮一个民族），并在东欧率先盛行。随着传奇蒙古帝国的破灭，酸菜依然上演着自己的传奇，随着犹太人的迁徙，酸菜进入了西欧北部及更多的欧洲国家。在德国、俄罗斯、荷兰、波兰，酸菜成了冬天必备的食物，在俄罗斯还有着"一入秋，万户腌菜声"的景象。各国各地的酸菜种类万千，但从这些喜爱酸菜的国家，如德国、法国、荷兰、波兰、俄罗斯等国家所处的地理位置不难看出，这几个国家与我国黑龙江的纬度都很接近，也许这不仅仅是巧合，或许就是这同样的冰天雪地的气候环境，使不同的国家与民族养成了因季节性蔬菜匮乏而腌渍酸菜、食用酸菜的冰雪饮食习俗，当然这只是笔者多少有些不够严谨的猜测。

正月里的"哎吉格饽"——冻饺子

【冻饺子】冷冻食品是东北最具冰雪特色的饮食种类之一，冻饺子就是其一。"好吃不过饺子"，可饺子又不便存放，于是满人先民在冬天的时候就创造出把饺子放在外面，让其自然结冻的储存方式，满族称冻饺子为"哎吉格饽"，这种习俗一直流传至今。农历春节是满族一年中最为喜庆和重要的节日。一年辛勤的劳作下来，人们总是要在过年的这几天彻底的放松一下，痛痛快快地玩上一阵，所以在过年的几天里，流传着过年不做家务的习俗。在年前的一段日子里，人们忙乎着准备各种各样的年货，其中就包括包冻饺子。在乡间包冻饺子是一宗很喜庆的事情，每逢哪一家要包饺子的时候，总会有乡里乡亲的大姑娘、小媳妇前来助阵帮忙，今天到这家包几天，明天到那家包几天。一堆人围在一起，东说说、西笑笑，好一派其乐融融的热闹景象。

【芹菜馅】北方传统的饺子馅种类多样，而且各有说法附在其中，如芹菜馅饺子，取芹—勤、菜—财的谐音，故名"勤财饺"，有勤财之意。大概是有勤奋创造财富的含义，或是对源源不断财富到来的祈福，彰显出朴实、善良的劳动人民对勤劳与务实精神的祝福。

【酸菜馅】酸菜馅饺子，取酸—算的谐音，故为"算财饺"，即算财之意，想必是有清算和谋算的含义。算计与总结一下今年的收获，对来年做一下规划与展望、期盼与祝福，都被蕴含其中了。

【白菜馅】其他还有诸如白菜馅——百财之意，即对百样之财的祈福或对夫妻白头偕老的美好祝愿。

【韭菜馅】韭菜馅——久财之意，祈福长久的物质财富，祈愿天长地久。

【各馅说道】香菇馅——"鼓财饺"、鱼肉馅——"余财饺"……饺子之美好寓意发展到今天,更有了短信的形式来传播,内容风趣、活泼、吉祥、喜庆:"饺子祝您,为人勤财,夫妻百财,家有余财,投资鼓财,出门财到(菜馅),进门添财(甜馅),偶遇野财(野菜馅),天天招财(大枣馅),身体牛财(牛肉馅),事业洋财(羊肉馅),家庭久财,万事算财,一生有财(肉馅)。"

【剁馅】包冻饺子前,每家都要准备充足的白面和饺子馅儿。在制馅的过程中,剁馅这道工序最为热闹。每到年前家家包冻饺子的日子里,四邻八舍总会传来刀与案板撞击的"嘭嘭"声。据说,剁馅声要最响且时间要长,剁菜的时间越长,说明包的饺子就多,美其名曰"长久有余财"。

【饺子形状之说】随着富有韵律感的强弱节奏变化,如优美的过年序曲,昭示着一年中最为喜庆的节日即将到来。过年的饺子馅不仅有讲究,连饺子的形状也有说法,尤其是年三十包的饺子。弯月形的饺子,是把面皮对折后,用右手的拇指和食指沿半圆形边缘捏制而成,要捏细捏匀,谓之"捏福"。"元宝"形的饺子,是把捏成弯月形的饺子两角对拉捏在一起,摆在盖帘上,象征着财富遍地、金银满屋。还有的人家,将饺子捏上麦穗形花纹,如颗粒饱满、硕大无比的麦穗,象征着新的一年会五谷丰登。大多数人家把饺子包成多种形状,预示着来年福气多多、财富多多、粮食多多,期盼生活能够蒸蒸日上。

【圈福】包好的饺子要放在盖帘上,在有的人家中,年三十包的饺子是不能随意摆放的,正如俗话所说:"千忙万忙,不让饺子乱行。"闯关东过来的山东人家,放饺子的盖帘要用圆形的,在中间先摆放几只元宝形饺子,其他的饺子则一圈一圈地向外逐层摆放整齐,民间俗云"圈福"。

【盖帘】有的东北人家甚至规定,无论盖帘大小,每只盖帘上都只能摆放99个饺子,且要布满盖帘。因此,只能靠调节饺子的间距和行距来实现,谓之"久久福不尽"。关于这个习俗,民间传说中还有一段有趣的故事:很久以前,在一个贫困的山村,有一户人家很穷,常常是吃了上顿没有下顿。到了年三十这一天,家里没有白面,也没有菜,听着四邻的剁菜声,心急如焚。无奈,只好向亲友借来面粉。和好面后,又胡乱弄了点杂菜凑合成馅,就包起了饺子。因为面是借来的,所以包的饺子就格外珍贵,摆放时就一圈一圈由里到外,非常整齐,也很美观。刚刚从天庭回来的灶王爷看了很高兴。同村有个财主,家有万贯家财,平日山珍海味的吃惯了,根本不把饺子放在眼里。大年三十这天用肉、蛋等料调馅,包成了饺子,乱放在盖帘上。不料饺子下锅煮熟后,一吃味道全变了样。肉蛋馅变成了杂菜馅,而那户穷人的饺子却变成了肉蛋馅的。原来是灶王爷对财主家包饺子的态度很不满意,为了惩罚他,就把两家的饺子给暗中调了包。第二天,这事便在村里传扬开来。从此,人们再忙,年三十的饺子也要摆放得整整齐齐,以讨个"圈福"的头彩。不过不同的地方有着不同的习俗,在黑龙江部分地区的农家,饺子却不能摆成圆圈,据说把饺子摆成圆圈,会使日子越过越死。必须横着排成行,这样方能使财源四通八达地涌来。

【饺子敲进缸里】饺子包好了,放在盖帘上拿到外面去冷冻,寒冷的天气下不消个把小时,就会冻得硬邦邦的,掉在地上都不会摔破。饺子冻透了,姑娘媳妇们左手擎盖帘,右手拍打着盖帘,乒乒乓乓,一盖帘一盖帘的饺子敲进缸里。有的人家冻饺子会包上一两麻袋,多的还有包四五麻袋的,吃上一个正月毫无问题。等吃的时候,将冻饺子放到锅里煮,煮出来的饺子既不会破皮,味道也依然鲜美。冻饺子的饮食风俗在东北流传甚广,在 20 世纪初出版的《龙城旧闻》里,曾记载道:"饺子,南人曰古子。岁除时,先期包好,风前冻干,新年随时煮食,曰冻饺子。"即使在现在的大都市里,也依然如此。虽然旧时的许多讲究已经没有了,但经常地吃上一些冻饺子还是必要的,尤其是在春节期间。有的人家将包好的饺子放在阳台上,冻好之后装在袋子中,然后放进冰箱,随时都可拿出来煮食,俨然有方便食品的意味了。当然在如今的商店、卖场里,机械化或手工的冻饺子比比皆是,饺子的味道或许不差,但其中所蕴含的旧时的种种乐趣和韵味,却渐渐地悄然逝去了。

别拿豆包不当干粮

【黏豆包】腊月里,东北人是一定要吃黏豆包的。雪落飘飘,茫茫大地,迎着风雪推开家门,一股热气顿时扑面而来,满屋飘溢着甜腻的豆香味道,一眼望去,刚刚揭开的锅中是金黄色的黏豆包。母亲将黏豆包盛放在碗中,撒上白糖,拿在手中,迫不及待地一口咬下去,虽有些烫嘴,却仍是一口一口地吞了下去。也许这样的场景在许多东北人的记忆里都会依稀存在,那是绵远而温暖的回忆。黏豆包是起源于满族的一种食品,满人称其为"黏米饽饽"。由于它携带方便,吃了以后又抗饿,是满族人出门在外常带的食品。满洲的八旗兵打仗,也常用它作为军粮。在东北至今还流传着"别拿豆包不当干粮"。

【驴打滚】吃的时候在碗里要放上些许的白糖,蘸着白糖吃又香又甜,也有的人喜欢就咸菜吃,还有的人认为纯粹的素吃最正宗,认为吃黏豆包如果像吃馒头那样,就着菜或肉吃,就像咬一口鲜草莓再咬一口红烧肉一样混乱得不可思议了。黏豆包还可用油来煎着吃,或者滚上炒熟的黄豆面吃,又增添了一种糊香豆味,叫作"驴打滚"。旧时有一种传统的吃法,令很多人咂舌,就是蘸着大油(荤油)吃黏豆包。过去人们肚子里缺油水,这样的吃法还说得过去,现在这样吃,恐怕没人能吃得下去了。

【冻豆包】黏豆包大多不是现蒸现吃的,许多人家更多的是一次蒸好多锅,然后把蒸熟的黏豆包放在外面或仓房中的大缸里冻起来,等到想吃的时候就拿起来再蒸一下就可以了。有的淘气孩子在冬季里偷着啃冻豆包,不过味道比起热黏豆包自然要差了好多,就当是练其牙齿,吃着玩了。恰如一打油诗写道:"大黄米犹掺玉米,红豆稍加绵白糖。冻硬凭君拿脚踹,热来最是好干粮。"黏豆包虽为满人的特色食品,但渐渐地也被广大居住在北方的汉人所青睐,成为东北地区尤其是黑龙江、吉林等地所常见的冷冻食品。过年的时候在每个东北人的家里,不独是冻饺子、冻黏豆包,还有冻馒头、冻花卷、冻包子等。每年都会冷冻上一两大水缸各种各样的冷冻食品,以致有的人家到春暖花开的时候还没吃完。

【包黏豆包】包黏豆包是东北民间冬天里的一件大事。时序一进入腊月,当西北风在大地上吹刮的时候,农家就开始筹备黏豆包了。因为东北黑土地盛产黄米,所以多用黄米做黏豆包。传统的做法十分复杂。在曹保明先生《长白山下的民俗与旅游》一书中是这样描述的:做黏豆包先把黄米淘好,用温水浸泡一天半日,然后碾压成粉,过筛后调和成面,用盆装好放在炕上醒一醒,然后抠出一小团捏成小圆饼。把赤小豆捣成豆馅,掺上冰糖、白糖,包成鸡蛋大小的包子,这就是豆包。蒸的时候,有的还在豆包下垫上一片苏子叶,防止粘在屉布上。

豆包其实应该叫"包豆",因是黄米面包上一包豆子,包豆包是东北乡下常见的一种活动,颇有民间文化的意味。在腊月里,当两个熟人一见面,往往问:"淘米啦?""淘了,你家呢?""淘了。""淘几斗?"……你来我往的问答中,透着亲切、满足,甚至有一种善意的炫耀在里面。淘米的多少,常常标志着一家生活的富裕或贫穷。日子过得宽绰的人家,人口多的,每每发一两缸黄米面,包豆包往往从腊月初一包到腊月二十三。不富裕的人家,日子再穷,也要淘上几斤黄米,哪怕发一盆面,也算让孩子过过年。孩子们盼年,往往是杀年猪和包豆包。乡下包豆包与包冻饺子一样,淘米多的大户人家,都要请上一些帮手。帮手要选家庭人口齐全、老人健在、手脚麻利、长相水灵的大姑娘、小媳妇,一包就是一宿。谁家的俏姑娘要被大户人家请去当过帮手,包过豆包,是很荣耀的经历。

【姑娘脸红了】有了大姑娘、小媳妇的扎堆,这包豆包的活动内容也就丰富了起来,一些小伙子绞尽脑汁地寻找各种理由,到包豆包的那家去串门,自然是意在那些大姑娘们了。当哪个小伙子进来时,正在叽叽喳喳的姑娘中,如果谁突然脸红了,就会有小媳妇略为夸张地逗上几句,那被说中心思的姑娘脸就更红了,小伙子看到此情景,就略有些腼腆地走开,但心里别提多美了。说话的小媳妇看到此场景,嘴上念叨得更勤。

【边包边蒸】包豆包要边包边蒸,蒸好的豆包要放在仓房里保存着,等冻结实了,再放进缸里。黏豆包包得多的人家往往能装上一两缸,大多是自家吃,小部分则送给城里的亲戚吃个鲜儿。有时腊月里包的豆包一吃能吃到第二年的开春。

【讲"瞎话"】包豆包是个累活,一个个地用手捏,动作机械重复,不免让这些心思活泛的大姑娘、小媳妇感觉枯燥,也易使人发困。有的时候,大家会张家长、李家短地说上一阵,但总有说完的时候。为了打发包豆包的漫漫长夜,这时会讲故事的老奶奶就会上场助阵,专门给包豆包的大姑娘、小媳妇们讲故事,防止大伙"困"。老掉牙的"故事篓子"——老奶奶,也是从年轻时候走过来的,攒了一肚子的故事,也知道年轻的丫头们喜欢听什么,就尽挑那些解乏的,姑娘、媳妇愿意听的一个个讲来。大伙儿听着、说着、笑着,一会儿红了脸,一会儿我拥你一下子,一会儿你打我一下子……却不耽误手中的活计。

【手拎烧火棍】窗外边,腊月里的大风大雪,一个劲儿地呼呼刮着,风雪打在老窗纸上,发出一阵阵"沙沙""哗哗"的响声。在外屋地烧灶坑蒸豆包的人,时而跑到屋里凑下热闹,插上两句,或撩扯谁一下,时而往灶里加一把柴,时而还要到外面院子里去轰赶野狗,以防在外面正在结冻的黏豆包被野狗偷吃掉。狗不肯远走,于不远处徘徊着,等待着下口的机会。雪花顺着半开的门缝飘了进来,还没到灶坑前就化得无影踪了。锅上的热气裹着一团团豆香,飘到里屋,飘到外面的院子。黏豆包熟了,人们的心也热了……

寒天雪地冻食品

【冻鲜肉、冻鲜鱼】寒冷的北疆就像个大冰柜,除了冻饺子、冻黏豆包等,冻鲜肉、冻鲜鱼的方式也颇为常见。冻肉的方式是将各种肉类的表面淋上清水,等冻有一层冰壳后,再将其埋在大雪堆里冻起来或者放入屋外面的大缸里。这样不仅可防止风化、杀菌防腐,又能保持肉味鲜美如初,能够一直保存到来年的春天。清朝时期,满人采取冰封法保鲜活鱼,将鳇鱼、哲罗等名贵鱼封在冰中保鲜。曾有人在诗中描述道:"江岸河边人足鱼,千家庚癸不须呼。天寒入贡冰鲜好,朗朗游鳞彻玉壶。"诗人朱履中注释道:"浇水成冰,如在玉壶,谓之冰鲜。"现在东北乡下有些人家,是把刚打上来的鱼用水浇上厚厚的一层冰,然后放入外面或冷屋子的大缸里,或者是像储藏冻肉一样,也都埋入雪堆中。或许这种办法也是从满人先民那里流传下来的。

【刨花餐】大多少数民族冻鱼、冻肉,都是为贮存过冬之用,但赫哲族却有着直接食用冻鱼的饮食习俗,这就是赫哲族独有的刨花餐。刨花餐属原始吃法,主要盛行于冬季,其做法是将冻好的新鲜狗鱼、鲟鳇鱼、黑鱼、哲罗、雅罗、亚布沙等扒皮后,用木工刨子刨成薄薄的鱼片,成塔状摆在盘里,晶莹剔透,十分好看。然后将醋、韭菜花、辣椒油、盐面等制成酸辣蘸料,就可夹取刨花鱼片蘸料汁食用了。也有的渔民在江上直接就吃冻鱼。刚从冰冻的江里打上来的鱼,在冰面上不消一会儿,就会冻成冰鱼。渔民用刀在鱼身上直接削下一片鱼肉放进口中,就着一口白酒吃下,虽然入口有些冻舌头,但吃下去,心里却是凉得爽快。这种吃法有醒酒清脑、明目提神的功效,算是冰雪饮食中的典范吃法了。

【最爱冻豆腐】 在白山黑水之间诸多的冷冻食品里,或许最为知名的可能要算是冻豆腐了。旧时,人们只要将鲜豆腐直接放在寒冷的室外即可。如今切成块放在冰箱里冷冻也即成冻豆腐,又称海绵豆腐。现在冷冻豆腐的目的已经不光是为了好贮存,而是人们更加喜欢它的风味。以冻豆腐入菜,味道极好,尤其是北大荒的冻豆腐,味道更佳,也更胜于鲜豆腐。冻豆腐不同于鲜豆腐,内部呈蜂窝状且富有弹性,口味独特,与肉、鸡或各种蔬菜一起烧制,易于吸收汤的味道和营养,吃起来松软有滋味,越嚼越香。

【美肤佳品】 在明朝大文人袁枚的《随园食单》中,对冻豆腐的吃法也有上佳的记载:"将豆腐冻一夜,切方块,滚去豆味,加鸡汤汁、火腿汁、肉汁煨之。上桌时,撤去鸡、火腿之类,单留香蕈、冬笋。豆腐煨久则松,面起蜂窝,如冻腐矣。故炒腐宜嫩,煨者宜老。"冻豆腐如今不仅被人们所广泛喜食,而且有了更为时尚的用途,成为现代时尚女性所追捧的美肤佳品。据美容专家讲,冻豆腐对增加"女性荷尔蒙"颇有效果,它含有与女性荷尔蒙作用相似的大豆异黄酮,同时还富有给予肌肤张力的弹性蛋白。其或有某厂商大声呼吁:"冻豆腐是女性的朋友。"可见对于冻豆腐真的是"不可貌相",或许东北冻豆腐这个实在不怎么起眼的冰雪饮食,说不准在哪天又会有什么惊人之举而让大家刮目相看呢。此时想起一段关于冻豆腐的绕口令,"你会炖炖冻豆腐,你来炖我的炖冻豆腐;你不会炖炖冻豆腐,别胡炖乱炖炖坏了我的炖冻豆腐。"

【**蔬菜冻着吃**】在人类成长的历程中,生存智慧无处不在,这在人类面临大自然所赋予的环境压力时,尤其如此。丰厚的冬贮,就是东北人家冰雪饮食文化的聪明创造。由于东北地区无霜期短,只有在夏秋两季能吃上新鲜的地产时鲜蔬菜,而为了在寒冷的冬天里能吃上蔬菜、水果,早在 1 000 多年前,长期居住在东北的先民们就采取了冷冻蔬菜、冷冻水果的冰雪饮食方式,并流传至今。

【**没治了**】满人早期的冻菜以白菜和大葱为多,初始的时候人们并没有有意地去冻白菜。冻白菜最初能走到人们的饭桌上,大多是由于有些白菜没有被存放好,被寒风一吹就成了冻白菜。冻白菜不能做酸菜,也不能为炖、炒菜所用,但扔掉了可惜。于是人们将冻白菜拿到暖和地方化冻,并将外面风干的菜帮去掉,把里面的一层一层剥出来,洗好、切块,下到开水锅里焯一下。煮到用手能掐透的时候,捞出来过凉水,攥成团,把水分挤干净,就可以蘸酱吃了。蘸酱数东北大酱炸成的鸡蛋酱为最好,如再撒点辣椒油就更好了。冻白菜蘸上这新炸的酱,往嘴里那么一放,越嚼越香,再就着东北的苞米面大饼子吃起来,套用一句东北土话,那就是"没治了"(最好、顶好,没办法再好的意思)。

【**扒拉棵**】人们发现冻白菜这种吃法的妙处之后,就有意地在雪堆里埋上几棵白菜,以备做冻白菜食用。用来冷冻的白菜要属大白菜地里农民扔掉不要的"扒拉棵"(不成形的白菜次品)最好,既经济又好吃。在当时的大多东北乡村人家的饭桌上,经常能够看到这冻白菜的吃法。有趣的是,随着百姓生活水平的迅速提升,在百姓家里已经不大看得到这种冻白菜的吃法了,可在有的餐饮酒店里,却能够吃到,而且被作为一种特色被鼓吹。

【**冻葱**】冬天将大葱放在外面寒冷的雪堆中,在东北是更常见的习俗。人们用手将几棵大葱的葱叶挽在一起,然后放在低温的室外,可以一直贮存到来年的春天。在吃的时候,扒掉葱茎外面干枯的葱皮和枯萎的葱叶,晶莹的冰霜在洁白的葱茎上透着湿润的光亮,比新鲜大葱看上去更垂涎欲滴。20世纪80年代后期,一些经过超低温速冻加工的冻菜,如辣椒、豆角、黄瓜、柿子等,走进了千万东北人家的厨房。这种小包装蔬菜,食用时简单、便捷,味道、色泽和营养与鲜菜相差无几,一时之间颇受欢迎,但随着东北城市冬季鲜菜市场的逐渐丰富,在今天也不大能看得到这种冻菜了。

【冻起来吃的水果】东北气候寒冷,水果易冻,很久以前,人们很难吃到新鲜水果。宋朝时期居住在东北的契丹人则顺其自然,创造了冻梨的吃法。宋朝使者庞元善在《文昌杂录》中曾这样写道:"余奉使北辽,至松子岭,旧例互置酒三行,时方穷腊(腊月将尽),坐上有上京压沙梨,冰冻不可食。接伴使耶戒律筠取冷水钦良久,冰皆外结,已而敲去,梨已融释,自而凡所携柑橘之类均用此法,味即如故。"《黑龙江述略》中也有记载:"奉天产梨,经冬则冻如枯木,以盆贮冷水浸之,历日乃转润可食。"上面的记载中所介绍的这种吃法,如今的东北人也毫不陌生。冻梨一般是由花盖梨、秋白梨、白梨、尖巴梨冰冻而成。梨经过冻了以后,会变成乌黑色,硬邦邦的,砸到地上,也不会有丝毫损伤。吃冻梨有两种方式,一是不用缓冻直接吃,但需要有一副好的牙口和几分不怕冰牙的勇气。如冰坨一样的冻梨,让人吃的时候颇需要一些毅力和耐性,要小口小口地咬、细细地品、慢慢地咽。一口咬下去,咬在嘴里的那块梨像是块冰一样,在嘴里含也不是,咽也不是,嚼也不是,吐也不是。但只消过一小会儿,就会逐渐感觉那冻梨的脆、冻梨的鲜。继续坚持着一口一口地啃下去,伴着不时的冷战,会有凉爽到心窝的感觉,而啃到后面,随着梨的慢慢解冻,则会越吃越暖和,让人有种无法形容的迷恋。

【缓冻梨】冻梨的另一种吃法,是先将冻梨置入盛有凉水的盆中化冻,东北人把"化冻"称为缓。浸泡时,在冻梨的周围会结有一圈薄冰,将盆中的梨都冰冻到了一起,成为一个整体。缓冻梨一定要缓透,否则会不好吃。吃的时候先捏碎冻梨外面的冰壳,此时冻梨已经变得很软,化透的冻梨,甜软多汁,清凉爽口。轻轻咬上去一口,冰凉清甜的汁顺着口腔流入,然后顺着第一口的痕迹,吸吮里面的汁,每一口都那么甜丝丝、冰冰凉的。吸干了冻梨的精华,整个干瘪了的梨肉没了水分,就不怎么好吃了。对于喜好饮酒的人来说,酒后能吃上个冻梨,既解酒,又助消化。饭余酒后,吃上几个,颇为惬意,是过去东北人的上好消闲食品。

【冻柿子】在东北常见的还有冻柿子可吃。冻柿子产于河北,个头特别大,不似南方柿子那么瘦弱,运到东北后,为了便于储存多被冻起来吃。橘黄的冻柿子十分诱人,缓透了,拔掉把,从中间掰开来,吸里面丝丝软软的柿子肉,嫩嫩的、凉凉的,甚是好吃。除了冻梨、冻柿子,还有冻苹果、冻海棠……

过冬的晾制食品

【少数民族的晾肉、晾鱼干】在一些少数民族中流传着晾制肉干、鱼干,做过冬食品的饮食习俗。以渔猎为生,也以兽肉、鱼为主要食物的赫哲人,就经常将鹿、狍、野猪、黑熊等兽肉,大马哈鱼、狗鱼、鲤鱼、鳊花、白鱼、怀头鱼等进行晒制。

晒肉干被赫哲人称为胡列克特,其做法是将野兽剥掉皮后,将四肢和脊肉用刀片下来,再切成小块,晒干后储存起来,吃的时候用开水浸泡后炖、煮均可,或者直接当干粮吃。还有一种方法是将肉晒成乌切克特,即肉条子,就是将狍子、野猪等脊肉和四肢切成苞米棒子粗细的条子,放在木头架子上生着晒干。吃的时候加盐煮熟即可食用。也可以直接嚼着吃,越嚼越香,多少类似于现在超市里卖的牛肉干。这种肉干存放一两年也不会变质,随吃随用,很是方便。据赫哲老人讲,晒肉干是赫哲人的救命食品。在其他的少数民族,如鄂温克和鄂伦春民族也长期有着晒制肉干的饮食习俗,其晒制工艺和吃法大同小异,在今天仍然保留其特有的冰雪饮食习俗。有"鱼皮部"之称的赫哲人,晾晒鱼干自然也是他们贮存食物的主要方式。赫哲人将鱼干称为敖尔奇克,在以前没有咸盐的时候,只能选择无油较瘦的狗鱼和怀头鱼脊部,如今有了盐,晒鱼干就不再分类了。一般是在网滩上,就把鱼剖膛,去掉内脏,冲洗干净,再在鱼身体上划上几刀,放入木桶里,然后撒上盐浸泡一天一夜后捞出,最后晾晒在架子上,咸鱼干就做成了。

也许是因为生活环境和饮食方式等问题,肉干和鱼干的冰雪饮食方式大多仍只保留在一些少数民族的生活习俗中,并没有在东北地区广泛地流传开来。

【家家晾干菜】在过去的东北,一般百姓人家中晾制干菜非常普及,晾制品种大约能有一二十种之多。平原地区的东北人晒制土豆干、豆角干(丝)、茄子干、西葫芦干、倭瓜干、地瓜干、萝卜干、干辣椒……还有野菜类的,如蕨、薇、刺五加芽、苦菜、蕳蒿等。大葱和大蒜也需要晾,但并非要晾到全干失水的地步。

每当秋天晾晒干菜的时节,家家的院落中都会呈现出五彩斑斓的景象,墙上挂的是一串串红红的小辣椒、一辫辫饱满丰硕的大蒜;院落中搭起的木架子上、地面上,则是色彩缤纷、形状各异的蔬菜干、山珍及野菜等,显现出这户人家的勤劳与富足。干菜的晾制方法多有不同,即使同样的蔬菜也会有不同的晾制工艺,如有的人家是将土豆、豆角等先煮完之后,再进行晾晒,而有的人家则是将其切片、切丝后直接晾晒,或许与各自的生活习惯不同有关吧。

干菜一直要吃到来年农历六月的第一茬韭菜上市之前,所以在东北流传着这样的顺口溜:"吃水用麻袋(冰块),开门用脚踹,男女同穿戴,五方六月吃干菜。"干菜的吃法是用水泡软后,炖、炒等皆可,与肉相结合更是美味菜肴。常见的有土豆干烧五花肉、干豆角炖鸡肉、干豆角炖五花肉、黄瓜干炒肉丝。有的干菜,也可直接泡制成咸菜食用,如萝卜干;还有的干菜能直接做小食品食用,如地瓜干。东北干菜在味道上,干香浓郁;口感上,劲脆有嚼头,是东北人家冬春两季饭桌上必不可少的美味菜品,是长期以来深受人们喜爱的冰雪食品。即使在今天鲜菜十分丰富的大城市里,人们也乐于食用。

【满族果脯】满族先人不仅晾制干菜,也晾制果脯。现在著名的北京果脯、蜜饯,就是源自长期流传于东北满人及契丹等民族之中的"渍山果"习俗,想必是满人入主北京后,将其带入了宫廷,然后渐渐传到了民间。大多水果均可"入脯",如苹果、梨、杏、沙果、海棠、枣等都可作为果脯的原料。时值秋季,挑选出新鲜的水果,将其一一削皮去籽,切成条、块状。然后将白糖炒成糖色,加适量的水、白糖、蜂蜜,熬至稠状后,再将水果条、块浸入蜜糖中,使之吸附均匀,之后放在通风处风干,过了些许时日果脯就做成了。

咸菜的故事

【咸菜】咸菜与酸菜一样,在缺少新鲜蔬菜的季节里,是东北人家不可缺少的菜品。早期有史书记载,冬季穷人家的菜肴只有"野蒜、长瓜皆盐渍者"。即便是在几十年前,当你随意走进任何一家东北乡下人家,都会发现各种大小不一的缸、坛子,那里面放的不是别的,就是陪伴着东北人不知度过了多少个冬季的咸菜。咸菜的选料比较广泛,大头菜、茄子、辣椒、黄瓜、萝卜、芥菜疙瘩、胡萝卜、大蒜等蔬菜均可入选。腌制咸菜的方法大多并不复杂,将要腌制的蔬菜洗干净后,根据不同的蔬菜,加工成形状整齐,大小、薄厚基本匀称的丝、条、块、片,然后依据腌制蔬菜的数量,将其放入缸或坛子里,接着在上面撒上大粒的咸盐,等过上二十多天,就可以食用了。咸菜一直是满族渔猎时期就饭的主要菜食,后逐渐与迁徙到东北地区汉人的饮食相融合,以致"人人皆食之"。

【压桌碟】如今在东北的酒店、饭店等场所餐饮,常可见到在上菜之前,服务员会先摆放四个小菜碟,碟内多为萝卜、腌黄豆等小咸菜,名为压桌碟。这种饮食礼仪就是从满人先民那里传承下来的。现在在官地、额穆等乡镇的满族农家,依然还存有这种饮食风俗,在饭桌上的四个桌角常摆有 4 个小菜碟,碟中多是韭菜花、黄瓜、芥菜、卜留克等咸菜。据说这风俗是清世祖、老罕王努尔哈赤留下的,这其中还有一段老罕王威风八面的传奇故事。

【四个桌角、四个小菜传说】话说的是在老罕王没起事造反之前,常上长白山打猎挖参,由于老罕王勇敢果断,大家都非常信任他、依靠他,无论发生什么事都靠老罕王做主。有一次,他和一帮放山的一起到长白山上去挖"棒槌"(人参),大家在山里转悠了大半天,也没有遇到一棵"棒槌"。大家走得又累又饿,埋怨着今天的运气不佳。老罕王见状,一边安慰大家不要泄气,一边叫大家休息做饭。当时,放山的人上山时都带一张兽皮,这张兽皮的作用可大啦,坐在地上可以隔潮,顶在头上可以防雨,天凉了可以御寒,吃饭的时候大伙还把兽皮铺在地上,上面放东西,几个人围过来一起吃饭,这样既干净又热闹,体现了赶山人"有福共享,有难同当"的侠义。谁知那日吃饭时却不顺当。饭做好后,老罕王放下兽皮,把它铺平,刚转身招呼大家把吃的东西拿来,突然平地里刮来一阵旋风,阴森森、冷飕飕,一下子就把老罕王铺的那张兽皮掀翻了。老罕王只好重新铺兽皮。可是,他刚铺好,又刮来一阵旋风再次将兽皮掀翻。如此铺了翻,翻了铺,倒腾了三四次。

大家都感到奇怪,胆小的人有些害怕了。其中有一个年龄大的人说:"怪不得今天挖不到'棒槌',大概是咱们得罪山神了,山神怪罪下来是不让我们吃饭哪。"有的人赶忙附和着说:"大家快点给山神磕头吧,要不然我们就下不了山了。"大家正在惶恐忙乱之时,只见老罕王虎眼圆睁,怒发冲冠,手握腰刀大喝一声:"你们怕什么!咱们放山人上山挖'棒槌',打野兽,养家糊口,靠的是这把力气和这把刀。他山神算是什么东西敢和我们做对,他若再敢掀翻我的皮子,我就拆了他的山神庙,砸了他的香火案。"大家听了老罕王的话都吓呆了。只见老罕王拔出腰刀,指着跟前的一块石头大声说道:"山神老儿,我既然看不见你,这块石头就当作你的替身,看我怎样对付你。"说罢,举起腰刀,猛地照石头砍去,只听见"咔嚓"一声,好端端的一块大石头被砍成两块,另外还掉下一些小碎石。老罕王把腰刀插在地上,拿起兽皮再次铺平,同时拣起四小块石头压在兽皮的四个角上,说:"大伙儿把吃的拿来,看山神能把我怎样。"说来也奇怪,老罕王这么一折腾,再没起什么旋风。大伙儿稳稳当当吃了顿饱饭,精神头也足了,下半晌倒挖着不少"棒槌",最后大伙儿是兴高采烈满载而归。打那以后,放山的人在山上铺皮吃饭都学老罕王的样子,在兽皮四角放上四块石头,说是镇山神、保太平。后来,老罕王努尔哈赤打下江山,做了皇帝,满族人传诵老罕王的故事,敬仰老罕王的神威,逐渐将放山人吃饭时用石头压兽皮的做法,用到日常生活中去了。每到吃饭时,就把四个小碟儿放在桌子的四角,碟里放上各种小咸菜,天长日久,这一做法就变成了满族人待客的一种习俗。

如今大城市里,自己腌咸菜的人家不如以前那样普遍了,但每家的饭桌上还经常看得到各式各样的小咸菜。就如我们的生活,咸菜也越来越精致了,越来越好吃了……

菜窖里的春天

【菜窖】在东北很早就有了窖藏蔬菜的方式,满人先民女真族就有"芜菁、萝白两种入窖,随时取食"和"掘窖以藏,渐次出食"存储蔬菜的记载。窖藏蔬菜的过冬贮存方式,曾在我国东北地区非常普及,以致挖菜窖成为当时居家过日子必不可少的作业。二三十年前,凡住在平房的人家都建有菜窖,即使在城市住楼房的人家,往往也会在楼前楼后,统一挖有菜窖。远远望去,一个一个地窖盖彼此毗邻而连,颇有城市地道战的气势。难怪在当时曾流行这样的趣闻,说一外国记者曾到东北城市来,发现一家一家的菜窖,心底暗中嘀咕。回国后,竟然传扬说中国北方城市到处在挖地道,忙于备战。这段故事固然为笑谈,不足为信,但也很能说明当时地窖的普及程度。

【室内窖】住平房的人家往往还会有室内、室外两个地窖,室内的窖主要贮存土豆、萝卜以及其他一些蔬菜、食品和什物,也有人称其为"土豆窖"。室内菜窖一般较小,大多为1米见方,深1.5~2米。

【室外窖】室外地窖一般用于储存白菜,所以人们多习惯叫作"菜窖",面积要比室内的大许多,由于户外温度较低,都是选在向阳背风处,菜窖深度能达到2~2.5米。城市的菜窖大多是修建的,菜窖四面都用砖砌上,菜窖的出入口较小,基本上仅能容一人上下。农村的菜窖则多为土窖,菜窖内四面无砖砌的墙,顶部多用木头和木板做搭架,上面再铺上一捆捆干柴或杨树的落叶,供保暖用。留有一人出入的窖口。城市菜窖可多年使用,不必年年重新修建。农村居家的室外菜窖,则大多要1年重新挖一次。首先是在天变暖和的时节,把去年的菜窖拆掉,并用土填死。等到秋季再另选一处地方,重新挖一个菜窖。

【火柴蜡烛试空气】每当秋菜上市季节,家家户户都大车小车地将秋菜拉回家,白天将白菜的根部向外,一排一排地摆在院子里晾晒,目的是为了晒去一些白菜的水分;晚上则将白菜根部朝内,一圈一圈地垒起来,然后用旧棉被一类的东西苫上。那时几乎每个人家都有这种小山包状的东西。等白菜的水分晾晒得差不多了,人们就将它们搬进地窖,等吃的时候随时拿取。菜窖对孩子们是一处充满神秘感的禁地,大人们是不允许孩子们私自下菜窖的。由于菜窖贮存大量蔬菜,促使氧气稀薄,很容易导致贸然下去的人窒息。一般都是在下去之前,将菜窖盖打开放新鲜空气流入,然后点燃火柴或蜡烛,如果燃烧正常,才能安然地下去。莽撞的孩子们哪里懂得这么多,但在大人的明令禁止下,虽然不敢贸然闯入禁区,但却对其充满了更多的想象和向往。东北人家的菜窖酝酿着人们心中的春天,存储着生活的期望,藏匿着孩童的幻想。

东北少数民族的奶制品

【水乌他】东北少数民族多为游猎民族,驯养了大量哺乳动物,其奶制食品种类相当繁多,几乎每个民族都有独具特色的奶制品,为各民族抵御寒冷的严寒气候,做了不可磨灭的贡献。满族有一种被称为水乌他的软奶子饽饽,很受满人欢迎。在清人富察敦崇《燕京岁时记》中曾记载道:"水乌他,以奶酪合糖为之,于天气极寒时,乘夜造出,洁白如霜食之口中如嚼雪,真北方奇物也,其制有梅花,方胜诸式,以匣盛之。"可惜很长时间没有人做这种小吃了。

【蒙古族奶食品】蒙古族奶食品世界有名,自古就有白食之称,其奶茶、奶酒、奶点等更是世人皆知。有人将蒙古族奶食品编成顺口溜,颇能体现蒙古族人的奶食品饮食风俗,"奶中珍品是黄油,待客要数奶皮子,食用方便奶豆腐,清凉解渴酸奶子,敬客祛病马奶酒,奶茶飘香蒙古包。"

【卡拉其】鄂温克人有着悠久的饲养驯鹿的历史,其驯鹿奶茶、驯鹿乳酪等为其在严寒的冬季不知添增了多少温暖。卡拉其即奶糖馃子,是鄂温克人春季家家必备的一种奶制面食,主要是以新鲜牛奶、白糖、面粉作为主要原料,外加鸡蛋、羊油或豆油。鄂温克人在奶糖馃子上还做出不少花样,炸出的馃子有的像花草,有的像草木的叶子,还有的像小鸟。不仅外观赏心悦目,吃起来也颇具风味,香甜可口。

舶来的冰雪饮食

【里道斯】东北冰雪饮食文化不独由区域内各少数民族文化所融合共生而成,也受到了国内外其他饮食文化的影响。尤其在20世纪初,在闯关东的移民热潮下,鲁菜也在东北菜中留下了深刻的烙印,曾在全国热播的电视剧《闯关东》中,主人公朱开山的山东菜馆就是对这一历史的写照。而在有着浓郁欧陆风情的哈尔滨,至今还可清晰感觉到20世纪初,俄罗斯饮食文化给这个美丽城市带来的异域风情。俄式大餐、里道斯(俄语:红肠)、列巴(俄语:面包)等,在哈尔滨均常见,尤其是红肠和面包,早已进入寻常百姓家,也成了哈尔滨的特色食品。

【冰淇淋】哈尔滨人喜吃冰淇淋,大概也是从俄罗斯流传进来,冰淇淋本为消暑食品,但在哈尔滨的冬天,吃冰淇淋的人数也一样大有人在,丝毫不逊于炎炎夏日。每到冬天,在哈尔滨街头巷尾处,总能看到有人在地上摆上十几个装满冰淇淋的纸箱,向行人兜售冰淇淋,购买的人络绎不绝,一买就是一方便袋。更有人在零下二三十摄氏度的大街上大口地吃着冰淇淋,即便是文弱的女孩也当仁不让。凛冽的寒风中,手举着冰淇淋的女孩,俏丽的脸庞红润润的,两三分钟的工夫一个蛋筒就被她吃掉了。在南方人眼里,这成了一件不可思议的事情,在他们的眼里这需要一种莫大的勇气,但对于哈尔滨人则早就习以为常。这也是充满着奇异色彩的冰雪饮食文化的魅力一瞥。

小议东北冰雪饮食文化

【饮食文化之魂】从茹毛饮血,到今天的南北大餐、中西盛筵,东北冰雪饮食文化走过了一个绚丽多彩的历程,成为世界冰雪饮食文化中一朵瑰丽的奇葩。如今东北冰雪饮食文化更为缤纷多样,呈现出多元化的态势,但其深深植入白山黑水之间的饮食文化之魂,那种"朴实中透析出灵气,粗犷中蕴蓄着精华"的饮食风格,依然恒久不绝、生机盎然。自然地理环境是饮食文化的主要影响因素,尤其是在一个世纪之前的冰雪世界里,寒冷的气候环境、恶劣的交通状况,在一定程度上限制了冰雪饮食文化与外部其他饮食文化的交流,在相当长的一段时间里,使东北冰雪饮食文化处在一个较为缓慢的发展阶段,但在一定程度上也使东北冰雪饮食文化更加具有浓郁的地方特色。

【中西合璧饮食】在刚刚过去的一百年里,一系列重大的历史事件此起彼伏,在数千年来的东北大地上,从没有过风云变幻、浪潮汹涌如此集中的历史阶段。东北区域文化受到了前所未有的冲击,冰雪饮食文化自然也不例外。无论是有着深厚华夏文化积淀的中原饮食文化、南方各地的饮食文化,以及来自欧美、韩国、日本等地的饮食文化,对一直处于相对封闭的东北冰雪饮食文化产生了不同程度的冲击,以致形成了一个丰富多彩、百花齐放的冰雪饮食文化氛围。在多元饮食文化的碰撞下,东北饮食文化并没有甘于退守、故步自封,而是以积极进取的开放和开拓的态势,迎来了东北饮食文化历史上的高峰,这不能不说有赖于东北文化中先天富有的博大胸怀。

【野性与豪迈】一望无垠的东北大平原,群峰叠翠、巍巍高山,奔腾千里、波浪澎湃的大江大河,风吹草低的辽阔草原,孕育了豪爽、慷慨、仗义的东北人性格,也塑造了一种开拓进取、胸怀博大的冰雪饮食文化。

有人将东北饮食文化对东北人的性格影响归纳为三点:

一、游牧渔猎为主的生活方式,入山擒兽、刨冰捕鱼的饮食生产方式,"大碗喝酒,大块吃肉,往往带有一种野性"的就食方式,催发了东北人顽强进取、乐观豪迈的精神品格。

二、在东北大地的白山黑水之间,地广人稀,资源丰富,天然生态,物产丰饶。"棒打狍子瓢舀鱼,野鸡飞到饭锅里",食物资源的自然环境,养成了东北人慷慨大方、豪爽仗义的做事风格。

三、天地有大美的大自然气象,放逐于山林江河的自在生活方式,选择丰富的食物乐园,各民族不同的饮食风俗并存等,塑造了东北饮食文化的包容性,而这种海纳百川一般的胸怀成就了东北人思想的开放性。

【性格与饮食】东北人的人格文化也促成了相应的饮食文化风格的形成。在今天东北大大小小的城镇、乡村中,随处可见全国各地乃至国外饮食文化风格的餐饮酒店、风味小吃;并且在全国乃至世界各处也常能体验到我国东北的冰雪饮食文化,这无疑正是开放包容、锐意进取的东北冰雪饮食文化精神的体现。我们有理由坚定地相信,徜徉于东北大地白山黑水之间的冰雪饮食文化,不仅会继续深深扎根于这肥沃的黑土地上,也会一往无前地在华夏大地,在所有有人类居住的地方,引领着世界冰雪饮食文化,在人类饮食文化的大花园中怒放出更为芬芳娇艳的饮食奇葩。

冰雪·霓裳

"被薜荔兮带女罗"——服饰的起源

【避寒取暖】正如郭沫若所说,从古代及地域的服饰中可以"考见民族文化发展的轨迹和各兄弟民族间的相互影响","历代生产关系、阶级关系、风俗习惯、文物制度,大可一目了然"。可以从中感受到劳动人民的"创造精神,他们的改造自然、改造社会的毅力,具有强烈的生命脉搏,纵隔千万年,都能使人直接感受"。即使以避寒取暖为主要功能的冰雪服饰想必也不例外。

【服饰文化】人类从猿到人,自是经历了无数次的磨砺与蜕变,也许我们只能根据极为零星、琐碎的考古片段去驰骋想象,再现大地的部分历史记忆。原始人类或腰扎草裙,或身披兽皮,或颈戴石、骨等饰物,于其本身而言想必不会有什么所谓文化方面的"宏大教义",但已经隐隐地蕴含着服饰的文化内涵与意义,此时距"文化"这一语言和文字概念的诞生尚有很长时间,不过这也并不奇怪。人类是地球上所有生物中,无论出于避寒取暖,还是遮羞挡怯,或是美观好看等什么样的目的,是第一个也是唯一的有着主动身着衣服、佩戴装饰的生物,这也是人类区别于其他生物的标志之一。也许是取暖、求生的本能,也许是羞怯、好美的本性使然,或者是兼而有之,但自此却催发了人之所以为人的表征文化之一——服饰文化。

【原始社会的服饰】对于中国原始社会的服饰,屈原的《楚辞》中曾有着这样的描述,扮演少司命的男巫,"荷衣兮蕙带",以荷叶为衣裳,以蕙草为腰带;扮演湘君的女巫,"被薜荔兮蕙绸,苏桡兮点旌",以别名木馒头的蔓生植物——薜荔为披肩,以叶子细而长的蕙兰为束身衣带;山鬼即山林女神,"被薜荔兮带女罗","被石兰兮带杜衡",披着薜荔草做的衣衫,头戴松萝编织的花冠,腰系松萝捆系的腰带,或身披石斛兰编就的衣裳,以杜衡为带。这些对当时楚地巫师及巫术参与者的描述,实际上也是对早期植物服饰的一种再现,是对当时已经消失的中国原始社会人类服饰的一段生动记述。在《淮南子·氾论训》中曾说到我们的祖先,"緂麻索缕,手经指挂,其成犹网罗",即是以草、麻等为原料,手工编织衣服,手指可谓是人类最为原始的编织机了。服饰作为人类的生存条件之一,起源基于人类的原始思维,在其民族与国家尚未形成的时候,虽无民族与国家之分,但因自然环境、地理环境及温度气候的不同,而有着区域之分,至少在服饰的样式、质地等方面有着不同的特征,比如冬季气候寒冷的北方地区。

东北远古服饰文化

【寒地远古】在身处寒冷北方的远古人类,比南方及中部地区的人类要承受更为漫长的冬季带来的寒冷、冰冻和风雪,以及其所导致的季节性自然资源的匮乏。可以想象一下,在大雪纷飞、严寒冰冻的环境下,位于地球北方寒地区域的原始人类,比气候温暖的南方更需要能够避寒取暖的衣服,而如《楚辞》中所描述的植物服饰显然是不能满足这一需求的。

【寒地远古衣装】人类之所以能够在地球上任何一个气候环境下生存,就是来自于与大自然的相互磨合。野兽在威胁人类生存的同时,也给人类带来了可以保暖的服饰。狩猎不仅可以让北方的人类祖先填饱肚子,还能够获得避寒保暖的衣装服饰。"衣其羽毛""而衣皮革",动物的毛皮、鸟类的羽毛,就成了北方原始人理想的冬装了。

【最初的鞋】数十万年以前,寒冷地带的人类为了保护脚不受伤害,学会了用动、植物的皮或茎裹脚。皮革之类的东西是狩猎以后得来的剩余产品,因为它的质地坚韧耐磨,防寒保暖,所以被用来当作服饰和"鞋袜"穿,这就是人类最初的鞋。

【骨针】被割下来的野兽皮毛与人身躯毕竟不能身型适合、大小相宜,或许是人类的灵光一现,也可能是一段漫长的摸索,在旧石器时期,具有人类服饰文化发展史上划时代意义的缝制工具——骨针诞生了,这不啻是北方寒天雪地人类服饰文化里程碑式的开端。这标志着人类直接获取皮毛的自在状态,进入到缝制衣服的自为状态,这伟大的一步自然也远胜于直接取自于植物的"绿色"服饰。

【遥远却极其相似】追溯人类的远古文明,总是有着太多的不可思议。在交通极不发达的当时,相距十分遥远的不同区域的交流几乎是难以想象的,但人类很多具有重大意义的工具发明与创造,却往往有着不约而同的相似性。基本相通的形制,对于造型的构想和使用方法的接近,神奇地表现出人类思维和创造性惊人的一致。北京山顶洞人遗址曾出土一枚骨针,骨针长 82 毫米,直径 3.1 ～ 3.3 毫米,针身微弯,一头有锋利的尖,一头则有针孔,在当时绝对算得上是一件精致的缝制工具了。无独有偶,在欧洲旧石器时代晚期,位于法国西南部梭鲁特(北纬 43 度到北纬 51 度)的克鲁马努人遗址中,也发现了工艺特点与造型均相同的骨针。在一部美国学者夫妇撰写的《世界文明史》中,这样写道,克鲁马努人"制作骨角扣子和套环,发明了针。他们不会织布,但缝在一起的兽皮就是一种很好的代用品"。骨针作为人类将两块以上的兽皮拼缝起来的重要工具,创造了人类服饰工艺的开端。

【缝制皮衣皮靴】在法国梭鲁特文化遗存和北京山顶洞人以及其他同时代遗址周围,考古学家发现了赤鹿、斑鹿、野牛、羚羊、兔、野猪、狐狸、獾、熊、虎、豹和鸵鸟的残骨,甚至有大象和犀牛的遗骸。也许人们可以推断和设想一下当时的这一场景。成群的男人追捕、围杀或大或小的野兽,用石刀、石斧等锐器将其杀死,并用石刀精心地将兽皮剥下来,再把里面的肉一块一块地切割下来,然后或分给每人生吃,或交给女人,升起火来用火烤着吃。剥下来的皮由妇女们拿到河边用水冲洗干净和浸泡,她们用嘴咬嚼及木棒捶打等方法来鞣制和半鞣制兽皮,使之柔软,便于穿戴和折叠。缝线则多用动物的肠衣或韧带纤维来制作,将几块兽皮直接缝制,或者用石刀裁剪成适当大小的兽皮,然后用骨针穿着兽筋等将其缝制起来。现在位于北极的爱斯基摩人就是以动物的筋腱为线来缝制皮衣、皮靴等。

【兽皮服饰】兽皮服饰工艺,在距今不久的时期,在我国东北少数游牧民族区域依然流传。东北鄂伦春、鄂温克等少数民族聚居的地区,均发现了很类似的缝制工艺,只是在皮子表面,根据不同民族的风俗习惯增加了绣、熏、刻等方式的不同图案,具有较高的艺术审美价值。想必无可置疑的是在棉花还没有被引入这些地区以前,以兽皮为基本材料的原始服饰,应该是北方寒冷地区原始游牧部落冬季的主要过冬衣物。

【裈裆】我国著名古代服饰文化学者沈从文曾在他的著作《中国古代服饰研究》中,这样说道:"历史发展到能够生产出专供做服装的材料——纺织品时,以兽皮为基本材料的原始服饰可能早已自成规模,有的甚至定型化。"这种可以抵御北方寒地风寒,并具有北方游猎民族文化特点的服饰,在人类服装史上的重要性不可小视。也正如沈从文先生所讲:"证实我国于旧石器时代晚期的开初,北方先民们已创造出利用缝纫加工为特征的服饰文化,表明人们的衣着大不同于以往,不再是简单的利用自然材料,而是初步改造了自然物,使其变成较合于人类生活需要的新构造形式。"尤其要提到的是,后世服饰中的裈裆、蔽膝、胫衣、射鞲等,很可能是这些远古北方民族服装的遗制。在 20 世纪七八十年代,我国东北部分乡下地区,裈裆裤仍随处可见;而一样为当时人不陌生的绑腿,则很可能是穿时套在胫上(膝盖以下的小腿部分)的

"胫衣"的演变；射箭用的皮制臂套——射韝，与 20 世纪八九十年代在全国都颇为常见的套袖也似乎有些渊源。

【石头上钻个孔】服，指身上穿的衣服。饰，指身上佩戴的装饰品。北方远古人类捕杀野兽，食其肉，衣其皮后，男人将野兽的牙齿作为纪念品，炫耀自己的勇猛，并逐渐演化成具有勤劳、勇敢与胜利象征的饰品，也是有考古证据的。而天生爱美的女性，自然更不会落后于男性。虽然只是在比较细小的石头上钻个孔，做工非常原始、粗糙，但却表现了远古妇女们的才能智巧，充满了劳动、创造的美感。而在辽宁西部的新石器时代中期文化遗址——红山文化中发现的玉冠、玉佩、玉镯等饰品，则反映了当时北方饰品文化的发展高度。

【短勒靴】在大多人惯常的印象中，以及在人们所看到的反映原始部落生活题材的影视作品中，原始人类几乎都是赤脚大仙。但在距今 5 500 年的辽宁凌源牛河梁红山文化挖掘中，却有着让人吃惊的发现。在一件已经残缺不全的少女红陶塑像的左足上竟赫然有着短勒靴，其造型和现代橡胶雨鞋几乎完全一样。在《说文》中记载道："鞮，革履也。胡人履连胫，谓之络鞮"，是皮革所制之屦；《隋书礼仪志》中也说："靴，胡履也。"清楚地表明了这种皮鞋源于北方先民。这一令人惊奇的发现，赋予了我们种种联想。在冰雪覆盖的茫茫北方大地上，那造型颇为现代的皮靴宛如红舞鞋一般，绽放着耀眼的光芒，弹奏着优美的韵律。

北方曰狄，衣羽毛——
东北早期服饰文化

【挹娄】在我国有关历史典籍的记载中，不时可以发现有关早期北方服饰风俗的记录，如《礼记王制》书中写道："北方曰狄，衣羽毛穴居,有不粒食者矣","和味,宜服,利用,备器,五方之民,语言不通,嗜欲不同"。《后汉书》中针对居住在黑龙江的挹娄人则说道:"好养豕,食其肉,衣其皮,冬以豕膏涂身,以御寒风。"《礼记》中说的大概意思是北方的人被称为狄,住在洞里,穿动物毛皮,不食五谷,以狩猎畜牧为生。在风俗、语言、饮食、服饰等方面自成特点而与其他区域多有不同。从中可以得知,自古以来北方就是以游猎生活为主,由狩猎而来的动物毛皮则是北方人类的主要衣装,尤其是在冰天雪地的冬季。《后汉书》中提到挹娄人惯于养猪,以猪肉为食,以猪皮为衣。冬天的时候,则用猪油来涂在身上,抵御寒冷、刺骨的风雪。

挹娄人就是后来长期居住在中国北方寒地的满族,看来满族自其祖先起就是个不仅骁勇能战,也是个善于养猪的民族。外能安邦、内可持家,想来挹娄人的后人能入主中原、霸业天下,也不是偶然的事情。而另一诞生了一代天骄成吉思汗的族系契丹的祖先,与挹娄也有着类似的衣兽皮的传统,在《辽史·仪卫志》中就曾记载:"上古之人,网罟禽兽,食肉衣皮,以俪韦掩前后,……契丹转居荐草之间,去邃古之风犹远也。"

胡服骑射——马背上的服饰文化

【**胡服骑射**】北方游猎民族的服饰不仅受到中原文化的影响,而且十分强势地影响了中原服饰文化,这就是历史上有名的赵武灵王的"胡服骑射"。"胡服骑射"不仅被誉为中国古代军事史上的一次革命,也是"中国历史上第一次服饰飞跃"。

"胡服骑射"前的华夏民族服饰,主要为上衣下裳制和衣裳连属制。上衣下裳制:上衣的形状多为交领右衽,多为青、赤、黄、白、黑五种原色;下裳类似围裙的形状,腰系带,下系芾,多用以正色相调配而成的混合色。服饰以小袖为多,衣长通常在膝盖部位,腰间则用条带系束。"深衣"为衣裳连属制,即连体的服饰,它同现在的连衣裙比较接近,上衣下裳在腰处缝合为一体。这两种服制,都为宽衣博带、长裙长袍,拖拖沓沓,行动不便,很不利于军队战斗力的发挥。

【袍子】当时北方游牧民族的军人,都是穿着宽大的、两旁开口、长到下腿的袍子,腰带两端垂在前面。因为天冷,袖口紧紧地密封在手腕上。在肩上还披着一条毛皮的短围巾,头上戴着皮帽子,鞋是皮制的,宽大的裤子用一条皮带紧紧地系住。弓袋系在腰带上,垂在腿的前面。箭筒也系在腰带上横在胸前,箭尾朝右边。这种装束不仅保暖功能好,且轻便敏捷,来去如风,十分便于作战。

【上褶下袴】赵武灵王是战国时期赵国一位很有作为的国君,由于赵国地处中原的北边,经常与林胡、楼烦、东胡等北方游牧民族接触。他看到胡人"来如飞鸟,去如绝弦",在军事服饰方面颇有一些特别的长处,于是下定决心改变赵国的服饰。在顶住重重压力下,赵武灵王"将胡服骑射以教百姓",他汲取了林胡、楼烦、东胡、山戎等北方游猎民族的服饰特点,来改革国家服饰风俗。穿胡人的服装,即"上褶下袴,有貂蝉为饰的冠,金钩为饰的具带,足穿靴,便于骑射。"

自"胡服骑射"服制改革之后,"习胡服,求便利"就成了我国服饰变化的总体倾向。两千多年来,细节虽不断变化,但总体倾向大体依旧。就是我们今日的"上衫下裤"的典型服饰装束也接近于"胡服"而远于"胡服骑射"前"上衣下裳"的华夏民族服饰。

中世纪东北各民族服饰文化

【逐水草而居】不知是北方那"朔风劲且哀""水声冰下咽"的

冰雪季节,还是"彪悍纵千骑,虎狼皆入围"的游牧狩猎、风格硬朗的生活方式,让长裤革靴、披挂利落的北方武士富有强悍的作战能力,所向披靡,战无不胜。数千年来,"逐水草而居"的北方民族在相互之间的频繁征战中,也是"旋兴旋灭"。虽然各民族之间的服饰多有相通之处,但一定程度上也都有着自己独特的服饰风格。

【匈奴人穿的衣服】"衣皮革,被旃裘。"匈奴人穿的衣服,多为驯养动物如羊、马、牛等,及猎取的动物的兽皮和兽毛制成的衣服,更偏重于御寒、狩猎、骑马征战等方面的功能性。汉朝期间,虽有中原包括丝织品及成衣的纺织品被引进匈奴,但却因"得汉缯絮,以驰草棘中,衣袴皆裂敝,以示不如旃裘之完善也",而只能在上层贵族中有所穿着。也难怪,娇贵的丝质服装哪里禁得起作风彪悍的草原骑士在大草原上的纵横驰骋。匈奴人喜戴头饰及便于携带的饰品,这或许与他们四处征战的游牧风习有关。公元3世纪,这个马背上的民族一路骠骑,开始了漫长的西迁,竟然兵临欧洲的腹地罗马城下。或许强弩终有力尽时,最后这个曾令当时欧洲闻风丧胆的游牧民族,却如盐入水,消失得难以寻觅其踪迹,到现在也很难确定融入了哪个欧洲民族。

【鲜卑人】鲜卑族源属东胡部落,兴起于大兴安岭山脉。据说鲜卑是瑞兽皮带之名,也许皮带在鲜卑人的服饰中占有重要的地位。鲜卑人主要穿着与匈奴相同,也是皮毛服装,但相比于匈奴,除了制衣原料基本相同外,鲜卑的服饰更具视觉审美。"衣毛毨为衣",鲜卑妇女能在皮革上刺绣,善织毡毼。大兴安岭地带盛产的貂、貀、罷子等动物,皮毛柔软,为天下名裘,大多只有鲜卑人上层贵族才能拥有。有人说,汉族的"衣""裳",鲜卑人的"袍子"。简明扼要,说的倒也不差。

【契丹族】在《三朝北盟会编》曾记载:"冬极寒,多皮衣,皆以厚毛为衣,诈入室不撤。好白色,短而左衽。"契丹族服装一般为长袍左衽,圆领窄袖,下穿裤,裤子放在各种皮革制作的靴筒之内。契丹妇女服饰为直领左衽的团衫,前拂地,后长而曳地尺余。袍内还穿着裙子,袍料大多为貂、羊、狐等兽皮,其中以银貂裘皮最贵,而一般百姓则多以羊、沙狐裘皮以御寒。系腰带,头戴皮帽,手戴手套,穿靴。契丹妇女喜爱饰物,如项串、耳坠之类。为防寒,在肩背处围以"贾哈","贾哈"用毛皮裁制,形制如箕,两端作尖锐状,颇似现代的围巾与围脖,抗寒效果好。契丹人的服装颜色也很有意思,白色下衣,蓝色中身,红色圆领,足踏黑靴,女人则着浅绿色长衫,系红腰带,左侧佩黄色葫芦状荷包及黑色小皮囊,头戴绿顶黑皮小帽。有意味的是,素有敬天尚黑习俗的契丹人,世俗社会以黑色为上服,但在宗教世界里却恰恰相反,崇尚白色。契丹萨满教巫师的法衣,就是白色。手衣,也就是手套。契丹人的手套,与现代的手套式样完全相同,大体分为两种:一种为拇指单分式,另一种为五指单分式。

【女真族】生活在黑龙江、松花江流域和长白山一带的女真族,是我国东北地区历史最为悠久的少数民族之一,古称鞑靼。"金俗好衣白",金人喜欢白色,认为白色洁净,同时与地处冰清雪白的自然环境有关。有钱和有地位的人,冬天大多以穿貂皮、青鼠、狐和羔皮为主;一般百姓和穷人则是穿牛、马、猪、羊、猫、犬、鱼、蛇的皮,或为獐鹿麋皮等。金代服饰还有一重要特征,就是多用与身边自然环境相近的颜色。这与女真族的游牧狩猎生活习惯有关,服装颜色与环境接近,可以起到保护作用。冬天多喜用白色,春天则在上衣上绣以"鹘捕鹅""杂花卉"及"熊鹿山林"等动物纹样,同样有麻痹猎物、保护自己的作用。另外鹿的图案往往会被大量采用,除其起到优美的装饰作用外,还有一个原因,就是鹿与汉字的"禄"同音,富有吉祥的含义。有一幅金人《文姬归汉图》的画,形象地再现了女真族妇女的服饰风格:头戴貂帽,耳戴环,耳旁各垂一长辫,上身着半袖,内着直领,足登高筒靴,颈项围着云肩。画的是蔡文姬,整套服饰质地厚实、结构严密、制作精巧,但活脱的是金人妇女装扮。另一幅《骑士猎归图》中以穿胡服的骑士头戴翻毛皮帽,身穿窄袖胡服,腰间佩有箭囊,下穿套裤革靴,领、袖等处还露出一寸长短的皮毛,即后世所谓的"出风",这是较为典型的贵族骑士服饰风格。

冰雪服饰文化的集大成者——
满族服饰文化

【清代女子服饰】女真族在白山黑水之间沉寂了数百年后,在17世纪中叶,迎来一个更为辉煌的时期,这就是一统华夏300年的清王朝。满族人长期生活在北方冰天雪地的寒冷环境里,作为马背上的民族,与其他的北方游牧民族一样,有着类似的北方服饰风俗。随着后来满族入主中原,尤其是发出"衣冠悉遵本朝制度""留头不留发,留发不留头"的强制性政令后,清代中国男性服饰基本以满服为模式。而在清初"男从女不从"的约定下,满汉两族女子则基本保持着各自的服饰形制,但在后来满汉杂居的长期接触中,经过不断演变,形成了清代女子服饰特色。

【满族袍服、旗袍】满人从祖先起,男女老少一年四季就皆穿袍服,初期分为光皮和毛皮两种,后来又增添了布料的袍服。清初的时候,居住在北方的满族人受中原华夏文化的影响,颇为青睐以麻、布为质料的服饰。曾有记载,在宁古塔地方:"满洲富者绩麻为寒衣,捣麻为絮;贫者衣狍皮,不知有布帛。"而到了康熙年间,随着中原纺织品在北方的普及,皮毛服饰则又成了贵族的喜爱,恰如时人所述:"今居宁古塔者,衣食粗足,则皆服绸缎,天寒披重羊裘,或猞猁狲、狼皮大呼。惟贫者乃服布。"可见随时代变换,服饰时尚流转之快,在古代也是难以预料。

【旗袍】旗袍是满人的袍服,可以说旗袍是满族对世界服饰文化的极大贡献,现代人对这种能尽情展现女性曲线、性感、优雅之美的服饰毫不陌生,是堪称经典而又永远时尚的女性服饰。经过美学演化的现代旗袍,更具有礼仪性质,更加适合出现在诸如晚宴、庆典等一类社交场合,然而最初的满人旗袍与今天却有着不同。

旗袍,满语称布介。满人冬季所穿的旗袍有皮、棉两种,又可外套马褂,可抵御寒冷的北方风雪。为适应寒冷气候下的狩猎与便于狩猎、劳作,它往往又肥又大。春夏秋冬样式基本一样,"衣皆连裳"的款式同汉族的"上衣下裳"有明显不同。它裁剪简单,无领(后习惯加一假领,亦出现圆领),前后襟宽大,而袖子较窄,束腰,有扣绊,四片裁制,衣衩较长,便于上马下马;窄窄的袖子,便于射箭。箭袖满语称"哇哈",形似马蹄,又称"马蹄袖",平日挽起,放下又可保护手背御寒,后来演变为清朝官员谒见皇上或上司的一种礼节——放哇哈。

【尚白】也许是满族长期生活在白山黑水、冰天雪地之间的缘故,满族有尚白的传统习俗,以白色为洁、为贵,认为其象征着吉祥如意。在服饰色彩方面,满族则多以淡雅的白色、蓝紫色为主,红、粉、淡黄、黑色也是其服饰的常用色。男子的长袍多是蓝、灰、青色,女子的旗装多为白色。清初的男士袍多为天青色且多镶有花边,后来流行玫瑰紫色,谓之"福色"。有身份者所用的布料大多为绸缎,一般男士则多用蓝、灰色的棉麻布料。长袍外腰上则系扎腰带,腰带上配有腰配和可挂装物品的小袋子,以及解食刀、烟荷包、眼镜盒袋等。在袍服外都会套穿马褂,有长袍马褂之称。马褂多为对襟、圆领、平袖、两旁两衩,褂长仅及于脐。马褂分为大襟、对襟、琵琶襟等多种形式。马褂是满族骑射时穿的一种褂子,后成为日常罩于袍子外面的服装。高领对襟,四面开禊,长及腰部,袖子稍短,袍袖可露出三四寸,将袍袖卷于褂袖上,即所谓大、小袖。现在许多人所穿的对襟小棉袄，就是从马褂演变过来的。

【额隆袋】有一种长至膝盖的马褂，称为"额隆袋"，是长袖对襟、缝制简单、穿着方便的防寒服装。额穆张广才岭林中做山利禄的人爱穿这种额隆袋，有的直接用兽皮缝制，不挂面。早春或晚秋毛朝外反穿着。还有一种翻毛皮马褂，是将皮毛翻露于外，清代达官贵人冬季罩在衫袍外，以炫其富贵。与马褂功能相似，坎肩也是套在旗袍外面，但在清初时，则多穿在里面。坎肩又称马甲，有对襟、捻襟、琵琶襟、一字襟等款式。冬天穿上棉或皮制的坎肩，可抵御风寒，骑马驰骋在冰雪大地上显得十分精干利落。

【大挽袖】满族妇女穿着的旗袍领口、袖头、衣襟都绣有不同颜色的花边。还有将花绣在袖里，挽出来的"大挽袖"女式旗袍，美观考究。随着时代的发展，男士旗袍渐变为长袍且在逐渐消失。女性旗袍则不断演变、发展，由宽腰直筒式演变为紧身合体的曲线式样，使这种曾极为适合北方骑射民族生活习俗的服装，在人类审美的驱动下，成为最能够彰显女性曲线魅力的服饰之一，也是当今东方女性最具有传统经典意义的女装典范。在电影《花样年华》演绎的老上海时期，张曼玉身着旗袍，将东方美女展现得淋漓尽致，不知艳羡了多少爱美的女性。

【满族皮大哈】满族皮袍俗称皮大哈，多以貂皮、狐狸皮、羊皮为主，以貂皮为最贵，依次而下。初期的时候满族的皮大哈非常简单，只是将几张大块毛皮稍加裁剪，缝成袍褂护体，一般不挂面。后来皮衣的制作逐渐精巧美观。在满人尚未入主中原之际，虽然经过不断南迁，已经很接近汉族地区，但依然强调"满语、骑射"，穿衣打扮不离旧俗。曾有人给清太祖努尔哈赤的着装做过一素描，"头戴貂皮帽，着貂皮护项，身穿五采龙文天盖，上长至膝，下长至足，皆裁貂皮为缘饰。诸将亦有穿龙纹衣者，只其缘饰或以豹皮，或以水獭，或以山鼠皮。"从中可以看出当时清贵族男性的服饰概貌。满人喜欢把鹿皮染成红色或绿色制作衣服或皮鞋，并能利用大块鹿皮拼成对出花纹，做成皮朝外的皮袍，或以鹿皮为面，挖云镶嵌，领袖用染成红、绿色的皮镶沿做成女袍。还有一种缺襟皮袍，袍右前襟缺一块，用纽扣扣上，便于骑马，后来成为皇家亲王的行袍。

【带痰桶的袄】古时的套袖主要是镶在袖口的里子上，这样在严寒的冬季，手不易冻着。而套袖的另一个作用，便是"皇帝的痰桶"。据曹保明先生在他的《神秘的关东奇俗》中描述：以前的皇上都很好面子，但在冬天的季节里，即使是贵为皇帝也得有痰啊，但在大殿之上，众臣在宫中议政的时候，皇上又不好意思当着大家的面吐痰，那来痰了怎么办呢？皇上就是有智慧，想了个绝妙的法子，把痰吐在自己的貂袖里。而貂皮袖呢？不粘水，不粘泥，等到了没人处或看别人不注意时，轻轻一甩，痰就飞出去了。貂皮袄袖不正是皇帝的痰桶吗？而皇服不正成了带痰桶的袄吗？

不过这个办法也只有皇上能玩得起，一般人家是舍不得把痰吐在珍贵的貂皮套袖里的，也没这个必要。这种只属于皇帝的特殊"服饰文化"，充斥着关东帝王权力的意味，现在自然也就不会再能看到这种带痰桶的袄了。

【白皮子套裤】满族男女早年流行的"白皮子""套裤"，满语称"渥季阿力"，是用兽皮制作的。这种服饰仅有两条单腿裤筒，不连在一起。没有裤裆，裤管下口平、上口尖，膝部常加饰彩绣。套裤的腰后系一块长 2 尺、宽 1 尺多的野猪皮或獾子皮坐垫，以备山野劳动时随处坐着休息，偶遇严寒天气，可转到前面遮挡抽裆风，起到御寒的作用。穿时将两裤管用带子系于腰间，露大腿的后上部和臀部，在皮裤的上面再套罩一个夹棉裤。这种皮裤男女都能穿用，是满人秋冬季狩猎用的主要防寒服饰。满族人还多扎腿带，有皮革、麻布和棉布的，男人和老人一般都是青色等深颜色的，年轻女子多扎红、粉、绿等鲜艳颜色的腿带。穿坎肩、套裤，扎腿带,着白袜是满族秋冬常用的御寒服饰。

【满族高跟鞋——满族女旗鞋】

雪落之后,满族民间有一项女子传统体育活动,参赛者身着满人旗袍,脚穿高底旗鞋("寸子鞋")在雪地上竞走,以先到达终点者为胜。因其穿高底鞋走路如踏雪行而得名为"雪地走",用现在的话来讲,这是一项集冰雪服饰、冰雪体育与冰雪娱乐,且颇具民族特色的冰雪活动。

满族素有"女履旗鞋男穿靴"的说法。满族妇女的旗鞋极具特色,满族妇女均为天足,无缠足风习,因喜穿长袍而行走不便,便在鞋底中间脚心的部位加上木制高底,其高度从 5 厘米至 15 厘米不等。因跟底形状不同而又分为"高底"鞋和"花盆底"鞋或"马蹄底"鞋,鞋面则多为刺绣与花饰。穿上这种旗鞋,走路的时候会发出有节奏的响声,真的是可以未见其人而远远就能闻其声了。满族自古就有"削木为履"的习俗,传说满族妇女穿上这种鞋,上山采集野果、蘑菇等,可以驱蛇虫,蛇虫听到声音,就会远远避开。另外这种旗鞋或许与现在女性常穿的高跟鞋有着同样的功效,即让女性身材更显修长,走起路来袅袅婷婷、轻盈娴雅。不过让现代人略感困惑的是,在以游牧狩猎为主的生活方式中,穿这样的鞋到底能走多远,想必这应该是那些贵族女子或盛大庆典仪式的专有服饰吧。

【满族皮帽子——玛哈】

满语称帽子为"玛哈",满族帽子样式颇为丰富,冬天戴的帽子就有多种。清代冬季男人戴的大耳扇皮帽子或称耳朵帽,又名暖帽。该种帽子有约 2 寸宽的帽檐,檐上镶以毛皮。贵者多用貂、水獭皮,贫者多镶青鼠、狍皮,帽顶缀红缨,为北方满人冬季常戴的毛皮毡帽。在毡帽上缝有各种毛皮,高档者有狐狸毛皮及次之的羊、兔等毛皮。耳帽色为黑色和褐色,左右有帽耳以御风寒。还有一种冬天戴的帽子叫四块瓦帽,俗称"四喜帽",亦为暖帽,无檐,以缎子做面,帽上有四扇毛皮耳,皮耳缝有貂、狐、灰鼠等毛皮。在房间内将帽耳卷起或折在里面,外出则可放下来防冻。在清朝至民国年间,大多为富家子弟冠戴。

【秋帽】秋冬满族幼儿多戴猫头、虎头帽子,俗称吉祥帽。帽面多用不同颜色绸缎或布料,帽子上面刺绣猫、虎等动物脸谱,左右两侧上端钉有两个"动物耳朵"。帽分为夹、棉两种。清朝末期满族妇女在秋冬季盛行皮冠,叫作"秋帽"(又称困秋帽)。无论贫富老少,几乎每人一顶,其样式略同于男帽,只是形制稍有收束。

【耳包】冬季大多数妇女则是戴耳包,耳包用缎与棉花制成,样如耳朵形,绣有各色花样,缀有毛皮御寒。现代东北人冬天常戴的耳包就是由此而来,但已经是老少皆宜,而不独为女性所有。

【风兜】清代满族老年人冬天大多戴大风帽,俗称"风兜",其帽扇很长,可护住脖颈,方便暖和。

【脑包】还有一种当时老年妇女戴的中间宽、两头窄的长条带子,人称"脑包",上镶素边,中间绣素花,围在额上挡冬季的寒风,又使头发整齐。满族人的帽子绝对忌用狗皮,满族无论是谁,不准吃狗肉,不准戴狗皮帽子,不准铺狗皮褥子,不准以狗皮缝制衣服。满族人对犬(狗)的特别敬畏,是因为满族人对狗的"恩物崇拜",传说有一黄犬曾救努尔哈赤于大火之中。

关东三宝之一——貂皮

【貂皮】貂皮是"东北"三宝之一。貂皮又分为紫貂和水貂两种,其中以紫貂皮较为名贵,紫貂皮产量极少,价格昂贵,素有"裘中之王"的美称,因此又成为人们富贵的象征。在国外,被称为"软黄金"。貂皮具有"风吹皮毛毛更暖,雪落皮毛雪自消,雨落皮毛毛不湿"的三大特点。皮板优良,轻柔结实,毛绒丰厚,色泽光润,用它制成的皮草服装雍容华贵,是理想的裘皮制品。貂皮是暖的,而其暖度高于一般动物的皮张暖度,再加上貂很不容易猎取,因而更珍贵。从前猎貂叫"撵大皮"。猎人往往从下头场雪就出发,在出现貂踪迹的地方挖好陷阱,埋上栅栏,然后开撵,往往要撵一冬天,直到第二年春季,山上雪化了,山路泥泞了,貂才一步一步回到老地方,结果一下子掉进陷阱里,于是被猎人捕住。所以最好的猎手一年才能捕一只。

【貂皮是贡品】貂皮是贡品。据《打牲乌拉典志》记载,每年东北的"打牲丁"要固定向朝廷进贡一定数量的貂皮。进贡了上佳的貂皮,朝廷会有重赏;数量不够或成色不好,那进贡人就倒霉了。不用说,这些进贡来的上好貂皮,只有宫廷里的皇帝、妃子及朝廷官员们才能享用,一般都是用来做马褂、背心、坎肩、套袖等。

【捕猎貂皮传说】关于捕猎貂皮在东北民间还流传着一个《黑老头》的故事。

据著名的故事篓子、民间文艺家张栋材搜集的《黑老头》记载,从前东山里有个打猎的叫赵成,一年冬天在街上溜达,遇见一个着一身黑衣的小老头,让人奇怪的是大雪天,所有行人身上都落了厚厚一层雪,唯独他身上滴雪不粘,还直朝上冒热气。赵成想,这老头穿的啥衣裳呢?他想看个究竟。于是就追这个老头,好不容易在一家馆子追上了,就和老头攀谈了起来。老头说他是柳毛河人,可是赵成奇怪自己常去那里,也没见过这个人。正说着话,外面进来一个收山货的老客。老汉一见这人,连忙起来便走,忙中忘了交饭钱,饭店掌柜的揪住他不放。赵成是个心软的人,再说,谁还没个为难遭灾的,兴许这老汉身上就没带钱。好说歹说,赵成给老汉付了饭钱算是完事。

这个冬天,关东山里特别冷。赵成一个人来到柳毛河,蹲地仓子半个月,连个野鸡毛也没摸着,更别提山牲口了。一天夜里他醒来,觉得身上热乎乎的,一看,原来是黑老头来了,二人一块唠嗑、做饭,也是个伴儿。黑老头让他上南山打,南山有收获;黑老头让他上北山打,北山有收获,而且不管北风多硬,黑老头把一件黑皮袄脱下来盖在他身上,他总是睡得一头一身的汗。这一天,黑老头说:"我要走了,你和谁也别说这事。临走,我没别的送你,你那天在馆子里救了我一命,我送你一件衣裳吧。你到当铺把它卖了,回关里家吧。"赵成一听正准备道谢,眨眼之间,黑老头没了。猎人赵成一算,打猎也到一年了,是该下山了,于是就把所猎的猎物拉了满满一爬犁,下了山。晚上住在店里想起黑老头送他的那件衣裳,打开包一看,哪里是什么衣裳,原来是一张上好的貂皮。赵成把它拿到当铺里,一下子换了个大价钱,回关里家去了。

绳子绑上它就跑

【乌拉鞋】在关东民间,有一条谜语:"老头老头你别笑,破个闷你不知道;什么解下它不走?绳子绑上它就跑?"这条民间谜语的谜底就是鞋,而且专指乌拉鞋。《通化县志》上记载:"通化县俗尚醇质,虽巨绅、高户亦御布衣。乡间必履乌拉,为山沟环绕,便于行走故也。"又:"暑或蓑笠赤足,寒时头戴毡帽,脚着乌拉。"可见关东人脚穿乌拉,是与当地的生活环境、文化传统相关联的。

《柳边纪略》:"护腊,革履也。絮草毛子草于中,可御寒。"《奉天通志》按:"乌拉,满语革履也,通作乌拉。向日沈阳皇寺贮有太祖所御乌拉。今人皆着之。"可见乌拉鞋于清朝入主中原之前就已经很普及了。

【乌拉鞋样式】乌拉鞋是一种颇具寒地特色的满族矮筒皮靴,也是大多东北人在秋冬季常穿的一种鞋,多为男子穿用。其"乌拉"的名称来源于满 - 通古斯语言诸民族对鞋子的一种称谓。满族"乌拉"鞋分两种,一种是无鞴的,一种是带鞴的。最初,"乌拉"多为软底,以鹿、野猪皮缝制,后来发展为用牛、马皮等材料,鞋底渐渐变为硬底,厚度也增加了。若鞋帮上面接布鞴或皮鞴,则成"乌拉靴",满语称为"踏踏玛儿",以区别于"乌拉"。"乌拉"鞋由一尺多见方的皮子纳褶抽脸屈曲而成,鞋底与鞋帮相连而无接缝。两个帮上钉着窄皮条状的乌拉耳子,用来穿绳,以便绑在腿上。"乌拉"鞋的前脸经常被手工做出二十多道小皱褶,样式很独特。毡子或厚布为质料的乌拉鞴子和乌拉带是乌拉不可缺少的元素,可以用来裹住小腿防御寒冷。

【二排乌拉】乌拉的制作十分讲究,一张牛皮只能出 4～5 双乌拉鞋,而一到四五排乌拉之间最好的是二排乌拉,因头排取皮在尾巴根处,称为"糟门"皮;二排取皮在屁股蛋和脊骨处,是最好的位置,所以二排乌拉价格最高,往往比头排和三四排贵三四倍,也抗穿抗造;三排是腰骨处,皮质打横,就不是优质乌拉了。只有二排乌拉叫"十字花骨",是优等货。

【穿乌拉】穿乌拉时,要先把乌拉鞴子围垫好,用木棒把草捶软,抖开横斜交错地放在鞋口,用手絮成趾掌、脚跟处略厚的草窝。脚伸进去后,把露出的多余长草拽出,围鞴子盖住脚背掖好,然后按交叉顺序缠系带子绑紧。脱下乌拉时,要把草掏出放在锅台上或炕上烘干,以便下次穿用。这种比一般"棉皮鞋"保暖性还好的御寒之物,既不冻脚,又养脚吸汗,轻便暖和,结实耐穿,非常适于冬季狩猎跑冰。

【是皇封的鞋】关于"乌拉"鞋是"皇封"的鞋,关东民间有许多有趣的传说。

传说有一年,乾隆皇帝东巡来到一个地方,一看这里的百姓脚上穿一种东西,是用一块动物皮裹在脚上用皮绳一绑。乾隆皇帝问:"这是什么?"百姓答:"鞋。"乾隆是位聪慧有常识的帝王,他灵机一动,说:"此鞋独到奇特,备受边民喜爱,现又没有名字,干脆就叫它'乌拉'鞋吧!因产生在乌拉街。"这一下,这种鞋子可就出名了,但因"乌拉"是地名,而这种鞋又用皮革所制,所以就以"乌拉"二字来代替。传说终归是传说,但东北民间称乌拉是皇封的这种说法很普遍。范家屯鞋铺的王皮匠在卖鞋时就这样吆喝:"买吧!买吧!皇上封的鞋穿上暖和!"

【丁脚】东北人喜爱乌拉,就好像喜爱自己的儿女。民间俗话说,出门在外脚不冷,人身就不易作病。由于乌拉的鞋底软乎,所以冬天走在雪地上,不起"丁脚"。"丁脚"是指鞋后跟上冻的冰土疙瘩。因为北方气候的关系,冬天在外作业的人,最怕鞋子下边打"丁脚",一长了"丁脚",走路发滑,抓不住路。而穿乌拉就不打丁脚,并且不累脚脖子,不勒脚趾头。又由于旋上了足够的乌拉草,使脚在里边舒舒服服,又宽松,不劳累,不长脚气。

【乌拉鞋延续】文献中对这一不算多么美观,但却温暖了无数人双脚的乌拉多有吟诵。《柳边纪略·宁古塔杂诗》:"天寒曳护腊(即乌拉),地冻著麻衣。"《龙江杂咏》:"踏踏马儿革制坚,新装乌拉草如棉。何必更绣白云朵,始见腾空上碧天。"诗人对乌拉之青睐,已俨然超过上绣白云、达贵官绅所穿的皂靴了。满人旗兵行军打仗或狩猎远行都穿着"乌拉"鞋,穿"乌拉"的习俗一直延续到解放初期。抗日战争期间,东北抗日联军就普遍穿自制的"乌拉"鞋,抗联第二军第二师师长陈翰章还曾率军用倒穿"乌拉"的方法在雪地上行军,以迷惑日军。直到30年前在东北的寒冷季节,还能经常看到冰天雪地出行在野外的人,穿这种保温耐寒的"乌拉"鞋。但鞋中大多已经不是乌拉草了,而是被更为舒适暖和的毡子取代了。现在,"乌拉"鞋虽已绝迹,但对上了年纪的老人们来说,想必会记忆犹新。那咯吱咯吱的踏雪声,似乎总能从耳边响起,让思绪回到那白雪覆盖、炊烟缭绕的东北老家。贫困而艰难的生活或许更能激发人类的生存智慧与顽强精神,那一段回忆,也许会多少有些酸楚,但那与冰雪大地的无限贴近,将会在每个人的记忆中,永远存留一份浓浓的诗意……

【关东三宝之一——乌拉草】乌拉鞋内絮的乌拉草,貌似平凡,却曾为东北百姓心中的至宝。乌拉草为莎草科,苔草属的一种,多在近水处或于沼泽中生长,为多年生草本植物。草叶呈三棱状,有微刺,长2尺余,细长柔软,纤维坚韧,不易折断。据《长白汇征录》载:"乌拉草,蓬勃丛生,高二三尺,有筋无节,异常绵软,凡穿乌拉草者,将草锤熟垫籍其内,冬夏温凉得当。其功用与棉絮同,土人珍重之,辽东一带率产此草,出自白山左近者尤佳。"

乌拉草与人参、貂皮并为东北三宝,其虽无另外两宝名贵与尊显,但却因其与北方平民百姓生活之密切与重要,而显列三宝其间。曾有诗颂道:"参以寿富人,贫者不获餐。貂以荣贵人,贱者不敢冠。惟此草一束,贫贱得御寒。"

【乌拉草传说】有关乌拉草被列为三宝还有一段与皇上有关的传说。

相传在清朝年间,皇上带领贝勒、大臣和旗兵来到塞北打猎。这天打了不少獐狍野鹿,收获颇丰,皇上十分高兴。天色已晚,皇上带领众人往回走的时候,发现从密林中窜出一只野兔。皇上提弓就射,连射数箭,也没射上。野兔在前面跑,皇上带领人马在后面追。追来追去,追到一座庙前,野兔不知跑到何处不见了。这时天也黑了,又处于前不着村、后不着店的山野,实属无奈,只好在这庙里住下。由于庙太小,皇上和贝勒、大臣们睡在正殿里,众多旗兵只能在庙院里拢起几堆火,从草甸里割些乌拉草,铺在地上打小宿。因为是冬天,天气寒冷,皇上睡到半夜被冻醒了。虽然皇上穿着一双"踏踏玛"(满语毡靴子),但仍冻得像猫咬似的。他在大殿里来回跺脚时,听到院里有"砰、砰"的声音。皇上便顺着声音慢慢走过去,一看满院子旗兵都安然睡在乌拉草上。皇上觉得奇怪:我穿这毡靴子冻得都受不了,这些兵就穿一双薄牛皮乌拉,睡在草地上,睡得还那么香,怪!怪呀!皇上一边寻思,一边又顺着"砰、砰"的声音继续向前找。拐过墙角,看到原来是喂马夫正在石头上捶乌拉草。他定神细看,马夫把捶完的草,揉巴揉巴絮进乌拉鞋里又穿上,躺在铺草的地上睡觉了。此时皇上才明白:这乌拉草是宝贝呀!于是,皇上悄悄从旗兵身下拽出两把草,拿回去捶完也揉巴揉巴絮进毡靴子里,穿上不大一会儿,就觉得脚底下热乎乎的。第二天天亮以后,皇上问贝勒和大臣:"关东山有几宝啊?"贝勒和大臣回话皇上:"关东山,三宗宝,人参、貂皮、鹿茸角。"皇上说:"不对,关东山,三宗宝是人参、貂皮、乌拉草。"因为皇上是金口玉牙,于是乌拉草就受封为关东山三宗宝之一。从此以后,乌拉草一直被关东山人视为宝草。

乌拉草多生长于湿润的湿地中,恰如哲人所说:"万物的营养物都是'湿'的,并由于湿而保持生命力。"不错,湿润的确有着一种坚硬的力量,在艰难困苦的生活中,这种不起眼的小草,给这里的人们带来了生命的温暖和成长的希望。难怪性格直爽、情感厚重的东北人一直视乌拉草为"宝"。

【七个瘊子各带毛】千千万万平凡的百姓与同样平凡的乌拉草有着太多扯不断的情感,所以人们总是赋予它动人的故事,以示对它的爱。

相传,很早以前,有一户穷人家,两口子四十岁才生了一个儿子,取名小憨。因家里穷养不起他,小憨十岁那年被爹爹送到一个姓吴的大官儿家去当"小使唤"。

有一天,小憨给吴大人洗脚。吴大人突然说:"小憨哪,你看我这脚心有三个瘊子,一个瘊子上长一撮毛。我这是贵人的脚相啊。"小憨一听,撇撇嘴说:"大人哪,我脚心上长了七个瘊子,也各带一撮毛,还得侍奉你呢。"吴大人捧过小憨的脚一看,不禁吃了一惊,小憨脚心上真有七个瘊子,各带一撮毛。原来不久前,观星台的人说,不久将有一位真龙天子登基坐殿,这要登基坐殿的皇帝的脚心上有七个瘊子，各带一撮毛。当下，这位吴大人就要谋杀小憨。

当时，吴大人的妻子非常同情小憨，就把这个信儿传给了他，并给了他两匹马，说："小憨，你快跑吧……"小憨骑着马，和年老的爹爹一块逃了出来。爷俩来到了人迹罕至的长白山的老林子里，结识了一位年迈的老汉，告诉他们一直往山里走。他们走到了长白山的深处，爷俩靠挖参、采药、打猎来维持生活。冬天的关东山，风雪呼啸，爷俩的手脚都冻烂了，这时有人出主意："干脆出山去吧。""去自首吧，免得冻死、饿死……"可小憨父子却决不向官府低头，一定要顽强地住下去，活下去。

一天，小憨要出去打猎。临走，年迈的老爹见他的鞋子又破又烂，就追到门口喊："小憨，你可要穿好鞋啊！""哦！"可也巧，一阵风吹来，小憨把父亲的"穿好鞋"听成了"穿草鞋"。可上哪找草呢？小憨是一个聪明刚强的孩子，又孝顺又听话。他想爹让他穿草鞋就一定有草。于是，到了山上，他就扒开厚厚的雪找草。见下面真有一片一片又干又黄的草，软乎乎的，捏一把，又绵又暖，小憨就把草割下来，给自己和爹各打了一双草鞋。又采了一些垫在鞋里，一穿上暖和多了。当时他们穿的鞋，都是把兽皮在水里泡过后，做成小船样的人脚大小的东西，叫乌拉。这种草没有名字，小憨的父亲就给它起了名，叫乌拉草。

【垫乌拉草的技巧】过去的人们，晚上回到家里，都要脱下鞋子，把乌拉草抖开，晾晒，放一天的潮气飞出去；第二天早上，第一件事，就是垫乌拉草。一只乌拉，往往能垫一大抱乌拉草。垫得好的人，一下子就都垫进去了，垫得不好的人，连一半也垫不进去，还慢，这就要有"技巧"。垫乌拉鞋的技巧是前三绺，后四绺，中间一绺。这是因为前边是脚尖，三把草正好护住脚指头；后四把草把脚跟四四方方一边两绺包住，又紧又严，不晃不滚，又实又靠。中间一绺要连接前后，不断捻，走时不滚球，不穿串起套。这些都是垫乌拉草的技巧。

【拉哈】乌拉草又可用来打坯,盖房子。由于这种草绵软有筋力,合在泥里拧成瓣,做成"拉哈",修建住房。拉哈,满语是柱子,其实是"拉合",就是草滚稀泥拧成瓣,搭在立柱上。用这种拉合修成的房子,十分坚固,风一吹梆梆硬,能抵挡北方的严寒,也是关东先民们居住的房子。所以乌拉草虽看上去平凡,但它是千万劳动者最亲密的伙伴,是关东人心上的草,是关东的"神草",是英雄的草。人们忘不了神秘的关东,也忘不了这种草——乌拉草。

"鱼皮部"的服饰——赫哲族服饰

【鱼皮部】以兽皮为衣,是中国北方寒地大多数民族的服饰习惯,但在三江河畔,却有一个"鱼皮部落"著称的民族,这就是在历史上曾被称为"鱼皮部",我国北方唯一以捕鱼为主要生产方式的民族——赫哲族。赫哲族,又名"赫真""黑斤"等,与鄂伦春一样都属于人口较少的少数民族。赫哲人多以鱼皮制作衣、裤、袍、鞋、靴等服饰,于史书中多有记载。《皇清职贡图》:"衣服多用鱼皮,而缘以色布,边缀铜铃,亦与铠甲相似。"《西伯利东偏纪要》:"足着鱼兽皮乌喇(即乌拉鞋),自膝至踝或䩞色布或䩞鱼皮为花,下连乌喇如靴。"

【鱼皮乌拉】从以上史料可以看出,赫哲族的服饰与它的渔猎生活密切相关,而鱼皮乌拉是其中最具鲜明特征的冬季服饰之一,与位于北极的爱斯摩人用海豹皮做鞋有着异曲同工之妙。赫哲人的鱼皮乌拉(赫哲人称温特),多用经过熟化的怀头鱼、哲罗鱼、细鳞鱼、狗鱼、鲑鱼和鳇鱼等鱼皮做鞋帮、鞋底,鞋勒则必须用狗鱼皮或鲶鱼皮。鱼皮的加工技术大概可分为剥皮、揉皮、切线等流程,工艺颇为繁复,很是需要制作者心思的精巧与手工的细致。鱼皮乌拉分身、脸、靿三部分,前端和脸抽褶缝成半圆形,再用较薄的鱼皮沿着乌拉上口缝上高约 30 厘米的靿子,然后在乌拉耳子上串上细绳或兽皮条做带。穿时先絮上乌拉草或猪鬃草,穿上狍皮袜子,然后穿上乌拉,把带扎好,轻便、暖和,又不透霜。据传,有的还用植物煮水将鱼皮染色,并装饰上云纹、花草、蝴蝶等灵动鲜活的图案,被誉为游动的美丽的赫哲鱼皮艺术。鱼皮乌拉在冰道上和雪地上都不打滑,也不会往里灌雪,是东北地区最佳的防寒用鞋。正如一首赫哲族歌谣所唱:"当你穿上这鱼皮做的鞋子蹚过溪流或踏雪时,就像走在平地上一样,它挡住了寒气和潮湿"。

【怕牛粪】鱼皮乌拉什么都不怕,就是怕牛粪。关于这个还有一段有趣的故事。

《赫哲风俗志》中记载了这样一个传说:从前有一个小伙子到巴彦玛发家去做工。巴彦说:"小伙子,这双鱼皮靰鞡(乌拉)送给你穿。你要是能在两个月内穿破了,我就会给你工钱,要是穿不破,你就白干。"小伙子想,就是铁做的鞋也能让我这双大脚磨漏了,何况是双鱼皮靰鞡,于是就痛快地答应了。

从此,这小伙子天天干活都穿着这双鱼皮靰鞡,可是说来也怪,眼看两个月要到了,这双鱼皮靰鞡好好的,而且一点破皮的地方也没有。小伙子很犯愁。这可怎么办呢,如果穿不破,就没有工钱,没了钱养活不了年迈的爹娘,于是他就偷偷地掉泪。这时,一个叫达露莎的好心姑娘找到他,告诉他一个靰鞡的秘密,说:"鱼皮靰鞡不怕硬,不怕磨,就怕碰牛粪。""牛粪?""对呀。牛粪又软又热,又湿又潮,是鱼皮靰鞡的克星。""真的?""试试看吧。"

第二天,小伙子就故意在牛粪上踩了几下。晚上干活回来,他低头一看,靰鞡的底上果然露出了两个大窟窿。这一下,小伙子笑了。巴彦气得吹胡子瞪眼睛。

【鱼皮衣裤】赫哲族的鱼皮衣和鱼皮裤也都颇具特色,为其他民族所罕有。赫哲女性多喜穿的鱼皮袍与旗袍式样十分接近，领边、衣边、袖口、前后襟等处都饰有颇具民族风格的图案，并用野花汁染成红、蓝、黑等颜色，风格淳朴浑厚、粗犷遒劲。早期的时候，在衣下边往往还缝缀海贝壳、铜铃和璎珞珠琉绣穗之类的装饰品，走起路来，叮当作响，别致美观。鱼皮衣服用料多取自胖头、赶条、草根、鲩鱼、鳟、大马哈、鲤鱼等三江特产的鱼类鱼皮，并经熟化制成。具有轻便、保暖、耐磨、防水、抗湿、易染色等特性。特别是在严寒的冬季不硬化、不会蒙上冰。

【鱼皮画】赫哲人除鱼皮服饰外，还用鱼皮盖房、造船，鱼皮文化是北纬45度以上区域内存在的特色文化，俄罗斯远东沿海地区的那乃人、乌尔其人、基立亚克人及欧洲北部的沿海居民、日本的阿依努人等也曾有过穿着鱼皮服饰的历史。但赫哲族的鱼皮服饰文化不仅更为丰富、典型，而且鱼皮服饰工艺在今天依然被流传了下来。虽然鱼皮服饰已经远离了赫哲人的生活，但作为传统民族技艺，被一些年轻的赫哲人给予了传承和创新。他们利用传统的鱼皮剪贴技术创制了现代的鱼皮工艺品及鱼皮画，使古老的鱼皮文化延伸到旅游、艺术等领域。黑龙江省同江市街津口乡女青年尤雪琴为日本民俗博物馆和我国自然博物馆等精心加工制作的五套哲罗鱼、狗鱼、鲤鱼、大马哈鱼皮衣裤，受到了国内外相关人士的好评。赫哲人的鱼皮艺术之花正在世界的文化艺术长廊中盛开。

【冰雪服饰风格】有人说，在白山黑水的千年脉搏之间，有多少美丽的花朵，就会有多少风格各异的民族服饰，但那些充满了神奇魅力的故事，不是数万言能说得尽的。在漫长的岁月中，在与寒冰白雪相磨砺的历程中，形成了独特的冰雪服饰风格。在冰天雪地的寒冬环境里，北方寒地的各族儿女，以自己的勤劳与智慧，坚定与执着，以其各具特色的服饰艺术风格，为世界服饰文化浓浓的勾勒了一抹亮丽的色彩。随着工业文明的到来，人类冰雪服饰风格也正在趋向全球化,一部分冰雪服饰正远离人们的生活,走向艺术化。但有理由相信,对于世界服饰舞台来讲,这些富有各民族特色魅力的冰雪服饰文化,将作为人类的瑰宝而永远地绽放光芒。

"使鹿部"的服饰——鄂伦春服饰

【奥老浅博耶】在华夏北疆这片广阔的白山黑水之间,除了有着悠久历史的满族人之外,还游徙和居住着一些同样古老、具有各自服饰特色的民族。鄂伦春就是其中的一个。鄂伦春族自称"奥老浅博耶",一说为山岭上的人,一说为沿河居住的人,或是养驯鹿的人。主要分布在黑龙江的逊克、爱辉及大兴安岭地区呼玛县等地,属于人口较少的少数民族。

【苏思】由于处在大半年为寒冷冬季的地区,鄂伦春男女均衣着大多为不挂面的皮筒子制成的皮袍,冬天穿皮厚毛长的狍皮(或鹿、犴皮等)制作的皮袍,名为"苏思"。

【古拉密】夏季用皮薄毛短的狍皮制作的衣服,则被称为"古拉密"。

【皮罗苏恩】男皮袍叫"皮罗苏恩",分长短皮袍两种,均带大襟,袍边、下摆和袖口均镶有简洁单纯、黑褐色或黄色的猞猁和狐狸皮皮子花边,具有美观和耐磨的作用。为了骑马方便,除左右开衩外,前后也开衩。青年人穿的皮袍还着上黄色。

【阿西苏恩】女皮袍叫"阿西苏恩",式样与男皮袍基本相似,但前后襟不开衩。在领口、袖口、大襟处缝有华丽的花纹,而在左右两侧开衩处普遍绣有云纹装饰,再以黄、红、绿等色线缝制成色彩鲜艳的图案,鄂伦春人所采用的服饰图案多为几何纹、植物纹、动物纹,其中南绰罗花纹样尤为突出,意为"最美的花",象征纯洁的爱情。多用于姑娘嫁妆等,以示爱情纯真幸福。纽扣早先用鹿、犴骨或硬木等制成。腰间男子扎皮带,妇女则扎各种不同颜色的布带。

【狐皮大帽】鄂伦春人冬天狩猎时所戴的一种狐皮大帽,很有特点。这种可适宜零下40℃寒冷天气的皮帽子,能遮住人的半个身体。制作时需要用四张狐皮,2～3米长的色布,及半斤多的棉花,还要加上各种颜色的缩带和装饰绦带约七八条,最大的竟有2公斤重。

【天它哈】还有一种用完整的狍子头皮缝制而成的帽子,狍耳、狍眼和鼻子一如原样,栩栩如生,名叫"天它哈"。制作这种帽子是鄂伦春妇女的绝活,初期是用于猎人伪装成狍子,引诱猎物所用,后普遍传开,成人与儿童都喜欢戴这种帽子,是鄂温克民族最具特色的帽子。妇女们喜欢戴猞猁皮帽或镶着皮毛的毡帽。

【奇哈密】据说北美的曼丹人有用熊掌皮做鞋的习俗,在我国东北大小兴安岭地区的少数民族也多有用兽皮做鞋的风俗,鄂伦春人就是比较典型的一个。鄂伦春人冬季所穿的鞋主要是"奇哈密"和"翁得"。"奇哈密"是用十几条狍腿皮做靴帮,用狍脖皮做底,形似满族"乌拉"鞋的皮靴。男女均可穿用,冬季穿着时需穿上狍皮袜子,既保暖,又使行走轻松舒适,特别是在雪地上行走时与积雪摩擦的声音很小,适于在林海雪原上狩猎。

【翁得】"翁得"是专供冬季穿的单层软底靴子,是用鹿腿皮做帮,用鹿皮、犴皮或野猪皮做底,靴帮高达膝盖,厚厚的积雪也难以灌进去,非常适于上山狩猎。鄂伦春的靴子往往在鞋面上装饰有小鹿、小熊及花卉图案,纹样简洁明朗。

【革靴】革靴不仅陪伴他们一生,人死后,穿过的革靴还要放入棺材陪葬。对于处在高寒地区狩猎的民族来讲,手套同样不可或缺。

【五指手套】鄂伦春族手套为狍皮缝制的五指手套,做工精细,在开口处镶有鼠皮花边,手套背部绣有精巧的花纹,常常是男女之间的定情物。适合狩猎使用的手套是"考胡落",大拇指同四指分开,手掌留口。平时手在里面,射击时从掌心直接把手伸出来,非常方便。

解放前的东北服饰

【狐狸皮皮草】进入 20 世纪,清末至新中国诞生前的一段时间内,中国经历了迅速而巨大的变化。而随着"闯关东"热潮的兴起,山东、河北等地大批人陆续进入东北,对北方冰雪服饰文化也产生了一定的影响。一方面清代冰雪服饰被一定程度地沿袭下来,另一方面也悄然地发生着变化。有钱人头戴貉壳或狐狸皮帽子,脚穿高筒皮靴,身着貂皮、狐狸皮等名贵皮草招摇过市,一般百姓中家境好点的则会有羊皮大衣可穿,而穷人只能穿棉袄了,甚至有的连棉袄都穿不上。

【羊皮大衣反着穿】在东北曾有着"羊皮大衣反着穿"的有趣说法,将里面羊毛翻在外面,据说是在狩猎的时候利于伪装。

【对襟、左搭襟】当时的人们穿的棉袄为对襟和左搭襟两种,棉袍则均为左搭襟。棉裤仍是流传下来的那种肥肥大大的抿裆裤,棉制、狗或羊皮坎肩也为人们过冬的主要服饰。高领、紧身、窄袖的清代上衣款式,依然被广为采用。女式旗袍则向更加曲线、更为性感的样式发展,成为上海、广州等大城市最为时尚的女性服饰,而其原有的保暖功能却渐渐变得若有若无。乌拉鞋已不独为少数民族所穿,在汉族人中也广泛流传。被老百姓称为毡疙瘩的矮帮毡鞋和毡靴,也是老百姓过冬的必要服饰。

大话狗皮帽子

【没反正的狗皮帽子】今天在 40 岁以上的东北男人中,十个里面能有九个在小的时候戴过那种没反正的狗皮帽子。20 世纪 80 年代前,在东北,无论是城里还是乡下养狗的人特别的多,就近取材十分的方便。狗毛细长,柔软舒服,温暖压风,黑黄灰白各种颜色杂陈各异,缺点就是有点沉,而且掉毛快,没过多长时间,狗皮帽子上的毛就掉得稀稀拉拉的了,戴在头上像长了头疮。

【狗皮帽子是闯关东人的创造】狗皮帽子在东北历史上时间并不长,东北的土著民族并不戴它,无论是满族,还是鄂温克、鄂伦春以及赫哲族等,都从不杀狗,尤其是满族人。在满族人和赫哲族中都流传着义犬救主的传说,所以都视狗为恩人,也就自然不会杀狗谋皮,戴狗皮帽子了。狗皮帽子是闯关东来到东北的关里人的发明创造,由于汉人不擅长捕猎,为了取暖,大多也就只能从狗身上打主意了。虽然不大雅观,但如那句东北的歇后语所说:"戴狗皮帽子进城——自个儿暖和就行。"据说这段话,在 20世纪末,还被一个县委书记创意成狗皮帽子理论,用来减少政绩工程和面子工程。

【熟皮子】制作狗皮帽子,熟皮子是最重要的工序,如果没有熟好,会有一股腥味,被人闻到,会被掩鼻而嘲笑之。

【帽圈】狗皮帽子的里子是用布缝制的,帽圈有方形和尖形之分,小的时候我看到哪个大人戴尖形的狗皮帽子,总认为他是坏蛋,现在也不知道具体是什么原因,可能与看了当时的某部电影有关。

【帽耳、小耳】狗皮帽子分帽耳和"小耳",冷的时候,就扎紧帽耳,把下巴和脸蛋都护住。如果不太冷,就把"小耳"撩起或把帽耳往上翻,扎在帽顶上,也有的人任其支棱着,远远看去,有几分像八戒的耳朵。俗话说"狗皮帽子没反正",是因为在帽耳扎在帽顶上时,帽子的前后都被长长的狗毛给遮住了,反戴正戴别人都看不出来,有的人还会在帽遮或者是帽耳处放点儿烟卷、火柴等小物件,记得有部电影里,还有人在那里放上纸条情报一类的东西,当时就感觉导演特没生活,藏在那样的地方谁都会找到的。

铁人王进喜有一张家喻户晓的照片,头上戴的就是狗皮帽子。他握着钻机的手柄眺望着远方,身后是高大的石油井架。这一形象几乎是 20 世纪 50 年代石油工人的经典形象,也是千千万万东北男人的形象。

【戴狗皮帽子的军队】在解放北满的时候,"狗皮帽子"可是名扬于白山黑水之间。林彪的百万雄师被民间爱称为戴狗皮帽子的军队。国民党军队情报人员,不用看别的,只要远远地看见了戴狗皮帽子的军队,就知道这是林彪大军。当时一些被捉到的国民党军队俘虏都对解放军士兵说,最怕的就是你们这些戴狗皮帽子的。一些战士也够淘气,常常老远就把狗皮帽子挑在枪尖上摇晃,吓唬敌人,到天津城下还摇晃。老百姓看到了狗皮帽子的军队,个个都伸大拇指佩服,不用问就知道是东北野战军。东北野战军几年间三大战役参加了两个,从东北打到海南,几乎横扫了大半个中国,以致有人开玩笑说,没有狗皮帽子,东北野战军也就打不了那么多胜仗了。

【征集王进喜戴过的那种狗皮帽子】立下汗马功劳的狗皮帽子,过了 20 世纪 80 年代,就慢慢淡出了人们的生活,不仅是在城市里,就是在农村也很少见到了。据说大庆铁人纪念馆 2003 年迁建成立的时候,纪念馆工作人员到处征集王进喜戴过的那种狗皮帽子,结果在当地和附近的县市一无所获,最后在辽宁省才找到一顶。也许狗皮帽子不一定就真的是这样销声匿迹了,可能有些懂得珍惜记忆的人,不愿意把它翻腾出来,而更希望那段时光能够永久地藏在心里。

新中国成立后的东北服饰

【抿怀的棉袄】20 世纪 50 年代的城市里,中山装和颇显男士帅气的马裤逐渐成为常见的棉服。马裤最初来源于英国的贵族骑士服饰,腰部两侧凸起,裤脚紧腿系扣。在乡镇和农村依旧多为抿裆裤。之后,一种裤腿为紧口,且类似西裤样式的棉裤逐渐在城市和农村流行起来,一直到今天。20 世纪六七十年代在东北有一种抿怀的棉袄也曾经很普遍,这种棉袄多为年轻男子所穿。对襟样式,但没有扣子。穿的时候用布绳乃至草绳拦腰扎系住,使其不能敞开,甚至有的人干脆就不用绳子,而是直接将棉衣对面抿上,然后双臂端起做抱膀状,紧紧将棉衣围住。还有些年轻人,则赤裸着上身穿棉袄,颇显得有男人血气,但也多是生活困窘所致。

【做新棉衣】大多曾在数十年前的东北乡村或小镇生活过的人,也许都会有着一些终生难忘的记忆。叶落的季节,是东北人家储藏秋菜和预备棉衣、棉裤等过冬衣物的时候。躺在暖暖的火炕上,看着母亲忙碌着在做新棉衣,新买回的棉花透着一种难以言表的温暖,蓬蓬松松的新棉花如女主人的笑脸,让人心里热乎乎的。做新棉衣俨然是当时一般百姓人家的一宗大事,那时,每人一年 1 公斤棉花票,往往不够一家人的棉衣、棉被所用,所以能有一身新棉花做的棉衣,也是一件值得高兴的事情。

【背带式棉裤】在当时,人口多、经济条件差的家庭,只能将往年的棉衣裤拆开,在旧棉絮中仅添加一点新棉花,或根本就是将旧棉花重新絮一下,就算作过冬的新衣了。儿童的棉裤为背带式,在胸前有一能遮盖前胸和腹部的棉帘,想必是担心孩子肚子着凉,这种棉裤在现在的东北也依然常见。

【三老】东北人多习惯将肥大臃肿的棉衣、棉裤和棉鞋叫作"老棉袄、老棉裤、老棉鞋",在这样一种戏谑的语气中,也透着一种亲切、温暖和舒适。将服饰的特征转化成一种象征性的语言,不仅让人感觉非常风趣,也能显现出一个区域文化的特点。不知是谁的发明,也不知是从何时开始,在有些地区的东北人口头语言中,时常会听到这样的话,某某人的嘴"像棉裤腰似的",某某人"就是个老棉裤"……前者在不同的语境下有两种含义,一是形容某人性格憨厚,言语木讷、笨拙,二是形容人口风不紧,善于传话而不注意保密,如:"你这嘴咋像棉裤腰似的——咋就那么松啊?"东北人爽直、质朴的性格由此可见一斑。

【烫绒面棉鞋】解放后,传统的乌拉鞋随着人们生活水平的不断提升而开始逐渐减少,已经不是兽皮、乌拉草,而是胶皮乌拉或棉乌拉了。"文革"期间,受来自北京、上海知青的影响,北京、上海胶底或塑料底的烫绒面棉鞋,一时成为时尚的宠儿。虽然这种鞋的保暖性能不能让人恭维,但却极受有着强烈爱美之心的青年人追捧,以致大有一鞋难求的态势。后来被蓝与黑色的大绒面毡底棉鞋和皮棉鞋所逐渐取代。

【军大衣和军帽】无独有偶,军用的冬装也是当时年轻人时尚的冰雪服饰,尤其是军大衣和军帽。有谁要是头戴一顶军用棉帽,身穿一件军大衣,脚下再蹬上一双翻毛的军用大头鞋走在大街上,定会招来许多垂涎的目光。因此抢军帽、军大衣的案件,在当时屡见不鲜,在城市和乡镇皆如此。

【棉手闷子】在冰冷的北方冬季,除了衣、帽、鞋、裤和大衣等冰雪服饰之外,还有一些冰雪服饰也很具区域特色。如被称作棉手闷子的棉手套,棉手闷子与一般五指手套颇为不同,拇指独立,其余四指则一起插入在与拇指相连的棉袋里,它的长度往往能达到小臂之间,有的还用棉布绳将两只手套连在一起挂在脖子上,以便于携带和防止丢失。过去的东北冬天零下 30 摄氏度十分常见，五指手套干活虽然灵便，但手指很快就会冻僵。所以人们发明了棉手闷子，拇指独立，四指在一起互相依靠可最大限度保存热量，不仅能很好的保暖，还能不耽误做一般的活计。也有的手闷子将食指也独立出来，虽不如四指手闷子暖和，但灵活性却加强了许多。

【羊皮和狗皮手闷子】除了棉手闷子，羊皮和狗皮手闷子也较为常见，毛朝里，光皮向外，比棉手闷子更加保暖，但由于其造价相对高，不是一般百姓所能用上的。手闷子不知道陪伴北方的人们度过了多少个酷寒的冬天，现在于农村还时而能够见到。

【套袖】由于手相对于身体其他部位经常暴露在外而容易冻伤，寒冷地区的人们对手的取暖十分重视，过去的人们除了戴手套，也经常将双手插在被叫作袖筒子的筒状套袖里。袖筒子两头开口，有用棉花和布做成的，也有狗皮和羊皮制作的袖筒子。它主要是用于人们休息的时候，将双手插在其中端放在胸前，不过在现在的东北已经很少能见到这种冰雪服饰了。

改革开放后的东北服饰

【俄罗斯皮帽】直到各种貂、狐、水獭等动物皮的皮帽大量出现，棉军帽才渐渐退出人们的视野。或许军人的形象永远是年轻人心中的崇拜对象，在近些年，翻毛、皮质、挂带、有肩饰、多个装饰口袋的军式猎装，又受到了新新人类和白领一族的喜爱，而且其中不乏"巾帼花木兰"。珍贵兽皮皮帽的再次盛行，虽然离不开人们生活水平的提高，但更直接的原因也许是黑龙江边境贸易火热的开展。转眼之间来自俄罗斯或冠着俄罗斯名号，各种样式的皮帽随处可见。由俄罗斯而来，随同皮帽流行之风，一起进入东北大中小城市的,还有带毛领的俄罗斯毛料和呢子大衣,其风靡一时,令人叹为观止。

【皮草】时尚就是潮流,潮流之下也许暗涌着许多文化的因素。随着物质文明的发展和诸多社会文化的推动,服饰仿佛就是人类文明的一个风向标,有心人或许从中可以领悟到什么,但那就是仁者见仁、智者见智了。这几年高档皮草服饰开始陆续披在东北人的身上,来自丹麦、美国的优质原料,由意大利、法国等世界著名设计师根据国人身材特点量身定制的时尚款式,城市中的皮草店如雨后春笋般地出现在繁华闹市区,紫貂、银鼠、狐皮、猞猁等,这些过往只有少数人才能穿得起的贵族服饰,今日则为大众所享有,也算是"旧时王谢堂前燕,飞入寻常百姓家"吧。就连在公交车上,也能看到身穿高档皮草,脚踏毡底棉鞋的女士,足可见时下人们生活水平的提升速度之快、幅度之大,不过似乎在这新鲜的时尚之下,也有着一点尴尬与遗憾。生活品位不仅需要充足的经济收入来做基础,很多时候更需一些文化底蕴予以充实。在物质文明发达的今天,人类理当学会敬畏自然、尊重自然,与环境友好相处,爱护我们的动物朋友,有节制地穿用珍贵动物皮草,这也是冰雪服饰文化更为高远的价值内涵。或许也是当下部分先知先觉之士,更多地转向其他冰雪服饰的缘故,尤其是羽绒制品。

【羽绒】20世纪80年代后,羽绒服以其暖和舒适、物美价廉的优势,很快就成了人们冬季日常的冰雪服饰,也由最初的运动型羽绒服,逐渐发展为休闲式、唐装、牛仔装、绣花中式等缤纷多样的款式,并一改过往的色调单一、臃肿厚重,而变得更加轻薄、简洁、色彩丰富和趋于时装化,绿色、健康、环保与时尚成为近几年羽绒服饰的基调。

今天久居寒地的人们在冰雪服饰方面有着十分丰富的选择,皮夹克、登山服、羊绒服饰、毛呢服饰、保暖内衣……皮、棉、毛、绒、线及层出不穷的高科技保暖产品,让人只能是眼花缭乱。

【围脖、围巾、脖套】围脖、围巾、脖套及耳包也是东北地区常见的冰雪服饰。围脖有呢子、毛料、毛线及狐狸皮等多种质料。围脖不仅可保暖,而且颇具美观功能。围脖长短不一,系法也十分繁多,男的潇洒、飘逸,女的端庄、妩媚。列举一二,短围脖对折后从颈项绕过1周,然后从领口塞入前胸,显得干净利落,此种装扮多为男士。长围脖则是从脖颈绕2~3周护住耳、鼻、嘴后,让下端飘在身前,十分具有飘逸感。如果心存好奇,观看走在街上的男女,只是这缤纷多彩的围脖,就是一道风景。围巾多为女士佩戴,或扎系在头部,或缠绕颈部一周后放在大衣领内。围巾图案十分丰富,尤其在过去,为略显单调的冬季服饰增添了不少迷人的色彩。

【口罩】在东北冬天的城市里,"口罩美女"也是一道风景。被捂得严严实实的脸上,唯有一双明眸善睐的大眼睛露在外面,长长的睫毛上微微地冻了一层洁白的雪霜,有着一种让人充满遐想的美丽。

【耳包】"冬至不端饺子碗,冻掉耳朵没人管",人们在夸张东北天气寒冷的时候,往往说会把耳朵冻掉。至少在数百年前,居住在东北的满人就有了戴耳包的风俗,现在耳包的样式与其还很接近。不过,从前多为满族老年人常戴耳包,而现在更多的是孩子们,市面上各式各样的卡通耳包很受孩子们的喜欢。

【冰雪服饰风韵】冰雪服饰随着时代的进程,日益变幻着那独特的风韵,我们仅仅是撷取了一点点历史的浪花,展现在世人面前。也许没有人能将它的风貌全置于眼前,而一睹它无尽的风采。但即使是管窥一斑,也已经让我们领略到了冰雪世界中人类服饰文化的独有魅力。或许我们在追溯冰雪服饰的更迭变化之际,会隐隐地感受到冰雪服饰背后的文化底蕴。没有文化内涵的服饰体系,几乎是不能存在的。服饰文化首先是一种形象、直观的物质文化,在其中却又必然包含着广阔而深刻的精神文化和制度文化的内容。冰雪服饰作为寒地人类文化的显性特征,自然会对区域文化有着深刻而现实的反映。如果说一部人类服饰史,是一部感性化了的人类文化发展史,那一部人类冰雪服饰史,则必是一部感性化了的人类文化史。的确,文化与服饰互为表里、相融相生。恰如郭沫若所说:"衣裳是文化的表征,衣裳是思想的形象。"基于此,我们相信根植于北方大地的冰雪服饰文化,一定会永远地成为世界服饰文化与人类文明花园中一朵无比绚丽娇艳的奇葩。

冰雪·人居

大地深处的居住时代

【**穴居时期**】人之初所居为母体,人类之初居为洞穴,遍寻世界各地早期原始人类所居莫不如此。在底格里斯河及幼发拉底河之间的冲积平原(现伊拉克境内)的美索不达米亚地区,考古学家发现了目前世界上最早的原始人类居住地,它是在泥土地下挖开的一个空洞,其产生的时代要早于任何形式的陶器制造。居住是人类的一种本能,原始人类就好比人的婴儿时期,寻找一处温暖且安全的所在,是天性使然。有人类学家将原始人类最初的以穴为居,揭示为人对母体子宫即"玄牝之门"之伟大的崇拜所致。洞穴是人与动物获得生机的充足源泉,地表上神秘温润的开口带给人的是极强的吸引力,洞穴被认为是地下世界的出入口,象征着雌性生殖力与黑暗,人类学家如是说。

无独有偶,在所发现的我国东北早期的人类居住场所也是洞穴,人们曾在东北地区的一些天然洞穴里,发现内有兽骨堆积的围合体、原始人类头骨等旧石器时期的建筑遗址。《山海经·大荒西经》曾记载:"西王母,虎齿豹尾,穴居。"这很可能是我国对北方穴居习俗的最早记录。在《易·系辞》中也曾说道:"上古穴居而野处。"

秦汉时期,居住在东北地区的满人祖先——挹娄人(肃慎人)就"夏则巢居,冬则穴处"(《后汉书·肃慎传》),居住在洞穴里自然要比巢居有着的更多的隐秘、安全和温暖,避寒自然是最首要的,晋人张华曾经说过这样一句话:"南越巢居,北朔穴居,避寒暑也。"在《后汉书·挹娄传》中有着这样的描述:"处于山林之间、土气极寒,常为穴居,以深为贵,大家至接九梯。"穴居的形式多种多样,在非常寒冷的北方,洞穴要挖得很深,而在比较寒冷的北方地区则要挖得浅一些,洞穴的形状与竖井很相似,洞穴口是平的,在洞穴口处有木头为横梁,上以干草树枝等覆盖。有的挹娄人还在"穴室"的地面出口,用石板、树木筑起一个平顶的、类似"凉亭"式的遮盖物,用来遮挡雨、雪。要想在寒冷的气候下,有着更多的温暖,在那个人类尚未有更多保暖措施的情况下,将洞穴挖掘得更深,自然是最优途径,有的洞穴最深的地方要用九节梯子才能下到底部。洞底居住的面积视人口数量而不同,但都是整个氏族大家庭住在一起,面积大的能达到 200 平方米。洞内墙壁一般用细沙黄泥涂抹、熔烧,不仅相当的坚固,还有防潮、美观的作用。也有的洞穴四壁是用岩石堆砌的,不仅防寒隔潮的效果更胜于泥墙,又轻易不会坍塌。洞外北风呼啸,大雪飘飘,在身上涂抹着厚厚猪油("豚膏涂身,厚数分,以御风寒")的满人先民们,围坐在篝火四周,盘点着一天的收获,筹划着来日的劳作,更企盼着大雪的过去,期望着温暖的春天早早来临。

在黑龙江省阿城小岭镇有一座山峰叫勿吉山,当地人称其为"东城墙砬子",在山上则有一处被称为勿吉人城堡的遗址,据说是 2 000 多年前的满人先民的穴居遗址。在勿吉山峰场地上东西横列着上百个坑穴,中间有一道明显的间隔将其分成南北两个部分,每排有 4~8 个不等的坑穴。最南端的坑穴最大最深,直径超过 3 米,其他的大都在 2 米左右,坑穴深基本在 2 米左右。勿吉山山体内层为酥松的砂岩,比较易于挖掘。由于坑穴处在地层深处的不冻层,所以温度并不低,在寒冷的季节,砂岩不断吸潮也会使室内温暖如春。令人惊异的是从这些坑穴的表面看不出丝毫的挖掘痕迹,但从整齐的排列、规范的分布来看,又应是人工所为,让来此观看的人迷惑不解,这些谜底还是让考古学家们去揭示吧。所有坑穴的开口都趋向东南方向,据说这是朝向东南方向的长白山脉。长白山是勿吉人的哈苏里哈拉(根基),他们的祖神撮哈占爷就在那里的瑞彩祥云之间。

【半穴居时期】相对于中原的华夏建筑文化,东北地区先民的居住建筑发展要缓慢得多,经历了近千年的漫长穴居阶段。至少在公元5世纪前,满族先民还处于穴居阶段,这自然与寒冷的冰雪气候相关。而大概在南北朝及隋、唐时期,满族先民勿吉人开始向半穴居时代过渡。

《魏书·勿吉传》中记载:"其地下湿,筑城穴居,屋形似冢,开口于上,以梯出入。"《通典》记载道:"筑堤凿穴以居,室形似冢。"

《新唐书》《旧唐书》对满人先民这种半穴居的居住模式都有记载:"靺鞨无屋宇,并依山水掘地,架木于上,以土覆之,夏则出随水草。"靺鞨是唐朝人对满人的称谓。

这是满族先人从全地下向地面居住的一个过渡。在我国东北一些区域内的半穴居遗址的考古挖掘中可获佐证。考古学家们在位于吉林省农安县的左家山遗址中,就曾发现这种半地穴式房屋遗址。这座半地穴房址坐落在临河的台地上,方形,边长大约为3米,其中一边的中部有斜坡门道。在房址中部略偏一侧设一瓢形灶坑,可见火炕已经被当时满人先民应用。洞穴内有八个置放木立柱的柱坑,立柱直径为20厘米左右,想必是支撑露出地面的房屋房顶所用。当地土人将这像坟包似的住所称为地窨子或"地窝棚"。

这种半穴居的地窨子一般选在背风向阳、离水源较近的山坡,大概是出于气候温暖、水源方便的考虑。首先用工具向地下挖三四尺深的长方形坑,空间大小由居住人口数量多少确定,然后在坑内立起中间高、两边矮的几排房柱,柱上再加檩椽,椽子的外或下端搭在坑沿地面上或插进坑壁的土里,顶上则要绑上房芭和草把,再盖上半尺多厚的土夯实,南面或东南角留出房门和小窗,其余房顶和地面间的部分用土墙封堵。这种房子地下和地上部分约各占一半,屋内空间高两米左右,搭板铺在地中央生火取暖,有的居室中还出现了专门的取暖设备——火墙。房顶四周再围以一定高度的土墙或木障,以防牲畜、野兽踩踏。这种"半穴房"在地面上已出现框架式结构的建筑,无疑是向地面建筑发展道路上的一大进步,在其出口处,往往用石板、木板搭起一个屏障,这是满族居室中"影壁"的雏形。有趣的是,勿吉、靺鞨人是筑城(堤)穴居,即在一个穴居群外,有一道几百米的酷似土堤的墙,在这椭圆形的山城内,排列着井然有序的"半穴屋"。这是满族先民最早的城堡、村寨,是初级的人类聚居形式和城市的雏形。这种聚居形式的出现标志着勿吉、靺鞨人出现了比较稳定的一夫一妻的家庭形式,财产也由部落共有转变为个人和家庭私有财产。在氏族、部落里也都有了明确的军事性质,各部争雄的英雄时代已经到来,周长几十里的大都市、富丽堂皇的宫殿,也巍然出现在了公元 7 世纪的渤海国。

在历史上有一著名的事件,就是南宋徽、钦二帝的"坐井观天"。公元 1130 年,金朝大兵入侵中原,并将南宋徽宗、钦宗二帝及其嫔妃臣子百余人俘虏到五国城(现黑龙江省依兰县),当时已经是秋末冬初的阴历十月,现盖房子已经来不及了,便临时给安排进地窖子。辛弃疾在《南烬纪闻》中,留下了这样的记载:"天寒乃掘地窟……作坑深五六尺,命帝后昼夜伏处其中,其护卫人员亦如是。"这里提到的就应该是当时东北很常见的地窖子。南方人多没有见过地窖子,以为与南方的"井"是一回事,其实这是错误的。真要是在枯井中,不用说没有那么大的井,就是有,寒冬腊月时只要住上几天,也早被冻死了。地窖子在当时的东北是很常见的建筑,两皇帝住的多半就是这种半地穴式的地窖子。现在在依兰县建的徽、钦二帝坐井观天园中,就有"二帝穴居宅院",并建有当时金人的地窖子,板夹泥的墙体,屋顶苫的是草,屋内有火炕。当然地窖子虽能避风避寒、冬暖夏凉,但比起皇宫的舒适与奢华自然是相差万里。也就难怪过惯了舒服日子的宋徽宗感慨赋诗道:"彻夜西风撼破扉,萧条孤馆一灯微,家国回首三千里,目

断天南无雁飞。"(《思断肠》)

"地窨子"不独满人所有,赫哲、鄂伦春等民族冬季住宅都曾有这种形式,赫哲语称"胡日布",与满人地窨子基本相似。首先挖出长方形土坑,再立起柱脚,在地面上有一尖顶支架,最后覆盖兽皮、土或草而成半穴式房屋。虽然在后来满人先民走出了地下,进入了地面居住时代,但这种地窨子的住居方式在某些地区,仍一直延续到民国以后,甚至在 20 世纪 80 年代东北的某些偏远乡村,还能够看到这种古老的冰雪建筑。

阳光照耀下的人居

【走向地面居住的时期】满人先民在地窨子里大概又生活了几百年,直到辽金时期,才完全走出地下,结束了穴居、半穴居的生活,开始迎纳阳光的全面照耀。久居在冰雪世界的人类先民逐步结束了穴居、半穴居时期,开始了结庐而居、"联木为栅"真正意义上的定居。这不仅是满人定居文明的开端,也是冰雪建筑文化历史上的重大事件,更是寒地人民面对严寒挑战的又一次胜利。在《周易·系辞下》中有曰:"上古穴居而野处,后世圣人易之以宫室,上栋下宇,以待风雨。"这是对北方从原始住居的穴居形式到宫室住居的一段文字记录,文中刻意提到这是圣人的功绩,即圣人之教化,万民乃明道。在我国传统文化中,往往有将一些重大的、具有创造性的历史事件,依托圣人之名的习惯。这种做法或许也不错,但改变人类文明进程的人,虽然可能只是个普通的劳动人民,可其所创造的功绩不也是圣人之功吗!第一个从地下搬到地面居住的满人先民,即使其已无从考证,他或许只是一个很普通的平民百姓,但在冰雪居住文明历史中,他或他们就是后世人们心目中的圣人。

从"一梁三室，其制与唐人居室相似"等有关记载中，可以得知此时的女真人的住所与中原的居住建筑形式已经很接近。女真人以自豪的心情记载了他们这一划时代的进步："献祖乃徙居海古水（今黑龙江省阿城境内海沟河），耕垦树艺，始筑室，有栋宇之制，人呼其地为纳葛里。纳葛里，汉语居室也。"献祖是完颜阿骨打上溯五代的祖先，因为他创制、推广"纳葛里"而彪炳史册、名垂千古，为后世满族的住宅奠定了基础。女真人的房屋多为依山而筑，用木头做墙和盖，用草拌泥抹在墙和棚上，冬天将窗户堵严。屋门都背阴面阳，以利于取暖、采光，也寓意了当时人们崇拜太阳和光明的宗教心理。这种住房最显著的特点是"穿土为床，温火其下，而寝室起居其上"。

【桦皮房】白桦树有林中少女之美誉，是东北大小兴安岭地区常见的树种，桦树皮坚韧，剥之可长达数尺。在东北少数民族中，以桦树皮为原料加工的生活用品十分常见，大到房屋、舟船，小到衣帽、饰件、桦树皮画等，用途非常广泛。金代女真人就建造了桦树皮房子，有一首诗曾描述道：

> 野处穴居传易传，桦皮为室鲜前闻。
>
> 风何而入雨何漏，梅异其梁兰异芬。
>
> 占吉檐头鹊常报，防寒墙角鼠还薰。
>
> 称名则古惟淳朴，却匪斐然周尚文。

从诗中对桦树皮房子的咏颂，可以看出满族先民对这种房子十分喜爱，其欢喜之情跃然行间。周斐，满语"桦皮房"。在清朝大学士阿桂、于敏中等奉旨编撰的《满洲源流考》中写道："桦皮厚盈寸，取以为室，覆可代瓦，旁作墙壁户牖，即以山中所产之木用之，费不劳而工省，仍我满洲旧风，无殊周室之陶复陶穴也。"这种桦树皮房子目前在兴安岭地区少数民族聚居地还能看到。

【三间草房四铺炕】随着满族先民经济文化的发展，以及与各民族的相互交流学习，满族人逐渐形成了自己的居住习俗。满族房屋大多坐北朝南。本地满族的旧式房屋,多为土木结构,草顶、泥墙。梁柁柱角都十分粗大,房顶用小叶章草盖。泥墙大多用草把子裹泥垒成,这种泥草把子满语叫"拉哈"。满族垒墙,称之"挂拉哈"。待拉哈干透后,再从里外两面用黄泥抹平即妥。

【土坯房】土坯房是满族民间非常常见的一种,它的初始可能就是从地窖子的地面建筑而来。在民间流传一句俗语:"土坯草房篱笆寨,关东百姓人人爱。"土坯房的选址基本都为坐北朝南向,利于阳光照射进房间。土坯房风格质朴自然,其用料多取自大自然。土坯是乡下建房常用的一种"土砖",多为砌墙和盘炕(搭炕)所用,是土坯房不可或缺的物料。土坯大小一般为长约35厘米,宽约20厘米,厚约12厘米,一块土坯大约能有20多斤重。土坯制作的工艺并不复杂,但由于建一幢房子用坯大约都在千块以上,而且因草泥黏性很大,和泥、运泥时臂、腰、腿都要使劲,很需要用一番气力,所以过去东北农村把"和大泥、打大坯"列为"四大累"中的活儿。

【脱坯】其制造过程,被人们称作"打坯"或"脱坯"。人们在脱坯的时候,首先要选择敞亮平整的地方,坯土一般要求用有一定黏性的黄土。还要弄来民间俗称"羊角"的草,这种草细长、柔软,与泥土的黏合性好。用铡刀切成2寸左右的短段掺进土中,可以增强土坯的拉力。制坯的过程是先将土中的疙瘩打碎,再把"羊角"一层一层地掺在土中,然后加水变成泥状,再用二齿钩和匀,之后要"闷"上几个小时至十几个小时,使泥和草黏合在一起,使其"闷透"。最后将和好的泥土用锹放进"坯模子"中,用工具将其平整成与模子契合的形状,过上几分钟再将模子轻轻拿起来,土坯的雏形就出来了。土坯被整齐地排列在地面上,一次脱坯往往要数百块甚至更多,一眼望去,像训练有素的士兵队列,让人很有成就感。土坯需在阳光下晒上个十天八天,在晒制的过程中,要经常翻动,使其能尽快干透。晒干后,将其搭垒起来,过了些许日子,就可以使用了。

【干打垒】有的土坯房墙壁不用土坯,而是采取干打垒的方式。干打垒,首先要在建筑墙的两侧的两端各立一个木桩,横向依次绑上数层原木,如同做了两排模具,然后在两排原木中间填上一层湿土,其上铺一层薄草,用木榔头夯实。如此再填、再铺、再夯,循序渐进,层层加高,直到所需要的高度。在这种土房的墙壁外面,还要抹上一层草泥,使表现显得平整光滑一些。土坯房和干打垒的房子墙壁都很厚,少则一米,多则 1.5 米,冬暖夏凉,具有很好的保温效果。

【满族老屋】满族的住房从金代比较简陋的"纳葛里"发展为清代的泥坯草房,及后来的青砖瓦房和夹用石料的房屋,人们多把这种宽敞高大的房子,称为满族老屋。满族老屋建筑结构、用料与格局依人家生活富裕水平而不同。前文所说的泥坯草房多为穷人所有。有句俗语很形象,集中地反映了满族民居独特的建筑风格,"口袋房,万字炕,烟囱戳在地面上"。口袋房又叫斗室,因其形如口袋和斗形而得名。"三间草房四铺炕"是对满人百姓住房的描述,满族老屋一般是 3 间或 5 间,富庶人家还有门房(三间,中间为过道)、影壁墙等。坐北朝南,房顶用草苫,周围墙多用土垒成。门大多开在东边,也有的中间开门,称对面屋。进门便是厨房,又称外屋;厨房两侧开门则为卧室,又称里屋。里屋有南、北、西构成的火炕,称"转圈炕""万字炕"等。满族尚右,西墙供祖宗牌位。西炕是窄炕,不睡人,下通烟道。长辈为尊睡南炕,晚辈为下则睡北炕。西侧或东西两侧为里屋,即卧室。卧室筑有南、北、西三面构成的火炕,这是满族卧室的最大特点。从中也可以看出火炕在满族老屋中的显耀地位。

【苫房】东北土坯房的梁架是由梁、檩、椽组成的木构架,而房顶则要以草覆盖。所用之草以草茎长、枝杈少、不宜腐败和经济易得为选用原则,因地区不同而有莎草、章茅、黄茅等野草(俗称房草)和谷草、稻草等。土坯房房顶侧面是呈人字形的硬山起脊式,屋顶从正脊向前后两面下倾,分别称为"前坡"和"后坡",这主要是利于积雪或雨水能沿着斜坡落下,以避免承负过重。房顶盖草俗称"苫房",在农村也是一种技术要求很高的手艺。苫草的方法,各地区有所不同,通常是在木构架顶部先铺上用秫秸(高粱秆)或树条子编扎的"房芭",再抹泥填堵缝隙。将草梢部向下,层层铺盖,为防止滑脱和被风刮散,还要用草绳依次交叉拉栏加固。苫一次房一般都能保持三年以上。

【窗户纸】土坯草房外表十分简朴,灰突突的,窗棂也多是横直相交的简单样式,还盖有"糊在外"的灰蒙蒙的窗户纸,几无艺术装饰,样子很不美观,但在那艰苦的生活环境下,生存更为重要。它在东北乡村之所以能够长期存在,就是由于其就地取材、盖造方便的特点和厚墙厚顶、冬暖夏凉的实用性,使普通的农民能有一处保证基本居住条件的"家"。这种泥草房,在现在东北部分偏远贫困的地区偶尔还能够看到,往往坐落在村子偏僻之处,略显几分孤独和苦涩,但有的房顶竟立有电视天线杆,让人觉得多少有些不协调,历史之交错有时会勾勒出一种戏剧的效果来,使人百感交集。

【木材住宅】清代满族住宅建筑普遍使用木材,现在建筑材料与汉族和其他民族逐渐合拢。清代满族住房的木结构,大体上有两种形式。一种是梁柱式结构,一种是穿斗式结构。在这两种结构中,官署和贵族住宅建筑通常采用梁柱式结构,一般平民通常采用穿斗式结构。所谓梁柱式结构,就是在地面上立柱,柱子上面架梁,以此组成房舍骨架。它的全部重量都通过椽、檩、梁、枋压在立柱上,墙壁不用承载房屋的重量,只起隔挡和围护的作用。这种构造形式,有许多特点,拿门窗的安排来说,就比较灵活,多开一些门窗、少开一些门窗都可以,这对满足人们的不同要求,有很大的好处。这种房屋室内空间较大,耗用的木材也很多,一般平民是盖不起的。

【穿斗式结构】所谓穿斗式结构，就是在房舍四周立起木支柱，多为四柱，也有九柱的，然后再用横"穿柱"与立柱连接起来，形成类似木排的格局。木排内外用草泥码实，这就是房架的支柱和墙壁。房架起脊，上铺草或盖泥。满族盖房，先立房架，后砌墙安门窗，亲朋好友闻讯而来为之祝贺，所赠送的红布、红绸，披挂在房梁上。上最后一根大梁时，鞭炮齐放，房主往大梁上浇醴酒，祭天祭神，唱《上梁歌》："浇梁头，浇梁头，祖祖辈辈出王侯；浇梁腰，浇梁腰，祖祖辈辈吃犒劳。"今天《上梁歌》的内容更改了，但置房喜庆的风俗仍保留着。

【"呼兰"烟囱】有火炕就要有烟囱，满语称烟囱为"呼兰"。东北城乡的满族传统民宅，无论青砖瓦房还是土坯草房，都有一个显著的特征，即烟筒不是建在山墙上方的屋顶，也不是从房顶中间伸出来，而是像一座小塔一样立在房山之侧或南窗之前，民间称之为"跨海烟筒""落地烟筒"。由于早期泥坯草房、桦皮房、木房子等房屋的屋顶多为茅草、桦树皮等易燃物料覆盖，有的墙壁也是用树干加工后排列"砌"成，如果烟筒附在墙壁上或设在房顶上，很容易引起火灾，所以就把烟筒设在距房三四尺远的地面上，再通过一道矮墙内的烟道连通室内炕洞，达到排烟效果。早期做这种烟筒的材料，既不是砖石也不是土坯，而是利用森林中被虫蛀空的树干，截成适当长度直接埋在房侧，为防裂缝漏烟，用藤条上下捆缚，外面再抹以泥巴，成为就地取材、废物利用的杰作。

【烟筒脖子】随着建房材料的变化，逐渐改为用土坯和青砖砌筑，但高过房檐、下粗上细的风格依然如故。土坯草房的烟筒就好像是一只大酒瓶，砖砌的烟筒多为方形，逐级上敛，似一座小塔。由于这种烟筒距房体有一段间隔，其间有内留烟道的短墙相连接，俗称"烟筒脖子"或"烟筒桥子"。为防止冬季严寒时受冻影响排烟烧炕,有的地方还在此短墙下留出类似桥洞的空间,以便用柴火加热利于烟道畅通。

【狗窝】此外,在烟筒的底部烟道平面以下留出一个浅坑,俗称"狗窝",以防逆风冷气倒灌。一些人家的烟筒顶端还要套上一只荆条筐避免灌入雨雪,从远处看好像戴了一只奇形怪状的帽子,别具关东民宅韵味。

【烟筒桥子】在民间,这种烟筒还有一些特殊的用途。比如有的地区冬天把鸡窝搭在常有热气通过的"烟筒桥子"上,使鸡也能住在"炕"上,冬季仍可产蛋。

【烟筒根儿】民间还认为烟筒根是死人魂灵寄身之处,年节时此处烧纸祭奠。家中老人病重咽气之初,儿女要到烟筒根下喊"朝西南光明大道走",谓之"指路"。因为"呼兰"式的烟筒是关东的一大独特景观,在一些文人墨客题咏东北风俗的诗篇中也常提到它。其中乾隆皇帝《盛京土风杂咏·呼兰》诗中"疏风避雨安而稳,直外通中朴且坚"之句,应算是"金口玉言"的概括了。

【窗户纸糊在外】满族传统住房的门窗也有特点,房门分两层,外层为风门,是独扇的木板门,向外开,有木制的插销;内门是双扇木板门,内层是寸板做成的板门,有牢固的门闩。外屋靠门侧有一个小窗,俗称"马窗"。每窗分上下两层,上层糊纸,可向内吊起;下层为竖着的二三格,装在窗框的榫槽,平时不开,但可随时摘下。窗棂格一般有方格形、梅花形、菱形等多种几何图案。糊窗所用的窗纸是一种叫"豁山"的纸,满语称为"摊他哈花上",汉语叫麻布纸或窗户纸,是用破衣败絮经水沤成毳绒,再在致密的芦帘上过滤摊匀,经日晒而成的。这种纸坚韧如革,可用作写牍,但最主要的是用于糊窗户。这种纸应糊在窗户的外边,一方面可以避免窗棂中积沙,另一方面可避免窗纸因冷热不均而脱落。窗纸糊上后,还要用豆油和麻油油过,这样,既可增加室内的亮度,又可以使窗纸经久耐用。这种"窗户纸糊在外"的习俗被称为"关东三大怪"中的第一怪。

【篱笆寨】篱笆寨是指用树枝或秸秆围成的院子。修篱笆(夹障子)在东北十分普遍,其作用与院墙相同,只是材料不同而已,在旧时民间有"穷夹障子富打墙"之说。平原地带篱笆墙往往以柳条、秫秸等枝条为材料。山里人家则干脆以圆木为障子。夹障子、修篱笆不仅可以防止野兽进入,也有取暖的功效。有的篱笆寨子修得离窗子很近,这样就起到了遮挡风雪的作用。北方的风大雪猛,篱笆寨可以使大风雪减速,不直接扑打在窗子上,保住了屋子里的热气。

成长梦想的火炕

【火炕】近年有关火炕的起源众说纷纭,以致关涉到民族情感,中日韩专家对此也正在进一步探讨之中。据考古发现,在2 000年前火炕就已被居住在北方寒地的沃沮族所使用。考古学家在黑龙江省东宁县团结村的沃沮族遗址中,就挖掘出被称作"低火墙"或"烟道大墙式"的早期的火炕。现俄罗斯沿海洲的克拉斯基诺地区,同为2 000多年前的沃沮族古屋遗址中也曾发现了9座火炕,可以说当时长期活动在我国北方的沃沮族,至少是早期使用火炕的民族之一。在吉林省通化市万发拨子遗址发掘出三座魏晋时期的火炕遗迹,隋唐之际,渤海人和高丽人也已开始陆续普遍使用"长坑(炕)",如《新唐书·高丽传》记载:"冬月皆作长坑。下燃煴火以取暖。"可见火炕在早期的时候就已经被逐渐流传,这与我国北方古代民族随着不断的迁徙,各民族之间的文化交往有着一定的关联。但火炕在我国北方真正的发扬光大,女真人则是功不可没。

辽金时期女真人从穴居走到地面,火炕的普遍使用是关键,它解决了困扰东北先民数千年以来取暖驱寒的大问题,为后世满族的住宅奠定了基础,是东北冰雪居住文明的推进器。对寒冷地区的居住和生活方式的改变,其意义之重大不可估量,甚至对满族先人完颜部的崛起都产生了深远的影响。

【纳罕】女真人称火炕为"纳罕",苏联学者沙弗库诺夫对女真人的居住情况曾描述道:"火炕是 12 世纪后半期所有女真房址的特征,一般都设有三条炕洞,炕洞上面铺砌大块平板石。烟囱设在室外,正对后墙中部。"据史书记载:女真人的房屋多为依山而筑,用木头做房墙和房盖,用草拌泥抹在墙和棚上,冬天将窗户堵严。当时的屋门都背阴面阳,是为了取暖、采光,也寓意了当时人们崇拜太阳和光明的宗教心理。而这种住房最显著的特点就是火炕,在《三朝北盟会编》卷三记载道:"环屋为土床,炽火其下,相与寝食起居其上,谓之火炕,又取其暖。"人们不仅在火炕上睡眠、休息,而且吃饭、聊天,甚至会友也都在炕上进行。

【炕头】金代时期,贵族与平民所住的房子虽然已经有明显的差异,但火炕却都在使用。《大金国志》有记:"其殿宇绕壁尽置火炕,平居无事则锁之,或时开钥,则与臣下杂坐于炕。君臣晏然之际,携手握臂,咬头扭耳,至于同歌共舞,莫分尊卑而无间。"这炕头上的君臣无间、水乳交融的情景,会引发人的许多感动。相比于君主殿堂高坐,臣子殿角拘谨而立,更有一种让人感觉震撼的凝聚力。安邦治国的韬略大计或许也就是在这火炕上运谋而成,可见女真族之强大并非是偶然。

【炕上活动】史书中金人在火炕上的活动多有记载,如"金主聚诸将共食,则于炕上用矮台子或木盘相接","环屋为土床,炽火其下,相与寝食起居其上,谓之火炕,又取其暖"。在火炕上摆上一短腿饭桌,家人围坐一处,桌上是猪肉炖粉条、小鸡炖蘑菇等美味的东北炖菜,这一于火炕上吃饭、会友的习俗至今仍在东北农村普遍流传。请客人炕头坐,还是东北乡下人家迎宾待客的重要礼仪。女真诗人完颜寿曾吟道"炕暖窗明有书册",这种惬意的感受须有切身的经历,才能切实地体会那暖炕读书的妙处。由此可知,火炕在女真人时期,于人们生活中,有着现今城市居家里客厅、饭厅乃至书房的多重作用了。当然对于寒冷的北方来讲,火炕最大的功效还是取暖驱寒。到16世纪明朝期间,女真人房内的火炕从四壁之下皆设长炕,变为南西北相连的环炕,锅灶通内炕,已接近今日满族火炕了。

【万字炕】在满族火炕中,万字炕最为常见,在朱履中《龙江杂咏》中描述道:"两家傤共一家房,日日烟薰隔矮墙。况是一庐三面炕,客来就暖也无妨。"(作者注:屋内三面皆炕,两家傤居一屋,且常留客借宿,城乡类然。)清代顾炎武《日知录》中对此也有所描述:"北人以土为床而空其下以发火,谓火炕……"

【南北大炕】万字炕为"丌"字形大土坯炕,民间俗称"弯子炕",或"蔓枝炕"。室内的南北炕与屋的长度相等,俗称"连二炕"或"连三炕",又叫"南北大炕"或"对面炕",炕面宽五尺多。早期的火炕是由土坯(现改为红砖)砌成,由炕面、炕席、炕洞、炕墙及木质的炕沿组成。砌炕是技术性比较高的工作,最难的是烟道的设计要合理,否则会发生串烟或不热的问题。其次是炕面要平整、结实,以免坐的时间长了,会出现坑陷,或被在上面蹦着玩的孩子把炕蹦塌了。那时的孩子,最经常被大人说的话就是"别蹦了,把炕都蹦塌了"。有的人家来串门的人多,炕就比别人家坑陷得快,但也有修换的办法,就是把坑陷的地方换上新的土坯或砖。但现在在农村住火炕的人都很少了,搭炕的技艺估计也要失传了。

【炕沿】炕里的一面为房屋外墙,炕外的一面则砌有一道80厘米高的炕墙。外墙与炕墙之间是横向可通烟火的炕洞,炕洞上由土坯挨排横铺而成炕面。炕面由层薄泥抹成,平坦光滑,在上面铺就由苇子编成的炕席,近些年则多被刷油的牛皮纸或炕革所代替。炕面与炕墙交接处砌有一个 20 厘米左右宽的木方,叫作炕沿。有的人家在炕沿下还会开设一个小洞,赶上特别寒冷的冬夜,在下面点柴火由火道通入炕下。

【灶台】平日则用与土炕、火墙相连的灶台,做饭的同时也就烧热了炕。夏天的时候,土炕自然不生火,一般都会在院内或仓房临时搭建锅灶,而弃用与炕相连的灶台。

【烧炕】烧炕是很有说法的,烧不好会倒烟,而且浪费干柴。要先用易燃的软柴,如苞米秸、麦秸、豆秸等。将干柴点燃后,续以木桦子。木桦子都是事先用干木头劈好的,早期的时候还有个别人家用干牛粪来压火,是为了让灶火的温度能保持长久一些,但味道实在让人不好忍受,后来有煤了,就加上煤。深夜压火需要非常注意,压得太实,容易压灭,压得太松,又容易很快就燃尽,甚至会发生煤烟中毒的事情。每年冬天都有煤烟中毒的事情发生,因此丧命的也不少见。

【南炕】南北大炕的东端接厨房炉灶,满人的起居坐卧等日常室内活动均在这两铺炕上进行。由于南炕在冬季可接受充沛的阳光,比较暖和,在过去老少同居一室的家庭中,是长辈居住之处。靠近连炕锅灶一侧的炕头是火炕最热乎的位置,是家中辈分最高或尊贵的客人寝卧所在。在《呼兰县志》中对在火炕上睡觉的位置有着清晰记载:"夜寝老者之席距火洞近(炕头儿),次为稚幼,以热度强弱之差为尊敬之别。"

【南炕梢】在南炕梢一般放一件长卧柜,俗称"炕琴"或"炕柜",在其上面多搁放被褥。柜长可容纳一个半大孩子,自然就会成为孩子淘气的地方。

【北炕梢】北炕梢陈设一只与炕同宽的长木箱,俗称檀箱,内放衣物、被褥等。在北炕上也会常放一张小炕桌,冬天冷的时候,会常放一只泥制或铁制的火盆用来取暖。

【西炕】处于正面的西炕虽然较窄,但对于满人家庭却最为重要,因为在西炕墙上端供着神圣的"窝萨库"——祖宗板,所以不用说一般人,就是连贵宾挚友也不能坐,更不许在上面随意放置杂物,否则便是对祖宗不敬和亵渎神灵。祖宗匣子被视为神圣的,一般不准人看,匣中藏有本族祖先和民族英雄像;还有 18 位尊神,其中 13 位是索罗条子,5 位是高丽纸。再就是宗谱和记载本家族兴衰及先人功绩的史册。

【炕上睡觉位置】后来大多东北乡下人家每个屋子里就只有一铺炕了,全家大小全都睡在一铺炕上。聂绀弩先生在东北农场的时候就写过这种情景:"此夜四窗皆白昼,全家一炕共奇温。"(《嘲王子夫妇怕冷》)在民间还有着"媳妇穿错公公鞋"的趣闻,不过这趣闻的背后隐藏着很多辛酸的故事。而在炕上睡觉位置顺序的排列就很有讲究了,往往是家中地位最低的睡在炕梢。看来睡火炕也能体现华夏文化固有的尊卑秩序,即使是满人也不例外。

【炕诗】清代诗人对火炕多有咏诵,如清代方观承的《卜魁竹枝词》中有"门闭饮烟暖御风,家家灶火炕头红。客来更拨泥盆焰,羊狃餐食炙马通。"(马通即马粪)清代刘凤诰的"炕诗"则描述得较为详细,在其《炕五十韵》中道:"炕弗称于古,名初著甓床。谁传增灶令,遍习避寒方……土门先凿窍,木格半阑匡。叠墼甏宁厚,融沙研必光……得气春回早,攻心策擅长。曲而伸直体,外岂测中藏……欢颜同厦庇,促膝宛箕张……燔肉邀神降,熬茶劝客尝。礼犹知尚右,位本协迎阳……簇簇炭欢喜,轰轰爆吉祥。欲齐蕃汉俗,一例祀黄羊。"诗的前边写炕的制作规制,中间描写居住者对炕的感受,最后抒发自己的情感。

【有铺火炕就是家】在东北民间有一民谣生动地记载了火炕在东北人生活中的场景。"大大来了,请上炕。姥姥来了,请上炕。小姨来了,请上炕。外甥来了,请上炕。吃饭了,请上炕。玩麻将、推牌九、小孩玩扑克,请上炕。妇女老人唠嗑都上炕。"无论屋里多么寒酸、多么简陋,只要有铺火炕,那就是一户人家,就是热腾腾的生活。它帮助千万人家阻挡了年年岁岁的风欺雪虐,它给人们带来了无数的欢乐与和美的生活。正是"风雪飘摇何畏惧,有铺火炕就是家"。

【火墙】在过去寒冷的东北地区,除了火炕,还有火墙子、地炕等采暖建筑设施。火墙子位于火炕与厨房炉灶之间,墙内有火道,人坐在炕头,背靠火墙子,通体都暖洋洋的。为了冬季御寒,有的人家把室内地面下也修成烟道,称之为"火地"或"地炕",在特别冷的季节加烧地炕可以提高室内的温度。尽管室外天寒地冻、滴水成冰,屋里炕面、地面、火墙一起散发热量,仍然是温暖如春。

【猫冬】每到北风飘飘,大雪纷飞的寒冬,对于东北人来讲,猫冬的季节来临了。这时的东北大炕就更像是一个小舞台,无论是自家的一家人,还是外来的客人冬天来串门,都在炕上进行一切的沟通与交流。但一般的客人只能坐在炕沿上,只有尊贵的客人才会在主人的盛情邀请下脱鞋上炕。在炕上会摆上炕桌,男人喝酒、打牌、看书、写信;女人一边做针线活,一边和来串门的客人张家长、李家短地闲唠。

【烟笸箩】饭盆大的旱烟笸箩也是好多人家不可缺少的,给客人装上一个烟炮,或卷上一棵旱烟,是对客人尊重的表示。有的大姑娘也会叼上烟袋锅,吸上几口,东北三大怪,"十八岁姑娘叼着大烟袋",说的一点也不假。但这种现象在如今的东北可是几乎绝迹了,毕竟实在有些不雅。

【留恋火炕】睡过土炕的人,无论走到哪里,火炕那硬挺而温暖的记忆,总会不时于寂静的夜里涌上来。往昔的岁月中,有很多已经模糊得无法辨认,但这火炕却总会越发的清晰。记得自己第一次睡上绵软的席梦思时,说不出有多么的激动,而且认为将永远不会去想念那硬邦邦的火炕,认为那是一种从农村到城市的身份转变。当我和与我一样从乡下走到城市里的人聊到,把还在乡下的老父亲、老母亲接进城的事情时,我们总会遇到一个共同的问题,老人嫌弃我们城里的家没有火炕,睡着不安稳。即使提出给老人准备目前很流行的韩国电火炕,他们也会说,那不是一回事。面对老人这样的要求,我们不仅找不出办法去满足,也会很质疑。但随着年岁的增长,也渐渐地理解了老人的想法,因为儿时的岁月在我们的内心里正有着一种回归,或许我们已经无法再适应那即使很温暖的火炕了,可还是有一种无法割舍,也永远割舍不断的东西在内心中无声的成长,那到底是什么呢?是乡思?还是对过往时光的留恋……

鄂伦春人雪屋

【雪屋】生活在北方寒冷地带,以狩猎为生的少数民族在冬季外出打猎的时候,有建造雪屋的习俗,我国东北鄂伦春族人在冬季外出狩猎时,就挖雪屋过夜休息。猎人们先是挖一深雪坑,四角插上木杆,上覆熊皮,雪屋内燃一堆篝火,下铺野猪皮作为卧榻。它虽然密封性差,屋内温度低,主要靠篝火取暖,但也能抵御一夜的冰雪。无独有偶,居住于北极的爱斯基摩人往往也会在狩猎外出的时候,建造这种雪屋。首先,他们取结实的陈雪、压实的雪切成大块雪砖然后用雪砖垒成半球形的雪屋,用雪封住砖间缝隙,在室内燃一把火,把表层略略融化,房屋就密封住了。再在四壁挂起毛皮,甚至在屋顶覆以海豹皮保暖。雪屋有一半在地面下部,门有一半在地下,门前还用雪砖造一拱形挡风墙。也有的雪屋有小小的窗户,用晒干的各种动物肠子做窗户纸,可以透光。

黑龙江的俄罗斯民居

【木刻楞】在 20 世纪初,随着中东铁路的建成,大批俄罗斯人来到中国的东北,他们在那里筑铁路、建工厂、修剧院、盖商场、办学校⋯⋯直把他乡做故乡的俄罗斯人,在白山黑水间留下了数不清充满异域风情的欧式建筑。具有浓郁冰雪特色的俄罗斯民居建筑——木刻楞就是其中极为常见的一种,至今在满洲里、海拉尔、哈尔滨、绥芬河等大小城市里仍不难寻觅。

木刻楞属典型的俄罗斯民居,因其色彩明艳多样,风格浪漫自然,而被人称作彩色立体雕塑,并以其冬暖夏凉、结实耐用等特点广为东北人家所喜爱。木刻楞建筑方法的最大特点是主要用木头和手斧刻出来的,棱角分明,规范、整齐,这也是之所以被称为木刻楞房的缘由。修建木刻楞房的第一步是要打地基,地基都是石头的,而且要灌上水泥,比较结实。第二步就是盖,把粗一点的木头放在最底层。一层一层地叠垒,第二层压第一层。修建木刻楞房一般情况下不用铁钉,通常都用木楔,先把木头钻个窟窿,再用木楔加固。传统建木刻楞的方法还要将苔藓垫在中间,好处是使房子不透风。冬天零下 30℃ ~40℃,有了苔藓压在底下,等于水泥夹在隔缝里一样,不透风,冬天非常暖和,而夏天又非常凉快。第三步就是吊柁,吊柁上面拖板,板上面和泥,泥上铺马粪。马粪铺在屋顶上,一到冬天,整个屋子非常的暖和,一点不透风。现在的木刻楞房又有改进。过去是一个大梁柁露着,现在要进行吊棚,挂上吊棚以后再搭一层屋顶,吊棚一抹上泥,屋顶就成为双层的了,房子就更暖和了。第四步,房顶整完以后,过去用灯笼板来盖房顶,现在为保护生态环境,大部分人家都改用了铁皮,并可刷上红、绿色的油漆。铁皮的好处是一点不漏雨,而且美观大方,非常漂亮。木刻楞房子的墙裙用大理石做基础,中间的墙壁用木板或圆木叠摞而成,饰以各种木板花纹,墙堤一般都漆成艳丽的色彩,显得格外醒目大方,充满着童话美。那些石头建筑做工精细,显得深沉庄重。比较讲究的俄罗斯乡民在修建木刻楞时总爱在房屋前面修一间像走廊一样的房屋。当地人称这个小房屋叫门斗,起着防风的作用。木刻楞房盖好以后,可以在外面刷清漆,保持原木本色;也可以根据各家各户不同的爱好涂上自己喜欢的颜色,一般以蓝、绿色居多。每当冬季雪飘时分,大地洁白无瑕,树木银装素裹,座座红顶、黄墙、绿窗棂的木刻楞,如童话王国,三四分纯净,二三分妖娆,更多是道不出的遥远梦幻……

　　【板夹泥】除了木刻楞,还有一种同是俄罗斯风格,被当地人称为板夹泥的房子。在东北的许多地方随处可见这种板夹泥木质结构的俄罗斯木板房。板夹泥房子的房屋墙体为双层木板,中间是锯末、煤渣、石灰等,主要起保温作用,房墙外部多粉刷蓝或黄色,透着一股清爽。屋檐上有流苏般的修饰,虽历经岁月打磨,但依然见出其精细与雅致。屋顶为三角坡顶,用铁皮铺就,漆上红色或绿色,掩映在树荫之间,很是好看。顶层为阁楼,做储藏杂物之用。考究一些的房子,在细节上还可看出融合了中式精雕细琢的建筑风格。窗棂的颜色则多有不同,淡雅的杏黄、静穆的紫红、清新的嫩绿,想必是随着主人的喜好所定。圆拱形的窗户,高高地直顶到天棚,很利于阳光照射进房间。阳光充足的时候,大幅大幅的光芒水泼一般倾泻到房间的每个角落,屋内的景致显得亮堂堂的生动与温情。有的窗户尚保留着当时的花玻璃,那朦胧的感觉仿佛把人拉回到过去的年代。还有那有着纯正俄罗斯风格的壁炉里,似乎有热烈的火焰在冉冉升起,投放出悠远而柔和的温暖。

西方的"火炕"—— 壁炉

壁炉是流传于俄罗斯、欧美等国家寒冷地区的传统取暖方式,在我国东北部分城市的欧陆风格的建筑中常可见到。根据不同国家的文化习俗,壁炉大体分为美式壁炉、英式壁炉和法式壁炉,因此造型多有不同,但壁炉的基本结构则大同小异。壁炉基本结构包括:壁炉架和壁炉芯。壁炉架起到装饰作用。壁炉芯起到实用作用。壁炉架,根据材质不同分为:大理石壁炉架、木质壁炉架、仿大理石壁炉架(树脂)、堆砌壁炉架。壁炉芯,根据燃料不同分为:真火壁炉(燃炭、燃木)、电壁炉、燃气壁炉(天然气),后两者自然是现代文明的新产物了。真火壁炉要有建筑设计的支持,需要烟囱、炉膛。炉膛可以是铸铁壁炉芯,也可以是耐火砖堆砌。如果没有烟囱,也可以用铸铁管道代替,铸铁管直径不小于 12cm。

正如我们东北的"有铺火炕就是家"的说法,在法语里,"火炉"有着"家"的含义,这个美好的字眼,也在寓意着"有火炉的家才是真正的家"。不同的文化和语境,并不能阻拦人类在灵魂和情感方面的诸多相通之处。就像那首来自爱尔兰的情意绵长的诗,无论是在暖和的火炕上还是温暖的壁炉旁,都会让我们的内心悄然燃起同样的爱之温情,"炉火旁打盹,请取下这部诗歌,慢慢读,回想你过去眼神的柔和,回想它们昔日浓重的阴影;……垂下头来,在红光闪耀的炉子旁,凄然地轻轻诉说那爱情的消逝,……"

建筑史同时又是一部经济史、文化史和交流史,我们沿着古老建筑或深或浅的踪迹,或许可以寻觅出一段民族的发展历程。也许我们只能远远地做一个看客,已经不能切身地深深感受到这片土地上曾有的成长与失落、荣耀与困窘。所有的记忆已经断如残片，随手的捡拾，也不再有历史的沉重，而只是充满了轻飘飘的无关痛痒。其实我们又何尝真的能够做一个负手而立的旁观者，如今的我们高居楼宇之上，缓行于冰冷的水泥柏油之路，大地就在我们脚下，但又让人感觉它何其的遥远，大地所蕴含的那种天籁精气，我们已经久违，陌生得甚至连梦里已经无处偷窥。我们的生活太过光滑，以致已经没有可以诗意栖居的把手。席梦思上没有梦，太多的舒适已经让人孤独得只剩下空洞与无聊。回归自然、复返山林，住土房、睡火炕，我们的心肝脾胃已完全不能适应，我们有的只能是残篇断简般的追溯前人的生活印迹，在追忆他们的过程中，让魂灵接受一次也许并不淋漓的洗礼，在我们所谓现代文明的生活中，注入一丝大地的芬芳活力。就把对东北大地上先民栖居方式的一次散碎的梳理、一次短暂的纸上行走，权当作我们后人对先民的祭礼。

冰雪·旅馆

梦幻中的水晶宫殿——
世界第一家冰旅馆瑞典冰旅馆

【**水晶宫殿**】童话里的水晶宫殿,人人都听过,仿佛只有长着翅膀的天使才能住在水晶宫殿里。不过现在你也可以做一次天使,先飞到瑞典首都斯德哥尔摩,然后从那里再坐一程飞机或火车,前往地处北极圈以北 200 公里的拉普兰省基鲁纳市,或者直接从国内乘坐从上海直飞基律纳的航班。基鲁纳是依靠铁矿发展为北极圈内最大的城市之一,100 多年来在这里开采出的铁矿石已有十几亿吨之多。在基鲁纳可以乘坐巴士或出租车,还可以事先联系好,乘坐狗拉雪橇走上 17 公里前往传说中的"水晶宫殿",位于托尔内河畔小村庄"朱卡斯加维"的世界第一家冰旅馆——瑞典冰旅馆,这可是个非常精彩的开场节目。

【**欧洲最后一块原始保留区**】拉普兰被称为"欧洲最后一块原始保留区"。这里的大部分地区属于极地气候,全年平均气温在 0℃以下。冬季寒冷而漫长,夏季短暂,每年 9 月就开始降雪,到第二年的 6 月还经常有暴风雪。拉普兰一年中有一百天能在午夜看到太阳,春天,白昼越来越长,越来越亮,6 月下旬达到极点。此时北部地区太阳终日不落,在南部,夜晚也仅仅持续几个小时,而且与其说这是夜晚,不如说是一种神秘的黄昏。从每年的下旬到八月,这种白夜会出现在瑞典全境。

【**拉普人**】拉普人是拉普兰地区的土著人,自称萨米人,长得很像亚洲人。他们身材矮小,皮肤棕黄,颧骨高,黑发浓密。据说,早在一万年以前,拉普兰就有了人类的足迹。有人认为拉普人的祖先是从亚洲迁移来的。瑞典的拉普族现在约有 1.5 万人,其中约有 1/5 的拉普人仍然保留着拉普族原来的生活习惯。拉普人的生活自成一体,有自己的议会和语言。他们喜欢穿红绿相间的民族服装,头戴大帽子,世世代代以放鹿为生。驯鹿也是拉普兰最具有代表性的动物,并常见有桦木、鹿角和鹿皮等工艺品。不知道他们与同样处在我国东北兴安岭寒地地带的鄂温克族是否有渊源,也许是鄂温克人的祖先曾横跨欧亚大陆,万里跋涉来到拉普兰地区这个与他们那里一样寒冷的地方,因为拉普人与鄂温克人有着太多的相似之处。

【拉普兰】巍峨的山峦,湍急的河流,星罗棋布的湖泊和一望无际的森林,有永远的黑暗和白昼,还有奇异的北极光。拉普兰,夏天的白夜是那样的静穆、深邃而伟大;秋天到处呈现鲜艳斑斓的色彩;冬天则是一个一望无垠的白色世界,厚厚的积雪是滑雪爱好者的天堂。但尽管拉普兰有着罕见的优美风光和奇特的天籁景色,但在冰旅馆建立之前,冬季来到这里的旅游者仍然是很少的。

【朱卡斯加维本】“朱卡斯 AB ”公司（“冰旅馆 ICEHOTEL AB ”公司的前身）自 20 世纪 70 年代中期以来,一直从事旅游业,专门提供野外活动项目,比如:筏运、钓鱼、露营、驯鹿、狗拉雪橇等。朱卡斯公司的创始人伯格维斯特曾是一个工程师,朱卡斯加维本就是一个由矿山发展起来的小村庄,当时只有五六百人,多为矿工及他们的家属。起初伯格维斯特就是来这里评估铁矿的,但来到这里后,却被朱卡斯加维美丽的冰雪风景所深深吸引。于是他辞掉了工作,在这里买了房子,开起了旅店,做起了接待远道而来观光、游玩人们的旅游生意,但是冬季朱卡斯加维的旅游业绩惨淡,很少游客会到这个黑夜漫长、白昼极短的地方旅游。在冰旅馆创建以前,朱卡斯公司也在想方设法地利用冬季开发其他的旅游项目。但一直没有取得令人满意的突破,直到冰旅馆的建立。

【注册冰旅馆商标】1989 年冬天里的一天,几个日本冰雕艺术家自发组织来到"朱卡斯加维"观光,并在那里自行制作了一些冰雕,引起了旅游者的兴趣,纷纷前来观赏,掀起了一轮冰雕艺术展览的热潮。又过了几个月后,也就是 1990 年春天,法国艺术家 Jannot Derid 在河上的冰块堆里举办了一个冰雕艺术展,同样产生了不错的反响。有天晚上,有几个来看冰雕艺术展的参观者睡在鹿皮睡袋里,在展厅里过夜。第二天,他们对这种特殊体验异常兴奋,向人们大讲起其中的乐趣来。富有敏锐经营头脑的伯格维斯特从中看到了商机,马上注册了"Ice Hotel"的商标,建起了"冰旅馆"。开始了一段颇为传奇的"极地"大反攻,创造了小镇的经济奇迹。

【雪屋和冰房子】起初伯格维斯特并没有建造冰旅馆,而是于 1989 年在雪地上建造了一个圆顶的 60 平方米的雪屋,主要是用来展览自己的艺术品,可是没想到,即使这一不大的雪屋竟然吸引了许多的参观者,由此他动起了建造冰旅馆的念头。第二年,他找来工人用木材搭起框架,在框架外缘砌筑坚硬的雪块,并用掺水的雪泥做黏合剂,然后用水将雪墙的表面进行浇冻,房体冻好之后再撤掉木框架,冰房子就这样建好了。他又想到将旅馆内的家具、装饰品等也都用冰来制作,就又从托尔内河内采凿来冰块,做好了这些冰家具等。

【小冰室变冰旅馆】十几年来,"冰旅馆"从当初的一个 100 平方米的小冰室起,规模逐渐扩大,功能也渐渐完善,变成了现在面积有 5 000 平方米的世界上最大的冰旅馆,旅馆建筑共使用了 3 万吨雪、4 000 吨冰,旅馆设施有大堂、酒吧、客房、餐厅、教堂、电影院和桑拿房等,或许可以用一个"极地圈里的童话世界"来形容这一片占地 6 000 平方米的世外仙境。整个"冰旅馆"建筑均为一层,主要包括两个部分:一部分是有热水有暖气的正常的度假小木屋,以照顾那些耐不住冰雪煎熬的房客;另一部分就是完全以冰块打造、紧邻河川的冰旅馆,也是最大的一幢,客房大门上挂贴着鹿角和驯鹿皮。

【冰粒制的仿水晶灯】即使你事前看过许多有关的照片,打开大门那一刻心底里还是会不由自主地发出赞叹,眼前的景象确有一股震撼力,仿佛千里迢迢跑来就是为了这几秒钟的震撼。水晶殿堂一般的豪华大厅,有巨型的座椅甚至火炉,全用厚厚的冰块制成。头顶的大吊灯将冰墙和冰柱子映射得晶莹剔透。大吊灯是用细细的丝线将一颗颗晶莹剔透的冰粒串成,再配以微弱的光纤灯光,比真正的水晶灯还要亮丽。据说冰酒店每年的设计都不一样,唯一不变的就是这盏冰粒制的仿水晶灯,它已经成为冰旅馆永久的标志。

【冰旅馆格局】穿过冰大堂就进入了长长的冰走廊,长廊两旁是6排冰房间,共有45间双人房和15套套房,可同时容纳100人住宿。双人房不大,约7~8平方米,主要就是一张大冰床,上面盖着驯鹿皮,夜里睡觉时就往放在上面的特殊睡袋里一钻。套房可就宽敞漂亮了,除了大冰床外,还有盖着驯鹿皮的冰沙发、冰茶几、冰桌子,地上和桌子上摆着各种冰雕,冰墙上则装饰有冰浮雕,衬着各色灯光真是精致如梦。每个套房的主题和装饰都不一样。朱卡斯加维的冰雕很出名,曾在法国举行的世界冰雕赛上他们夺得过团体和个人的第一名。雕刻家们把冰块切割打磨成室内的家具、装饰品,例如窗户、门、横梁、灯或者其他的冰雕作品,让人们在房与房之间参观串门时,往往都有惊喜。旅馆每年都特地从瑞典或其他国家专门请来设计师,设计一些特别主题的房间,形形色色、风格各异的艺术家们聚集在一起,用冰创造出光怪陆离、五彩缤纷的气氛。这里不仅像一个博物馆,更像一个充满魔幻、神秘、惊奇的世界。

【冰床】夜宿冰旅馆不仅是种新奇的尝试,更是对人们勇气的考验。如果认为身穿保暖内衣钻进睡袋乃是一种莫大的享受,那不妨尝试一下。虽然温度很低,但你不必产生"被冻僵"的担忧。

在登记入住冰旅馆时,工作人员会为你提供包括防寒服、毡皮靴、皮帽以及手套在内的全套冬装。当然了,保留一丝寒意还是非常值得的,因为这毕竟是一个冰屋,否则就失去了情调。很多人甚至会在睡前祷告,希望自己在第二天醒来时可以安然无恙。每张冰床都是经过知名设计师设计的,在宽大的冰床上,有厚厚的海绵垫,上面铺着驯鹿皮,让国人总会想起金庸小说《神雕侠侣》中小龙女和杨过练功的寒玉床。

【睡袋、睡帽】旅馆提供的睡袋据说可以抵御零下 35 摄氏度的低温,再加上睡帽,就是在这里过夜的全部装备了。另外店家会建议住客把脱下的衣服垫在驯鹿皮和睡袋之间。尽管旅馆内比室外"暖和"些,但也只有零下 5 摄氏度左右,所以就寝时尽可能将衣服脱到最少,并把身体包裹得严严实实,只露出眼鼻部分留在袋外用来透气,因为湿气经过一夜冷却就会在袋里结冰,让人难以忍受。睡前千万不要喝太多的饮料,因为冰客房里没有盥洗设备,否则得钻出好不容易暖好的被窝,穿过小院到更衣处才有卫生设备,如果睡眼惺忪地从热乎乎的睡袋里爬出来,那会是一次令你"颤抖"的冷酷考验。睡眠时,冰床映出幽蓝色的光芒,有一种让人如痴如醉的梦幻境界。套房内还有一台激光发射器,以便让客人在 24 小时都是黑夜的北极看到模拟的清晨曙光。有的房间天窗上开了小孔,偶尔会有美丽洁白的雪花轻轻飘进冰房间,飘进静静的梦里。

第二天清晨,服务员会到房间将正在酣睡的人唤醒,并呈上一杯热热的柠檬汁,会得到冰旅馆颁发的"存活证书",告知当天旅馆内部和外部的温度,证书上还写着"在朱卡斯加维冰旅店度过一夜幸存下来"的字样。虽然寒夜难挨,但人们在得到写着如此字样的证书时,那种得意与自豪的神情顿时溢于言表。

【参观房间】在每天的晚上 6 点之前,住客和参观者可以参观各个房间,每个房间都有不同的主题,多样的装饰图案设计,仔细品品,回味无穷。

【天人相映】冰旅馆还设置礼堂、冰雕艺术展厅、酒吧、电影院、冰教堂。其实很多来冰旅馆的游客,放下行李后的第一件事就是到"ABSOLUT ICEBAR"酒吧去体验一下。酒吧的名字 AB-SOLUT 源于瑞典 ABSOLUT 伏特加酒。据说,"冰旅馆"能够吸引了全球数万人前往窥探与体验,而真正让它声名大噪的则要归功于全球知名的瑞典 ABSOLUT 伏特加。1996 年 ABSOLUT 有个前所未有的创意,与知名时尚设计师 Versace 合作拍摄一组服装。他们邀来知名时尚摄影大师 Herb Ritts ,网罗世界知名女模特凯特·摩斯、娜奥米·坎贝尔、超级男模 Marcus Schenkenberg 等人。在零下 30℃的冰河上,模特们有的穿着单薄的礼服,有的身着性感的泳装,或坐或站,在冰旅馆摆出曼妙多姿的 POSE,最后出场的世界超级名模坎贝尔全裸走进冰雕模型里,灯光从巨大的冰雕里折射出坎贝尔完美的剪影。此时此刻,天地之间都仿佛静止,人体之美与冰雪之美成就了一幅天人相映的视觉之大美。这组服装让 ABSOLUT 及 ICE HOTEL 在全世界受到广泛瞩目,尤其是美国,在 2001 年、2002 年冬季,就有超过 14 000 名宾客在冰旅馆里过夜,有 37 000 名宾客穿过冰旅馆披着鹿皮的大门,到里面参观,让冰旅馆老板实实在在地大赚了一笔。

【冰中之火】在冰酒吧里,门窗及吧台、吧椅也都是冰制的,加上多彩灯光的掩映,意境非同寻常。据说,冰酒吧的创意来自北极光:以透明的冰代表清澈的夜空,以五彩的灯代表绚丽的极光。所以,也有人把冰酒吧称作"地面的极光"。它曾两度被 Newsweek 周刊评为"世界上最绝妙的酒吧"。许多名人要员都曾经被吸引而来,如世界名模 Naomi Campell、Kate Moss、摇滚乐队 van Helen、爱尔兰总统、捷克总统及一些欧洲王室。酒吧的音乐多是当地的传统音乐。据酒吧老板介绍,有很多世界著名的乐队来此演出,但对来自世界各地的游客来讲,他们更喜欢当地的乡村音乐。

酒吧里出售很多种色彩缤纷的鸡尾酒,像这里最受欢迎的"冰中之火""北极之光"等,第一杯8.5美元,接下来再要就是6美元一杯了。价格虽然有些贵,但要想想这是在地球最北端的冰雪旅馆,也就释然了。正因为如此,用冰杯盛上高度的伏特加,经纯净的冰块稀释,喝的时候嘴唇凉丝丝,感觉好像嘴唇要被粘上去了,很是刺激,不知不觉中也就饮尽了杯中物。但随后,酒精的作用又使人热血沸腾。这种奇妙的感觉,使很多不擅饮酒的人,也会禁不住多喝两杯。手捧着冰酒杯,时间长了,酒杯会渐渐融化凹下去一块,看到此景,往往会不禁宛然一笑。如果在晚上钻进睡袋进入梦乡之前,在"ABSOLUT"酒吧,拿着用"托尔内"河冰做成的冰雕酒杯喝上一杯伏特加,暖暖有些发冷的身子,想必会有一个好梦不断的长眠之夜。据说,旅游公司还用这里纯净的水制作成各种冰块和冰制品,运到世界各地,这占他们每年百分之四十的销量,甚至非洲和澳大利亚都有人来定制。如今,冰酒吧在北欧其他城市纷纷开了连锁店,全年营业,即使是盛夏,大家也可以穿上皮衣在冰屋内畅饮,并成了当地的时尚。

【冰教堂祈祷】人们可到壮观的冰教堂祈祷,享受难得的安静祥和。每年冬天,都会有很多年轻人在这里的冰教堂举行婚礼,据说预定在冰教堂中举行婚礼的年轻人已经排满了冰教堂开放的全部四个月时间,是啊,有谁不向往一个冰清玉洁的婚礼呢?!牧师站在冰雕讲坛上主持仪式,宾客都坐在用冰块做成的冰凳上,当地人还为他们献上了极富北极萨米风格的祝福歌曲。一对新人在冰雕十字架下交换婚戒,吻下那一生一世的情爱,在这最为冰洁玉清的世界里,许下最为圣洁的承诺,然后手牵着手坐上狗拉的雪橇,去往冰旅馆的"新婚冻房",开始他们"热辣辣"的冰冻爱情之夜。新婚冰套房是特殊装饰的,整个冰套房被灯光照成蓝宝石色,一个胖胖的娃娃镶嵌在床前的冰雕内……有人讲,在冰教堂举行婚礼有三个特殊的意义:一是这里冰清玉洁,代表着爱情的纯真;二是新人将共同面对严寒,体现着对爱的坚贞;三是教堂作为冰建筑,每年都要重建,样貌自然也有所不同。所以,每年举办婚礼的地方都是唯一的,也代表了爱情的专一和不可替代。正是这些原因,才吸引着人们在冰教堂发表他们浪漫的新婚誓言。

【冰雕洗礼盒】教堂里还备有婴儿用的冰雕洗礼盆,只是不知道有哪家的父母能舍得让初生的婴儿在这冰盆里接受洗礼。

【冰雪电影院】冰雪电影院的银幕是一座搭砌的冰墙,座席自然不用说,是由大冰块做成的,不过上面都铺着驯鹿皮,这里要是上演《纳尼亚传奇》或《白雪公主》等以冰雪为背景的电影再合适不过了。

【冰旅馆的桑拿房】冰旅馆的桑拿房不是冰的,在这里可以享受地道的芬兰浴,有趣的是桑拿房顶有玻璃天窗,可以不时地把头伸到外面,去看那"一道绚烂飘摇的绿色光带"北极光,那里的广告就是"看着极光,洗桑拿"。来到这里北极光自然是要看的,那天边的北极光总会牵扯起人们的更多惊叹。

【价额不菲】到这里来的客人有的仅是参观,不仅因为是畏惧冰冷,其不菲的价格也真的需要人们认真斟酌一下。参观费用是每人100瑞典克朗,大概120元人民币左右。房间分几种规格,最便宜的是4人的大通铺,价格大约800元人民币/每天/每人,洗漱、上厕所,只有公用的。好一些的房间,五六千元到1万元人民币不等,木房子价格1 500～2 000每间。虽然这里的房价着实地有些贵,但即使这样,每年的预定都是十分紧俏的。这座当初被戏称为"傻瓜盖给傻瓜住的旅店"每年吸引6 000人入住,国内外参观者近6万人次,其受欢迎程度愈演愈烈。另外这里的食品比较单一,而且价格不菲,解决的办法那就是自带可口的食物了。

【冰雪游玩】这里除了住冰旅馆,还有很多游玩的乐趣。如驾驶雪地摩托车疾驰在一望无际的雪原;乘坐十几只狗拉的雪橇,飞驰在冰河上,穿梭在森林中,到附近的雅斯兰吉航天中心进行实地考察,这里是科学家研究北极光的地方;参观驯鹿场,像圣诞老人一样乘坐驯鹿拉的雪橇;还可在萨米人的帐篷——Lavvo 中享用一餐现做的 Sami 传统食品,有鲜嫩、没肥肉的烟熏驯鹿肉 Suovas、雪水煮的咖啡和特色面饼 Gahku;除这些以外还有滑雪、攀冰岩、冰钓,乘坐雪上直升机以及多种长途野外生存探险活动。

【建冰旅馆】每年 10 月底,从三十多个地方而来的艺术家、建筑家们聚集于此,开始建旅馆工作。冰旅馆的建设工作大体上分这样几个步骤,先用钢架做底,然后搭砌、浇筑雪块,固定后,移去钢架,最后对冰旅馆内部进行细细的装饰。冰旅馆的主体建筑在 12 月初的时候完成,然后立即进行内部装饰工作,到 12 月中旬开始迎接第一位客人,而部分的冰雕切割创作工作还在继续,一直到下年的 1 月底才完全竣工。

雕刻家们把冰块切割打磨成室内的家具、装饰品,例如窗户、门、横梁、灯或者其他的冰雕作品,让人们在房与房之间参观串门时,年年都有惊喜。旅馆每年都特地从瑞典或其他国家请来设计师,设计一些特别主题的房间,形形色色、风格各异的艺术家们聚集在一起,用冰创造出光怪陆离、五彩缤纷的气氛。这里不仅像一个博物馆,更像一个充满魔幻、神秘、惊奇的世界。

【储存冰旅馆艺术中心】虽然宾客在 4 月底的时候才离开,但后续工作还要延续到 6 月份。工作人员把数千吨的冰运到一个有着 1 500 平方米冷藏室的"冰旅馆艺术中心"储存下来,为下一次新旅馆的重建做准备。雕刻家们会把本届的少数冰雕作品保留在"冰旅馆艺术中心",以供游客参观。

【永存的变动】每年短短几个月的夏天一过,秋天已经有了寒意,雕刻家又开始设计这间冰旅馆,从外墙到结构主体,从艺术雕刻到走道切割,当然还有各式主题的房间;艺术在冬季成形,在夏天化为清澈的雪水,如果你觉得有些可惜,那就是 ICE HOTEL

最大的艺术特质,也是它总能吸引很多人到访的原因之一:每年都有新的惊喜,每年旅馆都换一个新的面貌迎接你的到来。

就如中国的一句俗话"好花不常开,好景不常在",建筑是凝固的艺术,但这些冰建筑的寿命却是短暂的。每年 4 月底的时候,太阳的光线开始融化新落成的冰旅馆,冰旅馆本年度的营业也即将结束。偌大的冰旅馆携着所有的心血结晶随着渐暖的天气,全部消融为水,奔向挪威海。任这座由冰雪建成的皇宫有多美,它都只能在每年的严冬存留五个月,天气回暖它就逐渐融化,然后付诸流水。正如冰酒店的简介上所写:"从河水里来,终究又流向河水,一切能留住的只有回忆……"在里面睡过一夜,冰凉透心却是不能缺少的一段回忆。凝聚着艺术家们的创造力和想象力,虽然年年会随着水流而逝,但对到此游览的人们,却将是永恒的记忆。它就仿佛冬季中一朵洁白晶莹的冰花,春天谢了,年底的冬天还会更加璀璨的盛开,凋落的只是它一时的形态,盛开的却是它那永远的美丽。虽然有些人、事、物逝去了无法追回,但那些充满了人类智慧与艺术的意念却是永恒。如同那些醉心于冰雪雕刻的设计家所说:"永存的变动正是我们的感觉、悟性和行动的灵感来源,因为变动……即永恒。"

童话王国——芬兰凯米雪城堡

【雪城堡】随着瑞典冰旅馆的开张和火热的爆满,其他处于寒带地区的国家和城市,也陆续搞起了冰雪旅馆,芬兰凯米市的雪城堡就是世界上第二家冰雪旅馆。凯米位于芬兰的中心地带,坐落在波斯尼亚湾的北部,一个仅仅 3 万多常住人口的小市镇,每年却能吸引 150 万人到此参观游览。凯米是座典型的北极城市,距离北极圈仅一个多小时的车程。冬季的漫漫黑夜、刺骨的严寒、瑰丽无比的极光和天空闪烁着的星星,构成了一幅荒蛮而美丽的极地风光。这里有一年一度的冰雪堡垒节,还有地球上唯一的破冰船探险旅游项目。

每年 1 月至 4 月,雪城堡对外营业,每一年雪城堡都有不同于往年的新设计和新创意,已经有数百万人次参观了雪城堡。每年的 12 月,凯米人都会将波斯尼亚湾冰冷湛蓝的海水抽上来,让它们凝结成巨大的冰块然后切割成冰砖,用来搭建城堡。虽然 12 月的凯米到处是一片雪白,然而冰雪城堡的白色之中却有着波斯尼亚湾海水的湛蓝,在刚刚落下的白雪之下,晶莹剔透的蓝色砖墙,仿佛宝石一般夺目。

这里的一切都是冰雪砌成。冰墙、冰桌、冰椅、冰床、冰雕、冰酒吧、冰酒杯、冰厕所、冰花瓶、冰教堂、露天剧场等,甚至连在冰酒杯里盛满的也是加了冰块的瑞典名酒——伏特加。

【冰雕室】雪城堡内有冰雕室,在音乐和灯光的作用下,造型各异的作品带着梦幻的色彩呈现在人们眼前,这里都是来自于芬兰及世界各地冰雕师的艺术杰作,仿真大小的驯鹿、北极熊、企鹅、西伯利亚狼犬,彰显着浓郁的北极风情。

【礼拜仪式】在冰雪教堂里,一排一排由冰块雕成的椅子上覆盖着厚厚的驯鹿皮和狼狗皮,正前方是冰雕的耶稣和十字架,旁边点缀着冰雕的小天使和爱神丘比特。这里每天对外开放,举行各种肃穆的礼拜仪式,可以说是活泼热闹的雪堡生活中较为严肃的一角。

【洞房】洞房大约有 3 米高,四周纯白的雪墙上装饰着粉色的天使、旗帜和各种形状的小挂件,增添了一分浪漫气息。中间 6 尺宽的大床完全用整块冰雕成,上面铺着雪白厚实的毛皮垫子,顶上垂吊着雪白的帐子为整个布局更增添了一分朦胧的美。据说仅 2004 年就已有 80 多对新人在雪堡举行婚礼仪式,宴请宾客并在冰雪洞房开始真正的两人世界的生活。

【冰雪酒店】冰雪酒店设有 15 间双人房,8 间单人房和 1 间套房,每个房间都有鲜明的主题,每张冰床上都铺上了厚厚的驯鹿毛皮,再加上从挪威运来的专为雪地保暖而设计的 Ajungllak 睡袋,睡袋看上去很薄。但却十分暖和。睡袋内并不是什么鸭绒、棉絮一类的材料,而是密封的气体,虽然它们本身并不产生热气,但却是绝好的保暖体。睡在里面,没有想象中的冰冷刺骨,一样可以睡个暖和舒适的好觉。睡觉前,到酒吧里喝点伏特加,会让身体储存一些热量,然后再带着睡袋去房间睡觉,保证会暖暖和和地睡到天亮,以致经常有客人早上睡过钟点,误了行程。

【冰酒吧】在冰酒吧内冰砌的桌椅上,就算连小摆设亦用冰制成,然而奉上的美食却是热乎乎的,由锡纸包着的芬兰最棒的土豆烧鹿肉。把酒言欢之际,极地短短的白天已经结束,时间仿佛凝结了一般,一天的寒冷都在伏特加的酒意中融化。令人惊讶的还不仅于此,热爱桑拿的芬兰人,甚至在冰雪酒店中搭建有可容纳 10 人的传统芬兰烟熏式桑拿屋,再寒冷的天气也一样热气蒸腾,完全有着一种冰火两重天的刺激。

整个雪堡占地 8 900 平方米,其中有 1 040 平方米是供住宿使用的酒店,但每年的规模都在扩大。凯米雪堡旅馆标准间每人每晚 100 欧元(1 000 多元人民币)左右,参观费为 5 欧元(50 多元人民币)。一旦进入冬季,这里的游客络绎不绝、川流不息,争相感受凯米独特的冬日氛围。另外这里是圣诞老人的家乡,不知道是否能在这里看到穿红袍,戴红帽,身背大口袋,驾着驯鹿雪橇的他呢?

北美第一家冰雪旅馆——冰晶酒店

【冰晶酒店】2001 年初,在加拿大魁北克圣罗伦斯河北岸边的蒙特伦西瀑布公园,世界第三家、北美第一家冰雪旅馆——冰晶酒店正式开张营业。它的建造灵感来自于瑞典冰旅馆,但它每年的营业时间要少于瑞典的冰旅馆,只有3个月,为每年的1月7日开业到4月1日愚人节前停业。

首次开幕时冰晶旅馆占地1 000平方米,开幕至今,不但越建越大,每年还有匠心独具的创新。现在的冰晶旅馆由蒙特伦西瀑布公园迁移到魁北克道奇斯奈生态观光园区,占地面积达3 000平方米。旅馆建在Lac Saint - Joseph(圣·约瑟夫)湖畔向阳的台地上,每幢白雪屋子活像一颗颗大寿桃结在雪地上,远远地看去与白雪野地融为一体,要不是有一些漂亮的标志,想把它找出来还真不大容易。

戴着遮耳大帽的接待女孩,用有些凝固的微笑向远来的行人示意着欢迎。旅馆拥有36间普通客房和主题套房、巨大的大厅、两间展览室、电影院、教堂和北欧风格的休闲中心和著名的Absolut Ice Bar。参观费每人15加元。

【导游】门口过道堆了几个等待导游的游客,一个个把自己裹得严严实实,没有人检票,只是自觉地把参观票贴在身上。导游法语半小时一次,而英语一个小时一次,毕竟魁北克是北美法国人最多的地方。进入被称作NICE CLUB的大厅,出乎意料,里面的温度比外面高得多,大概零下4℃~5℃。除了温度,大厅的宏大也着实令人吃惊,两颗"寿桃"连接而成的大厅据说可以塞进400来人,冰柱十分高大,足有5米多高,很有些宫殿的味道,过道屋顶上还垂下来一盏巨大的冰晶吊灯,灯光放置其中,绿色的光线柔柔地"渗漏"出来,仿佛梦幻。

【寿桃状电影院】冰晶酒店里有一个颇像"寿桃"形状的电影院,冰块砌就的山墙打磨之后就是银幕,冰块的光线反射欠佳,有些模糊,有点像小时候看的露天电影。而图像可能是因为山墙"寿桃"形状的关系,每到近景的面部特写,总让人错觉每个人物都长了个硕大的南极寿星仙翁的脑壳。

【**房间开放**】冰晶酒店内的各个客房和主题套间，白天都对外开放参观，过夜的客人晚 8 点以后才能进入预订的房间。

【**冰雪旅馆情**】"冰雪旅馆情"是基本消费，包括一杯热饮和鸡尾酒、桑拿和雪地里、星空下的芬兰浴。普通房是 299 加元，加 51 块可升级为主题套房，要是怕冷，再加 49 块就可以得到一个烤炉。在此基础上，一朵蜡质玫瑰、巧克力、蜡烛和魁北克当地产的一瓶苹果酒的组合就是冬季罗曼夜，要享受狗拉雪橇的刺激则是冬季惊险。

【**水晶冰心**】"水晶冰心"的客人可以参加旅馆举办的诸如狗拉雪橇、摩托雪橇、越野滑雪、冰上钓鱼等所有活动；第一晚住在冰雪旅馆的主题套房，第二晚住在附近的 Auberge Duchesnay 酒店，这家酒店以每间客房都临近 Lac Saint – Joseph 著称，只是这样的季节里，水光潋滟的万般波色换成了山色空蒙的千堆冰雪。

【**普通客房**】普通客房都是两人一间，因此除非想和陌生人合住，一般都得俩人同来。冰床上是一块厚厚的垫子，垫子之上是整块保温极好的鹿皮。各个主题套间则是各式冰雕的家具，嵌在墙里的电视，主题也都各具特色。

【**冰雕征集大赛**】在旅馆化为清水的夏天，旅馆的工作依然不会停下来，只是转移了战场。旅馆经营者会组织旅馆工作人员与市民互动，开展冰雕主题征集大赛，入选者则可以享受来年免费和家人入住一晚的奖励。因为冰雕材料的限制，主题思路需要简单易行，比如床头、房间四角雕刻些棋子就表示国际象棋的主题。据说曾有过中国主题，是龙和长城。

"第 66 平行面"——俄罗斯冰旅馆

随着冰雪旅馆被旅游者的追捧，世界各地又不断出现或大或小的冰雪旅馆,其风格虽然都是以冰雪建筑为主,但在大同中有着小异。

"第66平行面"是位于俄罗斯的冰旅馆,它处于俄罗斯北部的萨列哈尔德市。萨列哈尔德市旧名"奥布多尔斯克"(1933年前),同样处于北极圈内,一年中有7个月的最高气温在零摄氏度以下,曾是沙俄流放人犯的地方。"第66平行面"冰旅馆,想必应有什么含义,但现在无从得知。旅馆内所有的设施都是用冰块雕刻而成,包括桌子、椅子和吧台。来此的旅人自然都要"全副武装",因为即使在旅馆内,最高温度也只有 - 10℃。坐在冰椅上瑟瑟发抖的旅客只能饮酒取暖。

尼加和他的冰酒店

罗马尼亚中南部喀尔巴阡山脉弗格拉什山冰冷沉寂,37岁的高山拯救员尼加却希望从这宁静中创造出一点热闹。他用了四年的时间在锡比乌县海拔2 000多米的伯莱亚湖地区,设计和兴建了被他命名为"梦想成真"的冰雪酒店。这也是东南欧地区第一家全部用冰砖建成的旅馆,尼加和他的伙伴一共投入了1万美元左右,尼加希望冰旅馆能让他和伙伴"梦想成真"。

游客们可以从罗马尼亚布拉索夫和锡比乌两个城市坐缆车经过公路,直达巴利莱克滑雪圣地的"梦想成真"酒店和小屋。"梦想成真"冰雪酒店呈圆形,直径为20米,形状酷似爱斯基摩人的圆顶冰屋。整座酒店全以冰雪为材料,冰造酒店设备应有尽有,包括冰雪制成的床、台,甚至玻璃杯。旅馆共有8套双人间,每晚单人房租金23美元,双人房租金45美元。冰床上铺着厚厚的羊皮褥子和羊绒被,床边还摆放着晶莹剔透的冰雕,是模仿在罗马尼亚出生的现代雕塑家康斯坦丁・布兰库希的作品。酒店每个房间内都设有酒吧,可让客人浅尝一杯传统的罗马尼亚梅子白兰地。但旅馆里没有厨房,饭菜只好从附近饭店做好后送来。

尼加回忆当时建酒店的难处,风暴把他抛至六米外。"我们在零下24摄氏度工作,当时风级最高达每小时150公里。"尼加说道。也是拜托西伯利亚持续了一段时间的冷锋,让他们建起了这座冰雪旅馆。之后他亦曾尝试在海拔较低的地方兴建酒店,可是由于气温过于和暖而未能竣工。

旅馆的入住须知上写着,鉴于房间内的低温,建议游客量力而住,以免发生意外,客人如因不适低温出现问题,后果自负。

尼加在寒风中微笑着,热情款待每一位莅临的来宾,在他的心里一定认为,这是强者的居住,弱者请绕行。

世界上最小的冰酒店

在日本有一处可能是世界上最小的冰酒店,它于2008年2月6日开张纳客,但一次只能接待一对旅客入住。入住酒店的费用约为140美元/天,包括一顿在冰桌上享用的晚餐。

冰雪·艺术

漫话千年冰灯

【**童年的冰灯**】小时候,我的老家在乡下,一座院子,三间砖土房,毫不起眼,普通得不仔细辨认,都找不到自己的家,但 30 多年后的我却依然有着清晰的记忆,一幕一幕的,比昨天的事记得还清楚。

东北的冬天,雪后房顶会积上厚厚的雪,有时会有长短不一的冰溜子从屋檐垂下,短的像匕首,长的似长剑,这自然会成为我们这般孩子喜爱的玩具,虽然易折,但能常换。舞动起来,银光如蛇,颇有《星球大战》卢克手中激光剑的气度。有时也会偷偷地拿到屋中的火炉前,看那冰剑被毫无目的的一点点融化,由长剑变成匕首,直至消无。玩冰在我们孩子的游戏当中占有重要的位置,玩冰的花样有很多,有一种较为孩子们所喜欢,那就是做冰灯。说是冰灯,其实粗陋得很,首先用水桶、油漆桶、脸盆、罐头盒子等冻冰块,然后在冰块上凿一凹坑,放上蜡烛头,点燃就是冰灯了。有的大孩子心思深、主意多,会在水桶里放上两个大红萝卜或胡萝卜,在外面冻上一夜。第二天早上倒出来一看,一个透明的大冰坨里面有两个红红的萝卜,摆在窗前蛮好看的,以致几天下来那小伙伴都洋洋自得。儿时的游戏毕竟是游戏,拿不上台面,就像古代先人最初的冰灯,与今天绚丽多彩的冰灯、冰雕相比,也一样是粗陋不堪的。

【**明清以前的冰雕**】我一直认为,冰灯的最初一定是来自于民间百姓的日常生活与劳作之中。在古代封建社会,文字记载大都是为上层建筑服务的,等到有文字记载的时候,想必冰灯在民间早已不是什么稀罕的事情了。其实这也很正常,在先前的古代,文字的阶级性很强,大多为帝王和贵族所专用,而有关民间的很多事迹，绝大多数也就随着口口相传而渐渐地灰飞烟灭了。不过现在我们在追溯冰雕雪塑历史的时候，还是得凭据写在纸上的这些记载，毕竟它们不能像砖石木质等建筑，或陶瓷、青铜等工艺品一样能够长期留存于世。

【**冰历史**】有冰的历史要比人类历史长久得太多，但冰进入人类的生活之中，却也不是很遥远的事情。在美索不达米亚，考古学家发现了4 000年前天然冰储存井遗迹，这是当前人们发现的最早的"人与冰交往史"。初期的时候，古人采冰贮存，想必不是为了做什么冰雕、冰灯之类的艺术品，而应该是为了防暑降温、冷藏食品、制作冷饮等。据记载，在周朝就有了掌管冰的官吏，《周礼》有载："凌人掌冰，正岁，十有二月，令斩冰，三其凌。"是说凌人掌管冰政，在冬季十二月大寒之时，主持斩冰之事。而要窖藏夏天冰块，需要三倍的量才够用，因为其中的三分之二会在凌阴中融化。《诗经·七月》中说："二之日凿冰冲冲，三之日纳于凌阴。""二之日""三之日"即周历的二月和三月，"凌阴"是指山阴处的藏冰地窖。冬天去冰冻的江河采凿大量的冰块，然后放在阴冷的地方或冰井中储藏起来，等到夏季天热的时候再取出来，或用于降低室内的温度，或用来保存美味珍馐，或用其冰镇饮品等。当然这等贮冰用冰的工程非一般百姓所能为，只有那些帝王才能享受。这种冰政管理机制自周代起，一直延伸到之后的各个王朝。"六月夏季，正当伏日炎暑之时，内殿朝参之际，命翰林司供给冰雪"（宋·吴自牧《梦粱录》）；"立夏日启冰，赐文武大臣"（《帝京景物略》）。可看出皇帝赐冰给大臣，是表示皇帝对大臣一种特别的宠信。也间或可知，一般的大臣自家也是弄不起这"冰事"的。

【**度比未央**】汉武大帝是中国历史上有名的皇帝，建章宫就是他在位时为显示大汉的国威和富足，重新在城外修建的皇宫，其"度比未央"，比未央宫还大。史书上记载有前殿、太液池、神明台、双凤雀等。还不仅如此,他还在建章宫的北面用冰修筑了一幢楼,这件事在《三辅黄图》中有记载,即"汉建章宫北积冰为楼"。由于只有这么简单的一句话,现在的人们已经无从确定汉武帝弄这样一个冰楼是做什么用了,是贮藏天下美味还是供其观赏、游览,都不得而知了,反正不会是什么"体己苍生"的事情。

【夏冰金贵】皇亲贵族的生活一向是穷奢极欲的,简单地用冰来降温防暑还不够,还得将冰雕刻成美观的造型,以能够达到既能降温又可供观赏的目的,不过却可能应了那句话:"艺术往往也会产生于奢侈,甚至糜烂的贵族生活之中。"唐朝杨贵妃的堂兄、右相杨国忠,仗着自己是皇上的舅哥,权倾朝野,在生活方面也很腐败。他为了笼络人心,想出了一个自认为不错的主意。夏季三伏天的时候,他让人把贮存在冰井里的冰取出,然后找来匠人雕镂出凤凰、瑞兽等各种美观造型的冰雕,并配上彩带,放在精致的雕花盘中送予王公大臣,不仅能降低室温,还能美化环境。不要认为这冰雕算不得什么,这可是在没有冰箱的唐朝,天然藏冰,在唐代属于稀有之物,《云仙杂记》就说:"长安冰雪,至夏日则价等金璧。"可知这冰在唐朝的夏天与金子一般的贵重。再说,这炎暑赠冰有着雪中送炭一般的情意,受礼者怎么会不感激。看来这杨国忠真的很会送礼,更会做官。这段故事来自五代王仁裕所著《开元天宝遗事》的记载,"杨国忠子弟以奸媚结识朝上,每至伏日,取坚冰令工人镂为凤兽之形,或饰以金环绶带,置之雕盘中,送与王公大臣。"不过这还没完,"杨氏子弟,每至伏中,取大冰使匠琢为山,周围于宴席间,座客虽酒酣各有寒色。亦有挟纩者。其娇贵如此也"。每到夏天,他还让匠人用大冰雕琢成山状,摆在宴会厅四周。这样,来赴宴的宾客,即使饮了很多酒也不会有燥热之感,甚至脸上还会有寒色,身上感觉到冷,为此竟然有人带着丝绵衣服前来赴宴,如此铺张的宴请场面,即使在今天也不能不说是一种奢华。这当是我国有文字记载的最早的宴会冰雕,也是有文字记载的最早的冰雕。

【冰井】可是能将冬天的冰储藏到夏天,古人是如何做到的呢? 北魏郦道元《水经注·河水五》中记载道:"朝廷又置冰室于斯阜,室内有冰井。《春秋左传》曰:'日在北陆而藏冰。'"这"冰井"就是古代藏冰的洞窟,就是在冬天的时候,采凿冰块置放在阴冷的地下洞窟中,等到夏天炎热天,就拿出来使用。建安十八年,曹操在邺城的西北面专门建造了"冰井台","有屋 140 间,上有冰室,室有数井,井深十五丈,藏冰及石墨。……石季龙于冰井中藏冰,三伏之月,以冰赐大臣"。这样的"冰井"可谓成规模了。曹操可谓是个与冰很结缘的人,不仅造有大冰井,还曾在战争中将冰作为"防城利器"使用过。曹操曾为了抵御马超的进攻,在潼关指挥士兵在寒夜垒沙浇冻,一夜间立起冰城,光滑的冰城墙使马超的士兵无法攻城。无独有偶。公元 10 世纪北宋知名的杨六郎杨延昭也曾用过这个办法,在遂城(今河北省徐水县遂城镇)和霸城(今河北省霸州市)两次冒着严寒汲水浇城冻冰,用冰城抵御了契丹的攻击。

【明清时期的冰灯】冰灯何时出现,现在已不大可查,可见到的最早的文字记载是在明嘉靖年间唐顺之的《元夕咏冰灯》"正怜火树斗春妍,忽见清辉映夜阑。出海鲛珠犹带水,满堂罗袖欲生寒。烛花不碍空中影,晕气疑从月里看……"诗词大意描述的是在一个元宵灯会上,树枝上挂满了各种各样的灯笼,如火树银花一般的绚丽多彩、争奇斗艳,很是引人瞩目。忽然看到泛着清莹辉光的冰灯于沉静的夜色中闪耀。仿佛刚刚破水而出的美人鱼晶莹如玉的泪珠,整个大堂里翩然起舞的舞女都感觉到一种清冷的寒意。蜡烛的火焰并不能影响冰灯在空中的光影,朦胧的光芒仿佛月亮里发出的光芒……这里写的是 500 年前的冰灯,但完全可以推测,冰灯的出现要远在此之前。冰灯的起源应与人的生产、生活实践活动密切相关,居住在寒冷地区的人们往往需要在夜晚出去做活,为了弥补照明用具的不足,偶尔用水桶盛水冻成冰罩,将油灯或蜡烛放入其间,以防被风吹灭。后来,有的穷苦人在新春佳节或上元之夜,不甘寂寞又买不起灯笼,也做点冰灯摆在门前凑趣。故此,冰灯又称穷棒子灯,后来随着渐渐发展,冰灯从首要的照明功能,转变为人们喜爱的观赏灯景。

【**蕲州冰灯**】在古代的时候,无论是从塞北到江南,还是从黑龙江到遥远的新疆,都曾有冰灯出现在史志记载中。崇祯十六年正月,湖北蕲州城大地一片银白,凤凰山和麒麟山银装素裹。此时在城中的许多院落中,已经燃起了美丽的冰灯。由于蕲州城不同于北方的天寒地冻,故蕲州人冰灯的做法有别于北方,是用结冰的竹筷制成灯形,外面用雪涂饰,内中燃以蜡烛,置于院内,供人欣赏。生在蕲州城的清代文学家顾景星在《白茅堂集》的《排冰箸雪中作灯》一诗中,记载下了当时在庭院砌冰堆雪,于其中燃点蜡烛的这一情景。

【**咏冰灯**】明代大文学家、书画家徐渭《徐文长逸稿》中有两首名为《咏冰灯》七律诗,虽然有人认为徐渭久居南方江浙一带,怎能见到冰灯,但即使是耳听传闻,也足以证明冰灯在明代就已多见。在明代孙国敉《燕都游览志》中有一段对北京冰灯的记述:"鳌灯在市西南,有冰灯,细剪百彩,浇水成之。"可知北京冰灯展历史已长达400年以上。

【**乾隆诗冰灯**】到了清代,有关冰灯的诗文记载就更多了,冰灯的普及分布之广也前所未见。作为天子脚下的北京城,自然更是如此了。清朝乾隆皇帝素以诗才自负,一生作诗41 863首,虽可供流传的精品不多,但涉猎之广却也是古今罕见。也真难为乾隆皇上了,既作诗又治国,好是一顿忙乎,而且似乎还忙乎得算不错。他在御制《冰灯联句》诗序中写道:"片片鲛冰,吐清辉而交璧月;行行龙烛,腾宝焰而灿珠杓。"倒也传神地概括出了清代冰灯的面貌。在另一位清朝文人方履所作的冰灯词《瑶华词》中,我们可看到清代的人们对冰灯的审美观念已经趋于成熟："瑶轮破浴，泾映铜华，怎飞来蛾绿。兰膏皑皑，浑来信，短梦琼楼生粟。罗帏对影，又斜逗，寒芝如玉。试问他内热三分，谁咏挂帘银竹。青蛾镂雪归时，纵逼近黄昏，犹照心曲。明波助怨，应重见，并蒂芙蓉凝馥。东风旧信，漫催得，试灯期促。是碧为借头衔，剪护花轻。"乾隆、嘉庆之际，四川诗人张问陶有一首诗《冰灯》云："黑夜有炎凉，冰灯吐焰长。照来消热念，凿处漏寒光。影湿星沉水，神清月里霜。三冬足文史，底用探萤囊。"不过以蜀地之气候，未必能有冰灯，也可能是他在北京做官时所作。清代不止有"冰灯诗"，还出现了"冰灯文"。康熙六年正月十五日夜，陈五班在京师月下观灯，"见有以冰为灯者，大如斗，方圆异体，空其中，置烛，光莹莹然"，一时吸引他"顾而乐之"，继而即兴写下了《冰灯记》一文。其后，遂安毛会侯又有《冰灯赋》，对于冰灯的特点、制法以及燃灯效果等进行了曲尽其妙的描写。

【北京冰灯盛会】在清人夏仁虎《旧京琐记》中对北京冰灯盛会有更为详尽的记载。每当正月，京城里总要举办各种灯会，六部衙门里也张灯结彩，热闹非凡，名为"六部灯"。六部灯中以工部的最好，"有冰灯，镂冰为之，飞走百态，穷工极巧"。以后每逢正月十五，什刹海冰窖的工人还用什刹海天然冰制成中空的比酒坛稍大的立体椭圆冰造型，内点蜡烛，摆在什刹海东沿义溜胡同西口的街头上，供人观赏。清富察敦崇所著的《燕京岁时记》是一部关于北京节庆民俗的笔记，其中曾说道："市人之巧者，又复结冰为器，栽麦苗为人物，华而不侈，朴而不俗，殊可观也。"在当时的北京有些酒家还用冰灯来做"招牌"，在震钧《天咫偶闻》中这样记道："以冰为酒瓮、瓶罂、鼎彝之属，然灯于内，高悬四座，观者叹其绝肖。"近人让廉在其《京都风俗志》中对北京冰灯的造型有记述："最奇巧者为冰灯，以冰琢成人物、花鸟、虫兽等相。冰以药固之，日久不消，雕刻玲珑，观者嘉赏。"

【傅山】一直致力于反清复明的大学者傅山,即梁羽生武侠小说和电影《七剑下天山》中傅青主的原型,对冰灯情有独钟。在《冷云斋冰灯诗序》中曾述及,傅山"生有寒骨,于世热闹事无间",却对寒冬之季的冰灯情有痴迷。在杨复吉为之所作《冷云斋冰灯诗跋》中,借冰灯对傅山的人格有极贴切的阐发。跋云:"青主先生冷韵孤情,与冰独契。录中诗赋,类皆清寒入骨。洵非不食烟火人不能道只字也。秋暑郁蒸,快读一过,如挂北风图,不觉炎氛尽涤。"傅青主人在山西太原,每到寒冬,他亲自带人去家乡的汾河中,指挥民工凿开出达千亩面积的冰块,"深夜归来,莹涵窗纸,森森送碎音,清净疑雪。披衣问之,正月与晋冰斗光耳。静对霜更赠答万状,竟不能为之剖胜负也,赋得冰灯月下看",足见他对冰雪艺术的热爱。傅山将冰雪那种高洁的风格作为自己人格的参照,也使他写下不少冰雪诗赋,他可能是历史上作冰灯诗最多的一位诗人,如"银海迷离天水光,广寒宫殿斗明妆。玉壶一点琅玕泪,滴断人间烟火肠。凿得清光照古人,蠹编床上白磷霖。遗忘对次频能记,不愧前贤雪月贫"。他还曾创制了一种"根雕盆景冰灯",这种冰灯与北方通体皆为冰制的冰灯有很大不同。例如一诗注中写道:"藉思得古怪树根,凿为盆盂搭之。村中友人言家藏柳根几块,槐杌无用,正欲烧火,许牵车取之,乃有柬友求枯树根作冰灯座。"遒劲、曲折的树根和晶莹、高洁的冰雪,多为古人志节高蹈、情操坚贞的象征,傅山以树根与冰灯为一体,做根雕冰灯,内心想必也是有所托的。或许傅青主认为所作冰灯诗未能把冰灯的诸多变化淋漓尽致地表现出来,就又作了一首与其冰灯诗相映成趣的《冰赋》,"飞蜿蜒之银虬,宜陈之曲之堂兮。照吸露之仙流,沃以白凤之膏兮","怜凄精之高洁,学匠石之运斤。凿兮积雪,列亭亭之玉人"。

【金德荣】乾嘉年间,金陵诗人金德荣被谪戍新疆东北部的巴里坤(今新疆巴里坤镇)三年,看见住在那儿的山西商人郑某"每于岁之季冬,垒雪为冰灯",在宽长各十余丈的地方,举凡山峰平原、亭台楼阁、玉屏、石壁、几案、人物造型,全都是"搏冰为之"。他在冰灯里点燃巨烛,烛光映冰,晶莹剔透,光彩四射。每当元夕灯会期间,"城乡士女全集,观者如堵"。金德荣流放到这里三年,三次观看到这种奇观,认为自己"平生足迹几半天下,从未见此奇制",甚至感叹流放在此地也"不枉只身行万里",有感于此,写下一首古风长诗《巴里坤冰灯歌》:"雪山高与天山接,上有万古不化雪。朔风一夜结作冰,裁雪妙手搏为冰。以矾入冰冰不化,以烛照冰光四射。五里之内尽通明,半月能教天不夜。元夕月轮照碧空,大千人入水晶宫……"另外从诗中,还可以知道当时为使冰灯造型保持持久,采用了加矾工艺。

【东北地区最早的冰灯诗】冰灯在白山黑水之间的冰雪王国,自然会备受当地人的喜爱,虽然直到清代我们才见到有关东北冰灯的文字记载,但我们有理由认为东北的冰灯历史相对要更为久远一些。清代数次大兴文字狱,将众多南方的文人学者贬谪到寒天雪地的东北各地,他们虽然饱受精神与肉体的煎熬与折磨,但无疑也推动了他们所被流放地区文化成长的步伐,以致今天在寻觅这片土地的历史文字时,更多的是来源于这些清代流人的诗词曲赋、文章笔记。对于这些曾经痛不欲生的南方文人来讲,或许也算是一个慰藉。

说起东北地区最早的冰灯诗,可能要数出自廖腾煌写于康熙五十年的《元宵有进冰灯者》。这首描绘当时沈阳灯会的诗中写道,"野人献春色,巧制上元灯","金骈光炯炯,玉简青棱棱"。

【卜奎】建城300多年的卜奎,即今天的齐齐哈尔,是清代时期的黑龙江省政治和经济中心。多有文人学者被清廷贬谪到此,许多有关卜奎老事的记载多出于他们的笔下,与冰灯相关的记载也是如此。嘉庆十一年流寓齐齐哈尔的学者西清,镶蓝旗满人,"娴雅博学,工诗古文辞",他在"官黑龙江数载,公余必检署中书,摭拾旧闻”。在他所著《黑龙江外记》中对冰灯记载道:“上元,城中张灯五夜,车声彻夜不绝。有镂五六尺冰为寿星灯者。中燃双炬,望之如水晶人。此为难得!”这可能是我省最早见诸文字记载的冰灯。清代中叶,在民间,每逢正月十五,大人常常为孩子们制作能提拿的各种小冰灯。它成为孩子们游街串巷,互相媲美的节日礼物。有的城镇还举办了小型的冰灯游园活动。

【咏黑龙江冰灯最早的诗句】嘉庆十四年因事被流放到齐齐哈尔的前礼部侍郎刘凤诰,在《龙江杂诗》中有“冰镂春灯彻四围”之句,这是咏黑龙江冰灯最早的诗句。寿星冰灯可能是当时最受人们欢迎的冰灯种类之一,专咏齐齐哈尔寿星冰灯的专题诗作甚是多见。嘉庆二十二年流放来这里的浙江海盐人朱履中在戍所写的《龙江百五钞》中,有一首专咏寿星冰灯的诗:“元夜观灯走不停,村车磊磊也来经。要童嫁女哗声脆,争看玻璃老寿星。”同治九年,因受天津教案牵累流放至此的天津知府张光藻也有一首吟咏寿星冰灯的绝句:“元宵佳节兴堪乘,吹到江风冷不胜。明月渐高人未散,街前争看寿星灯。”直至民国初年,时任《黑龙江报》主笔的魏毓兰,也有同题诗作面世:“元宵佳节试新灯,姊妹街头笑语应。却是谁家翻样巧?老人星挂一条冰。”从上述流人关于齐齐哈尔冰灯的描述,足见当年本地元夕冰雪灯会之盛、规模之大、影响之广,并不亚于当今的“冰灯之城”哈尔滨。不仅有写卜奎人看冰灯的诗,还有对冰灯工艺进行记载的文字。写过“秋草枯时塞眼长,天低野寺暮云荒;戍笳声里沙和雪,一片寒阴淡夕阳”卜奎夕阳景色的桐城方观承,在雍正元年,从齐齐哈尔省亲归来流寓京师之际,在其诗集《竖步吟》中《冰灯》诗小序中,就有一段冰灯制作工艺的简介:“缚细篾为灯形,以水淋之凝结,透明可观。”

【吉林纪事诗】位于黑龙江东南部牡丹江的宁古塔,当时隶属于吉林。据大约成书于光绪中叶的《吉林通志》记载当时的灯会盛况"十五日为元宵节……于街市张灯三日,金鼓喧阗,燃冰灯,放花炮……是日男女出游,填塞衢巷。"《吉林纪事诗》亦载:吉林的沈钧平曾言及士大夫之家冬天"善作冰灯","镂八仙、观音等象于薄片,裁以作灯,夜燃烛放光,几如刻楮(刻纸)之乱真,其巧诚为不可思议,至二三月方解。"这些造好的冰灯先要罩上,秘不外宣,要待农历腊月三十晚,才能露其峥嵘真面目。《吉林纪事诗》中并载有一咏冰灯诗:"玲珑剔透放光明,一片心同彻底清。仙佛镂空谁得似,美人狮象雪雕成。"如吉林这种镂冰为灯的制作工艺,在嘉庆、道光之际北方长城沿口之外也有所见,如"凿冰为灯者",某些"豪侩(富商)且以巨冰,饰为灯屏,峰峦楼阁,望之逼真,尤为奇观"等记载。

【向冰灯致敬】现代著名作家、红学家端木蕻良先生在《向冰灯致敬》一文中,对民国末年的辽宁冰灯有所描述,那里有的人"用铅丝织成网状,嵌在灯胎上,浇成冰溜,就像琉璃镶嵌的。透过这层薄冰,看着里面的烛光灯影,……有的人,各逞巧思,把灯做成宝塔、金桥、亭台、楼阁等形状,争奇争妍……有的则在竹篾上指导彩纸条,然后再使它结成冰凌,就成彩色的冰花,把当中的蜡烛点燃,烛光照在冰花上面,这一盏一盏的冰灯,便显现出五彩光辉……"

话说哈尔滨冰灯雪雕

【早期的哈尔滨冰灯】如今冰雪艺术最为发达的冰城哈尔滨,在100多年前的建城初期就有了冰灯,而且十分普及,在张永滨《哈市冰灯兴起之点滴》一文中写道:"自建城以来,一些商号、客栈门前,夜间常用简单的模制冰灯照明。"

哈尔滨的冰灯有一百多年历史。早在20世纪初,居住在太阳岛的俄侨和华人就有做冰雕、冻冰灯的活动,并且持续了30年之久。听老辈人讲,太阳岛冰雕活动开始于民国初的1913年。当时,岛上有一个东正教传教点,每年为迎接圣诞节,传教点都组织专业人员在操场上用松花江天然冰和斧、刨、锯、铲等工具做冰雕。主景冰雕是3米高、1.5米宽的十字架,上有鸽子和耶稣像,此外还有2米高的圣诞老人、牧羊人和三四米高的教堂冰建筑及用薄冰板冻结、中间燃蜡烛的冰灯。俄侨在太阳岛的冰雕活动到1928年岛上的圣·尼古拉教堂建成后、传教点停止活动而结束,只是每年1月19日在松花江冰面上举行东正教洗礼时还雕制冰十字架用来祭祀之用。岛内华人在春节、灯节期间依旧冻制冰灯,这种冰灯的冻制是将清水倒进盆、桶等容器中放在露天冷冻,待水冻出三四厘米冰壳时拿到屋内,略微加热使冰坨与容器分离,凿开坨顶,倒出其中间未冻的清水,去掉冰碴,便成了中空的防风冰罩,置于大门旁或庭院里,在冰罩内点燃蜡烛,给佳节增添了喜庆、祥和的气氛。

当时华人捕鱼有时也做冰灯,就是在泡沼冰面上开出一个2米见方的冰槽,槽底保留约20厘米的冰层,在其中间凿透一个五六十厘米的冰眼,江水便由此窜出,灌满冰槽。经一天冷冻,槽内的江水表面结成五六厘米的薄冰,傍晚将此薄冰取出,裁成大小相同的一块块小冰板,用这些冰板冻结成数盏四角形的冰罩,点上蜡烛,浮于冰槽的水面上。鱼在冰封的泡沼中氧气不足,加之喜欢趋光,因此便纷纷游出冰眼进入灯光明亮的冰槽水中尽情吸氧,待冰槽中的鱼聚多时,移走冰灯,用网堵住冰眼,截断鱼的退路。渔人便可用渔网将其一网网捕到冰面,据说两小时就能捕捞30多斤。至1943年伪满政府为挽救败局下令春节期间禁悬灯结彩、禁燃放爆竹,冰灯活动也被迫停止。直到1963年哈尔滨市第一届冰灯游园会,才结束了长达20年的冰雪艺术会展的空白。

【哈尔滨第一届冰灯游园会】1963年2月7日是一个值得人

们在内心记忆的日子,因为它开辟了我国冰雪艺术的一个新纪
元,对于我国冰雪文化的复兴与发展有着不可估量的意义。而它
的缘起,却让人感到是那样的妙不可言,却又在情理之中。1963
年初,为了缓解我国三年自然灾害造成的市场农副产品紧缺的状
况,哈尔滨市香坊区试办了一处自由市场。时任中共哈尔滨市委
第一书记任仲夷和市长吕其恩前去检查工作。他们在那里看到
了国营商店难得一见的鲜蛋和冻鱼,心中甚是高兴,而一户居民
门前两个用"喂大罗儿"(俄语音译,上粗下细的水桶)冻制的冰
灯更使任仲夷眼前一亮,惊喜异常。任仲夷仔细观看冰灯,久久
才离开。回到家后他找来水桶和脸盆亲手冻制冰灯,不仅用清水
冻白色的冰罩,还加入红、蓝墨水冻彩色冰罩,然后摆放在庭院
里。摆放时也下了一番功夫,有一个单摆的,有两个扣在一起呈
磨盘形的,还有四五个互相颠倒着摆在一块呈葫芦状的。住在毗
邻的市长吕其恩和市委书记处书记林肖硖也亲手做了数盏冰灯,
放在自家的阳台上。

【决策者和冰灯】入夜,烛光熠熠生辉,冰罩晶莹剔透,给白雪
覆盖的庭院平添了许多姿色,增加了不少生机。望着眼前的美
景,任仲夷的心头豁然一亮。他在 1962 年初冬进羊城广州时,见
那里的公园依旧姹紫嫣红,游人如织,回来后一直寻找改变哈尔
滨的公园冬季半年闲局面的办法,至于在经济困难的形势下如何
活跃市民的精神文化生活,更是他魂牵梦绕之事。如今,眼前这
庭院里的冰灯,使他找到了答案:在兆麟公园组织冰灯展览,把
"猫冬"的人们吸引出来! 任仲夷的想法得到了吕其恩、林肖硖的
完全赞同和大力支持。可是有关同志却因不知冰灯为何物面对
落实这一指示感到茫然。于是,任仲夷又找主管副市长张屏和市
建设局副局长刘作田等有关领导到自己家来参观他做的冰灯,讲
解冰灯冻制的方法和组织冰灯游园会的意义……

【冻制冰灯】非正式的"小型现场会"后,刘作田及园林处的

领导立即组织起数百名园林职工进驻兆麟公园,开始自行冻制冰灯。大家找来水桶、脸盆等装上自来水,放到室外冷冻。工人还用马口铁做成五星、飞机、蘑菇、和平鸽等各种各样的模具,也在其中装上自来水,放到室外去冻。大概过了3个多小时后,等到冻出了冰壳之后,工人们凿开顶心,倒出中间未冻的清水,就会形成一个冰罩,再把冰罩从模具中取出。连续经过三昼夜的苦战,冻制出上千盏冰灯。美工对其中的一部分又做了"深加工",用油彩画上山水、花卉等图案,或贴上福字。全部制作完成后,大家把这些冰灯或倒扣在山坡上,或摆在墙垛上,或挂在树枝上,有的安上电灯泡,有的在冰灯中点燃蜡烛,还有的用柳枝芽加以点缀。冰灯会组织者还找人冻制了菊花、金鱼等30多个冰花,并请来哈尔滨艺术学院美术系雕塑专业二年级学生吴乃光、曲维葆、穆方起、谢治民在公园里用天然雪塑了大象,这也是哈尔滨的第一个艺术雪雕。四名学生将雪拌上少量的水一点一点往上拍,经过两天努力,塑成了半雪半冰、颜色不甚洁白的大象。雪象长4米,高2米,腰身粗大,四肢壮实,两耳如扇,长鼻垂地后卷,尖细的长牙无法用雪做,就以冰代替。象身两侧各搭一块红色方布,其上分别写着"万象更新"和"五谷丰登"白字。人们还将一座两米多高的7层木塔置于象背,并用水喷冻之,使其周身覆冰壳,檐角挂冰凌。这个雪象尽管是用原始的堆雪人的方法制作,并加了某些替代材料,艺术水准不甚高,但已经有了一定的艺术性。

【30个售票口】我国第一个有组织、有领导的冰灯游园会就这样在紧锣密鼓中,于2月7日(农历正月十四)夜开园展出。"1963年第一届冰灯游园会,整个城市万人空巷。"今年72岁的张永滨老人,1963年是兆麟公园工作人员。他说:"第一届冰灯游园会没有专用票,当时公园门票是5分钱。冰灯游园会当天,公园在门票上印了票务专用章后作为冰灯游园会门票,售价为一角钱。"张永滨老人还清晰地记得,1963年2月7日(农历正月十

四)冰灯游园会开园第一天,一向安于在家"猫冬"的男女老少从四面八方涌向兆麟公园。当时,公园开设了 30 个售票口,公园大门仍险些被游人挤破,无奈,公园干脆敞开大门,任人涌入。当天的游人量高达 15 万之众。"闭园后,工作人员仅丢失的棉鞋就捡了好几筐。"游人的热情让公园不得不把原定的三天展期又延三天,在这 6 天中,游人总计 25 万人次,约占哈尔滨全市人口的十分之一。第一届冰灯游园会的举办,彻底改变了哈尔滨人冬天枯燥、单调的生活。时至今日,首届冰灯游园会的盛况仍让当时的经历者津津乐道。

【第一首歌颂哈尔滨冰灯的诗句】1963 年 2 月 10 日,也就是哈尔滨市第一届冰灯游园会开园的第四天,《哈尔滨晚报》(即今《哈尔滨日报》)文艺副刊在头题位置刊登了由任仲夷夫人黄萱和哈尔滨市委财贸部部长王玄写就的《调寄蝶恋花·观冰灯》:"花鳞光景色美,男女老幼奔相告。如玉晶莹光四照,闪闪光花,对着星星笑。心旷神怡人不冷,乾坤锦绣新面貌。"这是第一首歌颂哈尔滨冰灯的词,也是反映我国现代冰灯的第一首词。当时还有人即兴作词,来形容这"万人空巷,盛极一时"的今古奇观:"灯节,灯节,玉树冰灯明月。人山人海兴浓,园北园南烛红。红烛,红烛,普照万民同乐。"

【冰城基石】看上去第一次冰灯游园会初起的过程是个巧合,但设想一下,如果哈尔滨市民没有过年冻冰灯的习俗,而把冰灯放在门前;如果任仲夷书记没有把百姓的物质生活与精神生活时时刻刻放在心上,视若无睹地从门前走过,也许哈尔滨的冰灯艺术游园会还要推迟上一段时间。这是历史的积淀、时代的契机与城市的进取精神融合在一起的力量,它不仅是哈尔滨城市发展史上的一次重大跨越,为把哈尔滨称作冰城这一历史性的定位奠定了坚定的基石;也徐徐拉开了现代冰灯艺术的大幕,为哈尔滨能够称为世界著名的冰雪艺术圣地构建了一个卓越的开端;更为绵亘久远的中国冰雪文化史掀开了一章诗篇,在白山黑水之间树立起一座冰雪艺术的里程碑。自此之后,以哈尔滨冰雪艺术为代表的中国冰雪艺术开始走上了一个新的征途。

【哈尔滨冰雪节历史小记】自1963年哈尔滨第一届冰灯游园会起,冰雕雪塑便以其特有的冷艳神韵成为这个城市的标志之一,在寒冷的冬天,哈尔滨比其他的城市又多了一个盛大的节日。也许对哈尔滨的冰雪艺术盛会做一个概览式的回顾,是对这片土地和冰雪艺术的一种无上的尊重。

1. 1963年2月7日,哈尔滨第一届冰灯游园会。前面已有介绍。

2. 1964年1月15日,哈尔滨第二届冰灯游园会在兆麟公园、儿童公园、道外公园和太平公园4家公园同时开幕,中心会场设在兆麟公园。2月9日闭幕,游人总数达46万余人次。在这届冰灯游园会上,在冰雕用料、技术及工具应用方面均有了突破性的改进。城市建设研究所相关人员对松花江冰进行抗压、抗拉、抗剪等各种物理性能实验,认定了采用松花江冰在低温条件下完全可以盖楼的结论。冰雕形体在本次冰灯会上也得到了实质性突破,从哈尔滨艺术学院分配到园林处园林雕塑创作室工作不久的教师吴顺平、叶清心及其学生杨世昌、金在坤、吴喜林和侯金邦六位雕塑工作者攻破了这一技术难关,用冰雕刻出了栩栩如生的冰雕镂人物。大铲、扁铲、尖刀、圆刀等木工工具也被作为雕制工具被广泛运用。

本届冰灯会用松花江天然冰500多立方米,全部采用了电光源。用天然冰造冰灯、以电灯为光源,掀开了中国现代冰灯艺术的新篇章。第一件冰雕——四米高的工农兵冰雕问世,眉目清秀、肌肉突出,成为当届游园会的一大亮点;在本届游园会上还诞生了第一座塔冰——8米高的红旗塔、第一座冰桥——12米长的碧虹桥、第一个冰瀑布——20米高的珠穆朗玛峰,以及冰晶宫、炼钢炉等冰建筑,《两姊妹》《金马驹》等冰雕作品,《老寿星》《小孩骑象》等雪塑作品。在其他几个分会场也多有题材新颖、制作精美的冰雪作品出现,如儿童公园的《三少年救火车》《小孩拔萝卜》等十几件冰雕作品,道外公园的北海公园白塔、哈尔滨防洪纪念塔、玉桥等冰建筑,太平公园的《青年学雷锋》冰雕作品及虎、豹、狮、象动物冰雕和雪雕鲤鱼等。

3.1965年1月1日,哈尔滨第三届冰灯游园会正式对外开放。本届冰灯会布局比起前两届更具有了系统性,除南门、东山外,分了两园一区。游园会展示了精心雕制的各种冰制建筑物、模型和冰灯、冰雕、冰花等。冰灯会用冰900立方米,出现了地方工业产品的彩色浮雕冰屏。在工业区内展出了冰制的石油井、石油罐,20多米长的冰砌展览台上,摆放着地方生产的缝纫机、球鞋、钢笔、大勺、斧头、药品等实物及地方轻化工产品,还有一只冰制的大熊抱着哈尔滨锹厂生产的出口名牌熊牌铁锹,以及用冰板包起来的哈尔滨著名的牛角画、麦秸画和通草画等作品。冰河上还用冰砌了座10米长、3米宽,象征农业水利化冰筑的水电站,它既是游人过往的桥梁,也是农业水利化的象征。农业区以冰雕麦穗、鲤鱼组成的丰收塔为主景,其四周是猪、鸡、羊和苞米、白菜、辣椒等动、植物冰雕,以及拖拉机、丰收灯冰雕等,象征着农村喜获丰收的景象。儿童乐园里是儿童读书、浇水等冰雕。每个区或馆大体都有了一个工业、农业、商业服务等方面的主题。同时本届冰灯会在很大程度上体现出了那个时代所特有的风格,即对政治思想性的特别强调,如根据草原英雄小姐妹龙梅妹妹玉荣创作的冰雕。

4.1965年12月27日,哈尔滨第四届冰灯游园会在兆麟公园隆重开幕,这也是"文革"之前哈尔滨最后一次冰雪展会。在这届冰灯会的工业馆里,出现了哈尔滨电机厂、汽轮机厂和锅炉厂这三大动力厂生产的电机、汽轮机和锅炉的冰造型,以及能够展现城市建筑技术发展的冰建筑造型,如运用新技术修建的大板楼和三棵树跨线桥。还有以"一分钱的作用"和"节约木材"等具有公益属性为主题的冰制宣传广告。本届冰灯会规模超过往届,灯会用冰达 1 200 立方米,在制造之前,还派专人去了哈尔滨话剧院学习了灯光技术,冰景内部灯光的采用达到了全园的一半以上,并首次实现了对舞台灯光的运用,使灯光有动有静,动静结合,更加富于动感的变化。除用彩色玻璃纸遮挡白炽灯泡以增加冰灯的色彩外,还使用了少量的彩色白炽灯和日光灯,灯光的色彩更加绚丽。

小门票,大历史。在一张第四届哈尔滨冰灯游园会入门券上,我们可以看到哈尔滨早期冰雪文化的历史记录。这张入门券长 18 厘米,宽 10 厘米,整体为对开 4 部分。第一部分是票面,右边有"1966 兆麟公园"字样和防洪纪念塔的美术图案,左边是本届冰灯游园会的一个场景:园内的一个石拱桥,桥栏由晶莹剔透的冰灯组成,桥上的游人有的在凭栏远眺,有的在低头赏灯;第二部分是题为"致观众"的短文,简介了本届冰灯会的主题,后又介绍它是以展览馆的形式布置的,同时展出单项大型冰建筑和各式冰灯、冰盆景等 2 000 余件;第三部分是"小知识——怎样做冰灯",有冰灯、冰雕和冰建筑制法介绍,每项配有简图;第四部分左边是本届冰灯会的导游平面图,右边是 1966 年的年历套色图。票面内容丰富,所具功能也让人颇为喜欢。

历史往往会被时间浓缩到一个微小的记忆点上,从这张小小的门票上,就可以感受到当时哈尔滨冰雪艺术工作者对冰雪艺术的拳拳之爱,也可以身临其境般地体会到当时市民对冰雕雪塑这一冰雪艺术形式的青睐与热爱。随着哈尔滨冰灯活动的展开,也带动了其他城市和地区冰灯活动的发展,如当时黑河的瑷珲(爱辉)镇就开展了有 28 个单位参加的冰雕比赛。看上去冰雪艺术将要在黑土地上如火如荼地展开,但这一切被一巨大的力量无情的终止了。

在第三、第四两届冰灯会上充溢着当时的政治氛围,一股股充满着阶级斗争的火药味迎面而来,艺术在此也只能被迫沉默,而这冰雪艺术奇葩的再次盛开则要等到12年后的1979年。

5. 1979年1月1日,哈尔滨第五届冰灯游园会在兆麟公园开园,3月5日闭园。正如有人所说,1963年,冰灯会是兴奋剂,将习惯于"猫冬"的哈尔滨人从局促的生活空间中拉了出来,将还没完全脱离三年自然灾害的人们从饥饿的痛苦中带到了一个神奇的艺术感官世界。而1979年就像一张返程票,像一列曾经被荒谬倒开的列车,终于走向了正轨。冰雪艺术回归了它的艺术审美行程。此届冰灯会,无论是在取材范围还是在技术应用,以及艺术效果等方面都有所创新。冰灯的艺术水准自此逐渐走向成熟。第五届冰灯游园会用冰1 000立方米,题材选择逐渐从"突出政治""突出思想性"向艺术性、审美性和趣味性拓宽,本届出现《天鹅展翅》《嫦娥奔月》《天女散花》《三打白骨精》等冰雕作品及晶莹纤巧、栩栩如生的孔雀开屏冰花坛。中国第一个冰滑梯——两米多高的大象滑梯也于1979年诞生,从此,冰滑梯便成了冰灯会的保留项目。

6. 1980年1月1日,哈尔滨第六届冰灯游园会在兆麟公园开幕,3月3日闭园。这一届冰灯游园会进一步注重了整体的布局和突出主题及景区协调性的建设,并将中国古典园林造园艺术应用到冰灯景效中。本届灯光效果被进一步加强,如冰雕作品《向四化进军》,冰塔尖端由三个交叉圆环组成的原子核符号模型里,分别有红、黄、蓝等三色灯泡依次明灭,如同三色明珠在不停滚动。值得关注的是在这一年的2月,冰城的三位艺术工作者代表我国首次出席在加拿大魁北克举行的世界雪雕邀请赛,并以活灵活现的雪雕作品《哪吒闹海》,荣获了赛事的第二名,标志着我国冰雪艺术开始走向世界。同时在这一年,地处长白山系支脉张广财岭的余脉,大锅盔山、二锅盔山和三锅盔山所环绕的广阔腹地的我国最大的滑雪场——亚布力滑雪场建成,预示着我国冰雪事业即将全面开花结果。

7. 1981 年 1 月 1 日,哈尔滨市在兆麟公园举办了第七届冰灯游园会,在儿童公园举办了冰城灯展。随着冰雪创作技术的发展,在本届冰灯会上出现了雄伟壮观的大型建筑群,600 多件冰雕雪塑作品,引起广大市民的高度兴趣,雕制细腻、玲珑别致的小型冰雕,形象逼真、栩栩如生的冰雪人物造型,千姿百态的花卉,惟妙惟肖的动物造型,有山水风光的冰峰玉洞,异彩纷呈的冰灯雪盏⋯⋯

8. 1982 年 1 月 1 日哈尔滨第八届冰灯游园会开园,同时哈尔滨市首届群众冰雕比赛也在兆麟公园举行。本届用冰量达到2 800立方米,在艺术造型、灯光设置和声音等冰雪创作技术方面都进一步得到了发展。本届冰灯会冰雪佳品甚多;由市建委副总工程师王丽生设计的我市最早的冰屋,面积达 50 平方米,共有三个房间,门脸为三个圆拱相连,间壁墙上开的门楣均呈拱形,牢牢地支撑着冰屋顶。冰台阶、冰地面、冰墙壁、冰天棚,到处皆冰,虽无一砖、一瓦、一根钢筋、一道木梁,却依然巍峨坚固,令人惊叹称奇。置身其间,宛若进了水晶宫,在那水晶一般的冰桌一旁安然坐下,别有一番情趣。由市房地局住宅工程师吴乃耀设计的九层玲珑宝塔,是哈尔滨第一个仿古塔的冰建筑。塔高 13 米,雕梁画栋,飞檐高翘,彩灯层层环绕,灯光忽明忽灭,钟声抑扬顿挫,让人看了,顿生久远、幽密之感。

在冰雕比赛中,也屡有上等冰雪佳作出现,与前面提到的冰宝塔的巍峨、壮观不同,黑龙江省电力建设机械厂钳工岳毅现场雕成的玲珑宝塔,则更显冰雕的细腻之功。此塔虽也为九层,但塔高却只有一米八,塔身上有五十多个小佛像均清晰可见,真可谓玲珑宝塔塔玲珑,该件作品获得了比赛的一等奖。另一获得一等奖的冰雪作品是由哈尔滨市港务局工人马越雕刻的一只下山梅花鹿,造型生动逼真,色彩晶莹剔透。比赛要求参赛选手在两天之内完成参赛作品,白天、黑夜吸引了几万名游园的观众。在这一年哈尔滨冰灯突破了兆麟公园的围栏,出现在城市街巷、广场之间,给冰城更增添了一道亮丽的风景线。

自 1982 年起,哈尔滨的冰雪文化活动愈加趋于成熟。在1983 年,时任哈尔滨市委宣传部对外宣传处处长的邹得鲤向有关领导提出了举办冰雪节的建议,其建议后来屡经辗转被采纳,邹得鲤老人也被誉为哈尔滨冰雪节创意第一人。中共哈尔滨市委宣传部决定,在哈尔滨市传统冰灯游园会的基础上举办一年一度的冰雪节,并将冰雪节的举办日期定于每年 1 月 5 日至 2 月 5 日,首届冰雪节从 1985 年开始。从此,哈尔滨冰雪节被定为一年一度的特殊节日,也是我国历史上第一个以冰雪活动为内容的区域性节日,预示着哈尔滨冰雪文化即将迎来飞跃的发展。

被人们称为"永不重复的童话"的冰灯艺术,从 1982 年到1990 年经历了一个成熟阶段,冰雕雪塑艺术愈加缤纷多彩,更多具有创意性的冰雪文化内容被不断地引入冰雪盛事之中,可以说是年年有美景,处处见新意。

9. 1983 年 12 月 10 日下午 1 时,在哈尔滨第一个人工冬泳浴场冬泳表演开始了,首次冬泳表演有 45 名冬泳爱好者参加,观者近千人。第九届哈尔滨冰灯游园会如期举行,并在儿童公园还设了分会场,同时位于地处 25 公里外的平房区东北轻合金加工厂用冰 320 立方米造了"东轻冰景"。市城建局在门前建起由孔雀开屏、冰廊等冰雕、冰建筑组成的小游园。

10. 1984 年 1 月 1 日第十届冰灯游园会开园,2 月 29 日闭园,展出期间共接待游人 180 多万人次。在本届开始举办第一届冰上婚礼。

11. 1985 年 1 月 5 日哈尔滨第一届冰雪节。江南春饭店举办了第一届冰雪菜点技术大赛,揭开冰雪饮食文化的序幕。哈尔滨、牡丹江、佳木斯和开封四城市举办首届北国冬泳比赛,首届冰雪运动会,首届冰雪节科技成果、产品交易会等。省、市新闻单位还举行了冰雪笔会、冰雪摄影比赛、冰雪散文大奖赛。

12. 1986 年哈尔滨第二届冰雪节,第十二届冰灯游园会长城观雪景区的冰长城,是哈尔滨最早造的冰长城。冰长城建在兆麟公园西山,墙高 2 米、宽 2 米,城台高 4 米、宽 3.6 米,从"嘉峪关"到"山海关"长百米,依山就势,蜿蜒起伏。本届冰灯游园会是到此之前规模最大的冰灯会,共用 12 000 立方米松花江天然冰,雕琢冰制品 1 000 余件,用冰量比第六届和第七届的用冰总和还要多。哈尔滨市于第一届冰雪节后成立了哈尔滨冰雪节组织委员会。在瑞士的第四届世界冰雪节国际雪雕比赛中,哈尔滨的大型雪雕《白雪少女》获得冠军。

13. 1987 年,第三届冰雪节增加了玉泉狩猎场旅游景点,举行了首届国际冰雕比赛。在日本札幌的国际雪雕比赛中,哈尔滨参赛作品《阿福》以满票夺得 A 组第一名。哈尔滨冰灯办公室组织 38 人冰展团远赴北京延庆,自此之后哈尔滨多次向这个中国第二个以冰为载体举办的地方性节日的冰雪展出活动提供大量的帮助。

14. 1988 年第四届冰雪节增加了冰雪节老年迪斯科表演赛。此项赛事后来发展为老年舞蹈百花赛。太阳岛第一座雪雕作品《北极熊》诞生于 1988 年 12 月 26 日,由太阳岛园林处职工集体创作,荣获哈尔滨冰雪节首届雪雕比赛特别奖。冰灯游园会建造了最早、最大建筑群——占地 6 000 平方米的冰雪大观园。

15. 1989 年,第五届冰雪节举办了雪雕游园会、首届彩灯游园会和首届哈尔滨冰雪电影艺术节。10 月成立了冰雪节的智囊团——哈尔滨冰雪活动研究会。第十五届冰灯游园会建造了立体连环画式的冰雕,用《断桥借伞》《洞房花烛》《峨眉斗法》《水漫

金山》等冰雕作品及断桥、保 俶 塔、金山寺、雷峰塔等冰建筑组成
"白蛇传说"景区,大大提升了冰灯的文化内涵。1 月在太阳湖
(水阁云天)上举行了由 120 多人参加的哈尔滨市首届群众雪雕
比赛,这一活动后来被定为哈尔滨第一届雪雕游园会,在我国首
开雪雕游园的先河。

16. 1990 年,第六届冰雪节期间,道里区政府在松花江上建造
首届江上冰雪游乐中心。七十三对新人参加的第六届"冰上集体
婚礼"中有一对台湾同胞,这对恋人中的小伙子是台湾电视公司
《就在今夜》节目的编导,女友是节目主持人,他们拍了一部《冰雕
瑞雪庆华年》的宣传片,带回中国台湾并在春节的节目中播放。

17. 1991 年第七届冰雪节,哈尔滨冰灯进入了繁荣期,第十七
届哈尔滨冰灯游园会的用冰量突破了 2 万立方米,此后冰灯游园
会的用冰量一直保持在 2 万~3 万立方米之间,冰灯的文化含量
和科技含量大大增加。冰雪节办公室在 9 月开展了"我为冰雪节
献计"的全民征文活动,共收到社会各界建议 700 余条,其中的许
多条在第七届冰雪节付诸实施,冰雪活动逐渐走入千家万户。

18. 1992 年,第八届冰雪节首次举行冰雪节狂欢游行(即后来
的狂欢巡游),办起灯光夜市,部分街道、广场造了冰景,部分城市
区域呈现出不夜城的气象。本届冰雪节与国家旅游局组织的"92
中国友好观光年冰雪风光游首游式"相结合,国家旅游局首次将
"冰雪风光游"列为中国 14 个专项旅游产品之一。由铁道部组织
的"中国东方快车冰雪线旅游团"的 400 余名中国港、澳、台及韩
国的游客来哈,10 个国家的大使也来到了哈尔滨参加冰雪活动,
这是冰雪灯会有史以来,国外来宾人数最多的一次。

19. 1993 年第九届冰雪节提出了"冰雪搭台,经济唱戏,繁荣
经济"的办节指导思想。举办首届中国哈尔滨冰雪节国际展览
会、首届中国高等院校专利高新技术新产品信息发布暨洽谈会
等,以冰雪活动为平台的经济交流活动逐渐称为冰雪盛事的另一

道风景。

20.1994 年,第十届冰雪节提出"主题经济化,目标国际化,经营商业化,活动群众化"办节原则。自本届始,每年 1 月 5 日哈尔滨市市直单位放假 1 天。冰雪节期间举办了"老巴夺杯"全国冬泳邀请赛和中俄冬泳联谊表演;哈尔滨市政府和中央电视台在哈尔滨冰球馆联合举办了"冰·雪·火冰雪节文艺晚会",晚会时长 100 分钟,采用内外景相结合的 MTV 形式。节目将文艺表演与冰上体育进行了有机结合,其录像通过卫星向全国以及部分海外地区进行了播放。

为了迎接第十届哈尔滨冰雪节,国家邮电部为冰雪节发行了一套六张"哈尔滨冰雪风光"特种邮资明信片,明信片的画面除冬泳、冰帆、雪橇、滑雪各一张外,另两张是由著名冰雪山水画家于志学用他创造的冰雪山水画技法创作的索菲亚教堂和天鹅展翅,均取材于哈尔滨冰灯。这是我国第一枚以哈尔滨冰雪节为主题的冰雪特种邮资明信片,发行量只有 11 万套。

冰灯索菲亚教堂邮票票面上有长短不齐的乳白色悬垂冰挂,远处是银白色的索菲亚教堂,与冰挂互相映衬。幽密的夜色与亮丽的冰景构成强烈的色彩对比,远处红、黄、蓝冰灯如夜幕点缀的星光。冰雕天鹅展翅画的是三只天鹅,呈不规则的三角形构图,三只天鹅皆向着北斗星仰脖颈、鼓双翼。

21.1995 年的第 11 届冰雪节为迎接将在哈尔滨召开的第三届亚洲冬季运动会,街头冰灯冰景大量增加,举办了中俄冬泳联谊赛和全国冰雪摄影作品展,开辟了哈尔滨至玉泉狩猎场、二龙山、亚布力滑雪场的旅游专线。

22.1996 年第 12 届冰雪节适逢亚洲冬季运动会在哈召开,举办了首届国际雪雕比赛。本届冰雪节的主题是"和平、进步、繁荣"。冰雪节期间开展了"百万青少年上冰雪"等群众性活动。

23.1997 年第 13 届冰雪节,"97 中国旅游观光年"首游式在

哈尔滨开幕,举行了国际女子冰球邀请赛和雪地足球赛。1 月 7
日哈尔滨冰雪节举行了"加拿大一日"活动,第十九届渥太华冬乐
节则以"通往中国之路"为主题,并把开幕式定在 2 月 7 日中国传
统的春节这一天,将冬乐节和春节一起庆祝。

24.1998 年第 14 届冰雪节,第二十四届冰灯游园会由"中华
腾飞""异域采风"等 9 个景区、1 500 余件冰雕艺术作品组成。其
中圣·索菲亚教堂高达 26.25 米,万里长城长达 958 米,是当时世
界最高、最长的冰灯建筑;万里长城从兆麟公园的西山一直到东
山,依山坡、河床高低地势,曲折回环,连绵不断。巨龙上有 18 座
城台及雄伟壮观的山海关、嘉峪关等关隘造型。本届冰灯游园会
以用冰 20 500 立方米的宏大规模被载入《吉尼斯世界纪录大
全》。雪雕游园会由"盛世欢歌"等 6 个景区 180 多件雪雕作品和
4 座大型雪建筑组成,总用雪量达 1 万立方米,是雪雕游园会举办
以来规模最大的一次。由于恰逢"98 国际北方城市会议"在哈召
开,以及中央大街 100 周年大庆,中央大街首次办成冰雪艺术一
条街。儿童公园建成儿童冰雪大世界,设有冬天里的童话、卡通
区等 10 个景区、百余个微型景点;马家沟河建起冰雪风景线和文
化体育活动中心。

25.1999 年第 15 届冰雪节举行首次拍卖节庆活动冠名权,冰
雪节开始走向市场。第一届哈尔滨全国冰雕比赛在 1999 年 1 月
1 日至 2 日举行。本届冰雪节为庆祝新中国成立 50 周年、战胜松
花江特大洪水和迎接澳门回归,举办了大型焰火晚会和大型巡游
表演。

1998 年 12 月 27 日冰灯艺术博览会开幕,1999 年 2 月 28 日
闭园,历时 64 天,比上一届多展出 20 天,成为历届展出时间最长
的冰灯会。自本届起,至 2003 年第 29 届改称冰灯艺术博览会。
冰灯会以"相约在冬季,拥抱新世纪"为主题,设抗洪凯歌、人与自
然、情系中华、游乐天地、塔楼飞虹、精雕展艺、迎澳之声、江南艺

苑、世纪欢歌、黑土风情十大景区,用冰 2 万立方米,冰景 1 500 件。本届冰灯游园会 48.62 米长的巨龙飞舞创造了世界吉尼斯纪录。

1999 年 6 月 18 日,首届哈尔滨夏季冰灯艺术精品展在兆麟公园揭幕,内设七个景点,共有冰景一百余件,有云南曼飞龙白塔、西藏贝根塔、四川大足石刻卧佛、洛阳龙门石窟造像、秦陵兵马俑等造型姿态各异的名胜古迹,以及《三国演义》《水浒传》《红楼梦》等中国古典名著的人物故事造型……夏季冰灯展览的举办,打破了哈尔滨只有冬天能看冰雪造型的局限,使冰灯雪塑成为一项全天候的造型艺术。

26.2000 年第 16 届冰雪节期间,松花江上建起当时世界最大的人工冰雪迪斯尼游乐园——松花江冰雪大世界,第一届冰雪大世界占地面积近 20 万平方米,总用冰量 6 万立方米,用雪量 13 万立方米。单体建筑"世纪钟楼"高达 36.9 米,创下了当时的世界最高纪录。在冰雪工程中首次推出了彩色冰、低温喷泉、人工造雪、光导纤维等新技术、新材料、新工艺。

1999 年 12 月 25 日 16 时 30 分,我国 20 世纪规模最大的一次冰雪艺术盛会——第 26 届哈尔滨冰灯艺术博览会在哈尔滨市兆麟公园开幕。本届冰灯博览会以"中国风、五洲情"为主题,共规划了"盛世之歌""中华庆典""五洲漫游"等八大景区,荟萃冰灯精品 2 000 余件,总用冰量 26 800 立方米。在冰博会"中华庆典"景区内建造了一座 1:2 比例,长 416.5 米,高 31.29 米的天安门城楼。

在这一年,哈尔滨成为与国家旅游局联办神州世纪游首游式的唯一城市。1999 年 12 月 31 日举行了盛大的迎接新世纪庆典仪式,中央电视台通过卫星向全世界转播了庆典盛况。在松花江冰雪大世界、冰灯艺术博览会、雪雕艺术博览会及狂欢巡游等活动中举办了缤纷多彩的庆祝活动。兆麟公园以"中国风·五洲情"为主题的第 26 届冰灯艺术博览会,举行了"万人狂欢贺新岁、世纪钟声迎千年"大型游园活动。白雪公主首次在节日活动中亮相。

经过二十届冰雪盛会的洗礼,哈尔滨冰雪文化在各个方面均得到了长足的发展,也带动了全国各地冰雪旅游和冰雪文化的步伐,以哈尔滨为代表的华夏冰雪文化,以一种更为成熟的姿态迎来了 21 世纪。

27. 2001 年,第 17 届冰雪节升格为"中国·哈尔滨国际冰雪节",由国家旅游局、黑龙江省人民政府、哈尔滨市人民政府主办,哈尔滨市人民政府承办,省旅游局协办。在 2000 年底,哈尔滨提出把哈尔滨市建成"世界冰雪旅游名城"的奋斗目标。举办了"多国大使聚冰城"活动,25 个国家的驻华使节及其夫人、子女和随员 67 人参加了冰雪节,其中有 24 位驻华使节还参加了大使论坛会,并派出了白雪公主旅游促销团远赴南国"卖冰雪"。本次冰雪节,举行了多台文艺晚会和庆典活动,如冰雪节开幕式大型文艺晚会、大型焰火晚会、大型"世纪狂欢"巡游表演、黑龙江省第三届国际滑雪节暨第 17 届中国·哈尔滨国际冰雪节亚布力滑雪开幕式、二龙山滑雪首游式、哈尔滨国际女子冰球邀请赛和国际冰壶邀请赛等,在全省掀起了一场前所未有的冰雪盛事。在哈尔滨的大街小巷,多处可见规模大小不一、风格迥异、色彩缤纷的冰雪景观造型。

2000 年 12 月 25 日至 2001 年 2 月 28 日,第二届哈尔滨冰雪大世界园址位于哈尔滨市美丽的松花江畔斯大林公司及江心沙滩。占地 29 万平方米,分 4 大区域、23 个主题景区。总用冰量 7 万立方米,总用雪量 15 万立方米,是当时世界上最大的人工冰雪游乐园。冰雪大世界首次引进"人造小太阳"、激光组合等高科技手段,园区夜晚成为奇幻多姿、绚丽夺目的人间仙境。

2000 年 12 月 21 日,以"新世纪·冰之梦"为主题的第二十七届哈尔滨冰灯艺术博览会开幕,共设奔向明天、苏州园林、冰之桂冠、世纪舞台、群星展艺、文化天地、科幻太空、北疆冬趣、南亚风采九大景区,总用冰量 3 万立方米,荟萃了 2 001 件冰灯艺术精品,在这次跨世纪的冰博会中,新技术、新科技、新材料被广泛应用:"十二星座"空中走廊采用了光导纤维,不仅能够变幻五六种颜色,还不散发热量,利于冰景的保护;"世纪舞台"景区的低温喷泉,在零下 20 摄氏度依然喷涌不息……第十三届雪雕艺术博览会以"新世纪·雪之韵"为主题;欧亚之窗"新世纪·雪之趣"为主题,也分别推出规模盛大、各具特色的冰雪精品。

在本届冰灯艺术博览会举行的同时,由哈尔滨派出的能工巧匠设计制作的《秦兵马俑》《天坛》冰雕作品,在我国台湾,在菲律宾、越南和阿联酋等国家进行了展示,使当地游人在惊叹赞赏之余,领略到了冰雪艺术的神奇风采。

28.2002 年,第十八届冰雪节加大了市场化运作力度,开展了中国冰雪汽车挑战赛和青少年冰壶比赛。

第三届冰雪大世界园址位于哈尔滨市美丽的松花江畔斯大林公园及江心沙滩。占地 29 万平方米,分 4 大区域、23 个主题景区。首次采用了过江煤气架设圆形圣火坛,使白雪与红火辉映;当时世界最高冰建筑——40 米高的欧式梦幻城堡建筑亮相,整个冰雪大世界由 3 000 根灯柱围合而成,在部分景区采取程控手段,用飞机灯、频闪灯、霓虹灯、激光灯等有机组合,还有两组 6 瓦风铃式激光灯,进行空中灯光图案演绎,更添梦幻之感。本届冰雪大世界改变了以往单一的单体景观模式,将单体景观纳入大背景中,使游人有身临其境之感。

2001 年 12 月 20 日第 28 届哈尔滨冰灯艺术博览会在兆麟公园开幕。本届博览会以"丝路奇苑·塞外冰雪"为主题,用冰雪展示大西北美丽的风土人情画卷。博览会共修建了"古京长安""通津要邑""大漠风情""天山明珠""戈壁绿洲""古塞西域""国际赛场""群星竞技"8 大景区,会集了 2 002 件冰灯艺术精品。通过古丝绸之路,专题展示了大西北美丽的风土人情和世界各族人民悠久的历史文化。

29.2003 年,第 19 届哈尔滨冰雪节正逢十冬会在哈召开,二者开幕式合而为一,在哈尔滨冰球馆隆重举行。南岗区首次建造了冰雪故事园;本届冰雪节承办了国际华裔小姐冰雪景点拍摄活动;组织了中国著名作家哈尔滨冰雪笔会;以及由众多国外友人参加的"2003 哈尔滨国际冰雪之约"活动。

第四届冰雪大世界总占地面积 40 万平方米,总用冰量 15 万立方米、用雪量 12 万立方米。由国际广场、龙江风貌、中国园林、南亚掠影、欧美风情、俄罗斯之旅、冰雪长城、极限世界 8 大主题景区组成。

2002 年 12 月 18 日开幕的哈尔滨第 29 届冰灯艺术博览会,以"四十庆典——冰雪艺术欢乐天地"为主题,分"欢乐颂歌、如梦似幻、冬夜浪漫、飞旋童年、缤纷世界、海底探秘、童话大观、历史回顾、国际大赛、群星展技"十大景区。

30.2004 年,第二十届哈尔滨冰雪节以"冰雪二十年,今朝更看好"为主题,由冰雪艺术、冰雪旅游、冰雪文化、冰雪经贸、冰雪体育五大板块组成。

第五届哈尔滨冰雪大世界占地面积 40 万平方米,总用冰量 9 万立方米,用雪量 13 万立方米,彩色冰 2 000 立方米。整体以"盛世中华,腾飞龙江"为主题,分为"腾飞龙江""西部略影""盛世中华""春绿南江""龙腾虎跃""欢乐之夜"六大景区。代表景观作品有长 40 米、高 10 米的《三大动力》和长 20 米、高 8 米的《哈飞汽车》,高 35 米的《宝塔山》《三峡大坝》《花果山》……在主题立意上采取戏剧创作方式,景观是内容,幕间是活动,游人是演员,将观赏景观与活动项目紧密结合起来。本届哈尔滨冰雪大世界的"自由雪雕吧""冰雪模特评选""滑桶"等三十余项活动属国内首创。

　　哈尔滨第 30 届冰灯艺术博览会以"展冰灯魅力, 塑华夏景观"为主题, 开辟"三星高照、火树银花、人与自然、冰灯岁月、民俗风情、神舟飞天、彩燕云飞、文化古迹、国际大赛、群星展艺"十个景区, 总用冰量 3 万立方米, 共制作冰、雪作品达 2 000 余件。在园内不仅可以观赏流水潺潺的彩色人工喷泉, 还能欣赏雪幕上播放的电影。本届"冰上婚礼"庆典改在晚间进行, 星光与灯光共烂漫, 夜色阑珊下中西合璧的婚庆风格, 更显爱情是人类共同而永恒的主题。

　　除此之外, 在国际会展体育中心举办了 10 万平方米的中俄风情文化灯饰冬季博览会, 在沿江斯大林公园建起了极地冰雪乐园, 在南岗区马家沟河修建了冰雪运动与冰雪景观相结合的、占地达 8 200 平方米的俄罗斯冰雪健身园, 以及欧亚之窗雪上风情游园会、冰雪故事园、国际滑雪节、白雪公主旅游形象大使评选、第三届松花江国际汽车挑战赛等诸多冰雪文化体育活动, 并首次举行了大学生冰雕比赛和名人冰雕表演。

　　31. 2005 年第 21 届中国·哈尔滨国际冰雪节的形象主题是: "欧陆风·冰雪情"。在本届冰雪节推出了十大冰雪广场, 二十大特色街区, 三十大亮点景区, 百余项大型活动等。在以"欧陆风·冰雪情"为主题的冰雪节开幕式上, 举行了颇具新意的"雪韵""冰情"文艺表演。展现欧陆风情的洋马车, 童话故事里的白雪公主, 手拿冰糖葫芦、小冰灯和烟花的可爱孩子, 体现不畏严寒的冬泳表演, 驾着驯鹿雪橇、手持火把的鄂伦春老人和鄂伦春少女……最后以"冰上走火"的形式, 将人们带入了一个冰与火的梦幻世界。

　　第六届哈尔滨冰雪大世界以"缤纷冰雪大世界"为主题, 景区总占地面积为 60 万平方米。分为和平广场、繁荣龙江、中华锦绣、娱乐天地、欧陆风、民族风六个景区。在白雪公主的引领下, 游客可从"中华锦绣"景区进入, 经"玉带桥"登"佛香阁", 过"山门"经"冰舫"下山,绕"冰塔"西侧前行,途径"金字塔"……在冰雕玉砌的"凯旋门""圣彼得堡教堂""雅典卫城""巴黎歌剧院"等冰建筑中,领略一下这些世界著名建筑的"水晶版",在占地 5 600平方米、直径 84 米、总高 46 米的"冰岛大教堂"中品味一下"冰塔"的幽密神韵,冰雪建筑的魅力也许就在于那瞬间中的一种永恒。

第 31 届冰灯游园会以"百花齐放"为主题,分为"雄鸡唱晓、三塔映月、大唐风韵、红楼观雪、神州雄风、汴河回梦、江南艺苑、冰艺新星、芳邻竞艺、竞技舞台"十大景区,以及第 24 届大学生冰雕比赛、国际冰雕比赛、第 22 届中小学生冰雕比赛等冰雪赛事活动。

32. 2006 年第 22 届中国·哈尔滨国际冰雪节适逢中国俄罗斯年,将主题定位为"中国俄罗斯友好年在哈尔滨",在冰雪艺术、冰雪旅游、冰雪经贸、冰雪文化和冰雪体育五个方面共举办了100 多项活动,产生了深远的国际性影响。哈尔滨冰雪节从一个区域性的旅游节庆,已成为一个国际性的冰雪盛事,从一个单纯意义上的旅游项目已上升为具有国家公关意义的文化活动。本届冰雪节不仅通过系列活动突出了俄罗斯年活动主题,如以俄罗斯文化为主要题材的冰雪景观、中俄合作成果展、"今日俄罗斯"摄影展、俄罗斯电影展映周、中俄青年鹊桥联欢会等。50 多个国家的大使,几十家世界 500 强企业经理等参加了本届冰雪节。

第七届哈尔滨冰雪大世界的主题为"中俄友好,冰雪情深",从冰雪景观到各种表演及有关的商业活动内容,全部取材于友邦俄罗斯的建筑文化、民俗文化和历史文化。在冰雪大世界的冰雪景观里一路走下来,宛如置身于俄罗斯大地,不过这是一种"水晶版"的再现,让这个伟大的民族洋溢着一种晶莹剔透的诗意。全园总占地面积 28 万平方米,用冰量 12 万立方米,用雪量 8 万立方米,由冬宫、红场、十月广场、风情小镇、列宁广场、欢乐城堡、彼得广场、尼古拉广场 8 个主题景区组成,具有代表性的冰雪景观有:莫斯科红场塔楼、中苏友好纪念塔、冬宫广场、亚历山大纪念碑、夏宫、圣母报喜教堂、大天使教堂、十二门徒教堂、凯旋门、钟楼教堂、圣母教堂、雪堡、列宁广场、阿芙乐尔号巡洋舰……俄罗斯国家级冰上魔术团每晚轮流演出的冰上杂技、冰上魔术,俄罗斯名人模仿秀卡通巡游,俄罗斯商品展,俄罗斯歌舞广场万人的士高表演……整个冰雪大世界洋溢着浓郁的俄罗斯风情。"首届冰雪围棋争霸赛"吸引了众多游人的关注,在全世界最大的冰棋盘上,选手们以前所未有的形式展开了冰雪世界的逐鹿之战。

第 32 届冰灯游园会适逢兆麟公园建园百年,在"增进中俄人民友谊,展现四大名著魅力"的原则上,确定了"冰释华夏文化看古今,灯结中俄友好话未来"的主题,规划、设计、策划和建造了"梦回红楼""梁山好汉""大话西游""三国鏖兵"和"俄罗斯风情"五大景区、四大赛事和三大景观,荟萃冰雪艺术作品 2 000 余件,总用冰量三万立方米。首届冰雕艺术大师邀请赛、首届冰版画创作、首届冰雪书画展览、第 25 届哈尔滨冰雕比赛、第 20 届国际冰雕比赛、第 22 届哈尔滨冰上婚礼等活动也相继展开,在特设冰雕表演区,游客还可自己动手制作冰灯。在本届冰灯游园会上有几项之最,让人赞叹称奇。一创造了施工时间最短的纪录,自 12 月 6 日正式采冰后,仅历时 13 天就完成了全部冰景制作任务。"三国鏖兵"景区中以"赤壁之战"为背景的《三国主帅船》冰雕作品,船身高达 25 米,船体宽 49 米,耗冰 3 000 吨,由 300 名能工巧匠历时 12 天制作完成,是有史以来中外冰建筑中最大的"古战船"。"梦回红楼"景区内的彩色宫灯长 16 米,占地 120 平方米,使用灯泡 1.5 万只,仅铺设的电线就有 3 000 多米,是当时国内外最大的冰宫灯。

冰雪体育一直就是冰雪节一项重要的活动内容,在本届冰雪节上更是如此,中俄铁人三项赛、中俄冬泳对抗赛、国际冰球邀请赛、大学生滑雪赛、中韩篮球赛、第五届国际冰雪节汽车拉力赛、亚洲冰球联赛、全国青少年花样滑冰赛、哈尔滨台球公开赛、冬泳展示月以及百万青少年上冰雪活动,都为冰雪节注入了激情四射的冰雪活力。同时异彩纷呈的冰雪文化,给本届冰雪节更增添了浓淡相宜的神韵风情,冰雪节东北三省儿童少年才艺邀请赛,冰雪节第九届图书博览会,人民文学作家采风、摄影、书法绘画笔会,第二届"文化艺术之冬、冰雪大世界之夜"理查德·克莱德曼演奏会,"让琴声伴我成长"钢琴教育套餐活动,各区的群众演出以及冰雪节开幕式大型文艺演出……如道道彩虹,在冰清雪洁的城市天地交相辉映。

33. 2007 年第 23 届中国·哈尔滨国际冰雪节,由中国、加拿大、韩国三国共同参与打造。由于这一年不仅是俄罗斯中国年,也是国家确定的中韩交流年,还是中国和加拿大冰雪合作的第一年。因此,组委会将本届冰雪节的主题定为"冰情雪韵,和谐世界"。

第八届冰雪大世界与韩国合作,主题为"中韩友好冰世界",总占地面积 40 万平方米,用冰量 12 万立方米,用雪量 8 万立方米。主要包括"中韩友谊广场""韩国风情园""中华风情园""未来世界""冒险乐园"五个主题景区。以往历届最长、最大的雪雕作品百米长的雪龙,以及 10 000 平方米的滑冰场、16 米高的雪佛、230 米长的冰滑梯、100 平方米的雪幕电影均为历届之最。还邀请了韩国影星李英爱为冰雪大世界的首位形象大使。园内体现韩国文化风情的冰雪景观有很多,韩国风情园中的许多冰雪建筑,如按实物比例建设的佛国寺、敬天寺石塔、九层木塔、多宝塔、释迦塔等景观,以及庆会楼、勤政门、勤政殿等韩国著名历史建筑,这些建筑的风格对于国人来讲既熟悉也有着些许的陌生。

2006 年 12 月 21 日,第 33 届哈尔滨冰灯游园会在哈尔滨兆麟公园开幕。本届冰灯游园会以世界著名童话故事为创作蓝本,

"哈利·波特""格林童话""一千零一夜""童话天地""动物童话""中国童话""安徒生童话""韩国风情园"八大景区,一个个古老的童话故事,在冰晶雪莹的世界里又再次被鲜活地演绎。开幕式上,大型"源"字冰雕绽放出美丽的焰火,寓意已走过百年春秋的兆麟公园,作为冰灯艺术的发源地,对哈尔滨冰雪文化、华夏冰雪文化,乃至当代世界冰雪文化,更具有着不可估量的价值与意义。本届冰灯游园会制作了一件采用高科技材料制作的第33届冰灯游园会仿真立体展示模型,模型以1:100比例将本届冰灯游园会八大景区和兆麟公园景观建筑、2 000余件冰景作品以及所有树木、山体按总体规划布局全部微缩到一个只有12平方米的立体空间里,利用电脑程控等高科技手段,配以彩色LED新光源、仿真火光、动感风车,逼真再现,活灵活现,给人以更直观、更形象、更立体的艺术展示效果。它不仅可作为本届冰灯游园会的立体导游图,也可作为不会融化的冰雪之美而被人们永远的留存。本届游园会建设了国内首座冰穹顶雪屋,跨度10米,高5米的雪屋里没有一个支撑物,堪称奇妙。

34.2008年第24届中国·哈尔滨国际冰雪节以"冰雪奥运"为主题,围绕冰雪艺术、冰雪体育、冰雪文化、冰雪旅游、冰雪经贸五大板块,举办了系列冰雪活动。在精彩绝伦的开幕式上,以"激情欢动,奥运同行"为主题的开幕式文艺晚会与中央电视台二套开展了"倾国倾城最值得向世界介绍的中国名城大型电视活动"合作,向世界展示了冰雪节开幕盛况。

第九届冰雪大世界以"冰雪世界,奥运梦想"为主题,通过运用冰雪语言书写了奥林匹克的起源和发展进程,从奥林匹亚山到2008北京奥运,以梦幻般的冰雪景观呈现出"同一个世界,同一个奥运",从不同的角度诠释了奥林匹克的人文精神。整个冰雪大世界用冰12万立方米,用雪10万立方米,分为五个冰雪景区,主景区奥运圣火景区,还有2009大运会景区、奥林匹亚圣山景区、欢乐天地景区、奥运情怀景区。本届冰雪大世界在总体布局上打破了以往的规划布局,以体育赛场的形象直接地体现了奥运主题,并采取了冰跑道与游览路线相结合的方式,将7个主题景区紧密联系起来。对中心景区进行了更为突出的表现,以2008年奥运会承办地北京代表性建筑前门、天安门、世纪坛以及奥运标志物为冰景,主景"奥运圣塔"高40米,保持了单体冰建筑最高的世界纪录。在保留传统的冰雪游戏项目基础上,增加了马戏表演、冰球射门、雪地彩色高尔夫练习等新项目,雪地彩色高尔夫为世界首创。在灯光运用方面,也有了新的突破,将LED、大型探照灯、梅花灯、礼花灯、霓虹灯等表现力较强的大型灯具与冰景照明和舞台灯光进行了有机结合,运用程控手段对灯光进行调节,通过光色的合理搭配组合,形成了动静结合、五彩缤纷的灯光效果。

2007年12月20日,第34届哈尔滨冰灯艺术游园会开园纳客。本届冰灯会的主题是"中国冰雪游·冰雪家园之旅",以"欢乐冰雪大家庭·和谐奥运中国年"为主要内容,分为"奥运到我家""邻里情深""逐本溯源""欢乐大舞台""世外桃源""冰雪人家""缤纷异域""国际冰雕大赛"八大景区。首次在公园的湖中开辟800平方米的冬季垂钓场,游人可以亲身体会冬钓虹鳟鱼的乐趣。

长达两个月的冰雪节中,冰雪活动缤纷多彩,覆盖了政治、经济、文化、娱乐等各个方面。除了冰雪节开幕式、第九届冰雪大世界、第20届太阳岛雪博会、第34届冰灯游园会之外,在冰雪节期间还举办了第十届黑龙江国际滑雪节、第24届冰雪节冰上婚礼、第三届冬钓节、冰上龙舟大赛、第20届老年舞蹈百花赛、冬季铁人三项赛、第24届冰雪节经济贸易洽谈会、第八届中国·亚布力企业家年会、东北四市振兴老工业基地高层论坛等100多项具有参与性的活动。

白山黑水,寒冬之季,冰城的冰雪盛事已然走过了半个世纪,分外妖娆的冰天地、雪世界,给冰城人带来了充满诗意的愉悦。冬季的大地在这里不再沉寂,曾经被人类畏惧的冰雪,被冰城人的智慧与勤劳浇灌成冰雪艺术奇葩,这是一朵充满人类之爱的花朵,它盛开在寒冷的天地之间,也怒放在每个冰城人的心底。

雪王国——哈尔滨·太阳岛 国际雪雕艺术博览会

【冰雪艺术渊源】雪是冰城的灵魂,太阳岛是雪的王国,雪的世界恰如它的洁白能折射出七彩的斑斓,而雪雕艺术无疑是其中最为耀眼的光芒。

雪雕又称雪塑,在我国有着源远流长的历史。从北宋就有所记载,当时塑造的形象多为雪人、狮子、老虎等,但这都只是民间的一种游戏之作,真正大放光彩的则是北国冰雪胜地哈尔滨。哈尔滨素以冰雪闻名于世,一年一度的哈尔滨国际冰雪节,早已蜚声中外、名扬天下,是世界四大冰雪节之一。但要探寻哈尔滨冰雪艺术的渊源,或许太阳岛是其最初的发源地呢。

据说,早在20世纪初,居住在太阳岛的俄侨和华人就有雕冰塑雪冻冰灯的活动,并且持续了30年之久。大概是在1913年,岛上有一个东正教传教点,每年圣诞节的时候,传教点都组织人员在操场上制作冰雕雪塑。据老辈人相传,有带鸽子和耶稣像的十字架、2米高的圣诞老人、牧羊人冰雕,以及三四米高的教堂冰建筑等。后来在1928年圣·尼古拉教堂建成、传教点活动停止后,每年1月19日在松花江冰面上举行东正教洗礼时,雕制冰十字架就成了惯例。受传教士们的影响,岛上的中俄青少年纷纷利用充足的雪源做雪雕,其形式有三种:浮雕、圆雕、空心雕。曾有几件雪雕给太阳岛上的老居民留下深刻印象。一个是"圣诞老人",

雕工细腻,连皮帽尖的缨穗和皮袄下摆露出的绒毛均清晰可见。
还有一个是"骏马奔腾",前蹄着地,后蹄腾空,尾巴飘飞,形态逼
真,活灵活现,富有动感。再有就是中国人雕刻的 2 米高的"弥勒
佛",大耳垂肩,慈眉善目,大腹凸起,外涂颜色,尤显逼真。这些
雪雕虽显现着不同的文化背景,但都同样吸引了岛上中俄居民颇
有兴致地前来观赏,也给人留下了很深刻的印象。至 1943 年由
于伪满政府的禁止,冰灯雪雕活动也被迫停止了。

【都市雪乡】之后的几十年里,北方大地虽然年年瑞雪飘飞,
但雪雕艺术一直处于萌芽状态,直到 1989 年第一届哈尔滨市雪
雕游园会在有着"都市雪乡"之称的太阳岛举办,才宣告了中国雪
雕艺术新纪元的开始。2000 年哈尔滨雪雕游园会更名为哈尔滨
·太阳岛国际雪雕艺术博览会,自此太阳岛雪博会成为世界雪雕
艺术最重要的盛会之一。

【雪象】大多艺术的起源往往来源于人类最初的游戏和娱乐,
雪雕艺术就经历了堆雪人—小型雪雕—大型雪雕—雪雕文化的
发展路径。从 1963 年哈尔滨第一个供多数人观赏的雪造型作品
《雪象》、1989 年由太阳岛风景区管理处职工雕塑的《北极熊》,那
些尚显粗糙的造型,到世界上最长的雪雕作品《穿越白令海峡》和
《尼亚加拉大瀑布》,以及《东君出巡》《悠悠牧羊女》等经典雪雕
作品,雪雕艺术由简单的"堆"到浩大的制作工程,雪雕的艺术品
质和审美内涵得到了本质的升华。

【雪雕制作】一座雪雕作品的完成,要经过的程序为:确定主
题—规划布局—选择题材—设计制图—拟定名称—施工制作。
一座大型雪雕的工程已相当于建筑一座中小型楼房所需下的功
夫了。随着雪雕制作工艺的发展,雪雕的种类也多了起来,除了
传统的雪雕塑,更有了雪建筑、雪文字、雪广告、雪滑梯等,愈加丰
富了雪雕艺术王国的纷纭多彩。

雪雕制作要经过造雪、制坯、切割、雕塑等步骤。雪雕与冰雕

虽为姊妹艺术,却也多有不同。冰雕为冰雕刻,是一门减的艺术,即只能消减与刻琢,而无法做填补之工。雪雕则为雪雕塑,能雕能琢,削减任意,增补自如,演绎空间十分充足,给创作者们备足了施展的天地。

【天然雪】过去制作雪雕大多采用天然雪,由于天然雪含水量低、松软、黏合力差,不大容易制成比较结实的雪坯,以便于切割与雕塑,况且有雪、无雪、多雪、少雪还得看老天爷的脸色行事。

【人工造雪】从1992年第五届雪雕游园会起,太阳岛开始采用专门的造雪机来造雪。人工造的雪,色泽更为洁白,颗粒小、密度大、抗风化、耐日晒,给雪雕创作者和制作者们提供了更大的创意和发挥空间,也为四面八方来的游人丰富了雪雕的视觉享受。第一个用人造雪制作的雪雕是这年的群众比赛一等奖作品《遥远的松花江》。

自从1999年太阳岛雪雕游园会首次配置灯光,并陆续应用了大量的声、光、电等现代化科技手段后,雪雕的艺术表现更为丰富,无论是白天和夜晚都可观赏到这一美景了。夜晚观雪雕与白天看雪雕各有千秋,如果说白天的雪雕世界是晶莹剔透、纯洁浪漫的,那夜里的雪雕世界则有着梦幻般的绚烂。七彩光芒斑驳地映在雪雕上,琉璃般洋溢着奇异的色彩,似乎有种神秘的气氛在雪王国里隐隐的张扬,仿佛到了童话中的雪王国,似乎不经意就会遇到七个小矮人和美丽的白雪公主。

【彩色雪雕】人们印象中的雪雕作品想必是只有白色,但太阳岛的雪雕却也有着绚烂的色彩,弄得不少游人直直地感到惊奇。彩色雪雕制作是在突出雪雕艺术表现的基础上,将彩冰与雪巧妙地进行了结合,从而赋予了一种大自然中从没有过的雪景观。这超越自然本色的创意,充满了太阳岛人的智慧。雪地彩绘是另一项超越自然局限,突破人类视觉的创造。说来也许不算复杂,雪地彩绘是制作者将五颜六色的人造彩色雪依照创意和设计的图案精心地喷涂在雪地上,但这种简单的智慧却给人们带来了无尽的视觉愉悦。

【雪雕的想象】技术的改进无疑推动了雪雕的艺术想象和创意的实现,这是人类的福。拜大自然所赐,凭着勤劳与智慧,或许这就是太阳岛雪雕成为璀璨艺术奇葩的原因吧。现下的太阳岛雪雕已不拘泥于一种简单的造型艺术,其所蕴涵的艺术气质与文化风格,已上升到自然文明与人类文明和谐共生的艺术境界。

走进太阳岛的雪雕世界,仿佛是踏上了一段晶莹剔透、饱含人文深度的诗意旅程。或是一段古老神话传说的恢宏展现——《东君出巡》,东方古老的太阳女神驾驭六条螭龙宝车,携爱子出游东方,给人间带来光明的故事场景;或是一段史诗般情景的宏大再现,如《穿越白令海峡》,一个有关2万年前印第安人穿越亚美大陆桥迁徙到美洲的故事;或是长发飘逸、横笛在唇、仙乐飘飘的《悠悠牧羊女》,奔跑、坐卧的数只可爱的绵羊围绕着牧羊女,在草原上奔跑着,昭示着太阳岛的美好未来;或是一座具有异域人文地理象征意义的建筑,如《日本广岛城堡》;或有着地域风情的艺术再现,如《欢乐的泼水节》《圣·丹尼斯街》《俄罗斯浴室》;或是灵动传神、栩栩如生的人与动物生肖的造型,如《万马奔腾》《雄鸡报晓》《十二生肖》……再多的文字也无法把太阳岛的雪雕世界一一再现,一个景区乃至一座雪雕,就有一个故事、一个传说、一段历史、一处他乡的风貌,甚至一个有关文明的传奇。不妨说太阳岛的雪雕世界就是世界的雪雕,那一雕一琢之间均已显出哈尔滨这座城市的精神风格——和谐与包容。

【欢乐的雪】太阳岛的雪世界不仅是美丽的,也是欢乐的,不仅有着绚丽多姿的雪雕雪塑,还有着丰富多彩的雪上娱乐。你看,来自南极的企鹅使者憨态可掬、旁若无人地在雪地上散步。在"泼雪节"的场地里,总有大片大片的笑声一波一波地激扬起来,人们用柳条手工编制的小簸箕相互泼雪,据说这可以驱除邪恶与病魔,并为人们带来幸福。游人在雪地上纵情泼雪、滚雪、堆雪、搓雪、打雪仗,尽情享受大自然赐予的无穷乐趣。

【滑雪】在雪上疾驰,有着很快意的感觉,至于在雪上奔行的方式,则有着不少的选择。要是论知名和影响,雪上运动要首推滑雪了,体会从山坡上急速滑降时那如飞翔般的感觉,是一种享受速度的乐趣。学滑雪虽然说不是很难,但摔上几个不轻不重的跟头,一般也是必要的,也许滑雪的快乐就蕴涵其中吧。

【雪地爬犁】乘坐雪地爬犁是饶有兴趣的一种活动,狗拉爬犁、马拉爬犁、羊拉爬犁,体会一下人类驾驭动物这个很原始的本领,算是一种回归吧。驾驶雪地摩托则需要几分胆量,那风驰电掣的体验,与城市中的飙车是不同的。卡丁车高手们也可以亲自体验一下雪地驾驶的乐趣,与陆地卡丁相比,或许会有别样的感受吧。

【雪地自行车】骑自行车几乎人人都会,但若能自如地驾驭雪地自行车则真需要有那么点技巧,光滑的雪地对你多少是个考验,不信的话,你可以来尝试一下。攀冰岩是一个智慧加勇敢的运动,比山岩更为光滑的冰面对每个人都是一个挑战。

【雪滑梯】冰雪游戏大多是有惊无险的,更多的在于一种游戏性的参与。不过要真的是有些矜持,也没关系,弄上一个汽车轮胎,坐在里面从雪坡上滑下,也自有一番让你大喊大笑的乐趣。还有那既好看又好玩的雪滑梯,胆大的人能够站着从很高处一直滑下来,坐着滑下来的人则会沾染一身洁净的雪和快意的笑声。不用说,雪滑梯自然是孩子们最喜欢的雪上游戏,不过,仍然有很多成年人也不甘寂寞地赤膊上阵。

【雪地小火车】想必你不会有"骑"着火车在林海雪原中疾驰的体验吧,太阳岛雪博会上推出的我国首列雪地仿真小火车,也是世界上最小的"雪地小火车",就能够让你"骑"着火车从"哈尔滨"站鸣笛出发,前往日本北海道中部城市"旭川"。雪地小火车造型惟妙惟肖、生动逼真，是地道的高科技产品。"小火车"高50厘米，宽40厘米，可乘坐12个成人或16个小孩子。150米长的轨道两侧，是只有80厘米高的世界各地著名城市景观微缩雪雕群，这可堪称是世界上最小的雪雕。尽管整个路程不过2分30秒，但这种奇特而有趣的体验，一定会让你欢乐开怀。

【抽冰尜】传统的冰雪游戏多种多样，大多来自于民间，原汁原味，很是妙趣横生。抽冰尜便是北方冬天最有童年味道的一种游戏。传统的抽冰尜，是在冰面上用鞭子抽打一个底下有一个滚珠，而类似木制陀螺的东西。现在则还有能转出哨声的响声尜、三环七彩幻影尜、夜晚能发光的电光冰尜、雕刻得玲珑剔透的镂空尜……小的如鸽蛋，大的像小水缸。南方来的游客看到这种游戏总会备感惊奇，而一时之间不得玩的要领，弄得反倒如冰尜般的团团转。不过他们看到冰上保龄球，便会比较从容自在一些了。足球这个全球第一运动也被搬到太阳岛上，五人雪地足球赛是很多球迷的热爱，虽然到了后来场上的球员都成了白色的雪人，但场面依然热烈火爆。

【冰雪模特】模特表演算不得稀奇，但在0℃以下冰天雪地中的模特表演，想必就不会常看到了，而连续50天、100场，身材婀娜、容貌靓丽的百名模特身穿由太阳岛雪博会特邀著名服装设计师设计的"冰雪霓裳"系列服饰，在可能是世界最大的冰雪舞台上进行表演，这应是绝无仅有的吧？或者更出乎你的意外，在这寒冷、洁白的冰雪世界里，你尽可以享受更多的歌舞艺术。来自东瀛，有着浓郁日本民族风情的太和鼓，节奏均匀、气势磅礴的鼓音，温雅、优美的歌唱，在纯白无瑕的雪世界里，营造出悠远、含蓄、神秘的气息

【冰上芭蕾】与日本的太和鼓风格迥异，将力量、技术、修养和乐感四者完美结合的冰上芭蕾，既有着冰上运动所特有的优美流畅，也有着芭蕾艺术的高贵典雅，显现出激情、浪漫和力量的艺术

之美。东西方艺术在这同一晶莹浪漫的雪世界里,以一种和而不同的交融姿态,展示着太阳岛海纳百川的博大气质。太阳岛的雪世界中,绚丽多彩的艺术之美与洁白、纯净的天籁冰雪之美,以一种近乎完美的结合,为人们带来感官和心灵上极致的愉悦体验。

【雪地爱情】如果能遇上喜日子,游人还会多一份幸福的收获。有为数不少的新人选择在雪的世界里演绎自己的爱情,或许认为雪的洁白更能显现爱情的冰清玉洁,是男女新人对爱情的最好表白。男女新人同在雪地上共画一颗心,写上自己的名字,雪的纯净映衬得婚纱更显洁白,爱情更加神圣;身着鲜艳的红嫁衣的新娘,于晶莹的世界里十分的耀眼,恍若雪中燃烧的火焰,象征着爱情的浪漫与永恒。于此情此景中,四方的游人想必已经感受到有爱情岛之称的另一种风格和魅力了吧。

【温暖驿站】虽身处寒冷的雪世界,但温暖和热闹也是处处体会得到的。有着西洋风格的咖啡店是别处不容易见到的,因为那是用雪建成的雪房子。"屋外滴水成冰,屋内暖意融融"的雪屋,让许多外地游客不可思议。这些被称为"温暖驿站"的雪屋里有着热热的咖啡、纯正的本地糖葫芦以及各式各样的小吃,不过进来的游客,好像对这雪房子的兴趣要更浓厚一些。

太阳岛的冬丝毫不寂寞,雪博会如一道欢乐的盛宴,让八方的客人愉悦地分享。踏入雪国之中,行走在美与欢乐的梦幻之途,在晶莹的雪世界中放松一下自己的心灵,对每一个人也许都是一种幸运和福分吧。

大自然的艺术遐思——
松花江畔上的冬天

【封江】有人说,大自然是最具有魔力的艺术大师,它的创造往往超越人类的想象,它很随意的一笔,就是令人炫目的巧夺天工,在冰雪世界中的诸多天然造化更是如此。长期生活在松花江畔的人们,对此或许会有更为深切的感悟。

每年的 11 月下旬松花江开始封江时,哈尔滨的冬天就算来了。松花江的封冻期一般在四五个月左右。江水封冻是从流冰开始的,满江面的冰块大小不一,大冰过亩,小冰如盆,沿着江流漂移而下。封江有文封江和武封江两种,文封江过程相对缓慢、气势和缓,冻成的江面也多如镜面般光滑平整、少凸起。武封江则气势凶猛,大大小小的冰排愤怒般的在寒风中互相碰撞、挤轧,遇突然下降的气温而霎时冻结,冰封的江面上到处是冰凌、冰包和兀立的冰排。开江的场面也是颇具风格,同样分为文开江和武开江。清明前后,冰层开始逐渐解体,无数大小不一的冰块,如群羊涌动,白云飘浮,一个挨着一个,优游自在地随波逐流,一泻千里,这是文开江跑的冰排。武开江跑的冰排则八面威风,陡然上升的气温使得钢铁般的江冰伴随雷鸣般的响声,瞬间分崩离析。大如巨屋、小如累卵的冰块拥拥挤挤、冲冲撞撞,其势如千军厮杀,排山倒海、锐不可当,非常富有观赏价值。有人说天上的流云与跑冰排风格相近,不过比起跑冰排万马齐奔的场面,流云则要显得温和多了。跑冰排——这松花江的一道壮观的风景,总是吸引了两岸无数人来观看。

【雪凇和树挂】若想看到雪凇和树挂,则需要一点小小的运气,雪凇和树挂是松花江畔冬天极具观赏价值的两个景致。由于雪花飘落时气温较高,在降雪过程中遇到寒流,雪花被树枝上的水珠粘住、冻结,越积越厚,就形成了雪凇。当雪凇盈树的时候,岛上的树木像穿了洁白剔透的绒衣,雪凇依偎在枝头,全然一片冰花澄爽的晶莹,呈现出单一纯美的风范。整个江边仿佛成了"琉璃世界",纯洁、幽静、神秘。

树挂也称雾凇,是雾气遇冷大面积凝结在枝叶上的冰晶。雾淞多在凌晨出现,短则几小时,多则十几小时,更长的则会数天。"苍松结玉蕊,衰柳挂银花",一夜之间,"千树万树梨花开",树木的枝丫缀满了蓬蓬松松、毛茸茸的水晶花,树木之间的街巷也仿佛成了通往仙境的道路。忽而有风吹过,千万水晶状的冰晶簌簌地抖落,如玉碎花落一般颇具诗意。

【天使的翅膀】关于雾凇还有这样一个美丽的传说。在九重天外,有一个性格暴虐的天皇,一次他巡视人间回来后,病得很重,便发毒誓说,如果人间万物没有了生机、出现了衰老,那巨大的洪流就要淹没所有的村庄。在九重天里住着一位美丽善良的天使,她为了帮助人间渡过苦难而费尽思量。于是她把春天的花瓣珍藏,让夏日的花香飘溢四方,等秋天来了,天使把珍藏的花瓣扬向大地。终于冬天来了,万物枯零,大地一片黯然,眼看着天皇的咒语即将成为现实。这时天使张开了洁白的羽翼冲向太阳,翅膀在炙热中熔化、滴落,罩住了丑陋的枯枝,像眼泪流淌。大地在一片晶莹的生机中迎来了天皇的巡视,他被树上的冰花所倾倒,感叹人间竟有如此胜过天堂的美景。天使失去了翅膀,再也不能自由飞翔。那个咒语也被解除,人间又成了快乐的地方,而那树挂从此便有了一个新的名字——"天使的翅膀"。

【江畔雪】雪落之后的江畔宛若童话王国,大地、房顶、冰面上白茫茫一片。走在积雪上,咯吱、咯吱的脚步声提示我们这是一个雪的世界。厚厚的积雪上有行人刚走过的足迹,或深或浅……脚印印在雪上,可猜测那脚印的主人是男、是女、是高、是矮,这种行走之间的小心思,是不少人都在做的。江边的雪是少污染的,极为蓬松、柔软和洁白剔透。用手抓一把握紧,就会聚成结实的雪球,向玩伴掷去,便会有片片欢乐的声音扬起。缓慢走在雪的天地之间,可以驱除内心羁留的污垢,荡尽世间俗尘与躁动的欲望,让灵魂归于沉静,让情性趋于童真。松花江畔的冬季总是如此滋润人的身心,愉悦人的性情。

冰雪天籁之音

　　【**挪威冰雪音乐节**】一则小消息引起我的兴趣,在欧洲北部挪威有一个叫作耶卢的小城,那是一座位于哈灵山区海拔一千多米的冰雪小城,在它的周围分布着十多处滑雪景区,挪威第二届冰雪音乐节正在这里举办,而一场别开生面的音乐会则引起众多游人的关注。在冰天雪地的环境下举办音乐会,在各个冰雪胜地并不少见,不算什么稀罕的事情。但在耶卢小城的这次音乐节上,推出的用冰制琴演奏音乐,让人颇为耳目一新。或许是洁白而幽密的冰雪催发了挪威人的想象力,这一创意的确有巧夺天工之意。

　　【**木琴**】木琴是一种西方打击乐器,琴键排列与钢琴相近,以琴棒敲打产生旋律,音色清脆、声调明净。选择木琴做冰制乐器,倒是相当的适合。制琴用的冰块是从附近山区中的湖中开凿出来的,通体晶莹、透亮,毫无瑕疵。冰的纯净度十分重要,因为如果冰有杂质,会对木琴的高音和音质有所影响。无论是用冰或木材制作木琴,原理上毫无不同。但冰的质地毕竟易碎,就需要制作者有着十分的小心和十足的耐心。演奏者是危地马拉的"卡奇科组合",想必在南美也是有一定知名度的乐队,但我在国内网站上查询了一下,除了这条与冰木琴相关信息,其他一无所获。看来至少他们被中国人所知,还是赖于这冰雪的魅力。无从得知他们演奏的曲目,但我很希望能够有这样一首曲目由这架冰木琴演奏出来,这就是美国作曲家 Jacob Druckman 的木琴独奏曲《关于水的本质之省思》(Reflections on the Nature of Water)。我喜欢这个曲名,更喜欢能由这架水之晶体——冰制木琴演奏出来,这让人很有哲学的感觉,是一种充满着神圣的追溯。演奏是在山洞里进行的,洞外雪花如絮,朔风正劲,山洞里缭绕着冰琴柔和的乐声,空灵、悠远、清纯。这是一个冰雪世界,也是一个水世界,或者还是一个音乐世界,雪山、冰湖,冰雕、雪塑、冰琴、音乐。此时的水一改灵动、跳脱的姿态,以一种纯净的凝止向世人显现其沉默的魅力,但又不是一澜死死的寂灭,人的手指以及乐者的灵魂与它进行了一次天作之合。水与冰交融而生的那种深邃、纯粹的自然,在演奏者、冰木琴和聆听者之间构成了一幅天籁般的意境,这是一曲天、地、水、人之间的合奏。

挪威人用冰来制成乐器演奏,这并不是首次,在上届挪威冰雪音乐节上,组委会就曾邀请了巴西音乐家来演奏冰制成的鼓,两次都是来自南美热带地区的音乐家,估计这不是巧合。让终年都见不到冰雪的艺术家来到这纯粹的冰雪世界中,在冰制成的乐器上演奏音乐,应是冰雪节组织者精心巧妙的安排。冰音乐的开端与兴起都离不开一个挪威艺术家,他就是曾经把冰音乐带到中国哈尔滨的挪威著名音乐家、作曲家、冰乐演奏家"Teije"(泰尔耶)。

【世界第一冰雪音乐人泰尔耶】有世界首位冰雪音乐家之称的泰尔耶早在2000年,就对冰乐器产生了极大的兴趣。有一次,在挪威一个冰瀑布前,他感觉水冲击冰发出极其美妙的声音,从此产生了以冰为乐器进行演奏的想法,并进行了深入的研究。林娜和康爱乐分别是他的调音师和演唱家,他的冰音乐组合曾经去过日本、加拿大、瑞士和芬兰等5个国家50余座城市进行表演。

【冰人之岛】其实早在2002年泰尔耶就出版了第一张冰乐器音乐唱片专辑《冰人之岛》,这张唱片诞生的时间是2001年2月1日至2日,地点则是人类世界的极北之地——北极圈以北200公里的瑞典Jukkas - jarui的冰旅馆中。这家每年冬季出现在冰封的Torne河面上,天气转暖便融化消失的冰旅馆,这一年迎来了挪威的两位艺术家——声乐爱好者BengtCarling和打击乐手泰尔耶。在 BengtCarling 搭建的冰旅馆内,他们用在另一条同样冰冻的河流中采掘来的没有半点气泡和杂质的冰块,制作成了冰小号、冰圆号、冰竖琴和冰打击乐器。

【冰录音室】两个大顽童一样的艺术家用冰搭了一间录音棚,这是世界上第一间冰录音室。泰尔耶和 Bengt 在录制这张作品时,对冰录音室的温度十分在意,整张唱片是在零下 8 摄氏度的冰工作室中录制的。泰尔耶完成了专辑大部分的音乐并担任打击乐部分的演奏,他们通过对温度的调控以及在各个低温阶段冰乐器的音色差异,制造出高低长短各不相同的声音效果,而演奏者在演奏时完全以即兴的方式进入,正是这样的演奏方式,给予了专辑里的音乐以最多的想象空间,让冰冷的音质被完美地凸现了出来。唱片后来由以"新概念爵士"大本营之称的 JAZZLAND 公司出版,其超凡脱俗的"全冰"创意,引起了世人的关注,被认为是该公司出品的最具实验色彩的作品。

【冰乐器】所有冰乐器和录音室现在正流淌在北海某处,以其曾具有的冰音乐创作的参与者身份,在大海里传扬着冷而酷的天籁音乐。录音室和那些冰乐器,在专辑录完后,就被投入了北海里,融化得无影无踪。

【冰的呻吟】有人赞赏他们,说他们是先锋音乐的实践者,是最"冷酷"音乐的缔造者,也有人对此不以为然,认为他们的举动不过是披着音乐之名的行为艺术。或许我们应该听听《冰人之岛》创作者之一 Bengt 是怎么说的,他说:"冰就是我的平常生活。"这位雕塑家每年都会独自站在河岸,默默注视着自己的作品化为细流消失在 Torne 河里,没有遗憾,短暂似乎催生着新的力量。12 年前,他来到 Jukkasjarvi,第一次用冰来做艺术品。之后就在这里长久定居,成为冰旅馆的艺术总监。Bengt 为冰所呈现的各种即兴效果而着迷,他尽量使用原始工具,为了倾听"冰的呻吟",那呻吟来自裂缝碎屑,随着雕琢的速度和形式变化,他享受着冰所包含的动和静、冷与热。他把他热爱的冰带到巴黎、圣保罗,甚至撒哈拉沙漠,希望北极圈以外的人能经由不同感官体验冰的艺术。

【冰面印刷术】2005 年,泰尔耶在芬兰首都赫尔辛基冰雪音乐节举办了冰乐器露天音乐会。音乐会的大幕是另一位艺术家的冰雪之作,法国视觉艺术家兼摄影师埃里克·米泰尔在 24 块 2 米高的雪墙上展现了自创的冰面印刷术,在展示现场,每面墙上都有一幅照片。这可不是简单地将照片嵌进去,而是把照片直接印在冰面上。据埃里克介绍说,用这种方式展示图片,每当周围空气的湿度、温度,或者阳光发生变化,图片也会跟着显示出不同的效果。在雪墙围成的圆圈中间,还有一个用雪砌成的舞台,泰尔耶就是在这里用冰做的乐器为观众现场演奏。乐器是由切割出的大小、形状不同的冰块铲磨而成,可发出不同音阶。夜晚,一束束蓝光映射在舞台,演奏者对这些看上去易碎、简单的冰乐器或敲击,或弹奏,一曲曲超凡脱俗的天籁之乐顿时流淌在整个大自然中。

【冰爵士音乐人林哈特】相对于泰尔耶,另一位瑞典冰音乐人则显得不那么幸运。2005 年 3 月,在瑞典的皮特欧,本应上演一场特殊的冰雕乐器音乐会。但是在表演开始前的最后一分钟,音乐会被音乐会策划人兼所有冰雕乐器的制作者蒂姆·林哈特"残忍"地取消了。原因是音乐家们在预演时驾驭这些"冰乐器"的能力始终不能让林哈特满意。

林哈特是瑞典一个知名的冰雕制作人,1997 年,在进行了近 10 年的冰雕创作后,林哈特突发奇想:一把冰造的小提琴能发出怎样的声音呢?他的朋友,吉他制作家托尼·萨瑟兰也想不出怎样才能使冰小提琴发出声音,而它又能发出怎样的声音。这个念头成为林哈特生活中的又一次激情迸发。他在冰低音小提琴上装备了三角钢琴弦,第一声确是乐声!可惜,第二声是绷得太紧的弦把整把小提琴震碎的声音。但就是这样的声音,依然让林哈特沉迷其中不能自拔。隐居在比弗克里克滑雪场森林的一座冰屋里,在 3 500 米的海拔高度,林哈特有着取之不尽的创作材料———冰和雪。整个 2000 年的冬天,林哈特不断进行研究和试验。零摄氏度以下的严寒,纯粹而天然的原材料加上无法抑制的天才,5 件新式乐器诞生了——3 把贝斯和 2 把大提琴。当年 3 月,林哈特请科罗拉多交响乐团在一座圆形冰造剧场进行了第一次"冰乐"短表演。演出造成轰动,上了第二天《丹佛邮报》的头版。

其实,林哈特创造的不仅是冰雕乐器,他还创造出了一种新的音乐类型。或许可以将所谓"冰爵士乐"带上一个新台阶。这种新新音乐与其说得名于其演奏技巧或曲风,还不如说得名于乐器的质地。"冰乐"超越了所有已知的音乐界限和目录。

【冰音乐在哈尔滨】在 2008 年的哈尔滨冰雪大世界和哈尔滨冰灯游园会上,挪威著名音乐家、作曲家、冰乐演奏家泰尔耶、林娜、康爱乐"冰音乐三人组合",将冰乐器这一绝妙的创意展现给了世人。在冰乐器制作现场,挪威的冰演奏家们在冰块上勾勒出乐器模型,制冰工人则将精湛的雕冰技艺与演奏家的想法"合而为一"。据泰尔耶介绍,哈尔滨的冰质特别好,很适合做冰乐器,这次演出包括鼓、大号等所有乐器都是冰做的。他们的冰乐器由精心筛选和制作的 50 余块大小不等、冰质和音质不同的冰块做成,用渔线吊在冰架上组成打击乐器,演奏时用冰制作的打击工具进行敲打。这些乐器以打击乐器为主,不同形状、大小的冰乐器会发出不同的声音,每片冰上都有小麦克风拾音,可以让游客们享受到天然的乐声。这组乐器中还有两个能吹响的冰号,吹起来似西藏喇嘛的佛号,低沉雄壮。他们的演奏没有固定的曲目,而是根据冰质模拟大自然的天籁之音。挪威歌手琳娜还在这明净、清脆的音乐伴奏下,为人们送上了一首首同样有着天籁意境的歌曲。

【冰音乐三人组合】在哈尔滨冰灯游园会上,泰尔耶、林娜、康爱乐"冰音乐三人组合"推出了以华夏古老的编钟乐器为创意的冰制音乐编钟。他们以四块大冰块为物料,在制冰工人的协助下,一组与中国古老乐器——编钟极其类似的冰乐器,晶莹夺目地展现在人们眼前。人们看着清澈、剔透的乐器,不禁有几分惊疑,纷纷猜测着那古老的编钟之乐,将被如何奏响。傍晚时分,夜色初现,园内的冰灯也已璀璨映射,只见这位冰乐大师,走到冰乐器前,用冰棒在"冰鼓""冰片""冰钗"上,开始有节奏地敲打起来,一曲曲清脆、明净的悦耳之声,直透人的心脾。古老的华夏编钟以这样的一种方式,为人们奏起天籁之音,还是第一次。三千年前编钟之乐为贵族独享,以一种极致的高雅久处庙宇之上,继而又被尘封了千余年。如今走下那高高的殿堂,与自然浑然一体。剔透如玉的水之精灵——冰,一洗编钟千载的尘土。冰乐之编钟,虽少了青铜那斑驳沧桑的厚重,却多了水之晶莹的那种通透;虽不见了昔日古代乐者的缙绅冠带、宫廷舞者的衣裙飞扬,却满目都是人与自然相融相契的愉悦之情。西方的乐者,古老而又被大自然予以新生的东方乐器,在这雪花飘飞的时刻,竟被糅合得如此和谐,让人不禁想起圣人孔子那句高声的吟咏:"有朋自远方来,不亦乐乎。"

【冰雪之歌】冰雪音乐不独以冰雪为乐器奏出天籁一般的乐章,以冰雪入乐曲、歌曲之中,也是冰雪音乐盛宴中一道优美动听的大餐。以冰之晶莹剔透、雪之洁白轻盈、冬之寒冷等诸多冰雪意象,谱入流畅的音乐旋律,动之以情,抒之以怀,是人类热爱冰雪世界情感的自然流露。古今中外音乐大家以冰雪为题材,创作了无数广为人知的音乐作品,或忧伤,或愉悦,或伤感,或欢乐,或低吟,或高亢,为人们所欢喜谛听,为人们所广为传唱。

能歌善舞的满族人,生活中自然少不了音乐和歌舞的陪伴。

满族音乐,旋律简约朴实、明快大方,音程跳动棱角分明,节奏短促有力,呈现出热烈欢快、质朴豪爽的风格。长年生活在冰雪天地的满人,自然也少不了这方面题材的歌曲,《轱辘冰》就是比较有代表性的一首,轱辘冰本是满族人的一种民间习俗,每年正月十五元宵节的夜晚,成群结队的满族妇女、小孩到河湖冰或井台冰上来回翻滚。这时他们往往会唱道:"轱辘轱辘冰,腰不痛腿不疼;轱辘轱辘冰,身上轻又轻;轱辘轱辘冰,心儿放了松;轱辘轱辘冰,一觉到天明……"

【冰凌花】《乌苏里船歌》是享誉全国的赫哲族民歌,其婉转动听、优美流畅。赫哲族人民长期生活在严寒地区,像他们歌中所唱的冰凌花一样"春节里克莫得力、克莫得力,冰凌花儿水灵灵,风和日丽好季节,赫哲人打猎上山冈……"冰凌花,金黄色的小花,嫩绿色的叶子,主要分布在我国东北阔叶林区,以其不畏春寒第一个为寒地的人们迎来春天,而受人喜爱。由国内年轻歌手所翻唱的一首《冰凌花》唱出了冰凌花那种不畏严寒风雪的品格:我爱冰凌花/花开在山崖/迎风冒雪都不怕/寒冷中发芽/……/外婆说要像那冰凌花/以后的路就什么都不怕/我愿做那小小冰凌花/柔弱中有傲骨在挣扎/有一天满山冰雪都融化/冰凌花也就开遍了山崖/我爱冰凌花/花开在山崖/迎风冒雪都不怕/寒冷中发芽/……

【雪之歌】塞北边疆,雪花烂漫,人们多以雪为主题,来歌唱自己美丽的东北老家。曾被多位知名歌唱家传唱,并传遍祖国大江南北的《我爱你塞北的雪》就是其中最享有盛名的一首:"我爱你塞北的雪/ 飘飘洒洒漫天遍野/你的舞姿是那样的轻盈……你用白玉般的身躯装扮银光闪闪的世界……"在这优美的曲调里,人们将对家乡的热爱,融入洁白的雪花之中,纯洁而热烈的情感,让人久久吟唱。

"长白山的雪,黑龙江的浪,白山黑水全都不顾,你独自远走到他乡,雪满山浪满江,抵不过相思绕心房……"这是由有着情歌王子之称的费玉清演唱的一首歌曲《雪满山浪满江》,曲调轻快、明澈,将对一位姑娘的思念与对白山黑水的眷恋之情缠绵地融在一起。雪的纯洁,总是让人想起爱情的无瑕,于是很多词作者将雪作为歌曲的背景,写下了无数有关爱情的故事,并得以大举流行,如《一剪梅》《认真的雪》《飘雪》《二〇〇二年的第一场雪》《发如雪》《再见北极雪》……数不胜数。

【落雪】看似轻盈的雪花,荒冷的冬季,却总是被寓意了许多爱情,中文歌曲如此,外国亦是。或忧伤,或欢乐,或缠绵,或悱恻,人间男女的那份情感,在雪花的飞舞中被演绎到极致。我个人则比较喜欢一首法国歌曲《落雪》(Es Ist Ein Schnee Gefallen)的。当那雪落下时/时间不再停留/当雪如球般涌向我/我已深陷积雪中……当然下列这些外国歌曲也是我的至爱:小野丽莎的《冬之歌》、Fiona Joy Hawkins 的《冬晨》、班得瑞的《冬梦》、莎拉·布莱曼的《冬之光》、恩雅的《冬》……

【冰雪世界里的音乐盛会】每逢冰雪季节,寒地北方城市里往往会举办各种风格的冰雪歌舞音乐会,或在户外的露天场地,或在大大小小的场馆。举办者们总是极富创意地将冰雪元素注入丰富多彩的文艺演出中。如1994年第十届哈尔滨冰雪节期间,由中央电视台、哈尔滨市政府联合主办的《冰·雪·火——中国哈尔滨冰雪节晚会》,将文艺表演与冰上体育表演紧密结合;传统的舞龙、舞狮、跑驴、跑旱船,都穿上了冰鞋在冰的舞台上表演;冰雕、冬泳、冰上捕鱼等冰雪画面与舞台表演的巧妙穿插,将悠远且富有浓郁寒地风情的冰雪文化再现得淋漓尽致。随着各地冰雪节如火如荼地开展,冰雪文艺晚会和冰雪音乐会也都成了冰雪盛会的重头戏,以致晚会之多,已经不胜枚举,如一年一度的中国哈尔滨国际冰雪节开幕式晚会、中国吉林国际雾凇冰雪节开幕式晚会……

冰雪谱
Bingxue Pu

　　【原汁原味冰与雪】相对于室内的冰雪文艺演出，露天的冰雪文艺盛会则更具"冰"与"雪"的原汁原味。2008 年 1 月 25 日，在奥地利西部福拉尔贝格州的滑雪胜地莱希，艺术家在冰雪舞台上表演。每年 1 月的最后一周这里都会举办露天冰雪音乐会，艺术家们在冰雪搭建的舞台上表演。仅两场演出便为小山村引来 6 000 多名观众。

　　【少女峰冰雪室外音乐节】2008 年 3 月 29 日在瑞士少女峰冰雪室外音乐节已经举办了十一届。音乐节的地点在 Kleine Scheidegg 火车站附近，超过 10 000 间客房、各色小吃店和酒吧迎来了四面八方的乐迷。音乐会在一个超大的舞台上举行，一流的灯光和音响设备给音乐会的超级 DJ 和乐迷们带来超级的摇滚享受。每届少女峰冰雪音乐会都会有来自世界摇滚乐坛顶尖的巨星和乐队组合参加，如意大利国宝级艺术家 Zucchero、加拿大巨星布莱恩·亚当斯、美国著名摇滚组合 TOTO、英国的 Melanie C 以及瑞士的 Scream、Ivo 乐队和 Züri West 等。这个小村庄也会一改平日的宁静景象，成为摇滚巨星和乐迷云集之处，人们在此可以尽享冬日的浪漫和疯狂。只有 70 瑞士法郎、600 多人民币的音乐会门票，让人只能直呼太值得，所以 8 000 多张门票往往也被早早地预订一空。

　　【激情在这里燃烧】四年一度的冬季奥运会开幕式无疑是冰雪文艺表演的盛会，每个主办国都会采取不同的文艺形式，对冰雪文化和奥运精神进行具有民族特色的诠释。2006 年 2 月 11 日第二十届冬季奥运会在意大利北部城市都灵的奥林匹克体育场举行了隆重的开幕式。本届冬奥会的口号是"激情在这里燃烧"，大型表演完美地实现了节奏、激情、速度和时尚的和谐统一。激情的火焰、热烈的红心、滑雪动作表演、灿烂的五环以及阿尔卑斯山的白雪和奶牛都先后出现在开幕式上。最具创意的杰作是 6 名身着红色衣服的速滑选手各戴一顶会喷射出 2 米长"火舌"的头盔从舞台上疾飞而过,时速高达 70 公里/小时,将观众们带入激情澎湃的传奇世界。表演的最后,出现了五个直径达 7 米的圆环拼凑在一起,组成奥运五环,将开幕式推向一个新的高潮。

冰雪精灵——冰上芭蕾

【俄罗斯冰上芭蕾】俄罗斯冰上芭蕾是独具冰雪特色的冰上舞蹈艺术,被世界芭蕾界誉为"世界上唯一一个能在冰上演绎古典芭蕾"的舞团——俄罗斯圣彼得堡国家冰上芭蕾舞团创建于 1967 年。它的创建者康斯坦丁·伯亚尔斯基,是饮誉全球的彼得堡马利亚剧院(即基洛夫剧院)芭蕾舞团的主要演员和编导。总编导俄罗斯功勋演员唐斯坦丁·拉萨金毕业于瓦岗诺娃芭蕾舞学院,是世界芭蕾大师努里耶夫的同学。三十年来俄罗斯圣彼得堡国家冰上芭蕾舞团,孜孜不倦地刻意创新于如何将古典芭蕾与花样滑冰的技巧有机结合、优势互补,先后排出柴可夫斯基的三大舞剧《天鹅湖》《胡桃夹子》《睡美人》以及《浪漫诗篇》等作品。这些作品继承和发展了古典芭蕾俄罗斯学派的优秀传统,同时又体现出花样滑冰动作的流畅、高雅和优美,给观众带来更高的审美。

【欣赏室外冰上芭蕾】如何欣赏冰上芭蕾是有"门道"的,冰上芭蕾不仅是一种优雅的舞蹈,而且是一种充满力与美的运动,是力量、技术、修养和乐感四者的完美结合。以往欣赏传统芭蕾时,观众关注的是"开""绷""直""立"。所谓"开",就是舞者的手臂、脚、腿直至胯部外开;"绷"指的是舞者脚尖、膝盖等部位的绷紧;而"直""立"则是指在跳舞时,舞者脚尖、躯体乃至整个肢体的挺直。但当冰刀代替脚尖完成舞蹈过程时,欣赏的重点发生了变化。整个舞蹈成为一种流线型,视线的焦点不再只集中在舞者修长、笔直的肢体线条和各种幅度的击腿技巧,而是表现为一种对纯粹力量和速度的欣赏。借助冰鞋,冰上芭蕾所表演的完美足尖速旋舞和双人舞对传统芭蕾演员而言,只能是一种幻想。在第十九届太阳岛国际雪雕艺术博览会上,俄罗斯"冰上芭蕾"在大型雪雕作品《尼亚加拉大雪瀑》前进行了为期50天的演出,15名演员每天演出2场,每场演出40分钟,是目前世界上冰上芭蕾表演室外演出场次最多、演出时间最长的活动。

冰雪魔法师

【冰上剧场】歌剧代表高贵,魔术显示繁荣。俄罗斯不仅是享誉世界的冰上运动和冰上艺术的王国,又是独树一帜的杂技和魔术大国,同样是在俄罗斯的圣彼得堡,还有一支活跃在世界杂技和魔术舞台上的冰上魔术团体,这就是俄罗斯圣彼得堡(国立)冰上魔术剧院。俄罗斯圣彼得堡(国立)马戏、魔术剧院创建于20世纪20年代,是享誉世界的顶级魔术剧团。20世纪末,凭借艺术家们丰富想象力,剧院首先尝试把表演舞台移植到冰场上,尤其是把杂技魔术移植到冰上,产生了突出的视觉效果,使得单个的节目更具看点、更加经典,独具了惊险、刺激、幽默和新颖、风趣的演出风格。在此基础上,俄罗斯圣彼得堡(国立)马戏、魔术剧院逐渐形成成套的冰上节目,并且在圣彼得堡建立了专用的冰上剧场,受此影响,十年前俄罗斯出现大量冰上节目,这些节目不但在俄罗斯各地风行起来,而且受到世界各地的关注。

【魔法师的冰火乐园】俄罗斯著名功勋艺术家廖申科是俄罗斯圣彼得堡(国立)冰上魔术剧院的中心,他的表演是《魔法师的冰火乐园》整台演出的核心。这位享誉俄罗斯的魔术大师,曾荣获功勋演员的称号,是当今世界上少数几个可以进行冰上魔术表演的魔术大师,其表演的节目以各种形式的人体表演为特色,尤其以人体拆解游戏、大锯活人和动物表演而著称,由于冰上魔术的表演环境具有冰上反光的特殊性,以及穿着冰鞋带来的表演失误不确定性,使得这样的节目更加惊险和扣人心弦。《魔法师的冰火乐园》还有一个突出亮点,就是在冰上可以展开火的表演。杰出杂技艺术家萨沙在精彩的花样速滑表演时,在冰上依次播撒火种,晶莹剔透的冰面上瞬间便燃起熊熊火焰,将演出一下子推向高潮,此时在寒光闪闪的冰面上,人与火交融一起,产生强烈的视觉冲击效果,宛若充满魔幻世界的冰火岛。30 多位冰上明星在冰与火的世界里,以经典舞姿、优美技巧把观众带到梦幻神奇的魔幻世界。廖申科的另一表演绝技是逃遁术,在光影四散的冰面上,这一表演似乎并无可能,而廖申科的名言却是——“给我足够的钱,我就可以随便变掉火车飞机。”

【冰上黑天鹅】曾获 1998 年世界青年冰上运动会双人花样滑冰第一名的世界冠军阿库－曼努基安是剧院人才战略的意外收获,有冰上黑天鹅之称。这位俄罗斯美女所表演的高跷冰舞堪称一绝,难得一见。曼努基安的冰上芭蕾并不使用普通的花样滑冰刀,取而代之的是一副高达 35 厘米的高跷冰刀,她就是使用这样一副非常规冰刀,完成诸如跳转、旋转等高难度的冰上芭蕾动作。美女魔术师阿克西尼诺娃是与她的十二仙女共同出场,这十三名美女不用表演就构成一幅美丽的图画,这些美女身披五彩缤纷的羽毛,踏上冰刀如蝶穿花般穿梭往来,在一连串高难度冰上技巧的眼花缭乱中,女魔法师的魔法绝技一一得到呈现,不仅刺激而且养眼。晶莹剔透的冰晶,五彩缤纷的色彩光束,迅如闪电的滑冰速度和优美神秘的舞台艺术和谐地统一在一起,产生了强烈的艺术感染力。

动物世界的冰雪艺术——冰雪马戏

　　【冰上马戏】冰雪舞台不独为人类所拥有,动物也能在冰雪舞台上,展现出出众的表演才华,这就是来自俄罗斯冰上马戏团独一无二的冰上马戏表演。俄罗斯冰上马戏团成立于20世纪90年代,是目前世界上唯一一支专业冰上马戏团,俄罗斯人在马戏艺术方面的天赋不断地给世人带来新的狂喜,"冰上马戏"则是他们的创新杰作。那晶莹剔透的冰台犹如一只巨大的碧玉盘,玉盘上身姿优美的金童玉女演绎着一段段精美绝伦的人间"神话",每一个节目都会令人激动,令人匪夷所思,令人拍案叫绝。溜冰对人来说并不是一件难事,可对动物来讲则不是一朝一夕能练就的功夫;而最难得的是它们在冰上表演高难度的杂技动作,如行云流水,潇洒自如;如金刚烈火,豪气冲天。全新的创意、巧妙的构思、高难度的动作,构成了冰上马戏艺术创作的灵魂,如《呼啦圈》《冰上耍魔方》《立绳》等节目,无不透出那智慧的灵光。

　　【棕熊冰球】如果你认为冰刀鞋和光洁的冰场只属于滑冰运动员,那你就错了,因为人们印象中笨拙的大棕熊如今也一展"灵巧"身姿,还成了冰上运动的成员——冰球一族。其实欧洲在几百年前就开始训练棕熊踩着音乐节拍跳舞,这一度成为当时狂欢节的压轴戏,难怪外国卡通片里熊们都是载歌载舞。洁白的冰台上6位棕熊冰球运动健将分成红、黄两队,头戴盔帽,身着队服,"掌"握球棒。等裁判一声哨响,它们便自由穿梭在球场上,时而冲锋陷阵,左突右闪,时而用肥大的身躯作掩护,发动快攻。争抢来进攻权后,拼命向对方球门攻去。求胜心切,冲撞激烈,一个跟头倒下去让观众都替它心疼。"犯规!"裁判出示了黄牌,受罚者二话不说,自觉离场2分钟。过后又继续投入战斗,眼看对方的进攻要得逞,只见守门熊在恰如其分的时机奋力鱼跃出击,将一个必进之球死死地挡在球门线外。又是几个精彩的攻防转换后,对方球门终于被攻破,队员们兴奋地高举球棒,相互拥抱庆贺。绝对一流的溜冰技巧,快速的攻防转换等,比起真人的业余冰球比赛更有特色,更能吸引人。

【海狮冰上表演】尽管海狮的四肢部分已经退化,可在大师的指挥下,它竟能在冰上仅靠一只鳍,稳稳顶起肥硕的身躯,连尾巴也高高地翘到"天"上去了,还不时得意地扑闪腾空的另一只鳍,好像在说:"我可是标准的'一指禅'!"伴着悠扬的曲调,海狮忘情地跳起了冰上芭蕾,让人欣赏到了另一种芭蕾舞姿的优美。除此之外,海狮还能完成如顶球、倒立行走、跳舞等复杂的高难度动作。世界上绝无仅有的"冰上马戏",寓幽默与惊险于一体,过硬的杂技功夫、出众的表演才华,在惊险之中令人捧腹大笑,在捧腹大笑之中令人钦佩,这都倚赖于独特完整的科学驯兽方法和程序,在人与动物相互理解信任的基础上,使动物"心悦诚服"地接受命令。

冰雪丹青

【中国古代冰雪画】闲来无事喜读画,看是用眼,读则用心,虽然对画法、技巧之类,我几乎全然不懂,却喜欢品读那画中的意味。也许读画的心得,与画者的心意会大相径庭,但画家既然把作品亮相给公众,也就由不得他了,即所为的仁者见仁、智者见智,哪怕是愚者见愚。古今中外的画,我读得并不多,但在这不多中也有偏爱,中国画是所爱,而中国画中冰雪风格的画,则是最爱,许是因久居塞外东北与冰雪有着更为亲昵情感的缘故吧。以山水入画,取自然作景,是中国画的千年传统。春夏秋冬、山水江河、梅兰竹菊……是一代又一代、一派又一派的国画家们永不厌倦的主题。在中国的传统山水画中,冬季似乎对艺术家更具有独特的吸引力,这或许也是雪景画能够独立分支的一个原因。我国古代文人多受道家思想影响,尤其是唐代以后的画家多以魏晋文人风度为标榜,追求自然淡泊的心境,有着孤芳自赏、逃遁的人生态度,而雪之高洁、纯净、灵透正合了古代画家心意的表现。如文徵明所云:"古之高人逸士,往往喜弄笔,作山水以自娱,然多写雪景者,盖与假此以寄其孤高拔俗之意耳……"

【雪霁望五峰图】中国山水画祖师爷顾恺之,这位被誉为"苍生以来所无"的大画家,以画人物最为擅长,曾自说:"哪可点睛,点睛便语。"他的山水画也极为了得,《雪霁望五峰图》便是开创了中国山水画先声的作品,以致有"画绝"的美誉。或许是因雪景有着格调不俗、孤清高绝的意境而自成一格,自顾恺之之后,中国古代不少大师级的画家将雪作为主题,唐朝的大诗人、大画家王维便是其一。

【雪溪图】王维善画雪景、雪滩,有《雪溪图》存于后世,虽其原作不可见,但从图录之中仍可领略王右丞的丹青风韵。一小桥、一孤舟、一船夫撑篙而行,两岸白雪,四五茅屋,冷冷清清,萧萧瑟瑟,隐蕴着一种情操高洁、心境清远的不俗气质。《雪溪图》完美地运用了王右丞首创的"破墨法",就是趁墨色尚未干时,用浓墨破淡、用淡墨破浓,相互渗透掩映,以达到滋润鲜活的效果,并因此而启一代画风。

【雪山萧寺图】北宋著名山水画家范宽被誉为"画山画骨更画魂""得山之骨""与山传神"。范宽善画雪山,代表作有《雪山萧寺图》和《雪景寒林图》流传后世,2004 年美国《生活》杂志将范宽评为上一千年对人类最有影响的百大人物第 59 位。

【雪景画】自古以来,雪景画并不占少数,从《中国绘画史图录》一书统计中,山水画占总数的 51%,雪景画就占据了 10%。

除上述所提及的画家,还出现了五代时期的赵干、五代南唐画家巨然,以及宋代之后的李成、郭熙、王诜、王蒙、黄公望、吴伟等100多位画家,并给后人留下了《雪山红树图》《雪图》《九峰雪霁图》《江行初雪图》《岱宗密雪图》《溪山雪竹》《灞桥风雪图》《雪竹图》等200多幅雪景画珍品。但在这2 000年来以冰雪为主题的绘画作品中,却没有见到一幅以塞北边疆为题材的冰雪绘画,这对冰雪资源最为丰富的白山黑水地区,无疑倍感遗憾,直到冰雪画派的出现才打破了这一尴尬的状况。

【北方冰雪画派小记】在20世纪前半叶的大部分时间,黑龙江美术一方面是列强殖民文化,另一方面则是相对散碎的各少数民族民间美术形式。就拿冰雪资源最为丰富的黑龙江来说,在同一时期内的区域艺术史要比文学史显得贫乏得多,即使翻遍所有相关的史书,也难以找到可圈可点的记载。面对这种尴尬的局面,东北画人立志图强,力图振兴东北画坛,并为此做出了不懈的努力。有学者将20世纪东北画坛的起兴活动分为三个觉醒阶段:

一、20世纪40年代,以王味根、郭维芬、李俊白、吴振东、高莽等塞外较有影响的画家为代表,立志创建能够深度表现东北特色风光的绘画风格,这是塞外艺术家区域意识的第一次觉醒,但他们并没有找到能够深切表现东北独有色彩的艺术语汇。

二、20世纪50年代,随着南北文化的交流活跃和众多美术人才及知识分子的北上,催发了北方艺术家区域意识的第二次觉醒。他们渴望冲破区域内旧有传统文化和外来文化的束缚,期望在东北特有的白山黑水之间开拓出一片具有创造性的艺术天地,在王仙圃等画家的努力下,对东北美术的发展虽有所推进,但并没有形成历史性的突破。

三、20世纪60年代,东三省联合邀请江苏画院著名国画家傅抱石、吴林生等八人来东北写生,希望借底蕴深厚的南方传统绘画为创建北方绘画找到新的生机,这是东北画家区域意识的第三次觉醒。但这些饱受南方画风艺术熏陶的艺术大师们,面对苍茫无际、几乎毫无起伏的地平线,和与南方树木风格迥异、笔直齐刷刷的树林,大多也只能望而兴叹,发出"东北平原不入画"的感慨。用传统绘画来创建北方绘画的雄心又一次挫败。

【冰雪画派】20 世纪 80 年代在地处祖国高纬度北疆边陲的黑龙江崛起了以于志学为代表的冰雪画派。冰雪画派作为唯一以季节做背景取材的画派,在中国传统关于春夏秋冬的绘画题材中脱颖而出,成为中国绘画艺术宝库中的一颗明珠,这都有赖于冰雪画派的创始者于志学对寒地冰雪世界的极度热爱和对艺术执着的追求。

【于志学为北国冰雪立言】于志学先生 1935 年生于黑龙江省肇东市,中国美术家协会理事、黑龙江省画院荣誉院长、黑龙江省北方书画研究院院长。于志学生长于北国,如其自述,"冰雪天生和我有缘","冰雪,以它独特的形式在我的童年时代就和我的生活发生了密切的联系,也给我的童年带来了欢乐和希望"。或许绝处之境本就是对勇士意志的考验,或许是一种来自于生命本底的精神自觉,或许是一种由白山黑水和个人艺术修养所催发的一种文化自觉,与黑土地有着骨血相连之情感的于志学,面对着重重困难和挑战,坚定地厮守在北方家园,立志要打破人们长久以来对塞外的审美认知,建立起具有独立北方文化个性的艺术风格。通过近 40 年的探索、实践和积累,于志学终于在传统山水画的基础上,创造出了既有传统笔墨底蕴,又具时代审美特征的新山水画样式,他也由此成为开宗立派式的代表性画家,初步完成了为北国冰雪立言的志愿。于志学自己将这 40 年分为两个里程和三个阶段的探索与创造过程:

第一阶段:创造出一系列冰雪山水画新技法,形成中国画的新样式;

第二阶段：表现冰雪的微观世界，继续完善冰雪山水画技法；

第三阶段：表现冰雪的宏观世界，反映世界性题材，进行"三极绘画"和"南方雪景"等。

【冷文化】于志学所开创的冰雪派，表现了传统雪景画不能表现的内容，将雪原、冰川、树挂、冰凌等呈现在中国画的素宣之上，描绘了一个崭新、浩瀚、迤逦而神奇的冰雪山水世界。在形式上突破了传统雪景画千年单一画雪"留白"和"敷粉"的模式，在笔墨上改变了中国画的调剂，创造了新的语言符号，在美学上表现了以"冷逸之美"为审美核心的"冷文化"内涵。

经过漫长的探索，于志学从复杂的冰雪物象形体中找出带有规律性的结构，创造出冰雪山水画一系列技法。使冰雪画在传统雪景画的基础上有了多方面的拓展：如突破了雪景画的藩篱，创造了"泼白法""雪皴法""滴白法""重叠法""排笔法"等新技法；改造了雪景画用笔，产生了"用墨画白""白分五色"等新笔墨；通过对轮廓光、透射光、结构光、映射光用光方式的引入，丰富了雪景画用光，增添了中国画新的审美内涵；改变了中国画材质，实现了中国画革命；拓宽了雪景画领域，表现了世界性题材；完善了雪景画理论，创建了冰雪绘画美学体系。

【冰雪画殊荣】塞外边疆的白山黑水是于志学用笔描摹，用心体悟，并一生为之探索的神秘土地。千里无垠的雪野上印着他的足迹，北国风光深深地印在他的心里。他用自己的才华再现和重塑了冰雪之大美，也获得了世人对他无数的赞叹和激赏，引起了国内外美术界的高度关注。于志学的作品多次在国内和国际获奖。1979年作品《塞外曲》获第五届全国美展三等奖，1992年作品《雪月送粮图》获中国美协金质奖章，1997年作品《牧鹿女》获"全国中国画人物画家画展"铜奖……为此，他也获得了国内和国际承认，1983年他被英国伦敦国际出版中心收入《世界名人录》，1987年获美国国际传记研究院授予的金钥匙奖牌和终生荣誉勋章,1995 年获得"中国画学术精诚奖"。他的作品还被中国美术馆、钓鱼台国宾馆、人民大会堂、北京大学等权威机构收藏。1999年作品《北国风光》被中国历史博物馆征集作为"世纪收藏"。美国维多利亚美术馆、英国枢密院院长、瑞士联邦委员会前主席科蒂、意大利总理普罗迪也先后收藏了他的画作。

【冰雪画大潮】冰雪山水画一出现,它那耳目一新的独特绘画风格和雄浑博大的北国气息立即引起了社会的关注,并自发涌现了一批学习冰雪山水画的美术工作者和追随者,由此产生了以创作冰雪山水画为中心的画家集群。很快在以黑龙江为主的东三省和全国各地涌现出百余名冰雪山水画的创作者,掀起了一股学画冰雪的热潮。在各地有关组织和部门的关怀下,冰雪热运动得到了健康的发展,并相继在黑龙江省成立了四个冰雪山水画研究分会,北方冰雪画派初具规模,仅 1983 年至 1986 年短短的几年间,就有 1 259 幅美术作品参加了国内外的美术展览;有 402 幅作品在国内外报纸杂志上发表,引起了社会极大的关注和反响,在美术界刮起了一阵冰雪热旋风。时至今日,冰雪画派已先后在广东画院和黑龙江美术馆举办了"塞北雪海、岭南水乡风情巡回展"、在黑龙江美术馆举办了"冰雪画派一届展"、在黑龙江省会展中心举办了"冰雪画派二届展"、在哈尔滨太阳岛于志学美术馆举办了"冰雪画派三届展",并在安徽合肥亚明艺术馆举办了"冰雪画派三届展合肥展",召开了四次理论研讨会。2006 年 9 月 21日,在白俄罗斯首府明斯克白俄罗斯国家历史文化博物馆,由中华人民共和国文化部和白俄罗斯共和国文化部主办的"中国冰雪画展",是对冰雪画派二十余年发展变化的一次集体展示,也是对冰雪画派创始人于志学之后,新生代冰雪派优秀画家多年艺术探索足迹的一次小结。

【周尊城】周尊城 1950 年出生于黑龙江省林口县,师承于志学,1986 年 1 月被推选为中国冰雪画研究会副会长,是冰雪画派的主将和领军人。他擎于志学冰雪山水画旗帜，摹而不守，形成自我风格。1983年，他率先在家乡林口成立了黑龙江林口冰雪画会，积极推广冰雪画技法，并在拓展冰雪画题材上做出了表率。他以画厚冰凌而自显特色，在学习冰雪山水的同时，又在冰雪花鸟、人物、动物等方面进行大胆尝试。对冰雪水墨的发展体现在他对冰雪人物的表现上，采用"勾矾填色法""矾骨拓印法"相结合的方法，其耀眼的线条和冰清玉洁的效果，给人以清新、明快之感，达到了与传统水墨人物截然不同的全新画法和全新面貌，也使他的作品获得了鲜明的艺术风格和个性，开创了以冰雪水墨表现人物造型的新语言。

【**冰雪传承与创新**】与于志学同为出生在黑龙江这片神奇而丰饶的土地上的周尊城，如其恩师所讲："他爱雪、画雪、恋雪、醉雪，足迹遍及大江南北，是冰雪净化了他的灵魂使他的艺术之花更加透彻清纯，冰雪使他从雪乡走向全国迈向世界。"他的许多作品，如《月是故乡明》《玉骨冰凌》《雪乡情》《桦林深处》《暴风雪》《多情的土地》《三月雪》《雪》，被众多国家及地方博物馆、艺术陈列馆所收藏与陈列。周尊城还是第一个徒步深入大峡谷的冰雪画派专业画家，他虽已年近花甲，为了亲密接触神秘的雪山，仍毅然挺进雪域高原，亲身攀登人迹罕至的雪山，如他自己所说："作为一个画家，还有什么比在艺术上有了新的发现更令人高兴呢?!"人们有理由相信周尊城会在冰雪画的艺术之路上，为古老的中国画艺术增添新的光彩。他也深感责任之重，"我立志要在老师创始的冰雪画基础上继承和发展，独辟蹊径，寻求属于自己的艺术领域和表现形式，形成自己的艺术风格，给冰雪画派带来生机与活力。"

【**姜恩莉**】冰雪画大多以自然景物为题材，以城市风情入画的则少之又少，而姜恩莉独辟蹊径，成为"城市风光冰雪画"的代表人物。姜恩莉出生于1958年，也是于志学早期入室弟子之一，中国冰雪画研究会秘书长。在经过一段时间研习冰雪山水画之后，按照于志学对画派成员的分工，她将冰雪题材转向着重表现城市风光题材。这一方面是由于她自幼生长在哈尔滨，对哈尔滨这座美丽的城市有着十分亲近的情感；另一方面在她身上存有的俄罗斯血统，与这座富有浓厚俄罗斯风格的城市文脉，有一种潜在的相接和相对于常人更为深切的文化归属。这种对她来讲具有不可估量意义的转身，不仅为她能够自成一格提供良好的契机，也大大丰富了冰雪画派的表现领域，让这座冰雪画花园更为缤纷绚丽。

【彩破墨，墨溶色】雪后的晨曦，冰河下涌动的水流，一抹晚霞下的老教堂，积雪覆盖下的俄式木屋……都是脚步、目光与心灵的流连之地，美丽大方的姜恩莉画起画来总是十分的痴迷和忘我。姜恩莉与其老师一样，取法自然，敢于创新，在原有冰雪语言基础上，大量汲取吸收版画和水彩画等多种绘画语言，尝试采用"彩破墨，墨溶色"和西洋风景画的表现形式，把西洋画中的色彩结合中国画的笔墨有机地融入冰雪肌理之中，以中西融会的表现手段再现了冰雪城市风光，找到了属于自己的绘画语境，形成了冰雪画派都市绘画的独特样式。

【城市风光冰雪画】在美术技法上，姜恩莉不断打破禁锢、超越局限，如以"借地为雪、留白为雪"，对"以白为黑、以黑即白"传统国画技法表现的突破，继而又以"白水、白纸画白雪"的特殊技法，开拓了冰雪画的新境界。传承与扬弃、汲取与创新，这是姜恩莉一直在坚定遵循的理念，如她自己所说："任何一种新艺术形式的出现都是在尽量区别一种旧有的文化或者说一种旧有的艺术样式，这样才有它的存在价值。"也正因为如此，她找到了自己的绘画语境，脱离开冰雪山水画的母体制约，创造出一种闹中求静的"城市风光冰雪画"，并获得了美术界的广泛认同。《中国当代书画家散记》对她有着这样的评述："打破了城市风光不入画的禁区,从此建立了城市风光冰雪画的新体系。"

【雪画大奖】自1988年起姜恩莉就陆续在美国、马来西亚、中国台湾及中国大陆等地多次参加和举办了各种形式的画展,以其鲜明的个性和令人耳目一新的表现形式,获得了各界人士和广大美术爱好者的认同与追捧。荣誉和奖项也随着她作品的不断成熟而屡获国内外美展大奖:《雪林初醒》获全国神剑艺术学会第二届美术书法大赛一等奖(1984年)、《仲夏之梦》获日本"国际现代水墨画美术展"优秀作品大奖(1987年)、《梦绕小木屋》获日本"中国名家作品精粹大展"纪念奖(1990年)、《雪恋》获第二届"世界华人艺术大展"国际荣誉金奖……大地之冰雪滋养了她的创作灵性,冰城的百年风韵启迪了她艺术之灵感,执着之精神与创新之理念,催发她为世人奉献出更多、更美的画卷!

【吴国言】中国冰雪画研究会副会长吴国言,善于在创作中融入哲学理念,长于表现黑龙江开江、封江的绘画符号,作品内涵深邃、震撼。代表作有《飞起千堆雪》《冰浪激天》《远东秋色》《龙江五月旌旗帆》。

【王维华】王维华,吉林冰雪画会会长,艺术修养深厚,重意、气、趣、格。多以长白山为母题,对冰雪画语言的突破,主要表现在他对低矮杂树的处理,有刚直、桀骜不驯的超拔之美。代表作品有《月上长白雪林间》《冰凌花系列》《寒林吟晓》等。

【吕鸿图】军旅画家吕鸿图,在传统冰雪山水画基础上,创造了"背面矾水积墨、正面清水淡墨、皱纸雪皴"中国雪景画新技法,风格晶莹明丽,宁静厚重;笔墨冷艳,气韵生动。代表作有百米冰雪长卷《雪浴长白图》《雪原人家》等。

【王玉岩】画家王玉岩善从民俗学和民间谚语中取材。残雪,是他喜画的主题。近年来,他广泛吸收西方绘画和现代水墨的某些因素,注重将传统水墨、版画、其他画种、现代观念和冰雪水墨结合。代表作品《又是一年寒风尽》《大雪小雪又一年》《七九河开、八九雁来》《8848，我的珠穆朗玛》等。

【张家纯】张家纯是冰雪画派中最擅长反映东北民俗风情的画家。乡土气息浓郁，具有浓烈鲜活的冰雪黑土风格。代表作《老伙伴》《家在东北》《回娘家》《抽冰尜》等。

【丁富华】丁富华是皇城根下的冰雪画家，追求意境、内涵和形式融会一体的抽象语言，打通不为题材、形式和风格所限并体现自身学术追求的艺术形式，建立了冰雪语言和抽象形式之间新的联系，属冰雪画派的前卫画家。代表作有《俯瞰贝加尔湖》《沙漠和绿洲》《如此地球》和《美丽的贝加尔湖》。

【王钧兵】王钧兵，新疆中国画艺委会秘书长，以表现闻名天下的天山和阿尔泰山著名。他从皴、描、擦、点、染中推出起伏跌宕的节奏，从墨法运筹中谱出焦、浓、重、淡、清的韵律。把本属常见的山山水水，造化为一件件有诗、有情、有理、有趣的艺术佳作。代表作有《冰山探险》《瑞雪兆丰年》《月是故乡明》等。

【杨东平】南国冰雪画家、福建省画院画家杨东平，他的冰雪山水多由静态的山和动态的水组成，没有固定的视点，但仿佛有无数亮点在画面中跳跃，意境深远，有超时空的梦幻感，开拓了江南冰雪的新图式。代表作《一江春水》《晓色初动》《庄严寺瑞雪》等。

【李庆忠】广东职业画家李庆忠，他总结出"构图形式规律、色彩形式规律和黑白形式规律"的"三原则"。尤以擅长表现南方高大状貌的柏树闻名，繁而不华，立体、厚重、灵动、通透是冰雪语言的新发展。并通过用冰雪语言的"雪皴法"，解决了表现异国风情的技术问题。代表作有《雪霁白马寺》《乐山大佛》《晴雪》等。

【杨宽义】杨宽义，辽宁画家，被称为有个性的北方冰雪画画家。善表现低矮平缓的短崖、长坡关东丘陵的溪雪和残雪支离的草坡、被行人踏破积雪的小路、山径等。代表作《雪的舞动》《咆哮的夜》《冬韵的温情》等。

【望冰雪画派】在这里仅仅介绍了部分冰雪派画家,从对这些来自不同地域、不同题材、不同风格的部分冰雪画家的简单了解中,可以看出冰雪画派正向一个题材更为广泛、地域更为宽广、视野更为高远、境界更为开阔的冰雪世界前行。如果说他们是一支以冰雪为基本题材的画家队伍,倒不如说他们中的每一个人都是分布在祖国各地的冰雪画的急先锋,正以不断开拓进取的精神,师承传统,宗法自然,天道磨砺,独辟蹊径,而自成一格,正所谓"天行健,君子以自强不息",未来的冰雪画派定会呈现出一幅九州生气、万马齐喑的繁荣场面。

冰雪艺术小语

【冰雪合作】在人类文明史上很长的一段时间,在大自然的冰雪面前,人类多以抵御冰雪、抗争冰雪为常态,往往是一种对抗的态势。20世纪的后半叶,在人类文明获得了极大发展的同时,才开始与大自然形成了丰富多样、和谐共处的交流局面。人类开始以一种更为亲近、更为和睦的心态与大自然中的冰雪相融相生,或者说与大自然中的寒冰冷雪开始了一种具有艺术化,也更为充满人类文明意味的多方位"合作"。无论是冰雕雪塑,以及其他将冰雪的自然状态深深植入丰富多彩的艺术形式中,都是人类对自身与大自然关系的一种重新思考,化干戈为合作,化对峙为融合,人类离不开赖以生存的大自然,大自然也因人类的智慧而变得更加多姿多彩。无论是音乐、舞蹈、美术、杂技、马戏等纷繁多样的艺术形式,人类都不再将冰雪作为可畏惧的对象,而是更多地将大自然冰雪所蕴含的美与情趣,通过人类的艺术智慧给予充分的挖掘和表现。在众多的艺术形式里,冰雪已不再显现那种对人类生活的威迫,及与人类之间的那种紧张的关系,而更多呈现的是一种有着内在审美情感的交流,这或许更接近人类理想生活的旨趣。

冰雪・文学

冰与雪的说文解字

【说文解字】自从人类诞生以来,人类就开始了与冰雪相抵磨砺的历程。在这个过程中,人类逐渐地认识它、熟悉它,并一直在力求掌握它、驾驭它。在文字语言形成之前,人类对冰雪的认识大概还停留在较为感性的阶段,等到文字出现以后,人类对冰雪进行了符号化的认知与把握,并逐渐丰富了冰与雪的文字语言符号表现体系。我们先看看有关冰的"说文解字"。

【冰】冰,唐代的冰写作氷。会意,从仌,从水。金文作"仌",字形和甲骨文相同。金文字形表示水凝成冰后,体积增大,表面上涨(上拱)形。《说文》:"冻也,象水凝之形。"小篆繁化,增加"水"变成。从"仌"从"水"的会意字,于是"仌"就专用作部首。冰的本义是水冻结而成的固体。

在我国古代不少经书典籍中对冰有所阐释。

冰,水坚也。——《说文》。水凝固而坚硬即成冰。

履霜坚冰至。——《易·坤》。踩着霜,就想到结冰的日子就要到来。比喻看到事物的苗头,就对它的发展有所警戒。

迨冰未泮。——在《诗·邶风·匏有苦叶》中前接"士如归妻",大意为男子入赘到女家,要趁着冰未解冻。古代男女结婚一般在冰解冻之前。

冰者,阴之盛而水滞者也。——《汉书·五行志》。天气冷到一定程度,水就凝固了,而成为冰。

冰,水为之。——《荀子·劝学》。冰是水生成的。

冰解而冻释。——《管子·五行》。冰融化了,天气就变暖了。

【冰人】有趣的是,古代将媒人称作冰人,或冰媒、冰斧、冰台,又有将嫁娶之事称作冰议,将媒人的话称作冰语等。古代人为什么将媒人称作冰人呢?这里有故事可说。在《晋书·索统》中有这样一段话:"孝廉令狐策梦立冰上,与冰下人语。统曰:'冰上为阳,冰下为阴,阴阳事也;士如归妻,迨冰未泮,婚姻事也。君在冰上,与冰下人语,为阳语阴,媒介事也。君当为人作媒,冰泮而婚成。"是说这么一段故事,孝廉令狐策有一天梦见自己站在冰上,和冰下人说话,索圆梦解释说,冰上为阳,冰下为阴,主阴阳之事,你在冰上和冰下人说话,人阳语阴,主为人说媒,因而你当为人做媒,冰河开了,婚姻也就成了。由此后人称媒人为冰人。

说完冰的有关释义,再看看有关雪的"说文解字"。

【雪】雪,字源为上雨下彗。甲骨文的雪字,上部为"雨",其下为雪片状。会意,从雨,从彗。彗,古代指扫帚。大概是下雪了,要用扫帚来清扫的意思吧。《说文解字》中"雪"解作凝雨讲。曾师从大学者郑玄的汉代刘熙有一部著作,叫《释名》,其中也写道:"雪,绥也。水下遇寒气而凝,绥绥然下也。"将雪舒缓飘落的形态和雪的形成也都说了出来,看来古人早就知道,雪是由空气中的水汽冷却以后结成冰晶,由空中而降形成雪的原理。有关雪的形状,古人也有阐释,宋代陆佃(陆游的祖父)《埤雅》:"雪六出而成华,言凡草木华五出,雪华独六出,阴之成数也。"说出了雪的形状是不同于树叶、花草等五角形的,而是为至阴六角形的。在我国最早的诗集《诗经》中还有对大雪飘落情景的记载,如"北风其凉,雨雪其雱"。

【澡雪】雪有多义,古人常将雪字转义运用。如《庄子·知北游》中的"汝齐戒,疏瀹而心,澡雪而精神"。依据陈鼓应先生的解释,"澡雪"是以雪洗身的意思,"精神"是清净神志的意思。大意是通过洗涤来清净神志,喻为清除意念中庸俗不堪的东西,使神志和思想保持纯正,这里的雪字有清洗、清除之意。我们常用的"雪耻"中的雪就是这个含义。

【语言与环境】为什么我们要在这里不厌其烦地对"冰"和"雪"做出这样的说文解字呢？因为语言的形成和使用与所生活的自然环境是有着密切关联的，不同的自然环境有时会产生不同的语言使用习惯，长期生活在冰雪环境下的爱斯基摩人对雪就有着更多的用法，爱斯基摩人拥有大量形容雪（或下雪）的词语（单词）。语言学家、人类学家美国人弗朗茨·博厄斯于1911年出版的《北美洲印第安手册》序中第一次提及爱斯基摩人拥有四个形容雪的字眼，分别是"aput"（地上的雪）、"qana"（正飘下的雪）、"piqsirpoq"（堆积的雪）及"qimuqsuq"（雪堆），而英语只有一个（snow）。另一位曾提出"萨丕尔－沃夫假说"语言学说的学者沃夫，在1940年他的一篇文章中指出爱斯基摩语拥有七个不同有关雪的词语。其后，不断有作家将这个数字增加，在1978年，数字已达50个；到了1984年2月9日，《纽约时报》的一篇评论更将数字加至100个。

【雪的说法】关于爱斯基摩人"雪"的词语的说法一直存在很大的争论，对于这些争论我们不去理会，但从中可以看出爱斯基摩人在看雪的时候跟其他种族的人会有所不同。爱斯基摩人会觉得把一个有关雪的词限制在一个单一的、无所不包的词里是几乎不可能的。雪在他们的生活中占有太多的比重，以致爱斯基摩人在看到下雪的场景时，就会生出更多的词语去描述雪在不同状态时的情景。无独有偶，在阿拉伯人那里更有着大约六千个关于"骆驼"的词。可见，自然环境与语言形成有着密切的关联。

古代诗文曲赋中的冰雪

【冰雪文字】冰、雪的自然形态比人类要早得多，人类有了文字，就有了冰、雪二字，从河南殷墟挖出的那些十万片之多的龟甲和兽骨上就有这两个字了。甲骨文之后，人们会用文字造句子了，就有了诗一类的文字形式，这些诗文最初来源于民间，后经官府派人收集、整理、删减、编订，就成了册子，我国最早的诗歌总集《诗经》大概就是这样来的。据说原有古诗三千篇，都是来源于周朝民间。《诗经》里的诗歌既然是来自于民间，冰雪的这种自然状态也就应被民间诗人们有所关注。

【诗经衔雪】《诗·大雅·生民》中有"诞置之寒冰，鸟覆翼之。鸟乃去矣，后稷呱矣。"这段说的是古代周族的始祖，有华夏农神之称的后稷诞生的事。后稷刚一出生就在冰上，可谓尽遭磨难，后有鸟来给他取暖，这可是上天的呵护了。《诗经·七月》中还告诉我们在 4 000 年前的时候，他们就会采冰、藏冰，供贵族们冰食之用，"二之日凿冰冲冲，三之日纳于凌阴"。很多时候我们会用如履薄冰的成语，来比喻行事要极为谨慎，要存有戒心，像在薄冰上一样。这个成语就是出自《诗经·小雅·小旻》："战战兢兢，如临深渊，如履薄冰。"在《尚书》中还有一句："心之忧危，若蹈虎尾，涉于春冰。"无论是踩着老虎尾巴，还是走在春天的薄冰上，这可都是很玩命的事情。除了前面提到的，在《诗经》中还有"蜉蝣掘阅，麻衣如雪"，大意是蜉蝣穿洞向外飞，双膀洁白似麻衣。这里的雪是洁白的意思。《诗经》里雨雪联用的方式较多，如雨雪其雱、雨雪其霏、雨雪霏霏、雨雪雰雰、如彼雨雪、雨雪瀌瀌、雨雪浮浮……雨在这里多作动词用，而不是雨夹雪的意思。

【《道德经》有冰】老子《道德经》中也用到冰字，"涣兮若冰之将释"意思是融合可亲啊，像冰柱一样消融，如今我们常用到的"涣然冰释"就是出自此处。庄子不但是个大思想家、哲学家，也是具有浪漫主义风格的大文学家，庄子曾曰："藐姑射之山，有神人居焉，肌肤若雪，绰约若处子，不食五谷，吸风饮露。"好一个天姿玉质、袅娜轻盈、高洁无瑕的神仙气韵。庄子文风不仅浪漫，更富哲理。"夏虫不可以语于冰者，笃于时也！"便是一例。说的是夏天里的虫子你和它讲冰什么样子,讲不通,因为它没经历过,时令不同。

【大诗人与雪】与庄子几近同一时期,远在楚国,充满了浪漫主义和神秘风格的楚辞横空出世,屈原和宋玉是代表人物。屈原的《九歌·湘君》有"桂棹兮兰枻,斫冰兮积雪"的诗句。有学者说,这里的冰雪是借喻,因为诗中所描绘的是秋天的景象,"斫冰"是说船桨落下去,"积雪"是指船桨拨起了浪花,就像堆起来的雪一样,如苏东坡《赤壁怀古》中所写"乱石穿空,惊涛拍岸,卷起千堆雪"的浪花堆起如雪堆的景象。其实李白更有"万堆雪",如其所作"十丈悬流万堆雪,惊天如看广陵涛"。即使如其所说,屈原对冰雪景象也应该是熟稔的。宋玉《招魂》(一说屈原)中也有一句"魂兮归来!北方不可以止些。增冰峨峨,飞雪千里些"的冰雪诗句,大意是"魂啊回来吧!北方不可以停留。那里层层冰封高如山峰,大雪飘飞千里密密稠稠。"这里所写的冰雪是实实在在的冰雪。

【雪喻】汉赋是在先秦散文与楚辞之后于汉代盛行的辞赋文体,汉赋中多有冰雪诗句,如西汉枚乘所作《七发》中的"其根半死半生,冬则烈风漂霰、飞雪之所激也,夏则雷霆、霹雳之所感也……"意思是它(龙门山上的桐树)的根一半已死一半还活着,冬天寒风、雪珠、飞雪侵凌它,夏天闪电霹雳触击它……喻为能够经受起恶劣而艰苦的冰雪考验,才能成才。另一句"小飰大歠,如汤沃雪",意思是少吃饭多喝粥,就像沸水浇在雪上一样,借助雪怕热的特点,来形容十分容易。前面曾说过庄子的"肌肤若雪",三国曹植的《洛神赋》对美女的描写,却不是雪的洁白角度,而是借助了雪在风中回旋的姿态,描写美女的仪态万千,"仿佛兮若轻云之蔽月,飘飘兮若流风之回雪……"翻译过来就是,行止若有若无像薄云轻轻掩住了明月,形象飘荡不定如流风吹起了回旋的雪花……

【雪赋】东汉以后,抒情咏物的小赋逐渐兴起,并出现了一篇以雪为主题的汉赋,这就是南朝宋文学家谢惠连的《雪赋》,它是历代写雪的诗、词、曲、赋及散文中最有名的篇章。该赋从酝酿降雪写到雪霁天晴,展现了素净而奇丽的画面。从写雪的时义、雪的形成、雪的飘落、雪的委积,一直写到雪后天晴,人于雪夜中的情思,集中写了雪的形美与神美。这篇小赋值得我们摘录几句认真欣赏一下。

【瑞雪】"盈尺则呈瑞于丰年,袤丈则表沴于阴德。雪之时义远矣哉!"一尺来厚的大雪为瑞雪,预示着好兆头,但雪要是下到一丈来厚,那就是灾害了。雪因时而生的意义和价值可谓深远。雪的形成是怎样的呢?"若乃玄律穷,严气升。焦溪涸,汤谷凝。火井灭,温泉冰。……霰淅沥而先集,雪粉糅而遂多。"写了雪是因为热和冷的反差,云气弥漫凝聚,雪先是淅沥而下,接着纷纷扬扬雪越下越大。

【雪落】写雪飘落的景象是"散漫交错,氛氲萧索。蔼蔼浮浮,瀌瀌弈弈。"散落错杂,滚滚飘动,浓密纷杂,弥漫天地,飘洒飞舞。

【雪积】写雪的委积,"联翩飞洒,徘徊委积。始缘甍而冒栋,终开帘而入隙。初便娟于墀庑,末萦盈于帷席。既因方而为珪,亦遇圆而成璧。眄隰则万顷同缟,瞻山则千岩俱白。于是台如重璧,逵似连璐。庭列瑶阶,林挺琼树……"用大地、高山、楼台、广路、庭阶、林木雪后的景象来描写雪堆积的形态。

【雪后天晴】"皓鹤夺鲜,白鹇失素。纨袖惭冶,玉颜掩姱。"白鹤失去了神圣的鲜洁,白鹇消退了高贵的素雅。美女自惭艳丽不如,佳人掩面自愧无法媲美。用白色的禽鸟,玉颜美人衬托,刻画出雪的世界的开阔奇伟和雪的洁白艳丽、随物赋物的品格。

接着又写了雪后天晴,用一系列的比喻和奇象迭出的联想,写出了雪的晶莹夺目和变幻多姿之景,"若乃积素未亏,白日朝鲜,烂兮若烛龙,衔燿照昆山。尔其流滴垂冰,缘溜承隅。粲兮若冯夷,剖蚌列明珠。至夫缤纷繁骛之貌,皓皅皦洁之仪。回散萦积之势,飞聚凝曜之奇。固展转而无穷,嗟难得而备知。"积雪未融之际,清晨的阳光照耀之下,光辉灿烂如火龙衔着火光照耀着昆仑山峰;凝成的冰柱于屋檐屋角垂挂而下,晶莹剔透如蚌壳里排列的串串明珠。至于雪的缤纷繁密之景、明亮洁白之态、盘旋飘落之势、飞聚光耀之奇,可谓变幻无穷,让人叹为观止,难以尽知。

【雪月】但司马相如并没有止步于此,又由雪及人,描绘了人的情思与雪的融合,以雪月交辉构成了一个凄清、寂冷的意境。"夜幽静而多怀。风触楹而转响,月承幌而通晖。"寂寥而幽静的长夜啊,让人感怀,风儿吹着屋子里的柱子呜呜作响,月儿照着窗帘,整个房间溢满着银色的辉光。"对庭鸥之双舞,瞻云雁之孤飞。践霜雪之交积,怜枝叶之相违。驰遥思于千里,愿接手而同归。"院子里那成双成对的鸟儿,云间那要远飞千里的孤鸿,脚踩着厚厚的积雪,轻轻的咯吱声,更显得身影的孤零,怜惜树上枝叶的分离,思绪飞到千里之外,真的想与思念的人携手同归。

【后雪赋】在赋的最后又引出了作者的抒怀,"白羽虽白,质以轻兮。白玉虽白,空守贞兮。未若兹雪,因时兴灭。玄阴凝不昧其洁,太阳曜不固其节。"白色羽毛虽然白,分量却很轻;白色玉石虽然白,空守贞洁;不如这积雪,随时节兴灭。月光凝聚不能掩饰它的皎洁;太阳照射,也不固守志节。大意是追求什么名节,渴望什么名誉,还是顺其自然,乐其所为吧。多少显得有些无奈的老庄人生思想中的消极取向,流露了出来。我们不评论作者最后的这种无为而为的对错,文人愿意发牢骚是千古中的常事,也不必大惊小怪。但就本文对雪的全景描写来讲,于中国文学史上,能出其左右的恐怕没有几篇。在其后的唐代有一篇《后雪赋》,为罗隐所写,但这篇赋文,虽文笔犀利,意深隽永,却多少让人感觉有失厚道,更少了雪的那种孤清高洁、卓然超俗的境界。

冰雪谱
Bingxue Pu

【韩愈咏雪】汉赋之后的唐诗宋词中更多有冰雪之作,以冰、雪为名就有不少,而以冰雪入诗词的则是无法计数。唐代韩愈弟子刘叉有《冰柱》《雪车》二诗,不仅是他的代表作,也因其敢于大胆运用险韵,所以历来被评为险怪之中的代表作,诗风如奇山怪石,峥嵘嶙峋。如"檐间冰柱若削出交加。或低或昂,小大莹洁,随势无等差。始疑玉龙下界来人世,齐向茅檐布爪牙。又疑汉高帝,西方未斩蛇。人不识,谁为当风杖莫邪。铿锵冰有韵,的皪玉无瑕……森然气结一千里,滴沥声沈十万家……"风格真的是够怪,也真就如那屋檐下的冰溜子,奇形怪状,不受拘束。想必这也是刘叉对自己的性格写照,也难怪他最后拿着老师写墓志铭赚来的金子,不辞而别地走了。不过他的《雪车》虽无关冰雪太多,但倒是一篇忧民之作。

【李白雪入诗】唐诗是华夏诗歌的高峰,有关冰雪的名句,在这里只能列举一二。天才诗人李白就有多首诗作,或以雪为题,或以雪入诗。如《淮海对雪赠傅霭》中"朔雪落吴天";《鸣皋歌送岑徵君 时梁园三尺雪》中"阻积雪兮心烦劳","冰龙鳞兮难容舠";《塞下曲》"五月天山雪,无花只有寒";而其《北风行》中的"燕山雪花大如席"这是诗人天才级的想象力诗作。唐诗诗圣老杜写冰雪的诗句也不逊于太白,如其"楼雪融城湿",很是有一种令人惊诧的节奏;而"履穿四明雪",将人困苦的境遇写得穿透心肺;"暂时花戴雪,几处叶沉波"与"青云羞叶密,白雪避花繁"将雪与花的关系写得拟人生动,只能称绝。"白发千茎雪,丹心一寸灰",对这句诗,我只想说一个"茎"字了得。另有一句"细葛含风软,香罗叠雪轻",雪怎么能叠?叠的又如何是雪?好一个令人遐思万千。

【雅俗雪】浩瀚如海的华夏古代诗词有太多的冰雪诗句,从雪的形状、颜色、光亮、大小,到雪的飘落之势,甚至雪落之声……都有佳句迭出。无论是皇帝、文人墨客,还是武将、贩夫走卒,也都有吟咏冰雪之作,有阳春白雪的雅,也有下里巴人的俗,不管是"黄狗身上白,白狗身上肿"这样的打油之作,还是"待花将对酒,留雪拟弹琴"这样的文雅之诗,冰雪都是人们诗意灵感的源泉。而在旧体诗词中,人们将雪与花一同吟咏进诗中,则更是一道亮丽的风景。

梅花雪——古代诗词中的花与雪

【雪与花】清者乐雪,雅者乐花。人们常以花喻雪,谈到下雪,总说是雪花飞舞。也会以雪喻花,如那句"昨来风起雪如雪"。雪与花,特别是梅花,"五瓣梅花六出雪",雪素有"六出梅花"的美名。梅花与雪宛若一对姊妹花,若即若离,相映争辉,在历代文人墨客的笔下,也是多姿多彩。

【雪梅】"砌下落梅如雪乱,拂了一身还满。"将梅花比作雪,李煜的这首《清平乐》得算上一个,这个一流的诗人,"日夕只以眼泪洗面"的三流皇帝,有时是真的让人恨不得,也爱不得,只能怜他生错了人家,做错了位置。梅花与雪是孪生姐妹,都出生在寒冬腊月,也都高洁无瑕、天姿超俗,所以不少古代的诗人将梅花与雪并放一处来吟咏。如南宋诗人卢梅坡的两首《雪梅》,"梅雪争春未肯降,骚人阁笔费评章。梅须逊雪三分白,雪却输梅一段香。""有梅无雪不精神,有雪无诗俗了人。日暮诗成天又雪,与梅并作十分春。"卢梅坡在南宋只能算个名气很小的诗人,以致连名字、生卒年代,都已不可查。"梅坡"应该是他的号,可看出他喜爱梅花到了极点。

【早梅】有人认为前一首诗是对梅与雪的比较,是各不相让的争春。我倒是认为这两首诗应该放在一起来品,也许更有趣味。前面说梅雪各有所长,一个更香,一个更白,其实梅与雪在一起,则境界会更高。梅花与雪天生就有缘分,梅因雪更显出高尚的品格,即所谓"梅花香自苦寒来",最好还是雪"与梅并作十分春",所以人们常把其称为"梅花雪",将梅花看作了雪,把雪误作梅花,这样的事情在诗句中也多有体现。如唐代天宝年间的诗人张谓的一首《早梅》,"一树寒梅白玉条,迥临村路傍溪桥。不知近水花先发,疑是经冬雪未销。"说的是诗人远处走来,以为那白玉条一般的树枝上落得是雪,走进一看才知是迎春早发的寒梅。另一位唐代诗人许浑也有一首《早梅》:"涧梅寒正发,莫信笛中吹。素艳雪凝树,清香风满枝。"张谓的诗句是疑梅为雪,许浑的诗句则是形容梅花似雪。同为唐代诗人的东方虬有一首《春雪》,直接道出雪、梅莫辨的情景,"春雪满空来,触处似花开。不知园里树,若个是真梅。"南宋诗人吕本中在其《踏莎行》中也写道:"雪似梅花,梅花似雪,似与不似都奇绝。"则更是将梅花与雪的天作之合一言道了个清楚。北宋大文人王安石则有着暗香识梅的巧妙心意,"墙角数枝梅,凌寒独自开。遥知不是雪,为有暗香来。"但雪与梅花若在一处,恐怕也难分得清何处是梅花,何处是雪。古往今来将梅花与雪同时入诗的,数不胜数。文人雅客多风雅,喜欢追求个意境与格调,即便"无酒无诗情绪"也要"欲梅欲雪天时"。可见梅花雪在古代诗人心目中的地位。现代诗人也不乏写"梅花雪"的经典词句,毛泽东的《咏梅》便是最为人喜爱的一首,"风雨送春归,飞雪迎春到。已是悬崖百丈冰,犹有花枝俏"。在这一冰、一雪、一梅花中,尽显伟人的大气象、大境界。

【杏花雪】古人诗词中不独有梅花与雪,还有杏花与雪,如范成大《秦楼月》中"东厢月,一天风露,杏花如雪",这里的情调与梅花雪的意境大不同,是以杏花雪来写闺中密情。

【梨花雪】最为人熟知的"忽如一夜春风来,千树万树梨花开"则是以梨花喻雪花,不独这句,清代诗人赵翼声也有"千树梨花千树雪,一溪杨柳一溪烟"的佳句,雪花如梨花一般,一团团,一簇簇,千树万树皆压枝欲低,意境壮美,极富浪漫梦幻色彩。

【杨花雪】古人佳句中,也有杨花雪的诗句,如南宋周紫芝的"雪似杨花飞不定",就是吟咏杨花雪的佳句,但我更喜欢关汉卿的散曲《南吕·四块玉·别情》中的那句"自送别,心难舍,一点相思几时绝,凭栏袖拂杨花雪"。

【琼花雪】在古代还有诗人将雪比作天庭中的琼花,如"落进琼花天不惜,封他梅蕊玉无香。"(杨万里《观雪》)

【丁香雪】清末民国初年的国学大师王国维别作丁香雪,似前无古人,"醒后楼台,与梦俱明灭。西窗白,纷纷凉月,一院丁香雪。"这首收入《人间词乙稿》的《点绛唇》,为其悼亡妻之作,情感动处,令人心碎。后来,有人借大师这一丁香雪之喻写了冰城的春雪景色,但意境则逊色太远:"琼英融玉蕊,傲霜独枝梅。满园丁香雪,一城春水流。"

太多雪的诗词歌赋,只取沧海一粟,也不是万千言所能道尽。有首元曲小令容纳了七个比喻、两个典故,就权当是对雪描绘的一个集大成,即使不能,也暂时让它做个终曲吧,因为本就没什么语言能将雪的千姿百态一网打尽。"冷无香柳絮扑将来,冻成片梨花拂不开,大灰泥漫了三千界,银棱了东大海,控梅的心禁难挨。面瓮儿里袁安舍,盐罐儿党尉宅,粉缸儿舞榭歌台。"

白山黑水间的古代冰雪诗词

【对雪】当时大唐王朝正逢安史之乱,一直颠沛流离的大诗人杜甫,在写出"国破山河在,城春草木深"的同时,也低吟出"战哭多新鬼,愁吟独老翁。乱云低薄暮,急雪舞回风。瓢弃樽无绿,炉存火似红。数州消息断,愁坐正书空"的《对雪》,从乱云欲雪一直到急雪回风,愁绪满怀。此时,在隔海之处的东瀛日本有一位

"万叶歌人"山上忆良。他年轻时曾做过遣唐大使的随员到过中国,汉文修养极深。他写的著名长歌《贫穷问答歌》是唯一直接反映古代律令制国家统治下,人民遭受横征暴敛之苦的一首绝唱。诗中写道:"风雨交加夜,冷雨夹雪天。瑟瑟冬日晚,难御此夜寒……"诗中所感与杜草堂当时的心境很是相近。

【杨泰师】相比较起来,另一位当时出使东瀛的中国诗人的心情明显要好于这两位,虽然也有一份乡思之苦。这位诗人就是渤海国归德将军杨泰师,此时的他作为副使正出使日本。他的《奉和纪朝臣公咏雪诗》和《夜听捣衣诗》可能是目前黑龙江留存下来最早的诗歌。咏雪一首全诗不长,应是写在送别的宴席上,"昨夜龙云上,今朝鹤雪新。祇看花发树,不听鸟惊春。回影疑神女,高歌似郢人。幽兰难可继,更欲效而嚬。"(引《全唐诗》)以龙云比乌云,鹤雪喻白雪,花发树写的则是缀满树枝的雪花,后部分描绘的是歌姬起歌弄舞的情景。全诗意境优美、清新和谐、用韵规范、对仗工整,不失为北国黑龙江最早的冰雪佳句。渤海国期间还有王孝廉、释仁贞、释贞素、裴颐、裴璆、周元伯、杨成贝、高元裕等诗人,但在他们仅仅流传下来的50多篇诗作中,没有看到以冰雪入诗句的诗作,不能不说是宗憾事。

【洪皓】辽金时期被金朝强留15年,曾被流递到黑龙江五常的宋朝使臣洪皓,以气节、文采"为金人所敬,所著诗文,争抄诵求锓梓"。在他《又和春日即事》中有:"霏霏观雪集,冉冉望云翔。念母歌零雨,忧君诵履霜……"的诗句。洪皓的《四笑江梅引》,在北国文士中被竞相传诵,《容斋五笔》说它:"每首有一'笑'字,北人谓之《四笑江梅引》,争传写焉。"有《忆江梅》《访寒梅》《怜落梅》《雪欺梅》四首词。被人称为冷山使者(五常旧称冷山。因洪皓长期困居于此,故称"冷山使者")的洪皓借对梅花的忆、访、爱和赞,以梅花自喻,寄豪情于隐约,借前人的酒杯浇胸中的垒块,剖丹心以忧国,长歌当哭,挥泪四笑,吟来令人如歌如泣。而其中的两首可能是黑龙江最早将梅花雪作为题材的诗词。现选录两首于下：

《访寒梅》

春还消息访寒梅。赏初开，梦吟来，映雪衔霜，清绝绕风台。可怕长洲桃李妒，度香远，惊愁眼，欲媚谁？

曾动诗兴笑冷蕊。效少陵，惭下里。万株连绮，叹金谷，人坠莺飞。引领罗浮，翠羽幻青衣。月下花神言极丽，且同醉，休先愁，玉笛吹。

《雪欺梅》

去年湖上雪欺梅。片云开，月飞来，雪月光中无处认楼台。今岁梅花依旧雪，人如月，对花笑，还有谁？

一枝两枝三四蕊。想西湖，今帝里。彩笺烂绮，孤山外，日断云飞。坐久花寒，香露湿人衣。谁作叫云横短玉，三弄彻，对东风，和泪吹。

后来有诗人杨维祯赞洪皓："洪使者，云中居。不受伪命官，宁作牧羊奴。冰山寒堕指，乞食教胡雏。服食言语殊，使者啮雪歌穹庐。岂不解修粘罕书，黄金宝马千驮车，归来割地和单于。"

【完颜亮】曾做过女真皇帝的完颜亮是土生土长的黑土地人，雄才大略的他不仅善于作诗，也长于填词，曾填有《昭君怨·雪》，"昨日樵村渔浦。今日琼川银渚。山色卷帘看。老峰峦。锦帐美人贪睡。不觉天孙剪水。惊问是杨花。是芦花。"笔调轻松、闲适，体现出作者对雪和山水的热爱。被强迫迁往上京城的高士谈也曾写有"谁打玉川门，白娟斜封团月。晴日小窗活火，响一壶春雪"（《好事近》），以清新脱俗的想象写出了塞外的雪景和雪后的寂静、恬淡。

【纳兰性德】有"北宋以来，一人而已"（王国维评）之称的纳兰性德，是清代著名诗人。康熙二十一年（1682 年），他被授命前赴黑龙江侦察敌情。正值黑龙江冰雪季节，写下了《采桑子·塞上咏雪花》:"非关癖爱轻模样,冷处偏佳。别有根芽,不是人间富贵花。谢娘别后有谁惜,飘泊天涯。寒月悲笳,万里西风瀚海沙。"飘零的雪花,轻轻盈盈的样子,却不是他的最爱。他钟情于雪花那独显的孤高。纳兰性德的身世更应该是个富贵的牡丹花,可他更希望自己"别有根芽",就像雪花,哪怕是在群芳尽绝的寒冷之地,独守自己的高洁无瑕。孤独的清冷,纯粹的洁白,是雪花也是纳兰容若的写照。他 31 岁的生命"山一程,水一程","风一更,雪一更"(纳兰性德《长相思》),就真的仿佛像天堂飘下的雪花,来去匆匆,只一瞬,便化了踪影。真是让后人不免叹其"枕畔红冰薄"(纳兰性德《菩萨蛮》),可却也只能"争教清泪不成冰"(纳兰性德《好事近》)。

【方拱乾】清代是黑龙江冰雪诗赋的高峰,在安徽桐城方拱乾方氏诸杰、吴兆骞、英和等进入黑龙江的清代流人推动下,黑龙江冰雪诗篇掀开了新的一页。黑龙江现存的第一部诗集就是方拱乾的《何陋居集》,方拱乾在出关至赦归不足三年的时间里,"虽流离播迁,却无一日辍吟咏",共得诗 951 首。自方拱乾起方氏家族祖孙五代,十数位才子,被先后两批流戍到宁古塔及卜奎地区。为江左文章世家的方氏一族多是知书明理、诗文超群之人,留下了大量的诗词著述。方拱乾的《绝域纪略》、方式济的《龙沙纪略》被称作"黑龙江文化之祖"。沈德潜在《述本堂诗集》中曾写道:"其人之著述,自仕宦、羁旅、山林、闺阁,无不能。诗者人自为家,皆足以传后而不朽。"

【雪晴扫径】刚到北疆的方拱乾一家人对突如其来的第一场雪还毫无准备,也只有愕然对之了,"八月廿四雪大落,旧客平常新客愕"。大雪突至,御寒措施还没弄好,也只能在这"骤寒偏侮破茅屋,土床湿压生山木"(《何陋居集·八月廿四日大雪》)的艰苦环境里暂且安生了。"寒燠无期多曲折"(《何陋居集·八月廿四日大雪》),漫漫无期的寒冷冬季中怎会少得了波折,但又能怎样？还是要持守着坚定的信念，相信"皇天四序定有时，冬早春温当亦随。"（《何陋居集·八月廿四日大雪》）。"久暄安客冷，转爱雪情深。苦寒还望雪，乃见极边情"（《何陋居集·雪》），住久了，也就习惯了寒冷的天气，皑皑的白雪高洁无瑕，是这寂寥而漫长的冬天中最有诗意的景色，诗人喜爱上雪是自然而然的事情。"不为客来频扫径，雪消径静白无尘。穷边听惯祁寒语，暂拂曦光已是春。"（《雪晴扫径》）雪落之后，不管有没有客人来，还是要清扫出一条干净的雪中小径，但诗人何尝不希望这是归乡的春之路呢？"冰声破屐响，又见塞河春。"河冰已碎，春天还会远吗？塞北春寒料峭时，也正是诗人家乡春意正浓之际，一地春雪，总会牵起诗人的思乡之情。"夜雪闭门深，佛火通窗白。殷殷屋梁声，诗歌杂梵策"（《夜酌》）雪夜中读经礼佛，也算是苦中作乐吧，生活就是这样，在极度的艰难之中，寻找心灵的愉悦。

　　方拱乾的儿子和孙子也都有冰雪诗句流传于世，如其长子方玄成的"空肃山容立，风回雪片悬。"（《雪归》）其孙方观承则有"戍笛声里沙和雪，一片寒阴淡夕阳"（《夕阳》）、"冻月半轮衔雪出，寒沙数里傍车来"（《夜归》）、"夫役官围儿苦饥，连朝大雪雉初肥"（《卜奎竹枝词》）等。其孙方登峄有"飞雪大如掌，风吹衰草路。"（《塞春归》）

　　【英和】被流戍到卜奎（齐齐哈尔旧称）的英和，原名石桐，他的塞外诗赋以写卜奎山川风情为主。在他的《卜奎城赋》中有一段描写卜奎城气候的文字，令人读来如身临其境。说气候是"其气候也，暖薄寒重，少雨多风""凛凛冽冽，可畏三冬""阴则积素盈尺，晴亦舞霰长空""冻合地而缝裂，雾罩树而林封"。说房屋是"屋藉草以覆顶，虞焚轮之掀冲；窗涂油而护纸，虑惊沙之击撞。"写人家的取暖是"煨马矢以寒却，烧败叶而烟笼"，人们在寒冷的状态下则是"手在袖而指堕，口嘘气而冰重"，在家要"居则拉核之是蔽"，出门则要"出则扒犁之能通。洵苦寒之所届，为沍阴之所钟。"英和还有一首描述深秋密雪打窗之声的诗作,观察得十分细致,《龙沙秋日十二声诗》:"露才凝作霜,霜即变为雪。飞絮继飞花,玉粒间玉屑。著纸何窸窣,映油益皎洁。光讶水晶盘,团比丁香结。入夜亦惊人,搴帷又误月。行行送屐齿,轧轧腻车辙。鸦阗无闻,荒草偃且没。不道深沉寥天,笔尖冻欲折。"他还写过一篇雪中放风筝的场景,"入得青云耐得寒,临风不惜湿飞翰。为凫为雁都成幻,徒博儿童举首看。"(《雪中见纸鸢》)春雪虽然牵动了诗人的乡愁,但诗人知道北疆春天的第一场雪更是百姓生活的希望,诗人以一种雀跃的心情,写下了《春雪》一诗,"所望春泽普,南亩翻锄犁。人心固如此,天意安得知?不料须臾间,有以慰群黎。连朝快晴旭,和风潜相催。春色将平分,彻夜玉屑霏。初则盐可拟,继乃絮随之。形容各尽妙,何必独矜奇。深看脚没屐,暖异粟起肌。饥鸟集矮檐,小鸟奔前墀。隔墙看嫩江,应易名玻璃。"从诗中可以看出诗人对卜奎边城风调雨顺、五谷丰登的祈愿,据说英和还让他的两个儿子吟唱自己的春雪诗。

【吴兆骞】康熙年间被流放到宁古塔的著名诗人吴兆骞,在《寒食大雪》中述说当时感受:"寒食边庭雪,严阴郁未开。遥怜战场柳,春色几时来。客泪沾笳吹,乡心托酒杯。莺花何处好,万里梦吴台。"诗中描述遥远的北疆,清明时节仍然飘洒着大雪,气候十分寒冷。被流戍到北方的诸多文士思念家乡,牵挂故土上的亲人。清明到了,可是却没钱祭典先祖,只得用一场风雪,一掬浊泪,一支乡曲来遥寄哀思。其意境与杜牧的"清明时节雨纷纷,路上行人欲断魂"颇为呼应,个中悲凉,可想而知。吴兆骞有《秋笳集》,凡四卷,二十三年的流戍岁月,吴兆骞写下了近千篇反映边疆生活的诗词歌赋,他多借吟咏塞北风光抒发对江南故里的思乡之情。他的散文诗《秋雪赋》中写道:"边风起兮朔雪飞,雁违寒兮度欲稀。关山远兮谁与归,心怀乡兮空自知。龙沙雪色秋如此,肠断高楼寄旧衣。"秋天的雪更让诗人忧思、惆怅,那种哀婉跃然纸上。吴兆骞的诗作风格意境高远、哀婉苍凉、雄浑冷峻。《秋笳集·雨雪》："际海塞沙平,连峰朔雪惊。三秋龙碛度,万里雁山营。甲冷朝逾响,笳寒夜不鸣。兼裘犹恐薄,愁杀寄衣情。"哀而不怨,悲而不伤,将雪景的冷峻与凄美表现得酣畅淋漓。

【张缙彦】在清初的 1669 年冬,吴兆骞与他的朋友,另一个流放文人张缙彦,有一次骑马走过宁安的大石桥,他们看见桥下的泉水翻腾涌动,状如泼雪,张缙彦突来灵感,即兴命名为"泼雪泉",并题"流清味甘,不让于江南诸大名泉"之词,请石匠帅奋把"泼雪泉"三个大字刻在西阁大崖之上。1923 年,宁安县知事王世选筹资维修大石桥,在碑亭一碑上铭曰:"泼雪接近石梁,清澄可鉴,甘润诗肠,凝冬不冻,千古流长。"

【泼雪泉】虽斗转星移,物事已非,但这些被流戍到边疆的诗人,他们笔下的冰雪诗句,就像这"泼雪泉"的泉水,"凝冬不冻,千古流长"。面对困苦的处境,他们感慨苍凉、悲壮幽怨,或低吟浅唱,或长歌当哭,但白山黑水间那晶莹的冰、洁白的雪,给他们的如诗人生留下了浓重的一笔。龙江冰雪诗坛也因他们不凡的才华,而迎来了冰雪诗词创作的高峰。有时我不知道应该赋予他们更多的同情,还是感激,同情他们流戍他乡苦境的遭遇,感激他们对白山黑水冰雪诗坛的贡献,也许我能做的,只是面对那苍茫的大地山水,对他们的英灵深深一拜。

与雪有关的故事之最

古人留下了众多与雪有关的故事,这故事或在民间,或在文人中,辗转地流传着,或悲壮,或冤屈,或勉学,或悠闲……同样的雪,却总会有不同的人生与故事。

【最悲壮的雪故事——苏武牧羊】苏武牧羊的故事广为流传,

他出使匈奴,因遇变而被扣押。匈奴劝降不成,先将他关入地窖,并断绝了苏武的食品和水。苏武渴了,就吃一把雪,饿了,就嚼身上穿的羊皮袄。匈奴见此,无策,又不忍杀之。只好将他流放到西伯利亚的贝加尔湖一带去放牧公羊,什么时候公羊生产了小羊,才放他回去。最后,饥啮毡衣渴饮雪,十九年不改冰雪一般高洁气节的苏武,终于回到了中原。或许这是与雪有关最为悲壮的故事。有诗为赞:

> 子卿远使匈奴国,持节堂堂不肯屈。
>
> 置之深窖死为神,饥啮毡衣渴饮雪。
>
> 但怀忠赤自通神,未必长伴羝为群。
>
> 西风吹堕上林雁,白发归来有麒麟。

【最冤屈的雪故事——六月飞雪】窦娥因贪官陷害,而在六月被杀害,临死前发下三桩誓愿,那第二桩便是:"你道是暑气暄,不是那下雪天;可曾听说过飞霜六月因邹衍? 如果有一腔怨气喷如火,一定会感动得六月冰花滚似锦,以免我的尸骸显现。"六月飞雪的窦娥冤或可算是与雪有关的最冤屈的故事了。

【最洒脱的雪故事——踏雪寻梅】踏雪寻梅是很为洒脱的一宗"雪故事",传说唐朝诗人孟浩然(一说唐代郑綮)有一次骑驴在江边的沙滩上闲来无事地走来走去,有人问他:"浩然公,天气如此寒冷,您一个人在沙洲上走来走去,是在寻找什么东西吧?"孟浩然抬头乐呵呵答道:"我在这里寻梅。"人们再看雪地上踩出的一个个蹄印,倒真像是一朵朵"梅花"散落在沙滩上。有人送了孟浩然一首打油诗:"数九寒天雪花飘,大雪纷飞似鹅毛。浩然不辞风霜苦,踏雪寻梅乐逍遥。"《韵府群玉》中则有记载孟浩然自曰:"吾诗思在灞桥风雪中驴背上。"后来这段踏雪寻梅的佳话被流传下来,并在古时瓷器、地毯上常有这一图案出现。

【最潇洒的雪故事——雪夜访戴】在我国古代,魏晋时期的文人飘逸、洒脱,好清谈、多怪举,是古往今来最为潇洒的一群文人。

在王羲之的儿子王子猷（王徽之）身上，就有一段令后人叫绝的"雪夜访戴"的佳话，这位被后人戏称为"中国历史作秀"第一文人的王子猷，一次夜里从睡眠中醒来，打开窗户，发现外面雪花纷飞，一片洁白银亮，于是起身，边在屋里踱着步，边低吟着左思的《招隐诗》，"非必丝与竹，山水有清音。何事待啸歌，灌木自悲吟……"忽然想到了当时的大画家戴逵，即刻连夜乘小船前往戴逵住的地方，走了一夜的路程才到了戴逵家。可是这位老哥却"经宿方至，造门不前而返"，转身又返回。有人问他为何这样，王子猷说："吾本乘兴而行，兴尽而返，何必见戴？"哈哈，原来是兴致没了，想玩就玩，不想玩就不玩，真是个率性而为、潇洒自如的"顽主"。这段故事想必应算作雪故事中最为潇洒的一宗了。不过话说回来，这等的文人风度，也不是谁都能做得来的，现在的文人与其相比，总觉得不免多了几分堂皇的做作，而少了些许如此这般的洒脱与率性。

【咏雪年龄最小的古代女诗人——道韫咏雪】前面说到雪夜访戴的王徽之，他的二嫂，王凝之的夫人谢道韫也有一段著名的与雪有关的典故——道韫咏雪，或称柳絮才高。这段故事来自《世说新语》："晋谢太傅大雪家宴，子女侍坐。公曰：'白雪纷纷何所似？'兄子朗曰：'撒盐空中差可拟。'兄女道韫曰：'不若柳絮因风起。'公大称赏。"说的是道韫大约七八岁的时候，有一回忽然下起了大雪，谢安把孩子召集起来，做诗词派对一类的事情，谢安忽然兴有所至，问孩子们："白雪纷纷何所似？"他的侄子谢朗抢先回道："撒盐空中差可拟！"意思是像天空中撒的大粒咸盐。小道韫略一思索，接道："未若柳絮因风起。"不如说柳絮因风吹拂而于空中飘零起舞，这才是诗啊，谢安听后，自然是十分欣赏小道韫。而道韫也成为历史上有名的"咏絮"才女。或也可说谢道韫是年龄最小的咏雪女诗人。

【最超俗的雪故事——嚼梅咽雪】赏雪鉴梅本已是一桩十分

脱俗的雅事，但若是有人一边赤足行于雪中，一边嘴里念叨着"曲士不可以语于道者，束于教也……"庄子《南华·秋水篇》中的句子，然后从梅树上摘下几朵梅花放进口中一顿嚼，再抓起一把雪搁在嘴里往下顺，继而说道："吾欲寒香沁人心骨。"你对这举止会怎么看？反正大多古人都认为"嚼梅花满口，和雪咽之"，是最超俗的事。只是不知道如果我这样做了，会不会胃肠不好，但想起自己是个大俗人，也就不能说什么了。

【最跩的雪故事——雪中仙】若说口咽梅花拌雪，是特超俗的事儿，那做神仙可就是彻底的超凡不俗了！元代大画家王冕擅画梅花，写过"冰花个个团如玉，羌笛吹它不下来"以冰花喻梅花的诗句。有一天下大雪，他赤脚登上炉峰，四顾大呼曰："天地皆白玉合成，使人心胆澄澈，便欲仙去！"王冕可谓是"雪中仙了"。不过史上还有另一被人称为神仙的记载，也是与雪有关。这个故事来自《世说新语·企羡》，说的是晋代的王恭，曾经"被鹤氅裘"，穿着鸟的羽毛制成的大衣，在雪地里行走，有人见到说："此真神仙中人也。"看来做神仙还得要有雪来做背景啊。

【最爱学习的雪故事——孙康映雪】雪与好学之间也大有故事，有刻苦读书、勉励上进的，也有诚心专志、尊师重道的，这些故事都由来已久，但在今天却依然鲜活如初。映雪夜读说的是晋代一个学者孙康小的时候，因家贫无灯油而不能读书，他为此痛惜时间的流逝。冬天的一个晚上，外面下着大雪，满世界都银亮银亮的，他突然被触动心思，从家拿出书来，对着雪地的反光一看，果然字迹清楚，比一盏昏黄的小油灯还要亮堂。于是他从此每逢有雪之夜，就在外面映雪读书，即使难耐寒冷，也只是跑回家暖和一下，再继续出来读书。后来终于学有所成，做了学者，也当了大官。当然如映雪、囊萤读书这类故事，更多的是对砥砺求进学习精神的一种勉励，否则孙康的出生地洛阳一年中能有多少雪下，可供他映雪读书。同理，师门立雪的故事也是对尊师重道、诚心求学精神的鼓励。

【最尊师道的雪故事——师门立雪】古人很重师道,自古就有师门立雪的典故。师门立雪的故事有二:一是立雪断臂,二是程门立雪。立雪断臂说的是北魏时期的慧可和尚,一名僧可,本名神光。慧可禅师前往少室山,欲求达摩大师收列于门下,可是无论怎样朝夕承侍,达摩老和尚就是不睬他。一年的腊月初九,大雪纷飞,寒风刺骨,慧可站到天亮,积雪已经过膝。这时候,达摩祖师心生怜悯,才问上一句:"汝久立雪中,当求何事?"慧可禅师流着眼泪,期望达摩祖师能收他做学生,达摩祖师闻此说了一番话,大意是,若想证得无上妙道,那可不是简单的事,必须得行常人所不能行,忍常人所不能忍,想凭借一点小聪明、小修为去求什么大法,那简直就是痴人说梦,白受苦挨累,不会修得正果的。慧可禅师听达摩祖师如此一讲,为表自己求佛法的虔敬之心与决心,便挥刀砍掉了自己的左臂,放在祖师的面前,血雪相融,分外触目。达摩祖师被慧可禅师这一虔诚的举动所感动,就收了他做徒弟。后来慧可精研佛法,成为禅宗二祖。

《宋史·杨时传》有记载:"至是,杨时见程颐于洛,时盖年四十矣。一日见颐,颐偶瞑坐,时与游酢侍立不去。颐既觉,则门外雪深一尺矣。"程颐,人称伊川先生,北宋名儒,理学大师,"洛学"的创始人之一,与其兄被合称为"二程"。此等名望,自然会引天下好学之人纷纷上门求学。杨时,人称龟山先生,也是非同小可的一个大学者。这段故事说的是杨时和另一学友游历到程老师那里,赶得不好,老师正坐在那里打瞌睡,杨时二人就站在门外一直等着。适逢天空下大雪,二人却不为所动。程老师这一瞌睡也够长的了,等他发现二人一直站在门外的雪中等他醒来,外面的积雪已经有尺余厚了。后来,杨时把二程理学传入了福建,开创了理学的"道南系",称为一代儒学宗师,被尊为"闽学鼻祖"。立雪一词后来则成为对于师门的一种尊称。

【最贤德的雪故事——袁安卧雪】有人赏雪，有人踏雪，还有人烹雪、饮雪，多为有闲情逸致的人所为。后汉人袁安卧于雪中，可不是来了什么雅兴所致。《汝南先贤传》有记载，有一年冬天，洛阳连续十多天下大雪，好雪"宜瑞不宜多"，降雪过多也是灾，积雪丈余厚，封路堵门，忙得洛阳令四处巡视灾情。每家每户都在除雪开路，可是到了袁安家门口，却是毫无动静，以为袁安可能已经死了，便忙命人除雪打开一条路，进入他家中。却看见袁安奄奄一息地躺在床上。洛阳令问袁安为什么不出去，袁安说："大雪人皆饿，不宜干人。"意思是大雪天人人皆又饿又冻，我不应该再去干扰别人。洛阳令嘉许他的品德，举他为孝廉。后来袁安又因廉正清明、政尚慈爱做了更大的官。陶渊明在《咏贫士七首》之五中曾赞道："袁安困积雪，邈然不可干。"赞他虽生活清贫但有高洁的操守。袁安卧雪的故事流传极广，影响也颇大，不仅为文学中经常引用的典故，也广泛成为绘画题材，如王维、董源、范宽、赵孟頫、倪瓒、沈周、盛懋、文徵明等都有《袁安卧雪图》画作。现代画家中，以此为题材也大有人在，如傅抱石、刘峨士、胡世华等。其中最为著名的要数王维的《袁安卧雪图》，而画中的"雪中芭蕉"，则是我国绘画史上最大的一桩艺术公案，千余年来一直争论不休，但这并不妨碍"雪中芭蕉"成为华夏美术史上的千古绝唱。更不妨碍袁安卧雪的故事成为与雪有关最具操守、德行的典故。

【最闲情的雪故事——藏雪烹茶】雪水烹茶算是最雅致与最闲情的事情了，《红楼梦》里的妙玉就擅"雪水烹茶"："五年前我在玄墓蟠香寺住着，收的梅花上的雪，共得了那一鬼脸青的花瓮一瓮，总舍不得吃，埋在地下，今年夏天才开了。"5年前的梅花雪，存了下来为烹茶所有，算是罕见的讲究了。不过这雪水烹茶可不是小说中才有，古代文人墨客多有此好。白居易就曾用雪水煎茶，并赋诗道："冷咏霜毛句，闲尝雪水茶。"大诗人陆游也有一首《雪后煎茶》："雪液清甘涨井泉，自携茶灶就烹煎。一毫无复关心事,不枉人间住百年。"后来效仿此道者更多。元朝谢宗可《雪煎茶》曰:"夜扫寒英煮绿尘,松风入鼎更清新。月圆影落银河水,云脚香融玉树春。"曾任清代提督陕甘学政的官献瑶也有诗道:"雨前茶向雪中烹,雪碧茶香澈底清。疑有春风生兽炭,胜邀明月倒银瓶。黑甜迟入梅花梦,白战交霏玉屑声。猛省年华真逝水,地炉夜夜煮三更。"明代大文学家张岱每到冬天的时候将雪藏在坛子中,等第二年用这雪水烹茶。也许这"雪水烹茶"是文人眼中最为闲情雅兴之事了。张岱不仅爱雪,在其名著《夜航船》中更记录了不少有关雪的故事,上面所讲的雪的典故大部分就出自这位蝶庵居士的笔下。

中国古代有关雪的典故,还有很多,难以述及完备。这些故事大都是以雪的品格来映照或彰显自身的人格。人们期盼雪,因为它是天公抛下的一件鹤氅,供人间一时遮掩一下俗世的尘泥污垢,哪怕是暂时的安慰;人们喜爱雪,因为瑞雪兆丰年,自古以来,更多的农民还是要靠天吃饭;人们钟情于雪,因为它是天堂雪,因为它能给人以希望,能以雪的品格照耀自己的人格。人们礼拜雪,因为人们渴望拥有雪那高洁无瑕的品格。法国诗人维庸曾问:"去年的雪安在?"我却想说:"今年它还会再来,明年也会依然如故,以它曼妙轻盈的身姿,以它高洁无瑕的美丽……"

冰与雪的传说

在冰与雪的世界里,流传着许许多多动人的传说,这些传说有的是来源于各民族的口口相传,有的是文学家的想象创作,但无论是哪一种方式,都体现着人们对冰与雪的认识,寄托了人们对冰雪世界深深的爱。洁白无瑕的冰雪世界赋予了人们丰富的想象力,每一个传说都充满了神奇的幻想,每一个传说也都是那个民族风物、习俗的表现。但面对着众多的冰雪传说,也只能忍痛割爱,只能选不太长,且又有一定代表性的传说,与大家分享。

【雪的传说】雪,白皑皑的,冰晶玉透一般。可是你知道吗?很早很早以前,雪可不是这个样子。那时候,人们穿用有余,吃的呢,是天上玉帝赐予的白面大雪。一遇阴天,白面雪就下来了,飘飘洒洒的,直到仓满屯实,人们吃穿有余,过着幸福美满的生活。

渐渐的,这种不劳而获的生活使人们变得懒惰、无情、贪婪、自私了。人们把天赐的白面烙成饼,当褥子垫,扔的扔,毁的毁,一点也不吝惜。天地间升腾着一股恶气,变成混混沌沌的了。

这天,天堂金殿之上,玉帝闲来无事,猛然想起地上人间的人来,便掷单发令,派太白金星下凡打探。太白仙翁奉旨接诏,驾了五彩祥云直奔人间。到了一个村落,太白金星摇身一变,成了个要饭叫花子,跌跌撞撞敲开了一户人家的院门,可怜巴巴地说:"老哥,给点吃的吧。"主人正吃了饱饭,铺了褥饼,在梦乡里,一听有人来叫,便埋怨惊了他的好觉,怒道:"死老头儿,茅厕里还有扔掉的几个馍馍,快拾了滚吧。"说着将老头儿推出了门外。

玉帝听了太白金星的陈述,勃然大怒:"快传管雪的天将。"随后挥动玉笔降了一道圣旨。这一年,人们粮仓空了,将盆儿、罐儿、口袋露天放在野外,等待白面大雪下来。可是,左等右等,春天过去了,夏天过去了,一直等到冬天人们都饿得成了皮包骨了,天上才降了鹅毛大雪,人们欣喜若狂,纷纷舀了面,点了火,可是一煮,面变成水了。这才发现天上下的不是面了,而成了现在的雪。原来玉帝把下白面变成了见热就化的雪,把白面分成一丁点儿一丁点儿的,分散到人间最多的植物种子里,让人们通过辛勤的劳动才能得到它,后来便有了耕种和收获。

【雪原的传说】在很久很久以前,在天地初开之时。天上就只有风雷雨,没有雪。就因为冬天没有雪,所以很多虫子都不会被冻死,每当开春时节,虫子的卵就会慢慢地长大,到秋天的时候危害庄稼。

人们每年都要向上天乞求天降大雪,可是年复一年,老天爷还是没有给人们答复。一天,有个农夫下田种地,无意间救了一只蚂蚁,到了晚上,蚂蚁给他托了个梦:"好心的老伯,谢谢你救了我的命。我不是蚂蚁,是一个受戒的仙子,因为你救了我的命,所以我要报答你,我看你这么多年都没有孩子,所以决定送你一个女儿,你在她16岁那年,让她到离山去找雨仙子,要她履行曾经答应办的事情。"

梦醒后,老农觉得不可思议,因为他的妻子已经年过五旬了,怎么可能再生孩子呢? 可是,过了五六天,他的妻子果然生下了一个女娃,女孩子长得非常美丽,就向天上的云朵一样美丽,他给她取名叫雪原。雪原在父母的呵护下慢慢成长,她有一双大大的眼睛像夜空中明亮的星星,头发又长又黑,比那名贵的黑珍珠还要深,皮肤雪白雪白的,可与那皎洁的月光相比。

雪原慢慢地长大了,村里的小伙子们为了能得到她的一个微笑,费尽心思地寻找珍奇的野味,以引起她的注意,但都让她婉言谢绝了。到了她16岁生日那天,她的父亲把16年前的那个梦告诉了她,她听后决定去寻找雨仙子,并对她的父亲说:"假如我真是神仙下凡,我就一定可以找到雨神。"村里的人都不太想让她去,他们花费了许多心思让她留下来,但是,她坚持了自己的决定,所以她就出发了。她经过不知几年的跋涉,不知爬了几百座山,蹚了几百条河,终于她的行为感动了上苍,玉星公主让苍鹰为她带路,找到了雨神栖身的宫殿。她对门童说了自己的目的后,苍鹰返身飞走了。她被带入了宫殿休息。

第二天,她被带到了雨神的面前,她是一个美丽的女子,从五官上来看,与她自己长的有几分相似。她站在雨仙子的面前说出了自己的来意和自己的疑惑,雨神为她解释了疑惑,并且感谢她的父亲救了自己的弟弟。后来雨神告诉她的身世:原来雪原也是一位仙子,是雪仙子,因为触犯了天条,而被迫降入了凡间,受九世轮回之苦,这次如果没有玉星公主的干预,她也无法脱离九世。雨神说:"上苍认为你已经受够了苦难,你可以带回你自己的仙术,实现你的愿望为人间做些事情。这就是你临下凡前我所许下的诺言。"

顿时,雪原恢复了自己所有的记忆,她施展了自己的法术,把手中的雪花抛向人间,可是那些雪花仍不能覆盖整个地面,这是因为她的仙级还属于最低的一层。这可怎么办呢?忽然,一个小小地念头闪过脑海,她纵身跳下了法台,口中喃喃地念着一个咒语,渐渐地自己的灵魂与雪花结合在了一起,成为雪的精灵,从此可以尽情地抛洒雪花,再没有什么东西可以限制她了。她为了别人,牺牲了自己。

当白宫玉星公主赶到时,一切已经晚了,她伸手只抓住了几朵小小的洁白的透明的小雪花。冥冥中,雪原的魂魄与玉星相约,如若以后玉星要是投胎,那么满18年的那天,将是她们相会的时候,那时玉星要与自己一样,与自己命属的东西相结合;如果玉星反悔,便天降大雪,连续四天,以纪念雪原。

【冰灯的传说】早些年,住在松花江边的不少人家在除夕之夜或者元宵佳节,都愿在自家门前点冰灯。那冰的灯罩像一块玉抠出来似的,锃明瓦亮,中间再放上油灯或蜡烛,点着后直晃眼睛。说起点冰灯的习惯,这里还有段故事。

传说很久很久以前,松花江边上有个屯子,里头住了男女老少几百号满族人。他们打鱼种地,吃不愁,穿也不愁。没承想有一年不知从哪飞来一只九头鸟,这怪物一扇翅膀就刮风,那风刮得天昏地暗,飞沙走石,江水出槽,几搂粗的大树连根拔起。趁这机会,它把人啦、牲口啦,摄进洞去,留着慢慢吃掉,弄得屯里人提心吊胆地过日子。

屯里有个巴图鲁对九头鸟恨得牙根直痒,一天,他带上剑,约了几个小伙子去除妖。可是,这伙人没等找着洞口,九头鸟就知道了,它猛劲拍打两翅,扇起妖风,把小伙子们吸进洞去。巴图鲁有些本事,起风时幸好抓住了一根藤条,被藤条带出去老远,没有落入魔窟。

这藤条是条雌蟒。雌蟒的妈妈、姐姐都叫九头鸟吃了,它今天救了巴图鲁,还向他传授制服九头鸟的办法。它说:"九头鸟转圈的八个头只能吃食,不能看物,不打紧;只有当中的那个大脑袋有眼睛,那眼睛黑灯瞎火也能看清方圆几里内的东西。但有一宗,最怕亮光,有了亮光,就没咒念了。"

"上哪找亮光去呢?"巴图鲁着急地问。"上星星山,山上有天落石,你爬上去取回两颗,用一百个人的血温红,比什么都亮。"雌蟒还说:"我再变成藤条,你带在身边,就不愁进不去妖洞。"说完,真的变成了藤条。巴图鲁把藤条缠在腰间,大步流星去找天落石。他起早贪黑,忍饥挨饿,走啊爬啊,总算到了星星山下。哎呀,那山立陡石崖,白云缠绕,怎么上啊?

"捡根白鹰翎就能上山!"藤条说。按藤条的主意,巴图鲁当真飘飘悠悠上了山。山上乱石成堆,天高风急。巴图鲁四处寻觅天落石。突然,西北天边有两个带火光的东西飕飕地落到山上。啊,是天落石。巴图鲁捡起这块热乎乎的宝贝疙瘩,揣进贴身的怀里,就兴冲冲地往山下爬。巴图鲁爬下山,历尽千难万险,终于找到了九头鸟的洞穴。

洞口用石头堵着,缝隙很小,不是九头鸟往里送人,谁也进不去。巴图鲁拿下腰间的藤条,藤条便将石头钻了一个洞。巴图鲁挺顺当地爬进去了。洞里黑咕隆咚,伸手不见五指。巴图鲁边摸边爬,边爬边摸,摸到了一些人,是九头鸟抓进洞留着吃的。巴图鲁把天落石掏出来,让那些人轮着用手焐。他们一传俩,俩传仨……天落石由热变红,由红变亮,传到一百人已光芒四射,把妖洞照得雪亮。

九头鸟正嚼着人骨头,猛见亮光,大吃一惊,想要看看亮光来自何处,却又睁不开眼睛,急得嘎嘎怪叫。说时迟,那时快,巴图鲁一手举宝石,一手握宝剑,已窜到九头鸟近前,手起剑落,砍中了它的中间脖子,虽然还差一点筋肉没砍断,脑袋没有掉下来,但已经耷拉地了。巴图鲁又刷刷刷几剑,把那八个脑袋统统砍掉了。九头鸟扑通一声跌倒了。

巴图鲁长出一口气,转身想和众乡亲出洞回屯,没想到九头鸟没断气,它趔趔趄趄站起来,从脖腔里忽地喷出污血,污血不偏不倚,都射到了巴图鲁身上。趁这工夫,九头鸟扑扑棱棱连飞带跑,撞开洞口石头跑了。

九头鸟的血,黑乎乎,黏稠稠,又腥又臭,人和牲口溅上这血,眨眼就烂。乡亲们得救了,勇敢的巴图鲁却活活给烂死了。打那以后,松花江边的这个屯子又太平了。可有一宗,逢过大年或正月十五,九头鸟在天擦黑以后还悄悄出来往院子里滴污血,谁不留神踩上就没好。

上年纪的人想到了巴图鲁降服九头鸟的招儿,可是没有雌蟒的帮助,上不去星星山,找不着天落石,于是,就在门前点上灯笼吓唬九头鸟。灯笼的纸罩不结实,风大时还会被里边的灯火烧着,有人就开始把水放到桶里冻成空心的冰罩,将灯或蜡放在中间,罩不化,灯不灭。冰灯明晃晃、亮堂堂,很像巴图鲁千辛万苦找来的天落石。看了它,九头鸟躲得远远的;看了它,人们就想起了救命恩人巴图鲁。

为了驱邪消灾,为了纪念恩人,这个屯的多数人家过年都点起了冰灯。一来二去,冰灯又传到别的屯,传到城里……

【元宵节滚冰的传说】正月是农历的元月,古人称夜为"宵",所以称正月十五为"元宵节"。正月十五是一年中第一个月圆之夜,也是一元复始、大地回春的夜晚,人们对此加以庆祝,也是庆贺新春的延续。每年农历的正月十五,迎来的就是中国的传统节日——元宵节。

元宵节除传统的观花灯、吃元宵之外，在我国的北方还有滚冰的习俗。据传这个习俗来源于一个古老的传说，很久以前，松花江的江神独角龙的女儿爱上了一位英俊勇敢的年轻捕鱼人，两个人偷偷地相爱，并结为夫妻。此事被独角龙发现了，大怒。在大年初一的这一天，抢走了龙女，用独角豁开了厚厚的冰面，阻断了年轻人搭救龙女的道路。余怒未消的独角龙还在悄悄地酝酿着一场大的瘟疫，惩罚小伙子和善良的村民。龙女得知消息，急忙托梦给心上人，告诉小伙子在月圆之夜叫上全村的男女老少到江面上打滚，左打九个滚，右打九个滚，就可以躲过这场瘟疫。于是，在正月十五的晚上全村的男女老少就到江面上打滚，果然躲过了这场瘟疫。村民们怕独角龙以后再来报复，每年春节都要到江面上打滚，久而久之，形成了这种独特的习俗，延续至今。

【泼雪节的传说】关于泼雪的最早记载是黑土地上女真族部落的一个动人传说。松花江像温柔秀丽的少女，款款地流过富饶的黑土地。它的身边居住着勤劳勇敢的游牧民族——女真族，他们追逐光明，崇尚白色。相传很久以前，松花江两岸每到秋末冬初之际，大地干裂、瘟疫盛行，染上瘟疫的人畜非死即残，部族人深受其害。部族里有六个叫依尔哈（女真语花朵的意思）的姑娘，她们美丽、善良、智慧、勇敢。在一个夜晚同时梦到了天神的指点："这种瘟疫，只有长白山上的六角雪花能镇住。"

为了解除族人的痛苦，六姐妹不畏艰险，经历了千辛万苦到了长白山天池，在这里见到了部族的神祖撮哈占爷。撮哈占爷说："六角雪花乃亘古奇宝，在天池最深处，要想得到它必须牺牲生命。"部族人痛苦的表情萦绕在六姐妹的眼前，痛苦的声音回荡在她们耳畔，她们挽起手臂，毅然地跃进了长白山天池。六条美丽的身躯绽放出六朵绚丽的浪花，旋即化作天池碧水，水面上浮现出六个灵光闪闪的水泡，汇成了一个色彩斑斓的大气泡，久久不散，气泡里六张俏丽的面庞，六双乞求的眼睛让撮哈占爷心痛，他长叹一声说："我可怜的依尔哈，这里根本没有什么六角雪花，你们就是六角雪花。"于是神祖吹了一口仙气，那色彩斑斓的气泡顿时飞起来化作无数六角雪花，纷纷扬扬落在松花江两岸。

雪花使干裂的土地得以滋润，肆虐的瘟疫灭绝了，人们承接着、拥抱着、亲吻着六角雪花，人们都说雪花就是六个依尔哈。六瓣雪花分别象征着吉祥、安康、幸福、欢乐、富裕、纯洁。从此，每逢瑞雪降落，人们就捧着、扬着、泼着，互相祝福吉祥如意、幸福安康，同时喊着撒迪勒干（女真语吉祥之意）。这种泼雪活动也就传了下来。

【日本雪女的故事】相传在日本民初，因为民智未开，人们都特别相信一些神仙妖怪的传说，甚至认为神仙鬼怪掌控人们所生活的大自然，而那些灾难和厄运也是由这些鬼怪说了算的，所以才有雪地里的雪女怪谈。

那时的人们认为，人们只要在冰天雪地的恶劣环境中迷路，一定会遇到善恶莫测的妖怪雪女。雪女有一个法则，就是必须要见到她的男人承诺不能将与她相遇的事情告诉别人，否则她会杀死这个男人，以惩戒男人善变不忠的劣根性。

遇到雪女的男性为了活命，求取雪女的信任，总会信誓旦旦地信守承诺，承诺回去之后，不会告诉他人有关雪女的事情。可是雪女为了考验男人的誓言，会伪装成平凡贤淑的人类女子，并找上这位与她定下承诺的男子，博得男子的好感，与他结为连理，生下孩子，一辈子跟随在身旁，监视着男子是否能信守承诺，和她平安无事相守一辈子到老。可是男人们总是不信守自己的诺言。在经过多次的犹疑之后，终于将与雪女相遇的真相告诉了他身边最亲昵的太太，可是男子万万没想到枕边人却是他曾经相遇的雪女,原来他长久以来一直在与雪女共枕。男人破坏了承诺,雪女只好含泪杀死与他共生小孩的男子,并伤心地带着孩子重回冰天雪地之中。

雪女,传统的日式妖怪,为绝世美女,身穿白色和服,一头淡蓝色的长发,生性冷酷,多出现在深山中,是山神的属下,掌管冬季的雪。

关于日本的雪女传说,因地方不同而有所差异。例如在新潟县小千谷传说着:有一天,一个单身的男子把结在屋檐的冰柱打掉了,到了夜里,忽然来了一个姑娘想求宿,并要求嫁给他。由于天寒,为讨姑娘的欢心,男子特地烧了一桶水,好让她浸浴。姑娘虽百般拒绝,仍拗不过,只好跳入热水中,结果在热水中消失,只剩下细长的冰柱碎片浮上来。

在山形县上山地方则传说着:在一个风雪的夜晚,有位姑娘来到一对老夫妇的家中问路,老夫妇让她在地炉边取暖。到了夜半时,姑娘又想出门继续赶路,老阿公担心她的安危,便抓住她的手想留住她,姑娘的手却冰冷得令老阿公毛骨悚然,瞬间姑娘化成了雪烟,从放烟的天窗飞升出去了。

在岩手县远野地方则传说着:雪女会在农历正月十五,满月的冬夜里,带着许多童子在雪原上漫游。除了以上之外,在其他地方,尚有雪女抱着婴儿来托付之传说;也有雪夜姑娘求宿,翌朝只剩下一缕白衣,衣中有黄金。种种传说,丰富有趣。由于雪是白色的,使得传说中的雪女形象多是穿白衣,或者是肌肤雪白的。这与庄子中"肌肤若雪"的神仙形象倒有几分相似。

【南极冰的传说】关于南极的冰,有个传说。住在南半球新西兰岛上的原住民是毛利人。据说以前毛利人分成几个部落,部落之间征战不休。其中有个部落的王子跟另一个敌对部落的公主相恋,当然他们的恋情是不被允许,也不受祝福的。后来,千方百计想迎娶公主的王子,被公主的父亲用计杀死。公主伤心欲绝,想殉情,却让父亲给全身绑住,动都不能动。她死不成,只能不停地哭。到了寒冷的冬天,她脸上的泪水都让风雪给冻成了冰。公主的痴情感动了巫女,巫女于是收集了公主的泪冰,顺着洋流漂到南极。

相传只要男人亲自到南极采下这冰,将冰块融了,送给他最心爱的女人喝,那么这个女人就能够得到一辈子的幸福。

冰雪·民俗

东北大过年——满族的正月

　　【春节】春节不仅是汉族最为隆重的节日,满族及先人自渤海和金代起,就已经将其当作大节。满语称春节为"阿涅业能业"。春节是一个集合的节日,它并非伴随"一夜连双岁,五更分二年"的除夕才翩翩降临人间。对于白山黑水间的关东人家,秋收一过,稼穑大熟,便昭示着今岁有年。等到进入农历最后一个月"腊月",伴随着随处可见的红灯白雪,城乡便开始陷入热热闹闹的忙年氛围。蒸黏豆包、包冻饺子、冻干粮、做豆腐、杀年猪……只见得家家热热闹闹地忙乎着,人人脸上透着欢欢乐乐的喜气。随着满族与汉族的杂居和文化交流的频繁,东北春节风俗内容也变得更为丰富起来,以致很难分清哪个是满族的习俗,哪个是汉族的传统了,过年便随之成为满族与汉族共同的传统节日。

　　【过大年】从一进腊月,一直到农历"二月二",都被作为过大年,这两个月左右的时间内,分为"备年""过年""贺年"三个阶段。节日虽然长,但绝不会因冗长而变得腻味,因为这是一个由一组不同节日所组合的系列节日。从腊月起到除夕是"备年",在外的人要赶回家,在家的人要置办年货,做好过年的各项准备;从除夕夜到正月初五是"过年",家人团聚,祭祀祖先,迎新纳福;从正月初六到十五是"贺年",花市灯彩,全民共欢、普天同庆,整个关东大地都充满了喜气洋洋的气氛。

　　满族乃至整个东北的春节说法十分的多,不同地区也有不同的习俗,很难完全详尽。有很多中年人十分怀念儿时的过年气氛,在各种网站、论坛上发表了不少回忆过去过年情景的帖子和文章,对于这些无名的朋友,在这里我表示非常的感谢,因为在以下有关东北节庆的文字里,有不少是借助于他(她)们间接的帮助。虽然我能做的只是给大家一个走马观花式的介绍,但依然感谢那些与我同样怀念儿时过年、过节情景的朋友们。

【腊月初八】"一进腊月门,便有过年味",人们都一趟一趟地去赶年集,旧时称"打年纸"。这是当时最简单的购物形式,即把香蜡、鞭炮、年画、红纸、白糖、烟茶、糖果、作料等物用一张大红纸打包在一起。如今东北"打年纸"的内容和形式发生了深刻变化,铺子上再大的红纸也包裹不住今日年货的种类了,除副食鲜菜、鱼肉、作料、烟酒、糖果、糕点、红纸、年画、门神、挂笺、挂历、台历、画册外,又有香蜡、鞭炮、电视机、电唱机、收录机、影碟、VCD 等,体现了民俗文化深刻的人民性的内涵。进了腊月,就要杀年猪,还有一种说法是在腊月二十七杀年猪,但在笔者的家乡,是进腊月杀一头年猪,在腊月二十七还要杀一头年猪,据说这种习俗已经流传几百年。杀完年猪,接着就忙着烙黏火勺、摊煎饼、煳肉灌血肠、做豆腐、糊棚裱墙、做新衣……

【腊八粥】每逢腊月初八,满族人家都要做"腊八粥"、泡"腊八醋"、吃"腊八蒜"和煮"腊八肉"。此时正逢"三九四九打骂不走"冬季最冷的时候,在东北民间有着"腊七、腊八,冻掉下巴,腊九、腊十,冻死小人"的说法,于是人们戏称吃腊八粥可粘住数九严寒冻掉的下巴颏。腊八粥在民间还有巫术的作用。假如院子里种着花卉和果树,也要在枝干上涂抹一些腊八粥,相信来年多结果实。围绕着"腊八粥",又有"谁家烟囱先冒烟,谁家高粱先红尖"的劝人勤勉的故事,亦有"一年省一把,三年买匹马"的节俭传说,还有着"腊八粥,吃不完,吃了腊八粥便丰收"的丰收祈愿等。正是这些奋发上进的趣闻,熬成了一碗腊八粥,让人岁岁年年去品去尝,饱享一年丰收果,在又香又甜的滋味里,祈祝来年五谷丰登。满族人家腊月初八还要泡"腊八醋"和煮"腊八肉",除全家人吃外还要分送亲友。除了上述的这些,满族人还有自己的习俗,就是在喝完腊八粥(满族又称靰子粥)后,要在门后供奉喜兰妈妈。据传说,喜兰是明边将李成梁的妾,与罕王(努尔哈赤)有染,在罕王蒙难时曾救过罕王。罕王成事自是不忘喜兰搭救之恩,因此满族人要供奉她。

【满族小年】"小孩小孩你别馋,过了腊八就是年",满族称腊月二十三为"小年",算是正式拉开了春节的序幕,从这天起就算是过年了,小年的主要民俗事项是送灶王上天,是春节辞旧迎新的开端。据说灶王爷姓张,名单,字子郭,在东北民间有"灶王爷,本姓张,一杯清茶三支香"的民俗谚语。这位张姓灶王,虽在民间口碑中有嫌贫爱富,遗弃糟糠的不雅之名,但善良的人们碍于他是被玉帝指派来的"人间司命主,天上耳目神",有着专事监督人间善恶的特殊身份,对其并不敢得罪。民间重祭灶,即用高粱秸扒出细篾,扎两匹灶君升天时所乘的灶马,随身带着鸡、犬、羊等,灶马备有"草料",并敬上麦芽糖。麦芽糖又称关东糖、灶王糖,满族用高粱米和大萝卜来熬糖,其味美香甜。熬成的糖块,除祭灶王爷外,来拜年的客人,也要请他们品尝。用这种糖祭灶,意在用灶糖粘住灶神的嘴巴,免得他信口胡说,使其"吃甜甜,说好话","好话传上天,坏话丢一边"。

【祭灶君】在祭灶君之时,摆齐供品,祭灶人多跪于灶前,焚香祭拜,接着第一次进酒,此时要向灶君诚心祷告,口中念念有词:"灶王爷,本姓张,骑着马,挎着枪,上了天,见玉皇,人间好事要多说,明年下界见吉祥。"完毕后再进行第二次进酒,进第三次酒之后,将旧有的灶君像撕下,再焚烧一个用篾扎纸糊的马,是作为灶神上天的坐骑,还要准备一点黄豆和干草,作为灶神和马长途跋涉所需的干粮、草料,还要焚烧一些财帛。此外还要焚香、叩首,并在灶坑里抓几把稻草灰,平撒在灶前地面上,并喃喃叮咛"上天言好事,回宫降平安"之类的话,目的是祈祷灶王向玉皇上帝奏报这家一年来的种种善事,不要讲坏话。送走神明后,可别忘了正月初四(一说除夕夜)把众神接回来,此之谓"接灶"或"接神"。

接灶神的仪式很简单,只要在灶台上重新贴一张新的神。

【二十四写大字】有的满族人家还要"二十四写大字"和"二十九贴倒有"。大字是指贴影壁墙上的"戬谷"二字,是尽善的意思,通俗的解释为吉祥如意。满族家庭非常讲究"二十九贴倒有",倒有是一种互相借笔套合而成的字,属民俗书法。如买卖人家写的"招财进宝""黄金万两"或一般人家写的"百福图"等,当然也包括贴对子、春条、挂笺。满族的挂笺是以五色纸手工剪成,或用刀子刻成镂花纹图案,花纹中的文字可用汉字,也可刻满文,都是"福""寿"等吉祥文字。

【三头灶】人们对与其一年的生活、生计密切相关的灶君神像充满了神秘与遐想。随着祭灶习俗礼仪的精细与复杂化,当年流传在关东的灶神图像也丰富和多样化起来。灶神形象有坐、有立;有的灶神一人独坐,有的是灶王爷和灶王奶奶并坐;有的灶神坐于中间,左右二位灶王奶奶分坐,俗称"三头灶"。

【赵军官】还有一种"赵军官",刻印三国蜀地名将赵云持枪骑马,下有文武财神、福禄星官等像,据说这是怕灶神上天言事,才祀"赵军",以祈平安。借赵云能保护阿斗,又赵军与"灶君"同音,因此,历史小说中的人物遂被捧上"一家之主"的高位。在一幅题为"大清光绪二十九年灶君之神位"的灶君图中,上部画灶王拜见玉皇大帝,相互拱手,若有问答;下方画有灶君夫妇坐于桌案前,左边有妇女烧火做炊,右边有妇人抚婴,圉人在后槽喂马,极富人间生活气息。可以说,这幅灶君神像,让过去的关东人对其充满了寄托,因为只有灶君,才是沟通人间与天上的使者。

【过小年之夜】过小年之夜,大人孩子们仰望天空,此时此刻,在冥冥之中,灶王一家已驾马车,乘长风越过迢迢万里银河,回到天宫。一岁吉祥善恶,只有等待听过灶王的汇报,由玉帝来裁定。所以在腊月二十五,还有一个迎接玉皇下界日,玉皇为了核对灶王爷所说是否属实,便于腊月二十五来到人间,经核实后定下罪状,有罪者罚以减寿,所以人们是害怕的,故用灶糖封住灶君的嘴,这是民间对自己塑造的神的行贿。热热闹闹的祭灶习俗及灶神崇拜,最初源于先民的火崇拜和太阳崇拜,而古籍中关于太阳神和火神炎黄二帝、祝融等化身为灶神的传说,表明华夏先民的这种崇拜意识在漫长的史前时期就已经形成。"民以食为天",关东灶神崇拜意识源于人们渴望战胜冰雪严寒和对饮食文化的依赖。同时从中也可以体现出东北人的神怪观念。神仙不仅是可以沟通和控制的,甚至是可以戏弄的。人们的娱神行为同时也是自娱,神仙在年节当前的时候不再是高高在上不食人间烟火的一个影子,而是与人们一同欢庆佳节的血脉相通的家人。祭祀活动在敬神行为的背后,更多的是一种以强化家族观及民族观为目的的仪式活动。

【过大年】春节,满人和东北人习惯称大年。过了小年,大年转眼就要到了,家家户户都紧锣密鼓地忙乎起来。东北家家都有一张约定俗成的"忙年日程表"。在当家人的心里,"二十三过小年,二十四写大字(即写春联),二十五扫尘土(民俗洒扫庭室);二十六㸆猪肉(农家从冰雪堆中起出冻肉,一说做豆腐),二十七杀公鸡(一说杀鸡猪);二十八把面发(用于蒸上供馒头等),二十九贴倒有(即贴春联,倒贴'福'或'有'字,意为'福''有'到了。一说糊锡斗,为置放在'索伦杆'上的锡斗,放粮食、碎肉供乌鸦和喜鹊食用,是祭天祭神的器物);三十晚上守一宿(除夕夜篝火迎神守岁。一说走油,即油炸小食品),初一磕头拜大年……"除夕之前,每个人都要把头和脚洗干净。因为据说正月里不能洗头和脚,洗头死舅舅,洗脚臭大酱。但这风习实在是不够卫生,后来就改成除夕之前要理发,否则正月理发死舅舅。这种习俗现已被斥为陋习,城市已经杜绝,但在偏远乡村仍有流传。

【三十儿】大年三十儿这天,大人小孩都换上新衣,新媳妇要梳京头,穿上旗袍;姑娘和老太太开始剪窗花,男人在院内埋灯笼杆、植松树;小男孩则糊灯笼、堆雪人。除夕下午,满族人家还要摆供桌,在中午的时候,将不常打开的祖宗龛打开,将祖宗龛灰尘排净。桌上有疏,疏上挂一串元宝,正中横放一串铜大钱,表示神踩着元宝上天梯。再把擦得铮亮的锡供器摆上五件,主食摆上两摞馒头,一摞五个,猪头摆在正中间,猪鼻孔插上大葱,还有干饭五碗。供菜更有特点:第一碗是煮熟的"猪肉方子";第二碗是过油鲤鱼;第三碗是炸粉花;第四碗是素菜大葱;第五碗是豆腐方块。满族人祭祖用的祭品,祭祀之后由家人分吃。供方子肉为四时吉庆;供鱼为吉庆有余;供粉花是保佑后辈发家;供大葱要剪去葱根,扎成一把,标志着本家后辈聪明伶俐,光宗耀祖。祭祀的时候,家主净手脱帽,请下香碟,烧上香,全家行往返叩头礼,然后再将香碟请上。新年清晨,照样将香碟请下、请上。

【年夜饭】下午三点左右开饭,按习俗这顿饭称为"年夜饭",是一年中最丰盛的一顿饭。年夜饭的特点是家人要齐,即无论男女老幼都要参加,这是全家大团圆的宴会,为了这个团圆,外出的家人或子女都要赶在除夕前返回家来。如届时未归,对全家来说是一件憾事,在父母是一件心事,餐桌上要给未归人留一个空位,摆一双筷子,表示全家团聚。年夜饭必有葱、芹菜,意为来年全家人聪明、勤俭过日子。此晚宴必有鱼,取"富贵有余""年年有余""吉庆有余"之意。年夜饭又称"团年"或"合家欢",因为这顿饭以后就要告别旧岁迎来新岁了,所以又称"分岁"。据说这顿饭还有逐疫、驱邪、健身的作用,"吃了年饭旺,神鬼不敢撞",正因年夜饭如此重要,所以才有"说一千,道一万,三十晚上吃顿饭"的说法。

【除夕夜】除夕午夜前,家家要包"接神饺子",挂灯笼,放爆竹。满族人也把其叫作"煮饽饽",据说是"饽饽升起"之意。把红灯笼挂在院内二米高的灯笼杆上,红光映着白雪,透着十足的喜气,宫廷中则从腊月二十四就开始挂"天灯"。午夜前要在下

"接神饺子"之时，才能鸣放鞭炮接神。接神后，在大门口横一木杆，半夜时分认为神降临了，将高桌抬至院中，高桌上能焚化的尽行焚化。俗称烧纸钱。不过许多人家不等到午夜就提前接，据说提前能接个富神。还有的孩子跑到院子里，用大鞭子在空中抽几下。据说，如果恰逢财神经过，可以打下几枚大钱来。"接神饺子"颇有讲究，饺子里要包硬币、葱心等物，谁要吃饺子吃到硬币，则一年财运亨通；若吃到葱心，则一年聪明顺意。除夕吃过年夜饭，全家人点灯熬夜，辞旧迎新，彻夜不眠。据说这样守岁是为了驱除赖在家里不走的百鬼，也有人认为，谁在除夕夜守岁不眠，谁就会在一年里万事如意，身体健康。

【拜年】吃完饺子，接完神，就要去拜年。若天亮后你再见到他们拜年，那一准是去拜汉人。本族晚辈男子要先到本族各家拜年。祖宗牌位前铺一张席子，来人在上面磕头，长辈人在场就冲长辈磕，不在场就冲祖先磕头。拜年后一起说笑，旧时小辈媳妇还要给长辈装烟。年三十晚上拜一次，为辞旧岁，年初一再拜一次，叫迎新春。所以初一早晨得继续拜年，见面先请安，行打千礼。打千的形式男女有别，男人哈腰，右手下伸左手扶膝，似拾物状。女人双手扶膝下蹲，行跪拜抚鬓礼。如是平辈，关系又很密切，行打千礼时，肩膀与肩膀要相撞。拜年的时候，家家都准备了花生、瓜子、冻秋梨之类招待客人。关系好的或近亲属一律脱鞋上炕，围着火盆伸出手来，一边烤火一边连吃带唠。用不了多久，炕上地下就撒满了瓜子皮和花生壳。大年三十这天大人们还要"观天象"，谈论"预测收成"的话题，三十儿晚上哪里天色最亮，哪里就能丰收。

【压岁钱】关东有长辈给孩子压岁钱的习俗，孩子给长辈跪地磕头拜年，孩子会得到压岁钱，或带在身上，或用绳串起来置于床脚处。此俗于宋洪迈的《泉志》和宋王黼的《宣和博古图案》中均有记载，传说压岁钱又称"厌胜钱"，可以用来驱邪避鬼。现在压岁钱则给的越来越多,有的甚至不是长辈在给压岁钱了,而是孩子要钱了,"恭喜发财,红包拿来",而且胃口越来越大,已有陋习之嫌。男孩子成群结队鸣放烟花、鞭炮,玩耍木爬犁,或兴高采烈地溜冰;姑娘和少妇们则身着盛装,玩耍嘎拉哈(用猪或羊膝关节骨制成的玩具)。

【那叫个热闹】满族在正月里由初一到初十均有特定的称谓和相沿成习的娱乐、祭祀、饮食、禁忌的内容,具有极强的人情味。每天的节庆内容都很丰富,人人的脸上洋溢着大把大把的喜气,有些老人在回忆的时候,总会眉飞色舞地说:"那叫个热闹!"

> 初一饺子初二面,初三烙饼摊鸡蛋。
>
> 初四在家吃折箩,初五开张听喜歌。
>
> 初六上街把穷扔,初七街头看后生。
>
> 初八顺星初九蚕,初十祭石保平安。

【吃面食三日】初一到初三为什么要吃面食呢? 在《中国禁忌》一书中说:"古代新年头三天是不能煮饭吃的,否则冒犯神灵,全年都不顺。特别是初三,相传是谷子的生日,更严禁吃米饭。"

【大年初一】大年初一事事求吉利。正月初一占鸡,谐音为吉日。鸡是"五德之禽":头上有冠为文德,足后有距是武德,逢敌敢斗是勇德,遇食相呼是仁德,天明报晓是信德。初一禁止杀鸡,清晨要往索伦杆子上放谷物或骨末喂鸟,放鸟,以求吉星高照。这一天忌做蒸(争)、炒(吵)、炸、烙(落)的炊事活动,这一天不动刀、不倒土,因为这一天动刀、倒土是不吉利的,是要破财的。忌吵闹、打架、骂人,即使不小心把盘碗打碎了也要说"岁岁平安",消灾化吉。街坊邻里、同事之间不管上一年有什么不愉快的事发生,只要初一见面互道新禧,就应消除一切"过节"重新开始。因为"当官不打送'礼'的"。如果人家登门拜年,有意冰释前嫌,结果你不给面子,大家就会说你是"见了煮饽饽都不乐"的人,受到鄙视。因为门前待客叫接福,登门拜年叫贺喜,初一拜年不在物而在情,要送物在年前,要送情在当天。以"五德"之情,弥龃龉之憾,"一切尽在不言中",相逢一笑泯恩仇,这是以极其高雅而又含蓄的方式解决人际关系的中华和合文化。

【初二】初二最念是旧情。初二占鸭,也有说占狗的。主占鸭者说:"鸡一,鸭二,猫三,狗四,猪五,羊六,牛七,马八。"满人这一天要看望的人是亲密的世交或长辈的家属。初一拜年大多是礼仪性的,初二看望是实质性的。《那桐日记》有记载,光绪十六年正月初二:"早祀财神,饭后拜年三十余家,酉正归。"初二拜年,需要以财物相赠。初一送礼是以情代物,初二看望是以物示情,表达自己不忘故交的情感,但初二送礼忌单数。初二留客要吃一顿炸酱面,表示不忘先辈当年游猎或行军途中以酱为菜的生活。女儿若初二回家,表明亲家之间"金兰契友",或者说明女儿在夫家已当家,双方如同一家人,非常吉祥。有的关东地区民俗,初二还要让所有的狗都得到一次饱餐,让狗也过上个大年,这是源于满族有"黄狗救主"的佳话。

【初三】初三又叫"小年朝"。初三占猪,传说猪是北海银山菩萨提月金刚窟中的神兽,是满族最主要的家畜。满族人以北为上,又认为一生二,二生三,三生万物,所以对初三很重视,称为小年朝,许多初一未办之事,这一天可以补办,给事务多的人一个"拜年"机会。有的地方初三忌婿往妇家,也有妇女拜年须过初六的说法,可是这些"讲究"对于"非亲即友"在八旗营房中稳定居住的旗人来说是不受约束的,反而把初三叫作"三姑三",出门的姑娘这一天把女婿带回家,吃张鸡蛋饼。猪日,不能吃猪肉,饼是圆形,象征团圆,蛋饼相粘,象征骨肉相连。初三接财神,家中贴上肥猪背上驮个聚宝盆的剪纸,名曰"肥猪拱门",由于猪是黑色,既可冲淡一些自腊月以来家中色彩的火爆环境,又符合"猪入门,百福臻"的吉祥话。文人之间以猪为内容的剪纸,名曰"朱笔题名"以祝当年高考得中,因为"猪"与"朱","蹄"与"题"同音。

【初四】初四整理内务忙。初四占羊，"三羊（阳）开泰"本应吉祥，可是偏偏有人编了一个"红羊劫"的话来骗人，让大家不要出门。还有个传说，初四灶王爷要查户口，因此也不宜离家。这些说法虽是无稽之谈，但符合人们连续过节中需要有一天在家调整一下的要求，同一家族之间走动，均叫没离家。八旗之内，非亲即友，这个家的概念，非常广泛，因此有些地方有初四忌串门的习俗，但是侄子可以去看姑姑，"姑舅亲，辈辈亲，打断骨头连着筋，不分彼此一家人"。姑奶奶在家有地位，是满族民俗特色。一般旗人没有多少钱，所以来拜年的人若赶上饭口，主人不必特别做饭，来客在这一天全家在一起吃折箩，所谓折箩，就是把几天剩下的饭菜合在一起的大杂烩，更显得一家人不分彼此，俗话说："一家人吃一锅饭，赶上什么吃什么。"

【初五】初五占牛，名曰破五。"破五、破五"，不吉利，为了不"破"，初五早晨家家都要包饺子，叫捏破，把破的地方捏住，以图吉利。传说这一天是财神爷赵公明的生日，店铺营业，开门大吉。当天拂晓，掌柜的要率全店同仁向店内财神像行三叩礼，然后走到街头放鞭炮，在鞭炮声中把幌子挂出来。幌子是店铺门外表明经营商品的标志，每年应该见见新，幌子挂出后，色彩艳丽，给人一种喜气洋洋的感觉。幌子挂好后，各商店纷纷把护窗板取下，店门大开，欢迎顾客进门。这时，所有的伙计有的摇算盘，有的敲秤盘表示欢迎，响声一片。除夕之前放鞭炮要叫爆竹，因为是崩野鬼用的。而正月初五则叫炮仗，是迎神用的。别人睡觉了再放鞭炮，叫炮瘴，是不得人心的，一个鞭炮有三种说法。初五那天家家还要捏"小人"嘴（包饺子）。

【初六】初六求顺扔穷鬼。初六占马，送穷鬼。传说穷神是姜子牙的妻子，人们为了防止春节期间穷鬼进家，门上挂红挂笺可以防她。不知什么时候，穷神变成了男性，而且成了杠夫供奉之神。这一天，家中主妇要把节日积存的垃圾扔出去，谓之送穷鬼，门上的挂笺也可摘下来同时扔出去,叫作送穷神。

【初七】初七街头看少年。初七占人,人胜节。初七是人的生日,人日要尊敬每一个人,连官府也不能在这一天处决罪犯,家长也不能在这一天教训孩子。年满16岁以上的男女青年均可自由上街玩耍,在街头出现"鸡不啼,狗不咬,十八岁的大姑娘满街跑"的亮丽景观。各处庙会也在这一天掀起客流高峰。游人明显比初一到初五多。少男这一天要着意打扮,充分展示自己的青春朝气,少女要自制人胜、花胜等饰物,自己佩戴或相互馈赠,显示自己手工技巧。这是一个展示青春美的日子,也是家庭主妇在家忙活几天后可以上街游玩的日子,更多的人是为自己的儿子、女儿挑选配偶,以便正月十五后托媒人去提亲。

【初八】初八顺星散灯花。初八占谷,顺星节。传说这一天是诸星下界的日子,天空星斗出得最全,是长辈教儿孙认星星的时候。长辈要向儿孙讲"一寸光阴一寸金"的道理,保持"慎独"的重要性,因为"流年照命星宿"时刻在监视着每个人的一举一动,"要想人不知,除非己莫为"。

【初九】初九脱下盛装换常服。这一天,人们要把过春节时穿的衣服脱下来,换上平日穿的衣服。初九以后,一般人家不再穿绸缎等节日衣服,而是布衣了。万事"一"为先,"一"与"衣"同音,从数字来讲,"九"是阳数的极数,因此过了初九就等于春节过完了,该从头开始了。"好过的年节,难过的日子",过了初九之后应"书归正传",初九之后若还穿着节日盛装上街,人们会认为这个人家不懂过日子。

【初十】正月初十祭石头。传说这一天是石神石敢当的节日,大概是"十"与"石"谐音吧。满人初十祭石头估计也是受汉文化的影响。满人也有自己的石神,满族神话中有一位叫多阔霍的女神。相传,在天地未分的时候,就有这位古老的女神,她是住在石头里的孕育着光与热的宇宙大神。天母阿布卡赫赫被恶魔耶鲁里骗进了大雪山,巨大的雪堆压得她冻饿难忍,于是吞下了雪山底下的石头和石头里的多阔霍女神。多阔霍的热火烧得阿布卡赫赫坐卧不安,一下子撞出了大雪山。热火烧得阿布卡赫赫肢体融化,眼睛变成了日月,头发变成森林,汗水变成了溪流。满族有的族姓把石头作为祖先神偶,以石头代表神位,或说石头是神灵的藏身之处。富育光、王宏刚在《萨满教女神》中介绍,满族徐姓在其祖先神匣内供放三枚白卵石,传言该石为远世萨满南迁时从石洞带来,世代供祀不已,已逾三百年。祭时,族人向白卵石叩礼,萨满颂道:"妈妈的祖石,母亲的祖石,光明的祖石,生命的祖石,万代开基的母石神祖。"在民间传说中,石头也是萨满寄魂的借体,萨满借助石头的生力滋养灵魂,增强魄力。萨满服饰上也有装饰神石之俗,或以此滋养萨满魄力,或以此代表神灵,或以神石护身。但满族祭祀自己的石神却不是在初十,初十的时候他们祭祀的是石敢当。

　　旧时侯人们把每年正月上旬的十天定为"观天测物相"的日子。从初一到初十,每一天都有一定的象征意义。哪一天晴朗,风和日丽,被象征的事物,本年里就吉利、兴旺。与每一日对应的事物是:一鸡、二鸭、猫三、狗四、猪五、羊六、人七、马八、九果、十菜。东北满族过年如果初一的天气好,那么全年鸡就好养,就可大力养鸡;如果天气不好,鸡就招灾,会得病,就不能养鸡;如初七天气若好,因为是人日子,就预示着今年人兴旺,天若不好,可能今年人不太平。家家都要做面条吃,取"拴住"之意,可以逢凶化吉。

　　在这普天同庆的日子里,自然也少不了各种形式的娱乐活动。整个正月里,民间都会举行各种充满民族和地域特色的活动,如男孩有"冰嬉",女孩有"打油千""欻嘎拉哈",大人有"踩高跷""花棍""摔跤"等,处处充满祥和、喜庆、欢乐的节日气氛。

　　【正月十五元宵节】就这样一直到了正月十五。正月十五与冰雪文化有着更为密切的关系。

正月十五是灯节。吃元宵，挂红灯，不过完十五，家家的灯笼杆是不会撤的。元宵节又叫"上元节"，清代从正月十三开始，至正月十七止，历时五天。正月十三日为"上灯"；正月十四日为"试灯"；正月十五日为"正灯"；正月十七日为"罢灯"。

【重内亲】满族元宵节第一特色是重内亲。这五天是孩子到姥姥家找舅舅的时候，到了姥姥家，名叫"娇哥儿"，舅舅要给外甥糊灯笼。有句歇后语："外甥打灯笼照（舅）旧"。灯节时除了商家要买灯外，儿童们手提灯笼满街转是一盛景，而从灯笼上显示的是舅舅的手艺，这是孩子引以为自豪的。

【蒸面灯】满族元宵节第二个特色就是在元宵节晚上，农村有"蒸面灯"之俗。蒸面灯也叫"蒸十二月灯"或"验月份"。就是用豆面或荞麦面做12个直径约3厘米的小灯碗，分别在碗口捏出1～12个花牙，各代表一个月，然后下锅蒸，熟后看灯碗内的干湿来"预测"年内的旱涝、冷暖。也有的在面灯中放黄豆粒，通过蒸熟后豆粒膨胀的大小来"预测"。还有的地区"蒸面灯"的方法略有不同，用荞麦面制成十二个灯碗，标上月份记号，每个灯碗置一粒豆，放入馅内蒸煮，碗内豆涨者为涝，不涨或小涨者为旱。

【走百病（冰）】满族元宵节第三个特色是正月十五、十六在夜里，妇女们可以成群结队走百病（冰）。俗云："十五十六走百病，终年精神不腰疼。"走百病又称"游百病""散百病""走桥"等。妇女们到井堰或冰上卧之翻滚，边滚边念："轱辘轱辘冰，不腰疼不腿疼；轱辘轱辘冰，身上轻一轻。"谓之"轱辘冰"，也称"滚病"，据说可脱晦气。姑娘都往井中看一看，还可以让自己变漂亮。据《柳边纪略》记载："十六日，满洲妇女群步平沙，曰'走百病'，或联袂打滚，曰'脱晦气'，入夜尤多。"《奉天通志》记述了松辽南部满族妇女"走百病"的习俗："十六日，妇女于日暮结伴至空地，步行一周，或至邻家小坐而回。"满族妇女是大脚，穿花盆底鞋

（又称"寸子鞋"），为的是踩在雪地上不会把鞋面上的绣花弄脏，因此又叫"雪地走"。至今辽宁仍保持穿花盆底鞋赛跑的游戏，名曰"雪地走"。如今的雪地走已经是在田径场地进行了，但参加的队员仍然要穿15厘米的花盆底鞋，距离有100米、200米、400米、4×100米接力走（用鸡尾翎传递接力）。城内妇女讲究走到城门，摸到门钉，谁能在黑暗中摸到门钉，就认为可生贵子。"走百病"本是满族特有的岁时节俗，但至近代，与满族杂居的汉族妇女也沾染了此俗，尽管没有形成一个节日，但每至正月十六，这些汉族妇女与满族妇女一起，"率往河冰上卧起，如被褉戏"。方拱乾《何陋居集·冰河行》诗即形象地描绘了这一节俗："满风春望拔河戏，燕支影落冰痕睡。女子联翩男子观，倾营穿灯摇鞭至。"

【笊篱姑娘】满族元宵节第四个特色是旧时满族农村还有请笊篱姑娘的习俗。《凤城县志》记载："茅姑，即是紫姑，俗称笊篱姑姑。正月十五晚间，小儿女截双柳枝为足，缚横木为臂，续以笊篱为头面，头簪彩花，身披红袄，扶令骑帚。一女童持香三炷，拽帚重于前，为茅姑来，既抱立床间，把持两足，前没香儿，令向磕头。如问年有几分，既以磕数为算。或是日，为绣小鞋，置墙隙，如后失去，为茅姑领受，可有精巧云。"20世纪80年代辽宁新宾有满族歌舞团会表演"笊篱姑娘"舞蹈。舞者手举柳条编笊篱，上蒙一张画有女人脸的彩纸，且歌且舞，忽而以笊篱挡面，忽而以笊篱为舞具，伴以拍弹笊篱之声，很有民族特色。

【给过去的先人送灯】满族元宵节第五个特色是给过去的先人送灯。农村的满族屯户或给王爷贵族守坟的坟户，不能进城观灯，于是每逢灯节要在室外、厂房、马棚、井台等处燃起灯火，以豆面或荞麦面制灯碗，黄昏时陈送到祖坟墓地，给祖先神灵照明，俗称送灯。满族人这种给过世的人送灯的习俗也流传到了今天。十五的晚上，皓月当空。家家户户挂上灯笼，孩子们提着小灯笼跑来跑去。祖坟上也要送灯，在坟前积雪中踏个雪窝，顶风处高些,背风处低些,像个小佛龛。然后,把蜡插进雪里点着,一片亮光便照亮坟头。家住河边的要把灯一直送到河里,叫送淹死鬼。蜡是点不起的,就用柴油拌灰。从院里开始,走几步点上一堆儿,一直点到河里。这时,到处是灯火,就像天上的星星落在人间。

【张灯元宵落灯面】在十五这几天,吃东西也有说法,不管城内城外,十五当天要吃元宵,十七要吃面,以应"张灯元宵落灯面"之谚。

【照贼】满族人于正月十六还有"照贼"之节俗。正月十六日夜,满族家家燃起灯火,主人提着灯笼照遍屋内各阴暗角落及庭院僻静之处,名曰"照贼"。有人研究后认为这是满族祖先女真人纵偷习俗的一种异化。

【观灯】在众多的满族灯节的习俗中,最为热闹也流传最广的自然是元宵观灯和满族秧歌了。据说,古代满族元宵节没有灯笼,只是点燃松树明子,举火把庆祝。传说女真人有一女子,听说长安城有宫灯,非常向往,便女扮男装,驱马赶赴长安。到了长安城不料被卫兵抓进宫里当了宫女。三年后,她也学会了做宫灯,便请求还乡。临走时,皇上送一个宫灯给她带回长白山。从此以后,满族过元宵节便有了各式各样的灯笼。

在正月十五那天,家家户户张灯结彩,各种纸灯、冰灯争奇斗艳。老大爷、老大妈,大姑娘、小伙子,小丫头、小小子……纷纷走上街头广场,燃放爆竹、赏月观灯、猜谜语、放焰火、看秧歌……总之是有着数不清的快乐。元宵观灯自古就是满人节日风俗的重要内容,在史书中可见到对元宵观灯场景的记载。当时在宁古塔的杨宾有诗云:"剪纸为灯号牡丹,西关爆竹似长安。谁家年少黄金勒,醉里垂鞭处处看。"这首诗描绘了宁古塔等地元宵观灯的热闹景象。齐齐哈尔、黑龙江城等地在元宵节还选派专人扮作灯官,主持灯节活动。据《龙沙纪略》记载:"上元赛神,比户悬灯。岁前,立灯官,阄屠侩名于神前,拈之。锁印后,一方之事皆所主。

文书可达将军。揭示,有官假法真之语。细事朴罚唯意。出必鸣金,市声肃然,官亦避道。开印之前,乃自匿去。"关于齐齐哈尔等地的灯官,流人方登峄(方式济之父)也作有《灯官曲》:"官马来,吏拥烛,马来不许行人触。昨日街头驵侩儿(牲畜交易的经纪人),今朝马上威仪肃。灯政司门字大书,放衙人迹奔如鹿。夜火南门三里红,行行虎侣声征逐。官何除目吏何司,将军令酿边关俗。月落灯残元夜过,不知官吏谁家宿。"诗人描述了一个牲畜交易的经纪人被推选为元宵节灯官后的活动情况。杨锡恒作有《艾河(即爱辉)元夕(即元宵夜)词》四首:"儿童踏臂欢呼处,争看灯官上任来。""迎虎迎猫载圣经,祈年赛社岂无灵。由来戏事关农事,前队先迎五谷瓶。"描述了雍正初年爱辉等地人们过元宵节时灯官上任、闹秧歌、看花灯等热闹场面,以及喜庆活动中祈祷丰年等与农事相关的内容,这也是中原汉族重农习俗在边疆各族中的具体体现。这一天可以尽情欢乐,可以猜谜,还有抹黑。就是人人都用手摸一下锅底灰,然后背着手上街,趁人不注意,往别人脸上抹黑。古代时,元宵节这一天父母才允许女孩子结伴出门玩乐,因此,元宵节也是古代中国的情人节,很多古代的戏剧小说中都有描写元宵节情人相会的故事。

【载歌载舞】逢上这样热闹的日子,载歌载舞自然会是节日活动的重要内容。据《渤海国记》记载:"官民岁时聚会作乐,先命善歌舞者,数辈前行,士女相随,更相唱和,回旋婉转,号曰踏追。"踏追即踩高跷。至今,此俗仍沿袭不衰。初一至初五,人们都相聚一处,唱歌、跳舞、踩高跷、尽情娱乐,有的地方年轻人还自发组织演出队,走村串屯进行表演,祝贺新年,节日气氛更加浓郁。

【鞑子秧歌】过大年,扭大秧歌,是关东人家数百年来的习俗。过年的这段时间里,街头巷尾,房前村后,总能看到大红大绿的秧歌队,男女老少齐上阵,唢呐锣鼓一起来。秧歌有很多种,陕北秧歌、东北秧歌、山东秧歌、地秧歌……只山东秧歌就分鼓子秧歌、胶州秧歌、海阳秧歌等。满族秧歌属东北秧歌，民间俗称"鞑子秧歌"，它是满族民间舞蹈中最通俗、最普及、最具生命力，同时也是最受满族人民喜爱的舞蹈形式之一。

【鞑子宫、克里吐】根据史书的记载，满族秧歌大致形成于康熙年间，是满族人民在吸收汉族文化过程中学习、借鉴过来，并且加入了自身文化元素的民间舞蹈艺术形式。满族秧歌与汉族秧歌的最大不同在于——人物的不同。例如满族秧歌中的"鞑子官"实际上是秧歌队的头，而"克里吐"则是另一个人神兼备的神物。"克里吐"又称"二老爷"，其形象是反穿皮袄，身挎串铃，手持"马鞭"。他呈丑相，动作是在舞队中前后乱窜，时而挥鞭。有人考证"克里吐"满语是怪兽的意思。此外，在满族秧歌队中还有一个丑角，用老满族的话说就叫作"以丑为美，以丑见长"，也有的说"扭秧歌，丑来逗，没有丑就没有逗""扭秧歌，没有丑，不如调头回家走"。从这些民间艺人的口头禅中我得知，丑角在满族秧歌里所具有的重要性。也就是说，丑角的作用在于活泼秧歌队伍，并且在其中起着穿针引线的作用。

【以礼见长】通常秧歌队伍必须边扭边走，每到一户都要拜茶桌，如果两支秧歌队在一地相遇时，必须相互见礼，由"大老爷"出面致礼。双方"大老爷"出队前，三次互相碰肩。碰肩礼，这是典型的满族礼节。其中的礼节多达 30 余种，因此说这和满族人日常生活中讲礼貌、重礼节的民间习俗是分不开的。

【动作火爆】由于满族人生性豁达、开朗，因此舞蹈的动作幅度也相对较大。再有，由于满族秧歌深受萨满舞中诸如跳腰铃等遗风的影响，因而其舞蹈中腰部的扭动幅度就比较大，其他一些舞姿的动作也比别人粗犷。在旧时，满族人信奉萨满教，在萨满教的祭天、祭祖等宗教仪式中，萨满手抓单鼓，身系腰铃，以舞祭天。在这些宗教祭祀舞蹈当中，不少都是被吸收过来并改造了的满族民间舞蹈，再加上萨满本身又多是专业的民间舞蹈艺人，他们又常常将宗教仪式上的舞蹈带回到民间，与民间舞蹈相互融合、相互推动，所以萨满在舞蹈的风格、技巧等方面对满族民间舞蹈艺术做出了很大贡献。再有，满族妇女均为"天足"，所以她们扭起来的时候也是很火爆的；满族秧歌下装（男）的步法多为"弓箭步""大别步"和"蹲裆步"，以矮为美，这反映了满族喜骑射的生活特点。满族秧歌动作中特有的律动——扬、蹲、盘、跺、摆、颤，都具有浓郁的满族人民生产、生活和社会活动方式的特色。舞蹈中男子所用的道具扇子及其姿势也能给人一种强健、刚毅的感觉。

【赋予舞蹈浓郁的历史属性】在满族秧歌（"鞑子秧歌"）中我们常常能看到舞者模仿骏马奔驰、雄鹰盘旋，或战争排兵布阵（俗称"走阵"）等的内容，这些内容使得满族秧歌与汉族秧歌呈现出了迥然不同的民族个性与特征，加之满族秧歌中所保留的对满族先民早期渔猎生活、风土人情、神话传说等的模仿内容，使得满族秧歌同时还被赋予了记录历史，再现民族风情的独特作用与使命。

【满族秧歌】满族秧歌在历史上曾非常盛行，据《柳边纪略》记载："上元夜，好事者辄扮秧歌。秧歌者，以童子扮三四妇女，又三四人扮参军，各持尺许两圆木，夏击相对舞，而扮一持伞灯卖膏药者前导，傍以锣鼓和之，舞毕乃歌，歌毕更舞，达旦乃已。"这是康熙年间宁古塔等地元宵节夜扭秧歌的情景。随后满族秧歌在很长一段时间里不为人们所知，在浩如烟海的历史典籍中，关于满族秧歌的记载也少之又少。直到1986年，在一些有心人的认真考查和挖掘下，才在一些地区找到民间流传下来的这种数百年前起源的秧歌，并正式定名为满族秧歌。满族秧歌现在的代表有抚顺秧歌、铁岭白旗寨秧歌、黑龙江富锦秧歌等。于冬日冷风中热烈起舞的满族秧歌，舞起了一年的收获和祝福，褪去了人们365天中的所有疲惫与不快，那喜庆的旋律和着人们欢快的笑声，那红红绿绿的服装映着缤纷绚烂的焰火和家家门前的大红灯笼,那老人、那少女、那年轻的小伙,那四处奔跑个不停的孩子们……满族的秧歌,满族的年。

【大灯笼小灯笼】想必许多三四十岁以上的中年人对儿时的元宵节都有美好的回忆。买红纸亲手扎灯笼,哥哥、姐姐、弟弟、妹妹……总之是一家人齐上阵。哥哥用木头、高粱秸秆、竹篾等扎灯笼框架,姐姐们就给灯笼粘贴红纸,弟弟妹妹在旁边眼巴巴看着,偶尔伸上一手,也不过就是递个工具什么的,心里急得了不得,却也只能隐忍地等待哥哥、姐姐完工。灯笼有大灯笼和小灯笼,大灯笼要放在大门口或者放在村内的空地上,小灯笼则是给弟弟妹妹的。天黑后,把灯笼点上,挨家挨户串门,孩子们互相比谁的灯笼好看,十分热闹。各家各户的大人们则用锯末子拌上煤油,一把一把地从自家大门口往村外摆堆,一直连接到村外,然后逐堆点燃,整个村子的人们都出门观看。民间有"八月十五云遮月,正月十五雪打灯"之说,白白的雪花漫天飘落,红灯在寒风中飘逸,地上星星的火堆,也给水墨冰雪画般的冬季山村平添了几许的色彩和生气。现在不论在大都市还是在农家院,灯笼样式更精美,技术也更先进,而孩子们都不再自己制作灯笼了,省事是省事了,但却总是感觉缺少点什么。

【满族填仓节】过了十五,节日的气氛就渐渐地淡了下去,但在满族以及大多关东人家,整个正月都算过年,所以春节的余味依然还浓浓地弥漫在每一处。从正月二十三到正月二十五还是满族的填仓节,在填仓节,满族人要放"仓官爷"灯。正月二十五填仓节时,这一天满族人家要用谷面或软米面捏成仓官爷、谷囤、粮仓及牛、马、鸡、狗、猫等各种家禽家畜形状的灯若干盏,并将牛、鸡、狗、猫灯分别放在窗台、炕头、门、墙角处一一点燃,将仓官爷灯放置碗内,漂浮在水瓮内,放时要念:"仓官爷骑马来,银钱粮食(或麻子、黑豆)驮着来;麻子轧了油,黑豆喂了牛。"以此祈求风调雨顺,五谷丰登。在这一天满族农民讲究吃"小米干饭杂面汤"表示五谷丰登。有的地方风俗略有不同,正月二十五填仓这一天,各家要制作三样水捞饭,即高粱米、小米、苞米楂子,蒸煮八成熟,其意是确保庄稼收八成。男人们动手制作小犁杖、小车、小锄头、小镰刀等。将灶坑塘里的草木灰扒出一些来,用铁锹在当院里撒几个大圈。拂晓进哈什(满语仓房),在囤子尖上放上一碗饭和三炷香,然后念《丰收歌》。清廷对此节也很重视,《养吉斋丛录》卷十三"正月二十五日为填仓日。乾隆嘉庆年间,御制诗甚多,实日食饼"。

【吃肉节】在东北的大多地区,填仓节如今已经很少能见到了,还有满族吃肉节,在今天更是很少见到了。二月初一是满族的吃肉节,与汉族的中和节为同一天。吃肉节在历史上的满人中曾是极为盛大的节日,但在今天已经沦落到无人问津的地步。不过据说,满族的生日——颁金节、满族天令节(冬至节),在有些满族较为集中的地区仍有所盛行。

【冰雪节日民俗】从腊月初一到过了年关的二月二,都是东北一年当中最为寒冷的时段,是人们俗称"猫冬"的季节。在这冰天雪地的日子里,满族与东北地区的其他少数民族及后来的汉族,逐渐形成了具有冰雪特色的节日民俗。这些节日有的是对外来节日文化,如中原汉族节日文化的汲取,有的完全是本民族始创而传承下来的节日,但无论其起源在何处,在北方寒地这片冰封雪盖的大地上,都盛开出有着浓郁冰雪特征的节日民俗之花。即使在东北大地的同一天空下,不同区域、不同民族的冰雪节日民俗也都有着或大或小的不同之处。

其他少数民族春节

【鄂伦春族春节】春节也是鄂伦春族最隆重的岁时节日,每年农历正月初一举行,一般要进行四至五日。主要流行于内蒙古自治区和东北鄂伦春族地区。鄂伦春族的春节虽源于汉族习俗,但也有着不同之处。经常在山林中狩猎的鄂伦春人,在山林中辨别方向十分的重要,他们在山里的时候,北斗星就成了他们回家的"灯塔",所以鄂伦春人家家户户在除夕不仅要祭祀祖先,还要祭祀北斗星。在初一清晨,人们忙着煮新包的"谢纳温"(饺子),他们还用向天空鸣枪的方式,以示迎来了新的一年,这也与他们的狩猎生活有着一定的关联。全家人走出屋外,面向东或南,燃起九炷香,叩头祭拜天神和山神,祈求神灵恩赐猎物,保佑全家免灾免祸、吉祥如意。祭祀之后,按辈分次序入座就餐。席间,晚辈要向长辈斟酒、叩头拜年,先拜爷爷、奶奶,再拜父亲、母亲。弟弟、妹妹也要向哥哥、姐姐拜年,行屈膝请安礼。晚辈向长辈拜年时,长辈要用手指蘸酒,向上、下、左、右弹三下,以示敬天敬地敬祖,然后向来拜的人嘱咐几句吉利的话。太阳出来以后,人们穿上新衣服,携儿带女,带着酒肉互相拜年,先到氏族或家族中最年长者家里行拜,然后再到其他家。进门先烧香祭火神,向篝火里扔一块肉,洒一杯酒,主人陪同客人祭拜。祭祀毕,客人向主人敬酒、敬烟、叩头,并祝愿老人健康长寿。受拜的长辈同样向来拜者说几句祝福的话,有的还要给压岁钱或几块糖。这一天,老人一般都在家里等候晚辈来拜年。

初二开始,老年人互相拜年,或聚集在一起饮酒娱乐,青年人则自动组织起来进行文体活动,或者唱歌跳舞;或者赛马射击、摔跤比赛;或者下棋玩牌。歌舞尤为人们所喜爱。他们的舞蹈有反映飞禽走兽的生活面貌的,有表现猎人捕捉野兽的情景的,也有描绘妇女采集劳动场面的,动作古朴纯真,具有深厚的狩猎生活气息。娱乐活动一直延续到初四。初五,人们认为是"鬼日",忌讳出门,也不许娱乐和吵闹。这一天,人们都各自在家里休息。初六开始,猎民可以上山打猎,恢复正常的生产活动

【达斡尔族春节】达斡尔族称春节为"阿涅",是一年之中最盛大的节日。一般过了腊八就开始忙起,家家都要杀年猪、打年糕,母亲日夜不停地给子女赶制过年的新鞋新衣,男人进城办年货。大年三十,达斡尔人称"布图"。布图有两个含义,一是封闭的意思,即全年过完了,老天爷要在这一天的夜里把这一年封闭掉了;二是完成的意思,即这一年的事情到这最后一天就全完成了。在下午的时候,达斡尔人要在门口正前方堆起大垛干牛粪,傍晚点燃,各家长者把大块的肉食、饽饽、饺子等美味佳肴扔进火堆,祈祝一年人畜安康、五谷丰登。俗谓烟火越旺越吉利,火堆一直要燃到初五。入夜,家户悬灯挂彩,高树天灯。长辈设供拜祭诸神,并到房屋两侧雪地上插香,朝西叩拜祖先,一直延续到初五。然后全家向家长敬酒辞岁,老辈向晚辈祝福,其他人按辈拜年。接着全族男子集合,依次给族内人家辞岁,一直延续到子夜,拜年的人一进门就要打开主人家的锅,抢吃年糕,表示亲密无间,然后吃猪肘子、手把肉,妇女之间要互相赠礼,礼物有烟叶、奶皮、糕点和冻肉。年三十吃饺子有的要在一个饺子里放上白线,意味着吃到这个饺子的人可长寿两百岁;有的在一个饺子里放上铜钱,吃到的人意味着今后不缺钱花。拜完年后人们要回家团坐守岁。达斡尔初五前以拜年为重,其后则以游玩为主,主要活动有打贝阔(曲棍球)、化妆游戏(阿巴嘎日岱)、跳舞、玩牌。过年期间,不倒灰土扬水,不动用米面,以免把新年福分倒掉和消耗掉;妇女不动针黹,俗谓动了则一年受累;不准哭闹、呵斥,免招不吉。春节一直过到正月十六,正月十六为"黑灰日",亦称"抹黑节",达斡尔语为"浩吾多日"。在黑灰日这一天,人们之间,特别是青年人之间为了预祝一年中的丰收,象征吉祥,少年男女手持锅底黑灰,互相追逐给对方脸上抹黑,认为抹得越黑,新一年越吉利。对于早上睡懒觉的人,也以抹黑催他起床。以此为一种娱乐。要互相往对方的脸上抹黑,抹黑节不仅为达斡尔族所有,满族、锡伯族等也都拥有这种有趣的习俗,虽然有相异之处,但大体一致。

冰雪圣诞节

【**西方圣诞节**】羽毛一般的白雪漫天地飘着,小镇的街巷里有一身穿厚厚红袄、脚踏黑靴的白须老人,肩上背负一个大大的布袋,他的脚步轻轻,脸上透着温暖而神秘的笑容……第二天阳光初起,每一家孩子的床前都多出了一件一直梦寐以求的礼物。想必大多数国人都会熟悉这个亲切可爱的形象,西方圣诞节中的圣诞老人。每年 12 月 25 日的圣诞节,与我国的春节类似,是西方一年当中最为盛大的节日,现在已有席卷全球之势。

圣诞节源于基督教。教会开始并无圣诞节,约在耶稣升天后百余年内才有。据说:第一个圣诞节是在公元 138 年,由罗马主教圣克里门倡议举行。而教会史载第一个圣诞节则在公元 336 年。由于《圣经》未明记耶稣生于何时,故各地圣诞节日期各异。直到公元 440 年,才由罗马教廷定 12 月 25 日为圣诞节。1607 年,世界各地教会领袖在伯利恒聚会,进一步予以确定,从此世界大多数的基督徒均以 12 月 25 日为圣诞节。其实哪一天并不要紧,重要的是应该知道它是为纪念救世主耶稣降生。由于《圣经》记载耶稣生于夜间,故传统称 12 月 24 日夜为"圣诞夜"或"平安夜"。

【**耶稣**】耶稣的出生是有一段故事的,耶稣是因为圣灵成孕,由童女马利亚所生的。神更派遣使者加伯列在梦中晓谕约瑟,叫他不要因为马利亚未婚怀孕而不要她,反而要与她成亲,把那孩子起名为"耶稣",意思是要他把百姓从罪恶中救出来。当马利亚快要临盆的时候,罗马政府下了命令,全部人民到伯利恒务必申报户籍,约瑟和马利亚只好遵命。他们到达伯利恒时,天色已晚,无奈两人未能找到旅馆留宿,只有一个马棚可以暂住。就在这时,耶稣要出生了!于是马利亚唯有在马槽上生下耶稣。后人为纪念耶稣的诞生,便定 12 月 25 日为圣诞节,年年望弥撒,纪念耶稣的出生,但真实的诞生日就没有人知道了。19 世纪,圣诞卡的流行,圣诞老人的出现,使圣诞节开始流行起来。

【圣诞】圣诞,英文是 CHRISTMAS,美国《韦氏辞典》,认为这个字是由 CHRIST + MASS 合成的,其意义是"基督祭典",而英国《牛津辞典》亦做相同解释。央格鲁撒克逊语"圣诞"一词,也一样是基督祭典之意。其他非英语系国家,如法国、西班牙、意大利等,"圣诞"则有"生日"的意思。至于德国人,称圣诞节为"圣诞季",但其原文则含有"圣夜"之意。世界上每一个国家或民族因为传统习惯的不同,其圣诞节习俗也各有差异。

【圣诞色】西方人以红、绿、白三色为圣诞色,圣诞节来临时家家户户都要用圣诞色来装饰。红色的有圣诞花和圣诞蜡烛。绿色的是圣诞树。它是圣诞节的主要装饰品,用砍伐来的杉、柏一类呈塔形的常青树装饰而成。白色是冬季里自然的颜色,人们就把洁白的雪花、雪球放大,做成装饰品挂在圣诞树上,或是干脆弄点人造假雪放在圣诞树的下面,营造出雪地绿松的景致。圣诞树上还悬挂着五颜六色的彩灯、礼物和纸花,还点燃着圣诞蜡烛。

【圣诞老人】红色与白色相映成趣的是圣诞老人,他是圣诞节活动中最受欢迎的人物。西方儿童在圣诞夜临睡之前,要在壁炉前或枕头旁放上一只袜子,等候圣诞老人在他们入睡后把礼物放在袜子里。在西方,扮演圣诞老人也是一种习俗。

圣诞老人的传说在数千年前的斯堪的纳维亚半岛即出现。北欧神话中司智慧、艺术、诗词、战争的奥丁神,寒冬时节骑上他那八脚马坐骑驰骋于天涯海角,惩恶扬善,分发礼物。与此同时,其子雷神着红衣以闪电为武器与冰雪诸神昏天黑地恶战一场,最终战胜寒冷。据异教传说,圣诞老人为奥丁神后裔。也有传说称圣诞老人由圣·尼古拉而来,所以圣诞老人也称 St. Nicholas。

圣诞老人的来历有着不同的说法。

第一种说法:

身穿厚厚红白大袍的圣诞老公公,其实并不是出生在冰冷的北极圈,而是地中海岸的登雷镇,所以他如果穿着这身打扮出现在老家,肯定是热得直呼受不了。

据报道,圣诞老人故事源自圣尼古拉这名宗教人物。他在公元 4 世纪时担任土耳其登雷镇这个长时间艳阳高照的小镇的主教,为人乐善好施,后来人们在他的生平事迹里加进了一些神话故事,最后就演变成大家今日熟悉的带礼物、笑容满面的圣诞老人。

传说,镇上有一户贫困潦倒的人家,没钱替三个女儿置办嫁妆,圣尼古拉知道后,在某个晚上把一袋黄金从窗户丢进了这户人家,隔天他又丢了一袋。但第三天,窗户关了起来,圣尼古拉只好爬上屋顶,从烟囱丢下金袋,结果正好落在女孩放在壁炉里烘干的袜子里面,最后就演变成在圣诞前夕挂袜子、等圣诞老人送礼物的传统。

第二种说法:

圣诞老人原来的名字叫作尼古拉,在 4 世纪的时候,出生在小亚细亚巴大拉城,家庭富有,父母亲是非常热心的天主教徒,不幸他的父母早逝。尼古拉长大以后,便把丰富的财产全部捐送给贫苦可怜的人,自己则出家修道,献身教会,终生为社会服务。尼古拉后来做了神父,而且升为主教。他一生当中做了很多慈善的工作,他最喜欢在暗中帮助穷人,圣诞老人是他后来的别号,这个名字是出自他暗中送钱,帮助三个女孩子的故事。

据说在尼古拉不远的地方,住着三个美丽的少女,她们分别是二十岁、十八岁、十六岁。父亲是一位清寒的学者,经常靠借贷来过日子。有一次,因为没有能力还债,只好狠心把美丽健康的三女儿卖给债主带到非洲去做女仆人。三个女儿知道了这件事，便拥抱在一起伤心地痛哭着，家中悲伤的情形是可以想象得到的。尼古拉知道了这件事，跑到她们家中安慰了一番。到了夜里，尼古拉就装了三袜子的金子，偷偷地挂在三个少女的窗前。她们有了金子，还了父亲的债，三女儿也就避免了做女仆的命运。第二天正是圣诞节，她们知道是尼古拉做的好事，便请他来一边庆祝一边感谢。以后每到圣诞节，这三个少女就讲这个故事。孩子们听了非常的羡慕，也希望圣诞老人来送给他们一袜子礼物。

后来不知道哪一家聪明的父母，开始用圣诞老人的名义给孩子送了一袜子礼物。结果这个习惯，便在欧美各地流行起来。尼古拉后来做了米拉城的主教，因为他小时候也是孤儿，所以特别成了孤儿的保护人。他去世以后，教会册封他为圣人。他爱护孤儿及帮助穷人的精神，也因此跟着圣诞节流传下来。后来世界上有很多善心人士，便效仿尼古拉的仁爱精神，捐出大量的物品，用圣诞老人的名义，把爱心带给贫苦的人，带给可怜的老人和孤儿。每年圣诞节到了，圣诞老人总是在世界各地出现，给千千万万的孩子、孤苦的老人、被抛弃的孤儿，带来温暖和快乐。我们希望世界上生活富裕的朋友，都是圣诞老人，不只是在圣诞，甚至在平时，在能力范围内，把爱的光辉，散播在世界每个角落。

【美国版本的圣诞老人】美国版本的圣诞老人，他的形象和名字来自于荷兰传说，17 世纪由移民者带入纽约。

1773 年早期在美国新闻报纸上出现了"圣诞老人"，这是美国畅销作家华盛顿·欧文第一次作为美国人介绍关于荷兰版本的尼古拉斯（圣诞老人）的信息。据纽约历史记载，欧文用笔名 Diedrich 在 1809 年的报纸上，描述了骑在马背上（没有黑匹特的伴随）的尼古拉斯的到来。

北半球不同关于圣诞老人的传说：

圣诞老人的来源要追溯到 20 世纪，正如我们所知，他是不同传说和神秘人物的结合体。

圣诞老人的前身是土耳其西部港口城市伊兹密尔的主教尼古拉斯,他生活在公元 4 世纪,是为善良、慷慨、对孩子们非常好的有钱人。东正教尊重尼古拉斯,视其为创造奇迹的人。

在德国中部和北部地区,尼古拉斯被称为"圣诞老人",在英国被称为"圣诞父亲",被美国的荷兰移民称为后来的"Santa Claus"。

孩子们都想知道圣诞老人住在何处,他们何时会收到礼物?答案通常是圣诞老人住在北极,他的作坊生产圣诞礼物。1927 年被孩子们称作"Markus"的儿童节目主持人 Markus Rautio 第一次透露:圣诞老人生活在拉普兰的 Korvatunturi。

位于芬兰东部边境地区的 Korvatunturi 发现了一只类似于野兔的耳朵,事实是圣诞老人的耳朵,它用来聆听孩子们的愿望。斯堪的纳维亚的传说中讲述了圣诞老人和助手小精灵们的历史。

20 世纪结束时,北半球不同关于圣诞老人的传说汇总成同一版本——白胡子老人为孩子们发放礼物,之后返回芬兰拉普兰的 Kornatunturi。

1950 年开始,圣诞老人快乐地逗留在 napapiiri,除了圣诞节还要和孩子们及年轻人进行沟通。越来越多的人定期拜访圣诞老人,1985 年,他建立了自己的工作室,每天圣诞老人都来办公室倾听孩子们的圣诞祝愿并和他们沟通交流。圣诞老人村是圣诞老人的主要邮局,它接收全世界孩子们发给圣诞老人的信件。

每年圣诞节,圣诞老人骑在驯鹿上,圣童手持圣诞树降临人间,随着世事变迁,作家和艺术家开始把圣诞老人描述成我们今日熟悉的着红装、留白胡子的形象。同时不同的国度和文化对圣诞老人也有了不同的解释。在德国,传说他扮成圣童把坚果和苹果放在孩子们的鞋里。他乘双轮马车四处漫游,观察人们的行为,尤其是小孩,如果表现好,将会得到苹果、坚果、糖等诸多奖品。坏孩子则得一鞭子。家长们灵机一动纷纷采用此传说来鼓励孩子们听话。大大超过了新年,成为一个全民的节日。圣诞老人已经成为圣诞节最受喜爱的象征和传统。他赶着驯鹿,拉着装满玩具和礼物的雪橇挨家挨户给每个孩子送礼物的快乐老精灵的形象已深深地留在人们的记忆中。

圣诞老人是驾着雪爬犁从遥远的北极来到每一个地方的,圣诞老人总共拥有十二只驯鹿,一边六只。第一只叫作 Dasher,猛冲者的意思;第二只叫作 Comet,彗星的意思;第三只叫作 Cupid,丘比特;第四只叫作 Dancer,跳舞家;第五只叫作 Kirm,卡姆;第六只叫作 Prancer,跳跃;第七只叫作 Vixen,雌狐;第八只叫作 Donner,是荷兰语中的雷;第九只叫作 Blitzen,也是荷兰语,闪电;第十只叫作 Fireball,火球;第十一只叫作 Olive ,橄榄;第十二只叫作 Rudolph,鲁道夫。

【圣诞树】圣诞树是圣诞节庆祝中最有名的传统之一。有关圣诞树还有一段故事。据说有一位农民在一个风雪交加的圣诞夜里接待了一个饥寒交迫的小孩,让他吃了一顿丰盛的圣诞晚餐,这个孩子告别时折了一根杉树枝插在地上并祝福说:"年年此日,礼物满枝,留此美丽的杉树,报答你的好意。"小孩走后,农民发现那树枝竟变成了一棵小树,他才明白自己接待的原来是一位上帝的使者。这个故事就成为圣诞树的来源。在西方,无论是否是基督徒,过圣诞节时都要准备一棵圣诞树,以增加节日的欢乐气氛。通常人们在圣诞前后把一棵常绿植物如松树弄进屋里或者在户外,并用圣诞灯和彩色的装饰物装饰,并把一个天使或星星放在树的顶上。圣诞树多是用冷杉、赤松之类的常绿树做成,象征生命长存。树上装饰着各种灯烛、彩花、红黄彩球、玩具、圣诞钟、心形姜饼、星星,挂上各种圣诞礼物。圣诞之夜,人们围着圣诞树唱歌跳舞,尽情欢乐。除了圣诞树还有圣诞花,传统的圣诞花是猩猩木(别名一品红、圣诞红,花色有猩红、粉红、乳白等),

圣诞植物还包括冬青、红孤挺花、圣诞仙人掌。

【圣诞贺卡】圣诞贺卡是表达自己对别人的良好祝愿所赠送的节日礼品。圣诞卡的诞生也有很多种说法,1864 年英国的阿尔巴特亲王特别推广这件事,就印制了一千张圣诞图画的圣诞卡,开始发售。到 1865 年,印刷的圣诞卡开始大量销售了。首先是由德国绘画彩色的石版工厂印制以后,运送到英国去正式发售,再从英国传到世界各地,于是寄送圣诞卡的风俗,渐渐流行起来。当初圣诞卡的寄送,只通行在基督徒之间,到了 20 世纪初,普遍风行,不论是不是基督信徒,都以圣诞卡向亲友祝福和恭贺新年。另一种说法:圣诞卡始于 1844 年。当时,英国维多利亚女皇和 Albert 太子在伦敦的温莎堡里庆祝圣诞节,邀请王族儿童入宫参加宴会,请柬上印有祝贺的词句。欧洲人从此纷纷仿效,用这种写上祝贺词的卡片来互相祝贺圣诞和新年。

【圣诞之夜】每到大雪纷飞的圣诞之夜,世界各地基督教和天主教教堂唱诗班的孩子们都要用那纯真而虔敬之心,在烛光闪烁里唱起同一支歌:平安夜,至善夜/万暗中,光华射。/照着圣母也照着圣婴/多少慈爱也多少纯真;静享天赐安眠,/享天赐安眠。除了这首举世皆知的圣诞之歌《平安夜》以外,还有《听,天使报佳音》和《铃铛儿响叮当》,长期以来也一直在流行。

【平安夜】圣诞节前夕也就是俗话说的平安夜,当晚,全家人会团聚在客厅中,围绕在圣诞树旁唱圣诞歌曲,互相交换礼物,彼此分享一年来生活中的喜怒哀乐,表达内心的祝福及爱。在这天晚上都会看到一群可爱的小男生或小女生,手拿诗歌弹着吉他,一家一家地唱着诗歌报佳音。到底佳音队这种节日活动是怎么来的呢?耶稣诞生的那一晚,一直在旷野看守羊群的牧羊人,突然听见有声音自天上传来,向他们报耶稣降生的好消息。根据《圣经》记载,耶稣来是要做世人的王,因此天使便透过这些牧羊人把消息传给更多的人知道。后来人们就效仿天使,在平安夜的晚上到处向人传讲耶稣降生的消息，直到今日，报佳音已经变成圣诞节不可缺少的一个节目。通常佳音队是由大约二十名青年人，加上一些装扮成天使的小女孩和一位圣诞老人组成。在平安夜晚上大约是九点过后，开始一家一家地去报佳音。每当佳音队来到一个家庭时，会先唱几首大家都熟悉的圣诞歌曲，然后再由小女孩念出《圣经》的话语让该户人家知道今夜是耶稣降生的日子，过后大家一起祷告再唱一两首诗歌，再由慷慨大方的圣诞老人派送圣诞礼物给那个家庭中的小孩子，整个报佳音的过程就完成了！

【各国圣诞节差异】世界大多国家的圣诞节都是每年的 12 月 25 日，但也有不同，在俄罗斯、科普特、耶路撒冷、塞尔维亚及格鲁吉亚等东正教地区，圣诞节则是 1 月 7 日。这是因为他们既没有接受格里高利历改革，也没有接受修正后的儒略历，因此他们原来在 12 月 25 日的圣诞节在 1900 年到 2099 年的这一段时间内将延迟到 1 月 7 日。2007 年 1 月 7 日，俄国家杜马（下院）议员做出一个惊人的决定："遣返"西方圣诞老人。现在传遍世界的"身着红色外套、头戴尖顶红帽"的圣诞老人形象是可口可乐公司在 1931 年的创意。而俄罗斯民间传说中的圣诞老人"冰雪老人"则是乘三套车、穿长袍，长袍的颜色可以是红色也可以是蓝色。这一次"遣返"西方圣诞老人事件的缘起，便是俄罗斯议会前的圣诞树以穿红色短棉袄的西方圣诞老人玩偶为装饰。在此之前，很多人就对西方圣诞老人的"入侵"表现出一定的抵制。他们力主保护民族传统习俗，也就是保护"冰雪老人"和他的外孙女"雪姑娘"的形象。

俄罗斯"遣返"西方圣诞老人，也许更多是基于"政治"的因素，在世界其他国家和民族由于文化、传统习俗的不同，圣诞节也有着大大小小的差异，或许就是因为这差异，圣诞节也才更有了生机活力。

英国：他们认为圣诞节必须吃得痛快。所以圣诞大餐极为丰富,包括猪肉、烤火鸡、圣诞布丁、圣诞碎肉饼,等等。家里每一个人都有一份礼物,连仆人也有,礼物都在圣诞节的早晨分赠。有时逢唱诗班逐门逐户唱圣诞歌时,他们也会被主人请进屋里,招待茶点或赠予小礼物。

法国:在圣诞节前夕都要到教堂参加午夜弥撒。弥撒后家人同去年长兄姐家中团聚共享圣诞餐,并分享一年来家中要事。偶有家人不和之事,亦常因圣诞欢聚而尽释前嫌,言归于好。故圣诞节在法国人眼中,视为仁慈和睦的日子。

意大利:在意大利,每逢圣诞节,大家都喜欢在家中安置一些关于耶稣诞生故事的模型。圣诞的前夕,家人团聚吃大餐,到午夜参加圣诞弥撒,然后大家去访问亲戚朋友,但只有小孩和老人得到礼物。在圣诞节意大利有一种风俗,孩子为感谢父母一年来的教养,会在未吃圣诞大餐前将他们的作文或诗歌,暗藏在餐巾、桌布或碟子里。吃完大餐后便将它取出朗读。

西班牙:该国的孩童常将鞋子放在窗口或门外,以接受圣诞礼物。在许多城市中,男孩子也常备有许多高级礼物,要送给美丽女子。“牛”在圣诞节也受到最好的待遇。因当地有一传说:“耶稣降生时,曾有一只牛向他吐气,使他得到温暖。”

瑞典:在圣诞佳期中,瑞典人非常好客,每一个家庭不论贫富都欢迎朋友来访,甚至连陌生人都可以进来吃东西。他们将各样的食品都摆在桌上,任人自由选择。

瑞士:该国的圣诞老人穿白色长袍,戴假面具。他们往往由贫苦人装扮,成群结队向富人讨取食物和礼物,散队时才平分所得物。

丹麦:最先出版圣诞邮票的国家。这种圣诞邮票的发行是为筹措防痨经费。丹麦人寄圣诞贺卡、邮件,都喜欢贴这种邮票。

智利:该国在庆祝圣诞节时,必备一种“猴子尾巴”的冷饮。这种饮料是用咖啡、牛奶、鸡蛋、酒及已经发酵的葡萄制成。此饮品为何叫"猴子尾巴"已无人知晓。

挪威：在圣诞节前夕，家中每一份子就寝前需将鞋子由大到小排成一列。挪威人认为家人如此做可以在未来的一年里得到和睦与安宁。次日早晨，家人见面就互唱最喜爱的圣诞歌曲。

爱尔兰：该国的家庭在圣诞前夕，会将一支蜡烛或灯放在窗门架上，表示欢迎圣婴降生。

苏格兰：圣诞节前需将家中借来的物品一一归还原主。礼物是在新年的头一星期赠给小孩及仆人。

荷兰：该国人赠送圣诞礼物往往出人意料，礼物甚至会藏在布丁、羊肠里呢！

德国：圣诞树的发源国。基督徒的家里定会放置一棵美丽的圣诞树，圣诞饼亦多款且讲究。

美国：一个自由且多彩的国家，圣诞节是他们快乐狂欢的日子。美国的民族复杂，所以其庆祝方式常因移民的不同而有所差异。大部分室内都有别致的布置，门外悬挂着美艳的花环及绮丽的饰物。

梵蒂冈：如果你想在世界最大的圣彼得教堂参加由教皇亲自主持的圣诞弥撒，虽然那里可容纳三万五千人但仍需预先定位。其圣诞弥撒大多在十二月二十五日零时举行，教皇坐在八个侍从抬着的轿子上穿过群众，一边向信徒们祝福一边走上祭坛。教皇着白袍外罩金黄色祭服，登上圣彼得大教堂的祭坛，以拉丁语念出祷告词。零时整，号角手吹响喇叭，这时，圣婴耶稣身上的白布被徐徐拉下了。教堂内的各国信徒眼眶里含着热泪，以各自的语言唱出悠扬的"平安夜"。世界各地的天主教徒均视前往圣彼得大教堂、亲谒教皇、受其祝福，为一生中最大的荣幸。

日本：虽然日本非基督教国家，但战后日本过圣诞节的风气十分风靡。原因之一与各大商家的促销有关。有的百货公司以圣诞树作装潢，在店内布置雪景，增加银色圣诞的气氛。各色茶店、夜总会、酒吧也都安置一株圣诞树以应景。十二月中旬各商店人山人海,大家为准备圣诞礼物赠送亲友而忙碌。

新西兰:该国圣诞节有两周的假期。圣诞节前夕,家人朋友共聚一堂开"派对"庆祝。新西兰的法律明文规定,庆祝圣诞要在家中举行,故酒楼、茶馆在下午六时一律打烊。普通商店营业时间最迟也只能到晚上九时为止。街上可见到穿着苏格兰短裙的乐队巡回演奏。

非洲摩洛哥:在摩洛哥,平时不与平民见面的王族,在圣诞节当天,公主会在数千儿童的同乐大会上给贫苦儿童发礼物。

波兰:波兰人分为两派。在圣诞前夕,一派吃圣诞大餐;另一派整日斋戒虔诚祈祷。

菲律宾:该国过圣诞节从 12 月 16 日就开始。做九天的祈求,虔诚的教徒每天早晨四时就起床祈祷。他们相信如此可得圣婴耶稣及圣母玛利亚的特别恩泽,直到 22 日为止,在三天来朝日才结束圣诞庆典。

哥伦比亚:他们以化装舞会来庆祝圣诞。各人戴着假面具尽量不被人认出,凡能认出最多的人就可得到奖品。

澳大利亚:适婚年龄的女子,在圣诞节时将熔锡倾入冷水中,看它的形状,来预测未来夫婿的外貌,高矮胖瘦。

捷克:圣诞节未婚的捷克少女,把削好的苹果皮抛在背后。她们认为这样做可以看出未来夫婿的姓氏之第一个字母。

无论是我们中国的春节,还是西方的圣诞节,我们都希望在那寒冷的冰雪世界里,一颗颗火热的心在温暖地靠近,让真诚的祝福永远在你我之间流淌,正如圣诞卡上的那句祝福:"我要把一切喜讯变成奶油,所有祝福融成巧克力,所有快乐做成蛋糕答谢你,然后说声圣诞快乐!"让人类中每一个你我的心灵在另一首《圣诞歌》中悄然相融。

我心里会一直有你的

未来的路很长 大家都要微笑面对

骋飞驰在星空

圣诞的夜多安静

数着一片片雪花

痴痴地

一直沉默的门铃

一直懒惰的挂钟

每次心跳都见你笑容

我已独自地埋怨

最后小时你出现

最好的圣诞礼物就是

你温柔笑颜

浪漫香槟久别重逢时

快乐的是

不愿让你看见我流泪的脸

Merry Christmas

叮叮咚 叮叮咚 铃儿响叮叮咚

相爱的人在一起

每一秒都快乐

叮叮咚 叮叮咚 融化你怀中

每一对相拥的人

是夜晚最美的风景。

中国版本的"圣诞老人"也许有人会强烈地质疑,圣诞节为西方洋节,中国怎么会有圣诞老人? 在中国不但有圣诞老人,而且他比西方的圣诞老人更鲜活、更和蔼可亲。在我国东北的长白山就有这样的一些"圣诞老人",只是当地的人们称呼他们的名称不怎么文雅,人们叫他们"老冬狗子",或称"老把头""洞狗子"。

他们到底是谁呢？《桦甸县志》中记载："老冬狗子是年久住山里狩猎，挖参淘金捡蘑菇的以山为生活者，穴居野外以山洞为家，寒尽不知年，自忘年岁。"有文献还记载："山里的老把头者，系山里长生不死的人，能知道过去和未来，更详细山里情形，掌握山中事故的一个最慈祥的神人。"

【老冬狗子】其实人们称他们为"老冬狗子"是一种尊称，"冬"是指其专门在寒冷的冰雪中出没，"狗"是指人们对其顽强生存毅力和性格的赞美，再者东北很多少数民族都视狗为"恩人"，十分尊敬狗。由于"老冬狗子"久居山林，与世隔绝，说话很风趣，偶尔碰见山外人，常会问一些啼笑皆非的话，如"秦始皇那万里长城修没修完呢？"少说他不也得两千多岁啊。所以没有人知道老冬狗子的岁数。这些"冬狗子"嗅觉灵敏、灵活善走，且清心寡欲，一身的精力，健壮的身体，所以在寒天雪地的大自然里能够自在遨游。

据说"老冬狗子"十分好客，只要在长白山里遇见老冬狗子住的地方，不管来者是土匪、马贼、罪犯、迷路的，还是过路的，都可以随意进屋，尽管自己动手，丰衣足食。但离开时，得把烧火棍立在门扇旁，还得把乌拉鞋解开，重新絮一下里面的乌拉草。这样自然会有一些乌拉草末落在地下，这叫"留个话"。或者在屋地上画个"十"字，箭头指着去的方向。也可以抓把灶坑里的柴灰，撒在屋外，指示出走的地方。做完这些事，吃饱喝足了尽管走人。如果主人老冬狗子回来了，一看这景象，就会高兴地自言自语道："家里来客了！"

当然"老冬狗子"不会真的活二千多岁，但由于他们经常在山里居住、活动，身体多高大、健壮，所以一般都比较高寿，是北方的寒冷气候造就出的关东奇人。在东北的民俗中，如梦到白胡子老头，就为有福有财之意。同时，在山里放山、狩猎、挖参、淘金之人又视他们为"老把头"，相信他们能保佑自己，在危难的时候，出面解救和帮助自己。关东民间非常尊重老人，每到老人节或年节，各处都要把年岁大的老人请来，让老人坐在高处，亲朋好友都会来祝贺，让儿女们孝敬。

这里说的"老冬狗子"不就是活脱脱的"圣诞老人"嘛，所以这里的人们将他们称为"中国北方的圣诞老人"。不过今天已见不到有人做"老冬狗子了"，但当地有不少人倡导让"老冬狗子"做中国的"圣诞老人"。

冰雪狩猎习俗

【达斡尔狩猎习俗】冬季为达斡尔族的过年之猎，主要猎取狍子、野兔、貂及灰鼠、香鼠、元鼠等珍贵细毛兽类，其肉供年节食用，皮毛出售，以办年货。达斡尔族多采取被称为"花日克"（下套子）的狩猎方法，不仅能捕猎到地上跑的，甚至连天上飞的也能"疏而不漏"。冬季，用细细的皮绳（现在多用铁丝）做成绳套，一头系在树上，另一头挽成一个活扣（大小视要捕捉的猎物大小而定），将套子一排一排地下好，形成阵地状，放在兔子、狍子出没的地方伪装好，等猎物钻进去。猎物一旦被套住，就拼命地挣扎，可越挣越紧，最后不得不就范。狍子被套住后，就会向前蹿，不会向后退，傻狍子、傻狍子就是这么来的。

【套大雁】套大雁有两种办法：一种是连接几十个或上百个套子，横排插在收割后的田里，成群大雁落下觅食时被套住脖子或爪子；另一种是用柳条做圆圈连在一起，随便散放于收割后的地里，大雁落下觅食吞下粮食以后，连接的圈套摇摆在嘴下，大雁若用爪子扒掉，将一支腿伸进圈套内，因不能起飞而被捕。

【下夹子】下夹子主要是猎取黄鼠狼、元鼠以及貂等小动物，将夹子埋在黄鼠狼、貂等洞口，猎物一出来，就会被夹住，达斡尔族猎人在长期狩猎中,创造了一套捕貂又不伤皮毛的方法。清代流人方登峰在《打貂行》诗中记载:"打貂需打生,用网不用箭。用箭伤皮毛,用网绳如线。犬逐貂,貂上树,打貂人立树边路。摇树莫惊貂,貂落可生捕,皮完脯肉供匕箸。索伦打貂三百户,白狼岑鹿羆同赴。九天阊阖上方裘,垂裳治仰堆虫助。"其孙方观承也在《卜魁竹枝词》中描写道:"犬侦貂穴在深蒿,伺穴噞来更不劳。貂惜毛戕甘受齿,犬防齿重不伤毛。"这些诗歌形象地反映了狩猎的聪明智慧。

【海东青】达斡尔猎人还常采取鹰猎的方式,达斡尔人将其驯养的猎鹰称为海东青,一般用来捕猎禽类和小型动物,捕猎效果非常有效,多在雪后的清晨进行。下了一夜的雪后,一大早,禽类和小动物都出来觅食了,这时猎人脚跨骏马,左臂托举猎鹰,背弓持枪,寻游于雪野山林之中。发现野鸡、沙半鸡、飞龙或野兔、貂等小型禽鸟动物后,便令猎鹰迅速出击,准确而有效。鹰猎的收获量虽然不大,但它既是一种生产劳动,又是一项饶有风趣的体育娱乐活动,因而深受达斡尔人的喜爱。拥有一只聪明伶俐、敏捷强悍的猎鹰也成为猎人的骄傲与自豪。

【步日阔】达斡尔族对冬季冰上捕鱼情有独钟。每当严冬来临,在冰封的江面上进行"步日阔",即冬季冰上叉鱼。溜冰叉鱼,即在刚结冰不久的冰层上进行,捕鱼者边溜边将看到的大鱼迅速用鱼叉叉出冰层。凿冰叉鱼,在江水冰冻后,在鱼群出没的深水处凿开一个大小适当的冰眼,然后在其上盖个小窝棚,遮住阳光或月光。晚上到小窝棚里面叉鱼时,点燃火炬或油灯之类,当大鱼见光游入凿开的冰眼时,便迅速用叉对准鱼头,这样鱼叉下去才能叉中鱼身中部,将鱼叉出。

【拉大网】孟定恭在《布特哈乡志略》中记述:"穿作(凿)冰眼兮,下冬网;持备钩插(叉)兮,捕鱼尾",正是"凿冰取鱼"的最好写照。此外,还有用渔网在冰下捕鱼,即"拉大网"。拉网捕鱼是冰上捕鱼中场面最大也最为壮观的冬捕方式。要将上百米长的大渔网下到水里,第一道工序是凿开厚达 1 米有余的坚冰,并且要每隔三五米就得凿一个冰眼,其难度可想而知。一排排的冰眼凿好以后,把一根一头拴着长绳的木杆从第一个冰眼送入水中,再用一端带有弯钩的杆子将漂浮在水中的带绳子的杆子一下下地向另一个冰眼串动。绳的另一端连着网端,这样大网在冰下水中张开,再裹上鱼,拉网的人没有十几个或几十个是拉不动的。这种捕鱼活动是一个热闹的集体场面,加上出网时那活蹦乱跳的金黄、碧青、墨晶各色大小鱼儿的拍冰声、捕鱼人的欢笑声,在冰面映衬下呈现出一幅北方特有的迷人画面。

【赫哲族狩猎习俗】赫哲族的冬季捕鱼别具一番情趣。在赫哲老人口中,至今还流传着一则关于冬捕的传说。说的是在很早以前,每到大江一封就没有鱼。有个叉鱼能手叫苏布格,为了部落的生存,不畏艰难,去寻找鱼群。一天他抓了一条金翅罗锅鲤鱼。他问:"天一冷,你们都躲到哪里去了?"金鲤鱼说:"每年冬天霜降后,黑龙要到东海龙王那里拜年,叫我们去给他守宫,直到来年开江。"苏布格于是去找黑龙,在海口战胜了黑龙和他手下的白熊。黑龙终于放还了鱼群。从此,天气一冷,人们仍然能捕到鱼,就是冰冻三尺,只要穿个冰眼,鱼就会从冰眼里冒出来、蹦出来。

在赫哲渔村,渔民使用的工具大都是冰穿、竹竿、捞网、鱼钩和鱼叉等。冬捕的主要方式有四种:一是冬钓。渔民在冰面上打完冰眼后,捞出冰块就可以下钩了。一般是用一种被赫哲语称为"撅达钩"的鱼钩,这种钩有两个或四个倒须,钩尖向上对称地放在小鱼形模子里浇铸熔铅或锡而制成。一般一只手可以同时拿三把钩,两手可拿六把钩,在六个并排的冰眼中钓鱼,钓到的鱼多数是狗鱼、细鳞、哲罗等冷水鱼类。捕不同的鱼用不同的钩。有种被称为"快钩"的渔具,是在 40～50 米的钓绳上拴有 300 来个鱼钩,每钩一次,就可获得一串活鱼。二是叉冬鱼,赫哲族人叫

"同库",这是一种古老的捕鱼方法。渔民先在鱼经常活动的稳水流的冰面上搭盖一个草棚或木板房,在屋中凿一个直径 1 米的冰窟窿,人可坐在房里烤着火,蹲在冰眼边,手握鱼叉等候。由于屋暗而冰下清亮,鱼游到冰眼处很容易看到和叉中。过去鱼多的时候,渔人就坐在冰洞旁用笊篱向外舀鱼,半日工夫就可捕获上吨鲜鱼。三是拉大网。需要人手较多,先在冰上搭两个长宽各二尺的冰眼,一个用于撒网,一个用于拉网。另外打两排冰眼,每个冰眼相距 3 米远,然后将网穿在水线上,从冰眼中一个个穿过,在水里就成了一道网障。网的最后有一个网兜,网拉到最后鱼都装在里面被拖出冰面。四是挡亮子。夏日涨水,鱼群进入河道觅食,等到水一停止上涨,渔民立即用柳条、草绳把河口堵上,如今用木桩拉铁网挡上。等到河水上冻以后,就在拦网处凿个大冰眼捞鱼。这种办法在现在的东北乡下还常能见到。

【冰雪木马】长期生活以渔猎为生的赫哲族不仅善于捕鱼,也擅长狩猎,每到白雪覆盖大地的时候,赫哲族的猎人们就会带上滑雪板进入林海雪原中,去捕猎鹿、狍子、野鸡等兽禽。滑雪板,赫哲语叫"恰尔勒奇科衣",是赫哲人冬季狩猎用的交通工具,被称为"冰雪木马"。《松花江下游的赫哲族》一书记载:"木马——即蹋板,……长 185 厘米,阔 13 厘米,板之中段有圈,用以系足,手持杖以支地,行冰雪上,快及奔马。"魏声和所撰写的《鸡林归闻录》也有:松花江下游的黑斤"雪后则加板于下,铺以兽皮,以钉固之,令可乘人,持篙刺地,上下如飞"。……"木马""奔马"皆指滑雪板。

这种滑雪板一般用约二米长的"稠李子"木或水曲柳木做成宽约十厘米,厚约一厘米的两头薄、中间稍厚,前头尖形翘头大,后尾稍上翘,中间两边钻眼,用厚兽皮做成脚套子,把整个穿着乌拉的脚套进去即可行走。为了爬坡防滑,滑雪板行走在深雪上也不会塌陷下去。穿滑雪板追逐野兽驰骋如飞,非乘猎马可比。所

冰雪谱
Bingxue Pu

以赫哲人常踩滑雪板呼山跳涧，翻山越岭，勇敢地奔驰在林海雪原、冰天雪地上。关于滑雪板的来历，在赫哲人中流传着这样一个传说：

有一年冬天，有几个猎人上山打猎。刚到山上就下起了大雪，一连下了三天，积雪有半人多高，漫山遍野一片白茫茫。猎人们这下可犯难了，这时一个上了年纪的老猎人说："活人还能让尿憋死？大雪挡不住咱猎人的脚，大家跟我来。"老人领着大伙雪地里滚爬，好不容易来到一片树林。老人用斧子砍了两块长长的树皮，用狍皮筋捆绑在鱼皮靴子上，这样站在雪地上就稳了。又砍了两根木棍，一手一个拿在手中使劲往雪地上一支，人跟着树皮在雪地上滑出老远一段路。

大家一看，立即高兴地动手做起来，每人一副滑雪用具，在雪地上滑了起来，这脚下生风行走如飞，快极了！并给它取名叫"恰尔勒奇科衣"，就是滑雪板的意思。

从此传开，家家户户都做滑雪板。赫哲族还流传一首民歌：赫尼哪来赫尼哪——勇敢的赫哲人，生活在三江平原上。捕鱼又狩猎，不怕风和浪。穿上两块板能穿山越岭，踩着三块板可过海漂洋！……

【把头】"族有族法，山有山规。"我国北方各少数民族有着多种多样的狩猎禁忌，有的为各民族所共有，有的则为独有。赫哲族也有着与其他民族或同或不同的狩猎禁忌。赫哲族早年多是集体狩猎，因为猎具落后，人少会被野兽伤害。在狩猎时，他们选一名年岁大、狩猎经验多、熟悉地理环境、办事公正的人当把头（劳德玛发），一切狩猎活动都得听把头决定。猎人之间发生纠纷，也由把头出面调解。猎人进山狩猎，必须遵守规矩，不能随便违犯。每到一个新的猎场，把头得领着大伙给山神爷磕头，在树上挂红布，插上几根从篝火中烧剩的冒烟的木棍当香火，在地上供一些食物，往空中用手指洒一点酒，嘴里向山神爷叨咕："保佑我们打围顺顺当当,多得猎物。"进山后,不许说怪话和谎话。在山上遇到大树桩子不许坐。赫哲人认为大树桩是山神爷老把头坐的。冬天在山里狩猎,遇到另一伙打猎人的脚印,不许踩,要绕道走,否则就会被认为不遵守山规,不尊重别人,引起两支狩猎队的不和,甚至引起武斗。在狩猎的帐篷里吃饭后,要把篝火堆管好,压住火。锅要扣得平稳些,吊锅子挂在树桩上不许乱摇晃。不许敲打有声的器物。用刀子翻锅、铲锅是绝对禁止的,否则认为是割断了打猎的好运气。妇女不能坐或跨过猎枪、子弹和捕猎的各种工具。狩猎中碰到不顺手时,到别人的帐篷里拿点食盐或烟叶,这叫偷点"顺当气",再打猎时就会有好运气,能多捕猎物了。以上风俗在猎人中代代相传,当作一种狩猎规则来遵守。

【鄂温克狩猎习俗】同样生活在北方寒地的其他少数民族也有着相应的狩猎禁忌,如鄂温克猎民狩猎禁忌:集体打猎时,任何人不得擅自行动,不得唱歌和打闹,更不得说大话、吹嘘自己,否则,必受山神的惩罚,会遭遇不幸。又如,出猎途中和到达猎场后,任何人都不要讲打猎的经过和方法。特别是如果讲了猎取熊、野猪、狼一类猛兽的故事,这天打不着野兽不说,说不定还会发生什么意外事故。对猎人来说,猎枪的重要作用不言而喻,因而,猎枪平日不平放地上,更不能让女人从猎枪上跨过去……鄂温克猎民还有通过林中飞禽走兽的生活习性来预测天气的习俗,如林中野兔将小松树、小桦树从某处咬断,那么,今年冬天的积雪将有被咬断之处那么厚,等等。

【鄂伦春狩猎习俗】鄂伦春族喜爱冬猎,一年分两次进行,第一次在下雪后到农历腊月初,第二次在元宵节后到农历二月中旬。冬猎时,饮食、住宿都很艰苦,故狩猎者多为体魄健壮的中青年男子,一般不带家眷。冬猎目的主要是为了获取毛皮。届时,猎人穿着毛很厚的长皮袄、裤,脚穿套有皮袜或絮有乌拉草的"奇克密",登上防备雪盲,猎人还罩着用马尾编织的"眼镜",手戴在手心部位有一个开口的狍皮手套(射击野兽时,猎人可以不摘手套就能从开口处将手指伸向外边扣动扳机),穿行在林海雪原中,随时捕获野兽。为了取暖和露宿方便,猎人的狍皮被缝成筒状,据说睡在这种狍皮被子里,即使是冰天雪地也不会感到寒冷。《黑龙江志稿》载:"以狍皮置为囊,野外露营全身入囊,不畏风雪。"即指此情景。冬猎宿营地点多选在向阳、背风的山坡或河湾避风处,猎人出猎时间一般都在白天。鄂伦春妇女一般不参与狩猎活动,但在大雪封山时,也会骑马上山狩取野鸡。清代方观承在《卜魁竹枝词》中写道:"去役官围儿苦饥,连朝大雪雉初肥。风驰一矢山腰去,猎月长衫带血归。"诗歌生动地写出鄂伦春妇女善射、勇敢的英姿。

【鄂伦春族的狩猎禁忌】出猎前不许说这次狩猎中能猎取到几只什么野兽,认为这样说会什么也猎取不到;在猎取貂等小动物时,在取火时不能烧长木柴,认为烧长木柴野兽会跑得很远,不易猎取;在出猎中烧火做饭,不烧崩火星的木柴,不往火上洒水,怕得罪了火神打不到野兽;猎取到鹿等大兽,开膛时,舌头、食道和心脏必须连在一起,直到煮熟后食用时才能割断,认为只有这样才能不断猎取到野兽;喝酒前,用草棍或手指蘸酒向上弹,一边弹一边喊:"错,白那恰",以表示对山神的尊敬。出猎中猎取到第一只野兽,要祭祀"白那恰",否则在这次狩猎中再也猎不到野兽;用狍哨引诱狍子,打到的狍子不能割断脖子,否则以后就再也引诱不到了;打死熊,不能说是死了,要说"阿玛哈(大爷)睡觉了",不然熊会害人;不能随便坐在自然倒下的大木头上,认为这些横倒的木头常常是由"毛毛帖"(神)变的,它们正躺在那里歇气,谁要是骑它们,毛毛帖就会让他生病。吃完狍肉后,骨头不能随便乱扔,必须将狍骨捡起来,扔到河里,如果被狗或野兽吃了,对狩猎也很不利;出猎时不打雁,否则对夫妻感情不利,因为雁雌雄总在一起,如打死一只,另一只就变成孤雁了;对猛兽不能直称其名,对熊称"老爷子",而对老虎则称其为"兽王"。妇女在仙人柱内不能坐玛路席,这是供神的地方;妇女不许铺熊皮,铺了要流产,等等。

白雪皑皑、广阔无垠的关东大地,具有悠远历史的各民族千百年来创造了丰富的文化遗产,那山山水水、那庭庭院院不知蕴藏着多少有着独特风格的民习。民俗文化仿佛是一片永不干涸的海洋,它博大精深,它保留着和蕴藏着很多文化遗迹和丰富信息,在这里述及的仅仅为沧海一粟。多少世纪以来中华民族创造的无限精神文化财富,今天同样沉睡在无垠的土地上,需要人去挖掘、收集、研究。

冰雪游戏习俗

冰嬉是满族及其他东北少数民族极为喜爱的冬季户外冰上运动,随着满汉杂居时期的开始,在汉族人中间也十分的普及。冰嬉包括踢行头、跑冰鞋、抽冰尜等。

【满族踢行头】满族冰雪活动踢行头在满族民间极为盛行,据说踢行头这种游戏活动始于公元前 2200 年满族人的祖先肃慎人。相传满族先世肃慎人以渔猎为生,每当猎获熊、虎、野猪等猛兽,均视为山神所赐,将兽头供奉于树桩上,众人围着树桩歌舞,饮酒祝贺,烤食兽肉,将兽皮剥下来缝制成皮球状物,相互追逐踢蹴戏耍。

踢行头刚开始并没有游戏规则,随意性很强。而到了明末,满族人兴盛起来,踢行头这项活动得以传承,被称为"踢行头",成为原始的娱乐活动。如果两个部落遇到一起,就互相竞技,从山上踢到山下,又从山下踢到山上,直到把球踢进对方的栅栏内,则为胜利,而后成为满族人过年必办的一种活动。行头是由熊皮或猪皮缝制的圆月形绵软物,内用棉花等软物填塞,或以猪膀胱灌鼓为囊,大小像今日之足球。在踢行头之前,须摆好供品祭拜山神、树神,由氏族族长主持拜山神仪式,再开始饮酒欢歌,后摆阵踢行头。踢行头比赛一般会选在江河冰上或旷野的开阔地,踢时画三道横线为界,设三名裁判,每人各执一根木杆,立于线上,双方任何一方将行头踢入线内,裁判手中木杆即刻落下,判为得分,得分多的为胜方。开赛时双方列队于线上,随着裁判的示意,一方开球,另一方则横立于线上阻挡,如同现在踢足球罚点球的"人墙"。开球后,另一方则横立对方激冲,对方竭力阻挡,双方来往冲墙,任何一方将行头踢入对方线内,裁判手中木杆立即落下,则为进球方胜利。得分多者为胜。非常激烈,表现了满族剽悍、机智、灵活的民族风格,比赛时在场地旁双方各备牛、羊、猪和各种野味、黏糕、豆包等食品,并点燃篝火助阵。赛后负方将酒席送给胜方,双方在篝火旁烤肉,饮酒嬉笑歌舞。清末满族著名诗人缪润绂曾形象描绘"踢行头的竞技场面":"蹴鞠装成月样圆,青鞋忙煞舞风前。足飞手舞东风喜,赢得当场羡少年。"

【冰嬉图】在故宫博物院藏有一幅表现冰嬉场面的宫廷绘画——《冰嬉图》,从中可以看出当时冰嬉在满族人中的盛行。清人主中原后,皇家每年冬天都要从各地挑选上千名"善走冰"的能手入宫训练,于冬至至"三九"在太液池上表演。这幅《冰嬉图》就是由乾隆年间宫廷画家张为邦、姚文翰根据当时宫廷冰上表演的盛况而绘制的。从《冰嬉图》中,可以看出每人表演时要做各种动作:有花样滑冰的大蝎子、金鸡独立、哪吒闹海、双飞燕、千斤坠等;有杂技滑冰的爬竿、翻杠子、飞叉、耍刀、使棒、弄幡以及军训性质的溜冰射箭等动作。

【跑冰鞋】跑冰鞋即滑冰比赛。早期的冰鞋是把兽骨缚在鞋底上,以后改成嵌铁,参加者分两队相向立于场地两端,两端之间二分之一处为终点,并设置奖品。听发令后奔向终点,先至者可得奖品。后来的冰鞋是用铁条和木板或木鞋做成冰鞋,一根铁条为单刀,二根为双刀,俗称"冰划子"。再好一点的就是用冰刀取代铁条,刀比木底短,停止、转弯可借助木跟。许多如今40岁以上的东北人在上学时都穿过这种冰划子滑过冰。比赛者穿上冰鞋进行比赛,内容有比速度、"转龙射球"等。

滑冰运动在满族居住地区十分盛行,乾隆皇帝在《冰嬉赋序》里把滑冰运动称为"国俗"。据《满洲老档秘录》记载:清天命十年(1625年)正月初二,太祖努尔哈赤在浑河冰上亲自主持了跑冰鞋的比赛。这一天清早,宫内福晋(妃嫔们)和朝廷贝勒及其夫人们,穿着皇上赐的朝衣,戴上皮肩领和狐皮大帽,拥护着努尔哈赤来到浑河冰场,观赏冰上竞技。到冰上比赛的不仅有操练的兵士和随从侍卫,也有贝勒的夫人和众兵丁的妻小。努尔哈赤高兴地以金银重赏上场的人,优胜者赏银20两、金1两,掉队的也分到赏银3~5两。他还在冰上设宴款待众人,直到黄昏才乘兴回宫。滑冰比赛有速滑、花样溜冰。冰上射箭以及冰上武术等。有一种"双飞舞",两人在冰上舞蹈,表演出各种姿势,舞姿优美轻盈,极为好看。冰上的武术花样繁多,有叠罗汉、耍刀等。

【抽冰尜】抽冰尜是北方冬天最有童年味道的一种游戏。抽冰尜又称打陀螺。冰尜也叫冰猴,传统的冰尜都为木制,类似木制陀螺,后来也出现用铁制成的。圆形尖底,底部嵌铁钉或圆铁珠,中间有一圈凹刻。玩时,把缨鞭绕在凹刻处,放在冰上顺时针一甩,并不时抽打,冰尜便飞转起来。当它转速减慢或要停下时,玩者可用鞭子抽它,将它再一次转动起来,有的还能发出嗡嗡声。现在则还有能转出哨声的响声尜、三环七彩幻影尜、夜晚能发光的电光冰尜、雕刻得玲珑剔透的镂空尜……小的如鸽蛋,大的像小水缸。如果北方的孩子不会玩这东西,是很让人瞧不起的。这种户外活动不仅给儿童带来快乐,也给儿童的耐寒提供了锻炼的机会。

　　关于冰嗒在满族及其他少数民族之间还流传着两种意味深长的故事。第一个故事说的是从前有一个艺人领着一条狗和一只猴四处卖艺,一年四季不管能不能挣到钱,老艺人都不让狗和猴饿着。有时老人宁可自己不吃,也给狗和猴子准备吃的。随着老艺人越来越老,钱挣得越来越少,狗和猴也经常挨饿了。一天,走到一个荒凉的野外,只有一点吃的了。猴子就在半夜里起来,把仅有的一点吃的偷吃光了。第二天,老人见一点吃的也没有了,急了,猴子就恶人先告状,说是狗把东西偷吃了。老人气得把狗打了一顿,狗哭着喊冤。猴子在一旁幸灾乐祸、添油加醋。老艺人下手更狠了,一下把狗的眼睛给打坏了,至今狗的眼角还有一点黑道,就是那时留下的。

　　最后猴子看什么吃的也没有了,就想把老艺人给吃了。忠实的狗保护了主人,老人也认清了猴子的嘴脸。老艺人把猴绑在爬犁上,走到哪也不松开,猴的红屁股就是那时候磨的。后来猴逃跑了,老人为了解恨用木头刻了一个猴头,每天用鞭子抽,一来二去,就变成了"冰猴"玩具流传开来。

　　还有一个故事,是说一个女人领着自己的孩子改嫁,改嫁的男人也有一个孩子,后娘看不上先方的孩子,只要男人不在家,就虐待先方的孩子。十冬腊月,她给自己孩子的棉衣里絮的是棉花,而先方的孩子棉衣里絮的是芦花,还总在男人面前编坏话。一天,男人经不住后娘的指使,把孩子拖到外面跪着用鞭子抽。边抽边说:"看你还气人不?"抽得孩子身上棉袄直往外飞花。抽累了,就回到屋里喝酒,孩子仍在外面跪着。谁知喝多了睡着了,直到第二天早上才想起孩子,后娘说:"没事,穿得暖和着呢!"可是一到外面却见先方的孩子已经跪着冻死在院子里了。这时,后娘自己的孩子哭着说:"爹,我哥棉袄里不是棉花是芦花!"男人不信,上前抓烂棉衣一看,果然一点棉花也没有,都是芦花。后老婆一看孩子死了,也害怕了,跑了。男人又气又悔,于是刻了一个木头人，写上后婆娘的名，每天抽上一顿解恨，嘴里边抽边说："后婆娘，后婆娘，世上哪有这样娘，每天抽你一顿鞭，让你天天待冰上。"木头人在冰上真的天天转。

小孩子们看着好玩，也学着做木人，刻不好就光削个后婆娘脑袋样的木头疙瘩，也拿鞭子抽着玩。于是这种玩具就在关东民间产生了。

这种游戏，一开始就产生在冰雪之中，所以是典型的冰雪文化的产物。关东人还把它赋予了道德观念的文化，这也恰恰说明了生活在这块土地上的各族先民迅速接受中华民族传统文化的优秀部分，并能发挥其优点传播和完善，同中原文化一起构建和丰富了传统的文化。冰猴，这种民间玩具实实在在起源于关东的冰雪文化之中，它是这里的冰雪伙伴，是人们的智慧和爱憎的记载。

【冰爬犁】可供孩子冰上运动的器械有多种，在当时多为孩子自行制作，是孩子们冬天十分快乐的事情。滑冰车，有的地区称为冰爬犁，用二尺左右的长方形木板，在板下装上嵌有两根铁条或钢片的横木做成。冰车仅能容纳一人，滑动时，支爬犁可坐着用双手握住带硬尖的短棍在左右支冰道；还可以两腿成八字形站在爬犁上，双手握住带尖钢钎的长棍，并将其由档下斜插到爬犁后，令钢钎尖接触冰面，一下一下地支，爬犁便嗖嗖向前滑去，犹如水上行船点篙一般，十分潇洒。还有一种玩法则是不用支撑的钎子，打爬犁的冰道如在陡坡上，无须先行助跑，坐着打或趴着打皆可；如在平坦的冰道上打，则先要双手端爬犁助跑，而后将爬犁贴胸并向前扑卧于冰道上，爬犁便带着人向前滑去。在雪地或是冰上任意滑行，随风呼啸而去，甚是潇洒！还有一种滑冰车，俗称单梯，由仅能容两脚的木板和木板下的一根扁立的铁片或钢片做成。滑的时候，人双脚蹲在木板上面，两手紧握冰钎子，向前支撑滑奔，难度要比冰车大，速度也要快上许多。旧时有一种溜冰车，很类似现在青少年玩的滑板,不知滑板是否由其而来。这种溜冰车玩的时候,左脚踏着一块小木板,板下嵌有铁条,右脚下缚上铁制脚蹬,不住地划蹬,推动左脚下的滑板向前飞奔,势如飞燕。"打滑达",也是冬季满族儿童游戏项目。冬天在上坡处以水浇冻成"冰山",高达几米、十几米,冰面光亮平滑。玩时自顶部立身滑下,以至地不倒者为胜。这种活动可以锻炼孩子们的勇敢精神。

【歘嘎拉哈】在过年的日子里,不仅男孩子有众多的户外冰雪游戏,女孩子也有自己钟情的娱乐。"歘嘎拉哈""翻绳"就是其中较为普及的两种。

嘎拉哈是满、锡伯、鄂温克、达斡尔语"嘎尔出哈"的汉语音译,在清代的正式汉文写法是"背式骨",学名为"髌骨",原指兽类或畜类后腿膝盖部位、腿骨和胫骨之间的一块独立的拐踝骨,多取之于羊、猪、鹿、狍、麋、獐、牛、骆驼等动物。嘎拉哈一般是长方体,两个大面,两个长条面,还有两头的小面,形状不规则。它的四个比较大的面,据清人徐兰《塞上杂记》记载:"有棱起如云者,为珍儿,珍儿背为鬼儿,俯者为背儿,仰者为梢儿。"这是古代的称法,近代与之稍异,凹面叫坑儿,凸面叫背儿,一面像支棱的花瓣,叫珍儿,一面丰满而平坦,叫轮儿。抓"嘎拉哈"又称抓子儿、抓羊拐,人们多称"歘嘎拉哈",满语称"色尔图",多用猪、羊、獐、鹿、狍等动物趾骨制成,常涂成红色或绿色,在贵族人家还有铜、锡、玉等仿制的"嘎拉哈"。玩法多种多样,室内、室外、地上、炕上都可以玩。过年期间,最常见的是几个女孩子坐在炕上"歘嘎拉哈",叽叽喳喳的好个热闹。在满族民间关于"嘎拉哈"还有个发人深省的故事呢。

传说大金国开国皇帝完颜阿骨打的大儿子金兀术从小任性淘气,习文练武,一事无成。眼看金兀术一天天长大,阿骨打心中十分着急。最后他决定让金兀术到松花江畔的深山老林中学艺。临行前,阿骨打给了儿子一张弓、一把腰刀、一杆扎枪。金兀术向父亲保证学不到本领决不回家。金兀术先是跟着一群猎人在松花江上叉鱼，没干几天累得腰酸腿疼，于是放弃了学习叉鱼。接着他又和一伙猎人一块围猎，时间不长又泄气不干了。正当金兀术在森林中徘徊时，一位白发苍苍的老太婆用一根小木棍打死了一只"山跳子"送给他吃。金兀术就把自己的苦衷倾诉给了这位老太婆。老太婆听了后对他说，如果他能够追上一只狍子，取来它的嘎拉哈，她就让他成为最灵巧的人；如果他射死一只野猪，并取来它的嘎拉哈，她就让他成为最勇敢的人；如果金兀术扎死一只熊，并拿来它的嘎拉哈，她就可以让他成为天底下最有力气的人。金兀术听了十分欢喜，一口答应了老太婆的条件。然而，说话容易做事难，金兀术历尽千辛万苦，遭遇无数的磨难危险，最后才拿到三种动物的嘎拉哈。当他兴致勃勃地找到白发老太婆时，老太婆告诉他：他已经成为最灵活、最勇敢、最有力气的人了。说话之间老太婆就消失了，金兀术知道这是神人点化，于是磕了三个头后返回了家乡。后来，他在骑马、射箭、比武、投枪的比赛中场场得胜，名声大振。他的几个哥哥请教成功的原因，金兀术就把自己的经历叙述了一遍。从此，这件事不胫而走，女真人各家为了使自己的孩子将来有出息，就把各种嘎拉哈收集起来，让他们朝上扔着玩，后来成人也参加了这一游戏。于是"嘎拉哈"游戏成为满族传统的体育和娱乐活动。

嘎拉哈可以说是北方民族的一种文化现象。考古发现，北魏鲜卑墓、辽代契丹墓、金代女真墓、明清墓都有随葬的狎、牛、狍、羊的嘎拉哈。在古代，嘎拉哈是鲜卑、契丹、女真、蒙古军事战术上模拟演习的棋子。嘎拉哈大小不同、类别不同、颜色不同，代表不同军事门类，成为战局中沙盘演示的棋子。后来，嘎拉哈神化为"定福祸决嫌疑"的占卜工具，视"解者为凶，合者为吉"，"驴坑为凶，珍背为吉，珍包子为大吉"。有的民族祭祖时用6只羊嘎拉哈，表示六畜兴旺；满族、锡伯族将嘎拉哈装入"妈妈口袋"，平日放在祖宗匣内;满族、达斡尔族、鄂温克、鄂伦春、赫哲族摇车的两侧、底上部都系挂嘎拉哈,以求吉驱邪。嘎拉哈的制作比较讲究,是把野兽或家畜的拐踝骨经过蒸煮去肉脱脂,然后上色。通常要上成红色或绿色,以红色为多。古代北方民族喜欢养猪,猪的嘎拉哈最容易弄到,所以是最常见的。狍子的嘎拉哈小巧玲珑,四面也比较平整,所以狍子的嘎拉哈是最好的,但很稀少。羊的嘎拉哈也称羊拐,与狍子相近,所以更加流行。古代还有金属铸造的嘎拉哈,最早始于北魏,而以辽、金、元最多。1955 年 10 月内蒙古呼和浩特市美岱村南发现北魏砖墓一座,随葬品中有铜制的嘎拉哈一枚,长 3.1 厘米,是现在发现的最早的铜嘎拉哈。1983 年巴林右旗清理一座辽代古墓时,曾发现一枚钢铸的仿绵羊嘎拉哈。辽墓出土玉器中还有玉嘎拉哈。在金上京地区金墓中屡次发现用水晶、白玉、铜等雕刻而成的嘎拉哈,多数中间有穿孔,可随身携带,类似汉族童子玉坠,具吉祥之瑞。至此,嘎拉哈在北方民族生活中已经成为财富的标志、吉祥的象征。在满、蒙、达斡尔族等民族中流传有金兀术勇取狍子、野猪、黑瞎子的嘎拉哈的传说。在《蒙古秘史》第 116 节,铁木真 11 岁跟扎木合结盟时,将一个铜灌的嘎拉哈赠给扎木合,扎木合也将一枚狍子的嘎拉哈赠给铁木真。

北魏时,拓跋鲜卑统治中国黄河以北,嘎拉哈开始成为北方各民族的一种游戏器具。古代契丹和蒙古有一种击髀石的游戏,现代蒙古族又叫击古尔。《辽史·游幸表》68 卷云,穆宗应历六年(965 年),"与群臣冰上击髀石为戏。"《元史·本纪第一·太祖》载:"复前行,至一山下,有马数百,牧者唯童子数人,方击髀石为戏。纳真熟视之,亦兄家物也。始问童子,亦如之。"清代满族也有类似的玩法。杨宾《柳边纪略》记载:满族"童子相戏,多剔獐、狍、麋、鹿前腿前骨,以锡灌其窍,名噶什哈,或三或五,堆地上,击之中者,尽取所堆,不中者与堆者一枚。多者千,少者十百,各盛于囊，岁时闲暇，虽壮者亦为之。"可见，当时玩嘎拉哈的主角是男孩，以击打为主。后来，玩嘎拉哈的主角发展成为女孩，并且更为流行。根据满族有关资料记载，因为在正月里有规定不许姑娘们动针线，于是女孩子们兴起了这种在屋里炕上就能玩的游戏。而且，北方冬季寒冷，在热乎乎的火炕上玩嘎拉哈，也是女孩子游戏的上上之选。所以明清时期玩嘎拉哈在满族闺中盛行，并演变成为一种传统的民间文体游戏。

嘎拉哈的玩法很多。成书于乾隆年间的《满洲源流考》载："或两手捧多枚星散炕上，以一手持石球高掷空中，当球未落之际，急以其手抓炕上嘎拉哈成对者二枚，还接其球，以子、球在握，不动别于者为欤。"《柳边纪略》云："手握四枚，同时掷之，各得一面者，曰撂四样。"现代的玩法与古代类似，但花样比古代更为繁多。弹嘎拉哈，也叫弹子儿。先将嘎拉哈（子儿）按人数均分，按规则以食指弹之。弹者将其撒出（俗称"泼"）选任意一子为"头"，向另一面纹相同的子儿弹击，命中即赢。不中（俗称"溜"）或碰到其他子儿（俗称"砸"）以及弹错、拣错、无对可弹时，则轮到下一人重新撒、弹，弹完最后一对者为胜。欻嘎拉哈，也叫欻子儿，参加者多为少女少妇。有欻单、欻双、单裹、双裹、耗子喀房苞、大姑娘摸嘴唇、小媳妇措花针等名目。欻嘎拉哈时，口念："捂一花，亮一花，不够十个给人家。"念一句接一次，动作要和拍节，错者为负。掷嘎拉哈，也叫掷子儿或掷骰子。掷骰子用3个嘎拉哈，嘎拉哈站立耳形叫珍儿或大鬼，站立平状朝上叫驴儿或小鬼，凸状朝上叫背儿、凹状朝上叫坑儿或眼儿。下注者可撂庄，俗称撂点儿。有的庄家或下注者在掷骰子时高喊："包子、四五六"，以烘造气氛。此外，还有捉嘎拉哈、猜嘎拉哈、夺嘎拉哈等玩法，往往参加的人数很多，是百八十个子儿，将"老母"往上抛，高低不限，同时由子儿堆里迅速抓出几个或十几个，接住将要落地的"老母"掷向空中，嘎拉哈被夺尽后，多者为胜。欻嘎拉哈，讲究的是眼疾手快。在过去的年代,满族女孩子把它抓来抛去,可以锻炼手的灵巧性,做得一手好针线活。所以过去欻"嘎拉哈",不仅是闺中游戏,还是生存训练。

最平常的一种玩法是欻的一种,通常都用四个嘎拉哈,并融入了一个拳头大小的沙包。玩时先将四个嘎拉哈抓在手里,一转手腕撒在炕上,然后用一只手将沙包向上抛起,沙包在空中之时,手要迅速抓起炕上的一枚嘎拉哈或数枚嘎拉哈,然后再将沙包接住,如接不住就为失败。成功抓起一次后,再接着抓,何时未接住沙包,何时转入下家。还有复杂一点的玩法,要按嘎拉哈四个面的变换顺序,在每抛起一次沙包时,把嘎拉哈扶正或按倒,并要接着沙包不能落地,最后要一次把嘎拉哈抓起,并接住沙包即为赢。如果有一次没接着沙包或没按规则顺序扶好嘎拉哈就为输,就转入下家。抓四样是欻嘎拉哈中难度最大的。所谓四样即四个嘎拉哈中坑儿、背儿、珍儿、轮儿各有一枚。因为四个不同的嘎拉哈位置很难在一起,在沙包抛起的一瞬间,要从不同位置上分别抓完四样嘎拉哈而又不准碰动其他嘎拉哈,难度相当大。所以,在过去善于抓四样的女孩子都是心灵手巧的。

【翻绳】翻绳,也称解股、解绷、改绷,是满族女孩喜爱的一种室内游戏。一般用三尺来长的线绳结成绳套,然后一个人用双手的拇指和食指将绳套挽几下,绷起来,形成一个花样。这时另一个人也用四个手指,插进绷绳花样内,往上一翻,形成一个新的花样。这样互相交替编翻,直到有一个人不能再编翻下去为止。谁翻的花样多,谁就胜利了,谁翻不下去了,或者重复了,就算输了。翻绳的花样有多种,如:面条、花手绢、牛槽子、降落伞、太阳、锯、鱼、天窗、担架、鸡腚眼子等。满族女孩在翻每个花样时,都仔细地观察一下,然后精心地翻绷。这种游戏,女孩可玩到十来岁。随着年龄的增长,到了十三四岁时,就开始学习绣花鞋和绣枕头顶了。

　　在前面所述及的只是浩如海洋般冰雪民俗文化的点点滴滴，还有很多更充满生趣、更具有特色的民俗风情，正在我们的身边时时地发生，也有的在渐渐离我们远去。民俗文化它起源于人类社会群体生活的需要，会在特定的民族、时代和地域中不断形成、扩大、演变，以及衰落和消失。它深植于群体，是所属的那个群体最贴切身心和生活的文化，人们一代一代地传承和扬弃它。它也会由一地不断向另一地扩散，但它却一直根植于民间的最深处，它本身就是人们生活的一部分，甚至有时会分不清哪个是后天形成的民俗，哪个是人类生活的天性。人们愿意置身其间而不为其所累，它被人们自觉地传承，又规范着人们生活中的方方面面。

　　地域和气候是影响民俗形成的要素之一，即"橘生淮南则为橘，生于淮北则为枳"。或如一句俗话，一方水土养一方人。生活在寒地的人们在数千年的生活历程中，无论是吃穿住行，还是礼仪游艺，或是生产劳动、文化艺术、节日庆典等方面都形成了属于自己的冰雪民俗。即使对于同居在冰雪环境下，不同的民族、不同的区域也会有各不相同的冰雪民俗。但在全球化和城市化的进程中，一些具有浓郁特色的民俗，正在逐渐消失，适者生存似乎也适合于民俗的发展规律。那些曾经承载着人类记忆的生活，很可能只会存在于我们的回忆之中了。但我依然觉得，对过往那些民俗的追忆、挖掘和梳理，是我们应尽的责任，它毕竟曾经在每个人的童年生活里，给过温暖的问候，它毕竟也曾在人类的往昔岁月中，给了无数人无数的希望、无数的爱……

太阳·岛

哈尔滨之名扑朔迷离

【**扑朔迷离**】这是亿万年沧海桑田送来的记忆吗？古老而神奇。这是用尘封的年轮来铭刻不朽和永恒吗？这从远古走来，带着被岁月挤压的伤痕和亘古不变的沉思，屹立在今天的高山之上，绿海氤氲之间，静静地展示岁月的烙印。那曾经哺育你繁枝绿叶的黑土地啊，是否早已干涸得化作了时间的尘埃、历史的墨迹！而你却微笑着矗立这里，战胜了时空、战胜了生与死……在中国大城市中，名称含义如此扑朔迷离的，只有哈尔滨。

【**晒网场说**】赵力先生是地方史研究的专家，一直关注着哈尔滨地名的争论，并提出了自己的"官渡说"。据赵力先生介绍，把哈尔滨地名弄得扑朔迷离的"罪魁祸首"，是俄罗斯采矿工程师阿奈鲁特。这位对满语一无所知的沙俄殖民主义先驱，在他1898年出版的《1896年吉林下航记录》一书中，这样说道："哈尔滨为满语的'晒网场'或'当地某一名大地主人名'的称谓。"他是怎样知道这些信息呢？没有交代。接着，东省特别区东陲商报馆在1922年出版的《哈尔滨指南》响应了"晒网场"之说。从此，以讹传讹，一直延续到20世纪70年代末。哈尔滨是晒网场（又叫晾网地），这一点本不错。在清朝，松花江的鲟鳇鱼和大白鱼是朝廷指定的贡品，当地衙门设立官网，指派渔民在江上打鱼，并把部分江岸划为晾网地，供他们休息、耕种、晒网。但是，阿奈鲁特凭着想当然，把哈尔滨说成是满语"晒网场"，就未有些轻率了。对阿奈鲁特"晒网场说"，首先提出不同意见的是民初学者、吉长报社撰述魏声和。他在出版于民国二年（1913年）的《吉林地志》中，阐述了自己的观点：滨江县，土名哈尔滨。"蒙人以此地草甸平坦，望之如哈喇，蒙语因称哈喇滨。"这位江苏汉族人，缺乏东北少数民族语言知识,他的另说,自然就失去了说服力。1922 年,东省特别区东陲商报馆出版了《哈尔滨指南》,采纳了阿奈鲁特的"晒网场说"。

【阿勒锦说】1978 年,满族学者关成和振臂一呼,用他的"阿勒锦说"彻底否定了"晒网场说"。"阿勒锦"是满语,也是它的祖语女真语,一位黑龙江省满语专家曾翻译为"公水獭",后来,有人发现更权威的解释,即名誉、荣誉、声誉等。清朝宗室学者奕赓在《佳梦轩丛著》中解释为"流芳之芳"。"阿勒锦"又作"蔼建",见于《金史》,是辽金时代哈尔滨地区生女真人完颜部的一个村庄。公元 1096 年,金穆宗盈歌曾在那里亲自迎接凯旋的金太祖完颜阿骨打。如果此说成立,哈尔滨的历史可上溯近千年。但是,这一新论太过浪漫,缺少科学的支撑。大家知道,在辽金时代的哈尔滨地区,一度城镇林立,村屯相望。海陵皇帝迁都燕京,金源内地走向萧条。接着遭逢元兵侵略,明代废弃,清朝封禁,金代的文明传承基本上彻底切断。绝大多数城镇、村庄消失了,就连恢宏的金上京会宁府、军事重镇寥悔城,都化作废墟,渐渐地失去了自己的名字。在这样的大环境下,一个小小的阿勒锦村何能独存?关成和先生的"阿勒锦说"没有站住脚。

【天鹅之说】赵力说,用一知半解的满语(及其祖语女真语)知识,来研究哈尔滨名称的含义,本来就力不从心,而浮躁的学术氛围,使讨论陷入了文人争辩的泥沼。赵力告诉记者,王禹浪和纪凤辉是研究地名的热心学者,他们留给家乡两本著作,一本是纪凤辉的《哈尔滨寻根》,一本是王禹浪的《哈尔滨地名含义揭秘》。文章都充满激情,也不乏火药味。最后,王禹浪先生洋洋洒洒的"天鹅说",成为这场争论尘埃落定的绝响。

【满语与女真语口语之别】赵力认为,禹浪先生为"天鹅说"做出了很多努力。他把哈尔滨与满语"天鹅"联系在一起,充分表现出他热爱家乡、热爱自己民族的潜意识。然而赵力并不认可

"天鹅"说。他说:在清代哈尔滨地区,满语对祖语女真语的继承,是口语化的。天鹅的女真语直译汉文"哈尔温",与"哈尔滨"不存在任何继承关系。

【缘木求鱼】清代的官方汉语与宋元明的官方汉语也是有区别的,这种区别也必然反映在对满语和女真语的翻译上。比如:"金",在宋元时代被直译为"按出虎"或"阿触浒",在清代则直译为"阿什";"狼",在宋元时代被直译为"女奚烈",在清代则直译为"钮祜禄";"雷",在宋元时代被直译为"阿典",在清代则直译为"阿克占"。还有"天鹅",在宋元时代被直译为"哈尔温",在清代则直译为"噶鲁"。由此可见,我们直接向女真语求证哈尔滨含义,无疑是在缘木求鱼。满语也存在方言。例如,"雷"的北京满语发音为"阿克占",黑龙江满语发音为"阿个东"。这一点,我们必须给予充分的注意。赵力说,全国最权威的黑龙江省满语研究所的专家们在媒体上保持缄默,是出于治学的严谨。从一些资料中发现,"天鹅"的北京满语发音为"噶鲁"。双城一带满族人的发音是"哈搂儿",当地的水泉乡有个村子就叫"哈搂儿窝铺"。"噶鲁"或"哈搂儿",直接音转为哈尔滨,似乎不大可能。

【哈勒斌之姓】赵力说,阿奈鲁特在他的《1896年吉林下航记录》一书中,还说过这样的话:哈尔滨"或'当地某一名大地主人名'的称谓"。他的这句话,一直被人们所忽视。民国以前,用姓氏和人名命名是哈尔滨地区地名的特点之一。对这一规律并不熟悉的阿奈鲁特,认为哈尔滨为"当地某一名大地主人名"的称谓,应当说不是凭空杜撰。但是,我们目前还找不到支持这一说法的佐证。不过,我们也不应该武断地否定阿奈鲁特的"第二说",万福麟监修的《黑龙江志稿》记载,这一带少数民族中有姓"哈勒斌"的,"哈勒斌"与哈尔滨土语发音完全一致。我们不能排除这一可能。在王禹浪《哈尔滨地名含义揭秘》一书中,影印了一张弥足珍贵的清末《黑龙江舆地图》,上面标有"哈尔滨""大哈尔滨""小哈尔滨"三个地名。这就使哈尔滨这个名字更加扑朔迷离。

【满语嘎哈】王禹浪先生认为,"《黑龙江舆地图》中所标注的'大哈尔滨''小哈尔滨',民国以后则被转写成'大嘎拉哈''小嘎拉哈'。""嘎拉哈"是满语,就是猪、羊、牛的膝盖骨,"欻嘎拉哈"是满族女孩最喜欢的游戏。但是嘎哈不是嘎拉哈,嘎哈是满语"乌鸦"的意思。赵力说,为了寻找这两个地名,他认真查阅了《吉林通志》——这是有清以来,经过长期准备,修于光绪十七年(1891年)、付梓于光绪二十六年(1900年)的吉林省第一部官修的省志。在《舆地志》中找到了大、小"嘎哈"。其《舆地志——宾州厅》(当时阿什河中下游均隶属于宾州厅)载:正西迤北距厅"一百一十八里镶红旗屯,一百二十二里达子营屯,一百三十里小嘎哈屯(即今阿城区小嘎哈屯),一百三十三里杨木林屯,一百三十五里义兴泉屯,一百三十六里马家店屯,一百四十里赵家崴子,一百四十五里大嘎哈屯(即今成高子镇),一百五十里摩琳街(即今莫力街)……"鉴于记载详备的《舆地志》没有出现大、小哈尔滨和大、小嘎拉哈,以及以地望珍之,可以断定大、小嘎哈,就是大、小嘎拉哈和大、小哈尔滨。

远去的爱尔珲河

【爱尔珲河】当时间的脚步悄然走过成百上千年的时光,当地球上太多的山峦与河流黯然而去,我们除了怀念,还能做些什么?今天,当地图上这条古老的爱尔珲河早已经消失在我们记忆中的时候,我们也只能从史书的描述中去勾勒她流淌的身姿和曾经的欢声笑语。是的,古老的爱尔珲河早已经远去,只留下她依稀的残影。但是,她却以母性的博爱和悠远为我们留下了一片神性的土地,一个文脉与血脉交织的——太阳岛。爱尔珲河对太阳岛的形成有着重要的影响。换句话说,没有古老的爱尔珲河,就不会有太阳岛。那么我们可以做一个这样的比喻:滔滔东去的松花江是雄性的汉子,而爱尔珲河则是温婉可人的小家碧玉,他们在大自然的撮合下,孕育了他们爱情的结晶——太阳岛。如此说来,太阳岛不仅仅是一个岛屿、一片土地了,他更是一个充满了灵性与神性、一个集合了天地精华的大地之子、河流之子。

【爱尔珲托辉】还是让我们把目光投向历史,投向那些过去的岁月里吧,让我们以虔诚的心灵去朝拜,去追寻逝去的爱尔珲河的脚步……清朝同治元年黑龙江将军普特钦在《奏请分立网场》中载道:"呼兰河以西爱尔珲河上口止,沿江水程五十余华里,旧网场西口处,查该处有捕打贡鱼场所……"据此记载,爱尔珲在清朝同治元年前就已经存在了。爱尔珲河源于现在的大明水、老背江一带,也就是属于现在的肇东市。由于爱尔珲河河面丰满、宽阔,满语又将其称为爱尔珲托辉,也就是江面宽阔、悠远的意思。爱尔珲河又名为塔尔珲托辉、塔尔珲河、阿依珲河、额依珲河等。这些不同的名字被分别记载在不同的史记或志稿中,但描述的都是同一条河流——爱尔珲河。生机勃勃的爱尔珲河在几百年前就经松花江注入老背江,向东方滚滚流去。这是爱尔珲河与松花江的第一次亲密的拥抱。当两条江水在经过长途跋涉,终于融为一体的时候,我们似乎听见了大地幸福的呻吟。

【大亮子】爱尔珲河在经过现在的西兴隆岗之后,在一个叫大亮子的地方又向东流去,在经过双口面北之后,又转向南到达寇家窝棚后才一分为二:一脉流向南注入松花江,另一脉经过寇家窝棚向东北经过陈家岗又折向南,至前汲家后再次分成两条水脉,一脉沿着今天太阳岛的西侧向南流去,在现在的江心岛和原太阳岛中间汇入松花江(这一脉于1982年由太阳岛风景区命名为金水河)。另一脉由前汲家分出后独行北上,历经几次曲折之后,沿着中东铁路向南流去汇入滚滚的松花江。正如《黑龙江志稿》所载:"……分一支先入江,其正流东行至哈尔滨北注入松花江。"正是因为如此,太阳岛被爱尔珲河包围了三面,而南面又是松花江,爱尔珲河在她千百年的冲刷与沉淀中,对于太阳岛的诞生产生了不可替代的作用。也正是爱尔珲河与松花江的共同孕育,才使得太阳岛这个大地之子得以诞生。

【岛的血脉】古老的爱尔珲河全程约三十公里,和浩荡的松花江相比确实是小家碧玉,但正是因为她我们才可以追溯历史的脚印,去走进太阳岛文脉与血脉交织的大门。只是岁月沧桑,爱尔珲河当初的美丽已经不在,由于年代久远,江河泛滥,爱尔珲河部分河段如今已经失去了原有的面貌,甚至永远消失在地球上。正如《呼兰府志》所记载的那样:"旧呼兰河以西有爱尔珲河,而今无考……"古老的爱尔珲河就这样消失了。但是,今天当我们站在生机勃勃的太阳岛上的时候,我们依然能够倾听古老的河流吟诵岁月的风声,依然能够感知她在历史的长河中浩荡不息的流淌。我们似乎又听见了古老的松花江和爱尔珲河窃窃私语的声音,似乎又看见了在爱尔珲河边晒渔网的那些大清子民们。

【贡鱼】这里曾有无数的打牲夫(朝廷规定的捕鱼人)在劳作,把银闪闪的渔网撒入江中,再将捕获的贡鱼经过长途运送,直到朝廷里,供皇亲国戚享用。只是那时的江水清澈、干净,没有现代化机械和工业废水的味道。据说,那时的江鱼连皮肤都是透明的,鳞片光芒闪烁,熠熠生辉,其香、其鲜也常常让龙颜大悦,所以早期的太阳岛地区是捕打贡鱼的中心地带,为古网场所在地。根据《呼兰府志》记载:"……自呼兰河以西,至爱尔珲河上口五十余里有网场两处。"又据史料记载太阳岛在清朝中叶是清王朝的网场地,是捕打贡鱼的场所,除了打牲夫可以在此捕鱼外,其他渔民不得进入贡鱼区捕鱼,否则必治死罪。

【贡鱼的传说】在我们所能找到的传说中,有一个和贡鱼有关的传说。一个和老母亲相依为命的书生,他是一个大孝子。他想用鳊花鱼做个鱼汤喝。因为他的母亲已经因病卧床很久了。可是在网场地是不允许平民百姓打鱼的,否则会治死罪。特别是鳊花鱼,又称"法禄",是贡鱼中的一种,平常百姓是吃不到的。但是,书生爱母心切,一心想为母亲做碗鱼汤喝。于是他就冒死去打鱼。尽管他已经十分小心,但还是被官府发现了。于是,他被定为死罪。

在处决他的那天午后,本来晴朗的天空突然乌云密布,不一会就电闪雷鸣,暴雨倾盆而至。但是,任凭天空如何变脸,还是没能阻挡刽子手的屠刀。他朝书生的脖子上喷了一大口白酒后,狰狞着举起了屠刀。可是就在他要手起刀落的那一刻,一条红色鲤鱼如离弦的箭一般射中了刽子手,大刀哗啦啦地掉在地上。

见此情景,监斩官和所有的士兵们都面面相觑,吓得不知如何是好。监斩官稍稍稳定了一下情绪,又对刽子手怒吼道,还不动手,快将钦犯砍头。于是刽子手又哆哆嗦嗦地举起了刀,就在书生命悬一线之际,只见江面飞起无数条五光十色的鱼,一起射向刽子手和那些士兵。片刻的工夫,他们就被刺成了渔网,只留下遍体鳞伤的监斩官抖成一团。这时候,江中突然出现一个黑胡子老人,他面色红润,声如洪钟,对监斩官说,此书生人间大孝子,不可要其性命。你们虽依据法理,但却不近人情,这样无德如何能治国安民。你回去速告皇帝,要以孝为先,仁义至上。说完,黑胡子老头就消失在了江面上。后来,那个书生的老娘的病奇迹般的好了,书生也考取了功名,在朝中为官一任,也造福了一方。

【达子】在浩瀚的史料中,我们得知在太阳岛江面的官渔场上忙忙碌碌的那些渔夫叫达子,这些人后来被证实为达斡尔人。他们的语言接近蒙古语,但又不是。这些达子每到捕鱼旺季就会驾着渔船穿梭于辽阔的江面。渔船上都插有不同颜色的小旗子,每当捕鱼忙的时候,江面上五颜六色的旗帜与渔夫们欢快的渔歌交相辉映,其是壮观。只是,这样的情景今天已经不会再有了。当我们只能遥想那些达子们在忙碌了一天后,坐在排列如织的船坞码头上大碗喝酒,大块吃肉的情景,我们的内心就有一种隐隐的骄傲,但也会有一种淡淡的酸楚袭上心头。因为我们再也听不到达子们的渔歌,看不见激情澎湃的江水与鱼儿嬉戏的场景。一切都已经成为历史了,当爱尔珲河消失在我们的视野里,消失在老辈人的记忆中,我们也只能去冥想那过去的时光了。

太阳滩、太阳照和太阳岛

【沉睡的岛】偶尔有打鱼人在荒原上纵情高歌,那也是有几分忧郁的长调。他们头枕松花江的涛声,把单调的日子弹奏出清贫而又自由的音符。这就是早期的太阳岛,一片亘古的荒原,一片四面环水的腹地:丘陵、沼泽、草原、池塘、灌木丛,这些自然中的元素,被蜿蜒于腹地中的小河串联在一起,像一首宁静的诗篇歌唱着四季。每当四季更迭,或是鸟语花香或是沙鸥点点,或是银装素裹或是冰天雪地,都使荒原一次次地焕发了新的生机。尽管它一直是沉默的,但是岁月并没有遗忘这块充满了灵性的土地。在1900年以前,它是沉睡的。只有寥寥的渔民守望着它。但是,在这一百年里,它也以其特有的内涵,逐渐地被世人所发现,这期间漫长的蜕变是难以言说的。从避暑地到平民船坞到今天的太阳岛,它已经成为驰名世界的旅游胜地。其实,太阳岛开始并不叫这个名字。在历代的史料和传说中,我们查到太阳岛曾有过三次名称变化。它们分别是:太阳滩、太阳照和太阳岛。

【达呼尔部落】早期的松花江流域为达呼尔部落的游牧区,又被称为索伦部达呼尔部落之地。据《呼兰府志》记载:仅就呼兰境被以达呼尔命名的村屯就有半数之多,甚至连土井也被称为达呼井,可见达呼尔民族在该地的兴盛之气。达呼尔为游猎民族,该民族视太阳为神。他们把自己生活的山川、河流等都冠以太阳为名。而且,凡是他们聚集生活、放牧的地方都要建造太阳庙祭台。

【升起在水中的太阳】对太阳的崇拜使达呼尔部落的人们拥有了火一样的热情。在他们生活的松花江流域,特别是现在的太阳岛地区,他们踏着沙滩上晶莹的沙砾,如行走在缤纷透明的世界里。因为日光的照射,这些沙砾炽热如火,整个腹地又因为太阳的反光而呈现一片炫目的光芒。因此,这片腹地也被人们比喻为——升起在水中的太阳。

【太阳滩】在捕打贡鱼的季节,当渔民们收网归来,将渔船停泊在岸边,躺在沙滩上小憩的时候,一天的疲惫都被这火热的岛屿融化在了风中。故此,达呼尔人称呼它为——太阳滩。

【太阳照】第二个说法则是一段离我们很近的岁月中产生出来的名字。因为,在这段时期,航行在松花江的中俄船员们就把设置在太阳滩上的一个照头作为航标。如祥云出袖的太阳滩,因为有了醒目的航标,而成为船员们寻找方向的一个重要的参照物。但也正是从这个时候起,太阳滩被船长和水手们称为了太阳照。

【太阳岛】而太阳岛这一名字则是那些在 20 世纪初游览此地的游人们叫出来的名字。但是具体是谁第一个喊出太阳岛这三个字,至今已经无从考证了。在那一时期,随着滩涂的不断增高,小岛更加显得秀丽而挺拔。迷人的花香,绿色的水草,拥抱在一起的灌木丛以及那些飞翔歌唱着的江鸥都深深地吸引着游人的脚步,成为一个野浴、休闲和旅游的胜地。从清朝的中叶,到太阳岛的形成,这近两百年的时光里,太阳岛也一次次地在蜕变中见证了哈尔滨这个城市的成长和发展。在太阳岛形成之后,也迎来了它的第一次繁荣。让我们看看这些当时报纸报道中的片段:道里中央大街北江岸名为太阳岛,地颇空旷近于郊,空气自然新鲜,细如绿涛，浅沙净水，乃天然一绝也……

【祭之如祖】在这里我们不能丢下这样让我们感到屈辱的一笔。日本侵略哈尔滨以后，把太阳岛形容为"大日本的象征"。因为日本人极其崇拜太阳，把太阳称为"天照大神"和"太阳神"，国民必须"祭之如祖"，否则以违反天道而论之。而且日本又是多岛国家，又以太阳为旗，所以日本对太阳岛竟然产生了几分贪婪的解构式的崇拜。

【太阳旗】日本人的铁蹄踏上太阳岛之后，太阳岛水上俱乐部高高地挂起了太阳旗。日本侵略者一直认为他们的国旗悬挂在太阳岛上是一种荣耀和胜利的象征。因为，在很长一段时间内，他们对太阳岛大肆宣传，大量印制太阳岛风景照片，宣传画册发行到日本国内以及所谓的"大满洲"各地。这一点充分地暴露了日本侵略者的野心。此时，太阳岛如同一个少女，被凶狠的恶狼反复地蹂躏。一层浓重的阴影，蒙在了她美丽的脸上。从此太阳岛陷入了危机之中。

【广告与繁盛】在一个日伪时期的纪录片中，记载了当年日本人在太阳岛进行军事训练和从这里把侵略的刺刀伸向远方的罪恶行径。由于日本对太阳岛的多种宣传手段，使太阳岛的美丽越传越远，日本大商家的登喜乐，还有俄商的秋林，中商的同发隆、同记、大罗新、新世界等纷纷用此商标并张贴广告，采取多种方式广泛密集地宣传。当时的《滨江时报》曾以《太阳岛中春色多》《太阳岛中鸳鸯浴》等多篇文章、大量的版面记载了太阳岛的早期繁盛景象。日本侵略者使太阳岛一面在屈辱中忍受折磨，一面又使太阳岛这一美丽的岛屿驰名国内外。现在当我们把目光投向这段屈辱的历史时，我们的心真的不知道是一种什么样的滋味。

1900 年以前，她是沉睡的

【双口面与马船口】根据《呼兰府志》记载："其属境为东至松黑两江交汇处,西界蒙藩杜尔伯特旗、郭尔罗斯旗、南滨松花江,并于沿江三百八十余里设防守重地《曰暴马、曰双口面、曰马船口、曰呼兰河、曰岔河》。"依据上述范围:双口面和马船口之间,两地行程只有三十余里,而太阳岛又地处两地之间,太阳岛无疑应当重于呼兰。

【呼兰之名】又据《呼兰府志》记载:清初属索伦部,旋隶黑龙江将军,设呼兰河八卡伦。嗣以俄人侵扰,康熙二十二年设黑龙江将军,而于呼兰设卡伦八处,由齐齐哈尔、墨尔根、黑龙江三域拔兵防戍,呼兰之名始见于官书始此。乾隆二十七年划呼兰城拖东江北地,假于吉林设五驿,光绪三十四年始改归黑龙江省而且隶属于托佛斯亨站(木兰县)。同治元年分呼兰城东北境设呼兰厅,治巴彦苏苏,呼兰属境包有余庆县(现庆安县)、木兰县,南北袤四百余里,东西广三百余里。光绪十一年,分呼兰厅北境,设绥化厅,两厅已壕为界,河以南为呼兰厅,光绪三十一年升呼兰厅为呼兰府移至呼兰城。官统时期呼兰行政辖区不变,官统元年设水上警察,其防线溯松花江至哈尔滨为止,管理江北沿岸之安全工作。1913 年结束了清朝统治之后,改呼兰府为县,故太阳岛由呼兰县管辖,至 1936 年日伪时期,哈尔滨市特制以后,划为松浦区之后,太阳岛才脱离了呼兰行政区的管辖。

【松花江】松花江是我国东北一条古老的内河。根据有关资料记载:松花江魏书称"难河",又称"速来水"。新唐书称"那河",辽史称"黑龙江",金史称"宋瓦江",元史称"松阿里江"又称"混同江"。明史称"松花江",又据皇朝通考称之为"宋噶里乌苏",今仍称"松花江"。松花江源于长白山天池,全长为 1 840 公里,居全国第五位。流域面积达 60 多万平方公里,为黑龙江流域之一大支流,根据《黑龙江航运史》记载:"黑龙江流域很早就是中国的满、蒙古、达斡尔、鄂温克、鄂伦春、赫哲、汉族人民祖先劳动、生息的地方。他们靠山围猎、近水捕鱼、利用河网密捕的这一自然条件,开始了早期的水运活动,水运可靠历史达 4 000 年。"松花江水运应是从原始社会的后期渔猎活动开始,人们就利用了这一水运条件进行"朝贡"。

【水运】由于对松花江水运的充分利用,也促进两岸人民生产形式的变化和发展。于是,大力地开发了两岸的自然资源,积极发展农林渔牧事业,繁荣了两岸经济,促进了水运事业的发展,水运从"朝贡"发展为"军场""商往""旅游"和产品物资、生产资料等重要物资运输。特别是清五朝建立以后,充分认识到黑龙江水域的水运工作队捍卫边陲、发展两岸经济的重要性,因而利用松花江水运功能和优势,狠抓了水上军备和工农业生产。为了加强地方统治,在沿江两岸大量设置了站、台等署衙机关,于是两岸的古老城镇建设也得到了快速的发展。正直清五朝将要灭亡之机,两岸的现代城市建设也犹如春笋,继而于 19 世纪初期,在松花江中游江畔又兴起了一座具有欧洲风情和俄罗斯风格的大城市"哈尔滨",同时也促进了太阳岛的形成。

【套子】在松花江中游,江北畔和哈尔滨相对有一处被江水所围绕的原始荒原,面积为九百九十余公顷。地处古城呼兰府境西南,为呼兰府所辖。由于荒原地处沿江,偏僻荒寂,除有少数渔猎之人暂存外,并无他人在此定居。早期这片原始荒原为沿江的河套地区,俗称"套子"。其境东临背江子,南临松花江,北和西临一条小河,整个荒原被江河所包围。由于小河的上游和松花江相接,河水丰满,因此这片荒原便成为四面环水的腹地。腹地的地面由丘陵、沼泽、草原、苇塘、灌木等组成,内部尚有纵横交错的旱河。每当春夏季节,芳草茂盛、灌木丛生、山花野草、鸟语花香,展现出美丽、幽静的大自然风光。沉睡了几千年的原始荒原后被人类所关注,1900年以前,除原有几户小农人家立为"礼屯"外,后有俄人开辟为"僻暑地"、平民船坞,直到现今中外驰名的太阳岛风景区。

爱尔珲河冲出一个岛

【大明水 老背江】爱尔珲河源于现在的大明水、老背江一带,现属肇东境。由于江面宽大,故满语称之为"爱尔珲托辉"。爱尔珲为河,托辉为宽阔,爱尔珲托辉为河宽、肥大的意思。该河由松花江注入老背江之后,向东流去,经过现在的西兴隆岗折向东北经过大亮子,又向东流经双面口北,向南经过新开口折南至冠家窝棚分成两股:一股流直向南注入松花江。另一股经过冠家窝棚向东北经过陈家岗以后又折向南,至前汲家又分成了两股,一股沿着太阳岛的两侧向南流经现在的江心岛河源太阳岛中间汇入松花江(这一股于1982年由太阳岛风景区命名为"金水河");一股由前汲家分出后向北流去,经过后汲家又折向东流去,经过张家亮子(现虎园北)又沿着中东铁路向南流去汇入松花江。正如《黑龙江志稿》所载:"……分一支先入江,其主流东行至哈尔滨北注入松花江。"正因为如此,太阳岛被爱尔珲河包围了三面,而南面又是松花江。由于受爱尔珲河千百年的冲刷,对于形成太阳岛来说起到了至关重要的作用。

【打牲夫】太阳岛上一位上了年纪的人曾于1954年协同市农业局乔国生在兴隆岗、双面口、三合村一带调查水源、规划水利时,三合村老队长孟庆荣(三代久居此地)指着韩增店一带说:"这里原是一条古老的河",但所指之处已经失去了河的原貌。爱尔珲河计程二十余公里,由于年代久远,江河不断泛滥,部分河段已经失去原有的面貌,有的河段的河床已经增高,水位低时有断流现象。正如《呼兰府志》所载:"归档呼兰河以西有爱尔珲河今无考。"国家有关资料记载:"在清朝中叶,同样地原是清五朝的网场地,是捕打贡鱼的场所。除了规定的打牲夫在这里捕鱼外,其他渔民不得进入贡鱼区,否则官府治罪。"早期,太阳岛是捕打贡鱼的中心,又是两个网场的界地。根据《呼兰府志》记载:"……自呼兰河以西,爱尔珲河上口五十里有网场两处。"根据实际里程计算,呼兰河沿松花江上行至爱尔珲河(西兴隆岗以西)又近三十里,故太阳岛为早期两个网场的中部无误。根据前辈人的传说:很早以前,太阳岛江面是一个官渔场,渔夫全是达子(可能指的是达呼尔),语言颇似蒙古。每至捕鱼旺季,江面出现了繁忙的捕鱼景象。渔船各有小旗,旗色不一。白天大小渔船布满江面,夜间岸边的渔船排列如织。渔民聚到这里过夜,颇有古代渔家生产生活的景象。

【鳊花鱼】古江滔滔穿流过,水上渔舟如穿梭。日落归帆炊烟起,舟头老翁尽渔歌。

此处为鳊花鱼盛产之地,鳊花满语为法禄,是贡鱼的品种之一。因此这里为黑吉两省网场集中之地,同时又是冬季猎取皮毛贡品之地,每至冬季打牲夫则进入此地打猎。

㉟背江子

背江子又名北江子,是一个江河多年变化而形成的水泊。背江子南临松花江,东临古老码头马家船口,北临荒草地,即现在的松北站一带,背江子的西岸则是现在的太阳岛,为此太阳岛的早期也称背江子。背江子的中间有一片三角高地,1895年在修筑中东铁路之前,沙俄政府为了检修运输筑路器材的船只,在这里建设一个修船所,也就是现在的造船厂。中东铁路修筑时,其线路通过了背江子,并沿着三角高地的西端(现造船厂的西端)通过,因此背江子和太阳岛被铁路分割开来。留在铁路以西的背江子则成为一条小河,北端与爱尔珲河相接,之后则沿着中东铁路由北向南注入松花江,从此太阳岛和背江子在地理上发生了变化。根据《黑龙江航运史》记载:"江北船坞始于一八九五年,是沙俄修筑中东铁路设立的一个修船所……江北船坞坐落在哈尔滨道外区江北一个三角形的半岛上……整个船坞南北东三面环水,面靠铁路与太阳岛相邻……"根据上述记载,自从中东铁路修筑以后,太阳岛和背江子在地理上才有了变化,同时增加了太阳岛的美丽。

背子江、石当站和平民船坞

【水运码头】在修筑中东铁路之前,清光绪年间的中期,背江子已经成为比较繁华的水运码头。呼兰管辖的西部村镇农民、商贩等因距马家船口码头陆运较远,加之水运运输业者的竞争,随地就近在背江子北岸办起了水运码头,就当时来说,这个小码头起着大江南北、吉黑两省人员商往和物资交流的作用。冬季江面封冻以后,这里仍是一个交通要道,容易往来,车水马龙,景象十分繁荣。《呼兰府志》曾对马家船口和背江子一带的冬运有过记载:"按呼兰在松花江北岸,为南北街道一重门江,每岁十月封冻到次年三月冰消,运粮车辆道途络绎,车与车相衔接。深霄蹄铁踏地声,渊渊震枕席间,昼出则道路壅塞,日至两千余辆,少亦千辆。"

背江子的运输繁荣,给周围一带带来了生机。背江子的西侧原始荒原(现太阳岛)开始有了山东到此开荒种地的农民,人数逐渐增多,从此沉睡了千百年的原始荒原有了开垦,打开了荒僻寂静,无人定居的局面。

【牛蒙店】在背江子的南部沿江高岗处开始有了住户人家,继而又有人在此开了一个大车店,故人称此处为"牛蒙店"。

【窝棚】在背江子中心的三角高地上开垦了农田、建立了屯户。在背江子的周围出现了延家窝棚、吴家窝棚、刘家窝棚等。但是,由于多年水患,加之沙俄修筑中东铁路时大量占用土地,俄兵肆意作乱,因此大多数已定居的农民又背井离乡投奔他地求生。

【石当站】1900年,中东铁路修筑以后,在背江子一带的铁路东侧建立了一个小车站,命名为石当站。根据《呼兰府志》记载:"东清铁路始建于光绪二十三年(1897年),在呼兰境内者长八十华里。设对青大站一,小站五,一名石当即背江子。"石当站建站以后,原背江子一带则改称为石当站或小站。石当站的站台原在铁路以东,不久毁于火灾,后在原站台的西侧相对又建立了一个站台,站台办公室占用了原铁路工程人员的住所。之后铁路工程人员又在石当站西南侧修建了一处欧式木结构的建筑,面积约二百平方米。日伪时期为满铁所有,解放后改为铁路休养所(现原建筑已全部拆毁)。石当站建站以后,方便了松花江两岸的交通,促进了石当站一带的发展,根据《呼兰府志》记载:"……呼兰府背江子一隅俄人曰石当,遂成为俄人居留地。"石当站建站以后,在站台西侧除有一批俄人进入建设外,尚有一部分华人在东江子(现呼家街)、极乐村(现青年之家)、西河沿(现平原街西端)开始开荒种菜,由此开辟了原始荒原,也就是现在的太阳岛。据先辈人传述:在修筑铁路的同时,先有一部分俄人在船坞,都是些有钱的老毛子(指俄人),后来中国人也相继进入。

【避暑地】避暑地的形成时期。1903年,中东铁路全线通车以后,哈尔滨城市建设已初具规模。除了老哈尔滨(香坊)、秦家岗(南岗)等地有钱人开发外,在原吉林省贡鱼区的网场地(现道里区)也被划分为俄租界地。从此哈尔滨成为沙俄政府对我东北进行经济掠夺的据点。随着哈尔滨市俄人的增多,一部分俄富商相继到江北一带修建别墅。

【傅家甸子】据前辈人讲:在光绪末年左右,清五朝的中后叶,松花江的哈尔滨段已经成为吉黑两省横渡水运的主要航道。现在的道外区自从傅姓跑马占荒后被称为傅家甸子以后,这里就已经成为一个最早的码头,隔江相望,又有一古老码头马家船口。当时这两个码头起着吉林省阿勒楚喀和黑龙江省呼兰等地的官商行旅必经之地。

【大八站、小八站】在甲午战争以后,清政府正在经济危急之际,沙俄政府为了掠夺我东北财富,趁机迫使清政府签订了《中俄两国御敌章程》等两个不平等条约。允许沙俄政府船只进入黑龙江、松花江航行运输、兵营使其便捷、尽力相助之后,于是清政府在黑松两江便失去了航行权。为了修筑中东铁路和哈尔滨城市建设工程,沙俄大量运输建筑器材的船只进入了哈尔滨,为了解决货场拥挤,于是在大八站(现八区)、小八站(现防洪纪念塔)、游艇俱乐部西侧(现江上俱乐部西侧小九站)等地建立了大型码头。

【航运高潮】在铁路和埠头区(道里区)的建设影响下,傅家甸子的城市建设也在快速发展,这对于民族航运业的发展也起到了决定性的促进作用。1905年日俄战争以后,我民族航运业的发展已进入了中兴时期。于是傅家甸子(现道外区)沿江一带变成黑龙江水系最大的港口,码头栉比,船只如织出现了航运繁荣景象。

【船坞】《黑龙江省航运史》记载:"哈尔滨地处松花江流域的

中部,是黑龙江地区政治、军事、文化、交通的中心,也是黑龙江水系航运机构集中设置的中心地区,因此哈尔滨成为黑龙江水系的最大港,又是水陆交通运输的枢纽。"由于哈尔滨已经形成的航运地位,除沙俄船只有增无减外,我民族航运船只也在成倍增长,因此更需要有足够的船舶在冬季卧泊的场所,也就是船坞。船坞是船舶冬季卧槁(冬泊)的场所。它必须具备水面宽阔、水深适宜、水流为缓、春水丰满等条件,从而达到冬季卧泊、初春维修、冰解出航的要求。哈尔滨原有船坞五个,较大的船坞有三个,如:造船厂船坞、马家船口船坞、八区船坞等。由于江面多年泛滥,致使河床增高、流向转换、水面不足等,有些船坞失去了冬泊能力而退役。大约于1910年以后,又在铁路桥面设置了一个船坞,地址由天满至江心岛东端,沿江全长一千五百余米,是当时哈尔滨最大一个船坞,命名为平民船坞。该船坞颇受船主的欢迎。

【平民船坞】平民船坞原名为贫民船坞,其原因在于岸上的避暑地都是俄人富商,而岸下船坞的劳动者都是华人,如是出现了两个阶层的鲜明对比,为此该船坞被称为贫民船坞。后因贫民船坞影响很大,江北一带都被称之为贫民船坞,这和避暑地又产生了一个极大的反差,为此将贫民船坞改为平民船坞,后来避暑地这个名称逐步为平民船坞所取代。

【船坞分布】平民船坞地区总面积为九百九十七公顷,地面自然条件分布为:西部为平原地带,地势平坦,土地肥沃,宜于种植作物。东部由南至北多丘陵、沼泽、苇塘、旱河等。松花江水位达到117.50米时,江水则溢入旱河即变成流水河。东南部为临江地带,又是中俄混居区。该地区亦有旱河两条,东起江平街东端,西至通桥街汇入松花江,该处有街道:如临江街(1932年被洪水吞没)、通桥街、水警街、江平街、顺直街(此五条街1966年统划为锦江街)。在旱河两侧居住的俄人门前都设有拱式木桥,当松花江水溢入旱河时,人们可立于桥上垂钓,桥下时有舢板船通过,呈现出自然优美的景色。北部为少人区(警备路以北),该地旱河较多,江水一旦溢入则形成纵横交错的水网,河内集鱼甚多,人们根据不同季节,可利用不同渔具,如:网、钩、迷、钓等不同方法在河内捕鱼。

【头道岗】东部尚有丘陵四个,人称四道岗。头道岗位于中东铁路北桥头的西侧,早期为一荒岗,岗上多生杂草,1910年左右在岗的西端南侧有俄人修筑的木二楼一座,1920年有贾姓从山东临沂逃荒到此岗居住以种菜为生,1926年又有贾姓之婿张贵玉携妻到此与贾同居。1932年特大洪水暴发后,有些贫民逃到此岗落了户,从此头道岗北命名为后岗街,现改为锦江后里。至1945年,后岗街发展到三十余户,户号是由西往东顺延。

【二道岗】二道岗位于极乐村东侧一里许,三道岗位于二道岗北三百米,四道岗位于三道岗北二百余尺。该四道岗除头道岗有人定居外,其余三道岗均保持自然状态。特别是四道岗上生有花冠木十余种,每至春夏季节,冠木则各展其花,各放其彩,岗坡多生牛毛草,绿草茸茸,花草奔放,景色宜人。游人多集聚到这里欣赏大自然的田野风光,成为当时平民船坞的野游繁华地区。平民船坞共有三个村、七条街:有腰屯(现菜园街)、后屯(现青年之家)、呼家窝棚(现呼家街)。七条街有:临江街、江平街、顺直街、通桥街、后岗街、平权街、平原街,七条街多分布在平民船坞的东部和南部。过去的临江街被洪水吞没,解放后将平权街改为临江街,现在除临江街、平原街尚存外,其他街均已无存矣。

【一坑】平民船坞的街道很少有通直街道,因别墅建筑比较隐蔽,有时按别墅连接程度而定街名。平民船坞旧有四个大坑,各坑均有特产:

一坑位于后岗街的西端,原坑直径约一百米,坑内产有大量乌龟,故称王八坑。每至夏秋到此垂钓者甚多,多数是外国人,钓之如获至宝,虽然常年多人垂钓,但钓之不尽。伪康德元年(1934年)修建普照寺时,将大量的石灰残渣推入坑内,水混达三日之久,坑内污染严重,致使乌龟离开此处顺河而去,从此乌龟绝迹。

【二坑】二坑位于平原街末端(现环卫科门前),原坑直径四十米。坑内生有大量田鸡,坑水长年不断,每至初冬人们提取田鸡,产量甚大,取之不尽。

【三坑】三坑位于老柞力克道口(现迎宾路南端),坑直径约一百米。坑南入松花江,为舢板船渡口,水深约两米。有大鱼在此越冬,集鱼量甚大,重者可达六七斤,冬季常有人捕之。

【四坑】四坑位于四道岗的西端,此坑多生黑鱼,大者可达五六斤,夜间常闻黑鱼的鸣叫声,故名黑鱼坑。

【白俄来哈】据《黑龙江省航运史》记载:"一八九七年修筑中东铁路开始,沙俄就有计划地开发了道里区……"以沙俄为首的各国富商纷纷来哈尔滨开发建设。至1900年,道里区的建设已基本成型。特别是俄国发起红色革命以后,国内局势发生了变化,大量的沙俄资本家通过贸易、外交等手段流入哈市。1918年,苏联十月革命前夕,又有大量的沙俄和溃军纷纷窜来哈市。据《哈尔滨历史编年》记载:"一九一九年大批白俄逃之来哈。"哈市俄人的增多,为繁荣和发展哈尔滨创造了有利的条件。

【船坞建筑群】随着哈尔滨的繁荣与发展,外国人的生活欲望也逐渐提高。当时哈尔滨的游览场所很少,除了有新设的游艇俱乐部(现铁路江上俱乐部)和旧有的哈尔滨公立公园(现兆麟公园)以外,别无其他游览场所。于是,江北平民船坞便成为外国人休闲和游览的场所。平民船坞依着自己具有的自然条件为外国人所关注。因此大量的外国人纷纷到平民船坞修建别墅、住宅和一些服务设施,其造型独特,美观别致。至1920年,在建筑方面已经形成了俄罗斯风格的建筑群。幢幢木房,小巧玲珑,别具一格。1920年至1930年之间,在平民船坞有俄、德、法等外国人筑起的生活楼房十栋,其中木结构者有八栋,砖木结构者有两栋。

【洋人建筑群分布】一栋位于现平原街北(工人疗养院四疗科北),该楼于1933年遭火灾焚毁,火灾当时俄房主拒绝扑救。一栋位于平原街中部,原为白俄所有,1936年改为伪松花江警察署,1950年改为松浦区公安分局,1979年改为人民警察学校,1990年警校扩建被拆除。一栋位于现临江街四十号,为俄人所有,原是一座餐馆,名叫"西纳河里"饭店。1950年船工率令含等三人合资买下,此楼现仍存。一栋位于现临江街西部,因距江堤甚近,1992年防洪时被拆除。一楼位于现临江街三十六号,原为犹太人所有,现为文化局所管。一栋位于现临江街六号,原为德国人所筑,现属服务局所有。一栋位于现游览街二号,原为白俄所有,现属商业局所有。一栋位于现临江街十号,原为德国人所有,现为哈行太阳岛办事处。一栋位于现丁香街路东,原为俄人所有,日伪时曾做过浴池和面包厂,现为工人疗养院所有。一栋位于现平原街东端,初为俄人浴池,哈尔滨沦陷后为日伪迈藤林业办公室。1949年为松浦区公安局,1950年交市文教局接管,1980年拆除,现新建筑为教师之家休养所。

【田野山居】1918年以后,是平民船坞建设的高潮时期,除了上述地区外,如:石当站、十字刀、上坞、江平街东端的铁路桥下都成为外国人修筑别墅的地方。栋栋俄罗斯风格木房林立,把一个具有自然景色的平民船坞变成一个带有欧洲风情的田野山居。目前,太阳岛早期俄罗斯风格的建筑已所剩无几,1920年前后的建筑尚能选五栋:一栋位于平原街的东端,现已归属于哈尔滨银行,和此房同样模式有两处东西相对。一栋位于太阳岛街七十六号,该房为俄人所有,1936年卖给刘承文、刘承吉弟兄二人,现已顺辈继承。一栋位于沿江风景线的东端晶体管厂院内,该房为远东公司1920年以前的建筑,祖国光复后收归国有。1946年为武装工作队所在地,先后有项起财、马开印、李山增等同志住在这里发动群众、领导群众开展了松浦区土地改革运动。1950年为中共松浦区委员会,1959年为中共太阳岛乡委员会,1961年为新兴乡委员会,1962年移交给道里区政府,现归晶体管厂所有。该处原有老房三处,现只剩一栋。一栋位于临江街四十二号,原为德国人所有,现为哈尔滨银行所有,该房距今已有八十余年的历史,院内建有双亭。

【俄人占比】1910年至1930年之间是哈尔滨市俄人最多的时期。1920年至1925年之间曾对俄人做过多次大批遣返,仅就1930年《哈尔滨市历史编年》记载:"一九三〇年根据统计:本年在哈苏籍侨民为39 642人,白俄41 995人,共计81 637人。"按当时哈尔滨总人口为三十万人计算,俄人则占总人口百分之二十七(该数不包括其他外国人)。

随着哈市外国人的增多,平民船坞的外国人也相应增加。当时这里的俄人有三百余户,而华人只有百余户。社会有过不完全的统计,民国十八年(1929年)《滨江时报》刊登《平民船坞请修江堤》一文中载道:"……现该处中外居民已达三百余户……"

【两个事变】1932年至1945年哈尔滨经过两个事变:一是日本侵略哈尔滨,二是祖国光复。不平静的十四年使平民船坞的外国人逐渐减少。1945年(这个时期平民船坞的名字已被太阳岛名称取代),据当时伪警察署遗留资料说明:"署内管辖有日人二十余户,俄籍三百六十二户,满人(中国人)一百五十三户。"1954年平原村统计:俄国人有二百二十户,中国人猛增至八百余户。1958年以后,太阳岛的俄人全部迁出,从此结束了外国人在太阳岛居住的历史。

【**四处大餐馆**】随着平民船坞外国人的增多,同时也促进了本地区商服业的发展。至 1932 年为止,平民船坞有外国人开办的较大餐馆四处:天满餐馆,位于原水警街中段,即现在的锦江长廊东侧江岸突出处。水上俱乐部,位于原太阳岛上。极乐餐馆,位于平民船坞的西北部现青年之家处。民娘久尔餐馆,位于通桥街西端,现太阳岛餐厅。除了上述四处较大的餐馆外,尚有小型的餐馆三十余家,大多分布在沿江和通往极乐村的路旁(南堤和西堤脚下)。

【**商铺**】中国的商铺也有较大的发展,至 1934 年为止,商铺已发展到十五家。比较有名者有:益兴成,经理刘道远;天含利,经理尹培扬;洪茂盛,经理孙洪奎;老成利,经理唐知声;义和轩,经理王如言等。除此以外,尚有崔庆茂开设的饭店、褚振山开设的浆汁馆、王茹玲开设的卫生院等。在平民船坞的繁荣时期,引起了社会各种刊物的关注,经常以各种形式反映平民船坞的繁荣情况。民国十四年(1925 年)7 月 14 日《滨江时报》发表《太阳岛游行记》一文中载道:"……登饭店五六十家,俱每汤(熟八汤)一个需四角……"(这里所说的太阳岛实际是平民船坞,熟八汤指苏泊汤,记者有误)。民国十五年(1926 年)5 月 11 日《滨江时报》刊登《太阳岛春来生意多》一文中载道:"本埠对岸有名太阳岛地方,本年至春来夏初之间,即有江南岸游乘一叶小舟往该岛玩,故每至此时沿沙堤之上皆有茶馆、饭店、浴池无美不备,而官门之秀小家碧玉莫不至此长日之游……"(这里指的是平民船坞)。

平民船坞的社会结构

【**两岸交通**】随着松花江哈尔滨段两岸的发展与繁荣,水上的交通也有了良好的发展,由原来的槽船改为摇橹子,后来逐渐地改为舢板船,冬季用人支爬犁(冰橇)运输乘客,两岸的交通十分方便。舢板船体积很小,准乘五人,该船是仿俄人的"背里歪"制成,体积轻便,乘之凉爽。爬犁又名冰橇,为哈尔滨独创。一人支撑可乘三人,速度甚快,横渡只需五分钟。

【船房子】平民船坞有集体性质的船房子六个,主要搞松花江横渡运输。其组成形式是:船工带船入,实行收入平分,支出平摊。是当时比较有实力而又先进的组织形式。每船房子有船工三十余人,多为单身汉,参加集体食宿。他们除有舢板船外,还有大船(摇橹子),遇有大风天气小船不能行驰时利用大船运输。这样既不影响收入,又方便乘客,展示了当时集体的优越性。每个船房都有自己的常年客户,还可以定包月,无论晴空万里或风雨之夜,两岸定有船只等客。船房子的船工大多数来自山东、河北一带,而且多数又是逃荒至此的单身汉,在亲友的帮助下,购买船只参加了船房子。每个船房子都有自己的名称,而且有固定的营业地点。鲁斯比利斯位于原临江街东端;秋林位于原江平街中部,维斯得尔位于天满餐馆处;柞力克位于顺直街西端萨力门前;新柞力克位于通桥街;阿拉谢尼位于通桥街。上述船房子是大江南北的运输主力,为方便游客和繁荣平民船坞起到了一定的作用。

【农业生产】平民船坞的小型农业和畜牧业也有较好的发展。在1932年以前,这里的菜园子、呼家子、极乐村三个自然屯就有四十余户从事农业生产,生产作物主要是粮食、蔬菜。产品除供应当地外,余者销往市内。畜牧业生产主要是奶牛,又以生产牛奶为主。奶牛户有十余家,奶牛二百余头,产品主要供应当地。

【社会结构】平民船坞的社会结构是根据不同国籍人员的增减而发生变化的。1900年前后是平民船坞发展早期,这个时期无论中国人或外国人大多数是出卖劳动力而生存的,这个时期可以叫作"贫多富少"的社会结构时期。1910年以后,这里的俄人逐渐增多,而且多是富商,因此这里又出现"贫富平衡"的社会结构时期。1920年以后,随着哈尔滨市俄人的剧增,大量的俄人进入平民船坞,此时期有三个特点:一是原避暑地的兴盛期,二是平民船坞形成后的繁荣期,三是原太阳岛的形成期,为此这里产生了"富多贫少"的社会结构时期。从社会的人员结构来看,外国人可占总人数的百分之七十。在百分之三十的中国人当中,中国的商人和官宦占百分之四十,农民占百分之三十,其他劳动者占百分之三十。国际和社会形势的变化使本地区的社会结构也在不断变化,特别是日本侵略哈尔滨之后,外国人逐渐减少,中国人陆续增多等,这些现象都在使本地区的社会结构发生变动。根据上述情况分析,平民船坞的社会结构可分为三层:一是外国人,二是中国商人和官吏,三是劳动人民。从经济情况来看,本地区除农民生产的蔬菜、餐馆生产的食品外,别无其他生产能力,一切商品都由商人运来销售,因此说,平民船坞纯属消费地区。

尼古拉教堂重点祭礼

【尼古拉教堂】平民船坞是以外国人为主的地区,因此这里的东正教比较盛行。根据先辈人传述,早在光绪末年(1903年),靠头江心子就有教堂一个,后被火焚。民国十二年左右(1923年)在前后岗的中间,又在两河相抱的高地上修建一座较大的教堂,根据《太阳岛史话》记载:"一九二三年白俄礼教区在太阳岛临江街东端,太阳岛前岗上修建了一座尼古拉教堂……"(指的是现在临江街东端,实际是过去的平权街东端和通桥街东端的交点处。

现在的临江街晚于尼古拉教堂成立时起大约有四十余年,作者有误)。尼古拉教堂华人称之为喇嘛台,每至星期六晚间和星期日的早晚鸣钟,参加礼拜者甚多。尼古拉教堂门前右侧有木结构房子一幢,面积五十余平方米,为更夫的住所,用其看护教堂和及时鸣钟等。尼古拉教堂于 1965 年毁于火灾,后被拆除,现只留下古榆树四株。

【礼拜】每周六晚和周日晚为教徒的礼拜日。是日,教徒们集聚在教堂,教堂中呈现出严肃而又安静的气氛。朗朗的诵经声此起彼伏,参加礼拜者甚多,有时容纳不下,华人进入观看自由,俄人不予拒绝。

【婚礼】俄人的婚礼别有风味。教堂发出规定的钟声后,亲友们陆续进入教堂,有些与婚主无关者也参加祝贺。新郎、新娘步入教堂后,亲友们随即落座,华灯顿时开放。神父登台诵经后,新婚夫妇交换饰物,亲友们向新婚夫妇亲吻告别,而后去婚主家做客,狂欢至深夜。

【葬礼】俄人的葬礼也在教堂举行。教堂发出规定的钟声后,送葬人员列队步入教堂。队伍最前面是死者的亲人,亲人身着黑色服装,但只泣无声。队伍中间为由四人抬的木棺,最后是送葬的亲友。俄人的木棺玲珑别致,棺分两层,上下层比例几乎相等。死者仰卧于棺内,两手捧胸,胸前置彩花,棺内周围置白兰色花束。男尸为黑色礼服,女尸多为白色长纱。在教堂祈祷后,将尸体送至江南由灵车送往墓地(现文化公园)进行安葬。

【巴斯节】俄人的巴斯节祭于每年的 4 月 1 日,此节与华人的清明节相似,均是为悼念死者而设。是日,俄人手捧鲜花和不同颜色(染的颜色)的鸡蛋,在教堂洗礼后送往墓地置于墓前。

【洗礼节】洗礼节华人称之祭江,每年于 12 月 19 日举行。据《哈尔滨历史编年》记载:"一九二二年俄国东正教徒首次在哈尔滨道里举行洗礼节。"节日提前在松花江中心用冰雕塑十字架一座,架高三米,顶尖塑有冰鸽一只。十字架前开冰槽一个,长约三米,宽约二米,槽深为冰厚的百分之九十。在冰槽底的余冰部分开一小孔使江水涌上,这样洗浴之人可在槽中任意活动,有槽底的余冰保护,洗浴之人无掉入江中之忧。

【祭江】祭江的场面非常壮观,十字架前的广场上假植松树数行(云杉),广场的中心为圣水池。有哈市的各教堂神父前来参祭,参加洗礼者甚多。有的跳入圣水池全身洗浴,有的在圣水池洗脸,有的用器具将水装回家中洗浴。祭日达三日之久,到此参观者人数众多,场面十分壮观。民国十八年(1929 年)12 月 23 日《滨江时报》一文中载道:"日前十九日伪耶稣受洗日,本埠之俄侨千余人,皆于此北风飕飕、雪花飘扬之严寒天气中,于大江口冰窟去衣裳周身沐之,并冰块做十字架感礼而不嫌冷,可见信心力量何其大也。"洗礼节期间华人参观者多于俄人,广场周围设有照相、摊床等,冰橇生意甚火,每日收入胜过平时三日。

【圣诞节】圣诞节几乎和洗礼节连在了一起。每至圣诞节前几日,俄人便开始了准备工作,各家庭院和庭室都安置了一些松树,华人称之为松树节。教堂台前置松树一排,神父诵经后圣诞老人出现,祭者纷纷向台前投掷糖果,圣诞老人多次向祭者敬礼,然后在神父的诵经中结束。圣诞节时,俄人的家中布置得也很壮观,松树上布满了五色彩灯,室内燃起无数的蜡烛,全家欢聚一堂,饮酒、跳舞、唱歌至午夜。

【华、俄之间】平民船坞的西部为别墅集中区,华人虽少但都为俄人服务,东部是华、俄混居区,每日都在一起生活。由于上述特点,华、俄之间的关系比较良好。俄人善于和华人交往,但必须以诚相待,稍有欺骗,则被俄人唾之。常住俄人比较礼貌,和华人相见有问安的习惯,俄人对华人常有资助,无非是一些旧家具、衣物、食品等。大部分华人都有一般的俄语会话能力,常住的俄人也是如此,通过会话进行两者之间的感情、经济、文化、生活等各方面的交流。初时,有的俄人对华人有所歧视,双方曾有互不相让的势头,由于俄人必须依靠华人为他们服务,很快也就友好起来。特别是日本侵略哈尔滨之后,俄华之间更加团结了。

【华人的风情】平民船坞的华人大多数是劳苦群众,他们没有任何力量信仰一些何种道教,而表现出来的色彩仍是中国旧有的封建迷信。1934 年,本地绅士杨福祥在后岗街西端修建了一座普照寺。寺内主供观世音菩萨。设一僧管理庙事,每逢古历初一、十五开庙门收香火,平时也有一些信徒前来烧香、许愿、求医等。

【春节】春节是华人的重要节日,该地区大部分华人来自山东、河北一带,过春节的习惯也就沿着原籍而来。春节的前几天,人们就忙着办年。腊月三十的上午,各家都贴上了门神、天地、财神、对联等。五彩缤纷、焕然一新,增加了辞旧的气氛。"爆竹声中辞旧岁,梅花香里报新春",从午夜开始,人们便三五成群地向亲友拜年,相遇之人也互相祝贺,灯笼火把非常热闹。俄人也学会了拜年,春节的几天内,俄人与华人相遇时便两手相合,手置前胸,操着生硬的华语说着"发财、发财!"俄人的儿童们也备齐了鞭炮,欢天喜地和华人一起燃放,兴致勃勃,热闹非常。

【元宵节】元宵节是本地区大闹正月的最后时间。在正月十六就办起了秧歌、龙灯队,除了在本地区表演外,还要去农村演出,特别在夜间演出非常精彩。表演者身着彩装,手持彩花、彩灯,烟花连片,锣鼓喧天,五光十色极为壮观。俄人青年也参加秧歌队,开始乱蹦乱跳,但很快就掌握了扭动技巧。元宵节至正月十七为止。

【端午节】端午节有踏青的习惯,天蒙蒙亮人们便去郊外踏青、采艾。早餐以粽子为主,江上作业的船工和渔民们还要带上一些投入松花江内,祈求在江上工作的安全。

【中秋节】中秋节是一个促进人们团结的节日。中秋节的晚上有祭月和赏月的传统。是夜,当明月升起的时候,人们在自己的庭院中设置供桌,摆上供品,烧香叩头,香烟缭绕。祭月后便是赏月的时候,亲友之间、邻居之间相互邀请,设宴于庭院饮酒赏月。亲朋好友相聚一起,谈古论今,兴高采烈。忽而酒令相争,忽而哄堂大笑,呈现出一片团结的气氛。有些亲朋无几的单身汉也相互邀请。各置酒菜相聚一起,人逢年节倍思亲,此时此刻他们处于"明月虽圆家不圆"的情况,只能在"举头望明月,低头思故乡"的长叹中散去。

【孟兰会】每年的七月十五为孟兰会,当晚,松花江两岸都举行庆祝。据传,这个节日是为了在江河中遇难死亡的鬼魂而立。孟兰会的主要祭祀方式为施放河灯,每年都由民间自行举办,河灯有两种:一是制造木船,船上设木架,将点燃的五彩灯笼悬挂在木架上,然后将船放入江中任其漂流。二是用五彩纸做成方灯,灯的底部用石蜡浸后粘上粗沙,使灯在水中稳而不透水,点燃之后将灯放于江河之中顺流而去,五光十色极为壮观。

【河灯会】日本也很重视这个节日。哈尔滨沦陷后,日本有组织地举办河灯会。他们的特点是:投资大、规模大、数量多、质量精。悬挂河灯的木船长五米、宽三米。船上设桅杆,形似古代帆船。灯笼更加精巧,灯的骨架由细竹条做成各种形状,上下可折叠存放。灯的用纸采用非透似透的纱纸而成,纸虽薄而有力,非其他纸张可比。灯状有塔、楼、寺、亭等各种形状,并且采用方、圆、扁、多角的手法,做工精细,美观大方。灯笼的画面多反映山水花草、亭台楼阁、古代人物等。工法细密巧妙,华人多取之悬挂室内观瞻。船内置有各种水果,由炮队街(现通江街)放入松花江,多艘汽船护送到松花江桥下为止。

【吃水皮子的人】平民船坞华人多为船工和渔民,江湖称之为吃水皮子的人。因此他们很重视这个节日。是日,普照寺请来外僧十几名,在庙台子之上设坛诵经,在鼓乐和诵经声中,主持人三叩首将灯放入河中,普照寺前顿时彩灯满河,观览河灯者拥挤不透。通过施放河灯,悼念在江河中死亡的灵魂,从而也祈祷自己在江河中工作的安全,此节日于解放后免去。平民船坞的华人性格爽朗,朴实忠厚,具有尊老爱幼、互尊互敬、互相通济、团结如亲的良好品德。对一些生活贫困、病者无依、死亡的乡亲们,在当地父老的主持下,都能得到妥善的安置。

平民船坞的文化教育

【中东铁路小学】平民船坞的文化教育可分为两个层次:俄人的文化基础较好,知识较高,社会与文化教育比较普及。俄人重视办学,只要有儿童的地方,无论适龄儿童多少,东省铁路公司都在当地办起学校。根据《哈尔滨历史编年》记载:"一九〇五年中东铁路小学开办。"与此同时,江北船坞又办起了小学,1920年以后,又在平民船坞临江街办起了俄人小学校一座。根据《太阳岛史话》记载:"有瓦西里尼昌俄人小学校于临江街。"(这里指的是1932年以前的临江街)瓦西里尼昌(应是瓦西里尼乍)小学有校舍三间,为木结构,可容学生三十余人。校舍紧靠在松花江边,1932年发生特大洪水时,校舍被狂风巨浪摧毁,整个学校倾倒在松花江中顺流而下。从此临江街随之塌陷于松花江中而消失。

【私塾与松花小学】平民船坞的华人劳苦群众较多,多数人的生活处于贫困之中,因而在成年和儿童之间大部分处于文盲状态。社会无人办学、儿童无钱上学成为该地区的最大忧虑。

随着华人人口的增多和儿童求学的迫切,于 1932 年以后开始有了个人办学者,教员也都是山东来的老私塾先生。总之,解决了部分儿童的入学问题。1932 年,在平原街(现警校西侧)有黄某开办的私塾一所,有学生十余名,校舍两间。1935 年,房宅安先生又在后岗街办起了私塾一所,有学生三十余名。1936 年迁至顺直街郭凤祥大院。1938 年迁至江平街,至本年末停学,从此本地区结束了个人办学。1936 年,平民船坞成立了第一所公立小学,命名为松花小学校,校舍在平权街任家大院(现临江街粮店对过),教员为胡时中。1940 年,在通桥广场建起了砖瓦结构的小学一处,仍命名为松花小学校,可容纳学生一百五十名。解放后为松浦区中心小学,现改为教师之家休养所。

【社会报刊】平民船坞的社会教育面也很小,原由中东铁路管理局管理时,路局只重视俄人教育。1921 年,东省特别行政区虽然在哈另立管理机构,但因此地俄人巨多,因此对华人的社会教育很少过问。不过当时的社会报刊种类很多,例如:早期的《远东日报》和《大公报》。同时还有《吉林日报》《滨江时报》《小午报》等。日本侵略哈尔滨以后,又出版了《滨江日报》《朝日新闻》《哈尔滨时报》《大北新报》等。虽然如此,但报纸都掌握在官吏和商家,一般居民所得的社会知识只不过是相传而已。

【文化生活】华人的文化生活很差,有条件者可以去市内看戏和一些无声电影,无条件者只能在本地欣赏一些流动艺人的说唱,哈尔滨沦陷后,日本有时在本地区放映露天电影,只不过宣传一些奴化教育和东亚战争等。甚至连军事演习也列入宣传之内(1934 年曾放映过由原太阳岛出发至炮队街的军事演习)。

【群众文艺】本地区自发性的群众文艺比较活跃,为了谋生漂泊到这里的戏曲艺人较多,加之还有一些戏曲爱好者,集中起来阵容很大,吹、拉、弹、打、唱齐全。剧种和行当很全,有河北梆子、豫剧等。另外还有河南坠子、山东琴书等曲艺。由于条件较差，演员们只能清唱，常演的剧目有《走雪山》《南北合》《斩子》《大登殿》《祭塔》等。

【船坞退役】1900 年以后，本地区除有俄护路军驻扎外，俄民住户也陆续增加，因此由中东铁路公司管理。同时根据《哈尔滨研宪》记载："……江北船坞原为中东铁路公司民政处直接管辖……"1921 年东省特别区哈尔滨市政管理局成立以后，开始了对华人的管理。虽然如此，但由于本地俄人为多，有时中东铁路局仍插手管理。民国十四年（1923 年）9 月 7 日《滨江时报》曾经报道过《地亩处竟仍逼拆民房》一文："哈埠江北平民船坞街边葛桂清所盖房屋于九月十一日突有路局地亩人员带回警察逼令拆毁……"1933 年，于平民船坞设立了水上警察署，位置在江平街原俄护路军驻地。1936 年，哈尔滨规划行政区时设置了松浦区，随之将水上警察署改为松花警察署，为哈尔滨市直属，从此脱离了呼兰的管辖。平民船坞经历了近二十个春秋，由于松花江不断泛滥，河床、水深、流速都发生了变化，约于 1926 年，平民船坞停泊场失去了停泊条件，从此便逐渐退役了。

【江心岛停泊场】平民船坞停泊场退役以后，又在江心岛以西的两侧开辟了一个停泊场，可容船只二百余艘。当时在江心岛停泊的有：东亚轮船公司、镜泊公司以及各商船业主等，后来也成为哈尔滨最大的停泊场。由于这个停泊场位于松花江哈尔滨段的最上游，因此被称为"上坞"，而且这个名字流传至今。1937 年，东亚公司在太阳岛平权街（现临江街）修建了一处账房。

浅沙静水好野浴

【汗云子】汗云子是在太阳岛形成前叫起来的名字，此名的由来有荒诞说法。

【野浴】太阳岛是由游人叫起来的名字,由于江水多年泛滥和泥沙淤积,沙滩地面土壤发生了很大变化,杂草、水柳等植物在自然生长。滩容、滩貌有了很大的改变。后来它凭着白沙碧水、密柳成荫的优美环境吸引了中外游人到这里野浴,从此这里便成为哈尔滨的野浴场所了,到此野浴者络绎不绝。

【一号照】约在民国九年(1920 年)以后,由于航道的变化,曾被称为太阳照的一号照(航标)迁往天满附近(现锦江长廊东侧)。随着沙滩的自然变化和不断的增高,丛丛的水柳、奔放的花草,使沙滩更加美丽。尤其该滩处于松花江的中心,况又绿树丛丛突出水面,酷似小岛,因此人们又把太阳照称之为太阳岛。太阳岛的形成,除了它本身的自然形态以外,其次还是由"太阳"二字而来,也是人们根据其自然条件,借太阳之辉、乘绿滩之美所建构的名称而已。

【野浴中心】太阳岛诞生以后,每至盛夏,野浴者繁聚于此,成为哈尔滨当时的野浴中心。社会报刊不断刊登当时的繁荣景象,民国十四年(1925 年)6 月 30 日《滨江时报》发表《太阳岛中春色多》一文中载:"现值炎夏天气,炎热已(依)故,每日之夕阳初下时,即有中外各妇女小孩多纷纷前往洗浴,涤除暑气,实与卫生有益处,惟该处即为洗浴集聚之地也……"民国十四年(1925 年),《滨江时报》于 7 月 14 日刊登一文《太阳岛之游行记》中载:"道里中央大街被江岸至对岸名为太阳岛,地颇空旷近于效(郊)野,空气自然新鲜,细如绿(涛)柳条,浅沙净水,清亦天然一绝也……"民国十五年(1926 年),《滨江时报》上《太阳岛中之鸳鸯浴》一文中载:"有当时外国男女在江中同游……"反映了当时的野浴热闹景象。

消失的太阳岛

【商贩营业】随着太阳岛野浴者的增多,有些商贩也乘机来太阳岛上举棚营业,主要经营副食、饮料、酒类等,生意甚为兴隆。于是引起了外国人的关注,纷纷请求到太阳岛上经商。民国十五年(1926年)3月5日,《滨江时报》发表《俄人全部承包太阳岛》一文中载:"本埠北江心有沙滩一处,即所谓太阳岛也。每年夏令于江之后,中外人士游览该处者络绎不绝,故一般售卖冰冷食物乃纸烟、汽水等类者纷纷至该地营业……"在太阳岛的影响下,十字岛(现江心岛)随之也成为外国富商争夺之地。民国十五年(1926年)6月8日,《滨江时报》发表《俄人相江北十字岛》一文中载:"本埠之太阳岛,每年之开江后因游人众多,热闹非常,因之该处之小贩营业甚为发达。小商人谓该处地号时所闻,该太阳岛附近又有十字岛无人过问。近来忽有俄人'不安戈尔'特具呈东省铁路特别区地亩管理局,请租该十字岛地号以便营业……"

【水上俱乐部】约于民国十六年(1927年)俄人在太阳岛上建起了一座大菜馆,命名为水上俱乐部。餐馆为木结构,系俄罗斯风格。其面积约有一百五十平方米,仅次于太阳岛餐厅。内设舞厅、乐池、乐队,营业昼夜不停,生意颇为兴隆。尤其夜间,由岛上传出的鼓乐声、舞女的狂笑声、酒鬼的吼叫声交织在一起声震夜空。因此当地华人称它是"鬼窝"。每至深夜,灯火辉煌,光华灿烂照如白昼。在微波蠕动的江面上,映射出一条长长的光线,站在江南岸的游艇俱乐部(现江上俱乐部)隔江相望,太阳岛光芒四射,像一轮漂浮在松花江上的太阳。

【水上俱乐部冲毁】原太阳岛地处松花江主流之中心。仅在哈尔滨沦陷前后的三次洪水泛滥,便把原太阳岛上的水上俱乐部冲毁。根据《哈尔滨史志》记载的水位,1931 年,最高水位为164.75米,水上俱乐部周围设施被冲毁,岸边出现塌陷,南坡水柳被水冲走。民国二十年(1931 年)8 月 29 日《滨江时报》记载:"八月二十六日,松花江太阳岛水上俱乐部的沐浴区,晨八时忽陷落一块,面积数平方沙申(绳),该处日夜受水浸润,已松虚不堪,故陷落面积如此之大,查今夏以来,已发生三次,此次陷落之后,适为洗浴者最集聚之地。自陷落之后,形势特为危险……据该滩将来恐有全部陷落之虞云。"1932 年,最高洪水位 165.88 米,水上俱乐部前坡又有塌陷,俱乐部的部分建筑受到损失,后坡亦出现塌陷。1933 年,水上俱乐部全部塌陷、建筑严重倾斜。1934 年,水上俱乐部因损失严重而倒闭。繁荣一时的原太阳岛从此淹没于松花江之中而消失。十二年后,尚能发现原太阳岛水上俱乐部的基石和破碎器皿等。又经五十余年的变化,现在原太阳岛已经形成了一片长长的弄条通了。

独具匠心的民娘久尔餐厅

【太阳岛和平民船坞】平民船坞停泊场失去功能后,约于 1926年就全部退役了。但是平民船坞这个名称仍在当地呼唤、使用。1934 年原太阳岛消失后,太阳岛这个名称很快被人们沿用至平民船坞。由此平民船坞便逐渐消失。太阳岛所以能够迅速、成功地取代了平民船坞,其原因是平民船坞本身具备了良好的历史条件:太阳岛形成前的十年间,在避暑地的基础上,平民船坞已经有了一个良好的发展。1934 年太阳岛消失时平民船坞已发展成为哈尔滨著名的游览场所,为太阳岛名称的沿用制造了良好条件。

平民船坞的退役时期,也正是原太阳岛的繁荣时期,在太阳岛声名大振的情况下,它的名称已经影响到岸上的平民船坞,甚至把平民船坞也统称为"江北太阳岛"。平民船坞具有良好的游览条件,其田野风光之广阔、自然条件之优美、俄式建筑之玲珑、游览场所之繁多等,已经创造了太阳岛本身应当具备的条件。另外从太阳岛的发展来看已经形成了取代平民船坞的趋势。

【民娘久尔】"民娘久尔"是一餐馆名称,约建于 1926 年,是当时一座著名的西餐馆,此餐馆为何人所筑? 一曰沙俄,二曰犹太。其说法不一。民娘久尔位于太阳岛沿江西端,西对岸为上坞,南对岸为十字岛(现江心岛)。餐厅为木结构,系欧洲风格。1954年,在江堤加高工程中,为了保护这一早期建筑,从而为太阳岛留下这一文化遗产,市政府决定将餐厅断开分段另行移位安装,根据堤向做了新的组合,于是在保证餐厅原貌的基础上根据堤向做了调整,由原来的南北向改为东南西北向,组建后高出地面三米,景象宏伟,极为壮观。原民娘久尔餐厅的砖砌灶房未做迁动,仍是原来方位,现仍使用。

【三角洲】餐厅前有一处由三股流形成的三角洲,面积四千余平方米。一股流由上坞口门子流入,一股流由前汲家小河(即古爱尔珲河)流入,两股流碰头后便形成了一处三角洲。当时这里是一个良好的天然活水游泳池。此处平均水深为二米,是当时深水浴场所。餐厅前设有跳台,为深水浴者而设。民娘久尔餐厅地势较高,登二楼可远望无阻。每年七月一日焰火会,定于十字岛进行,从晚七时至午夜十二时餐厅客人爆满,有时狂欢至凌晨。餐厅的东南方为一缓坡地,杂草丛生,犹如绿毯。此处设有商亭,常有魔术、木偶、武术、大鼓、相声等艺人在此卖艺。每至盛夏,到此游览者甚多,茸茸草地,席地畅饮,其乐无穷。

【民娘久尔之名气】民娘久尔餐厅在洋溢着欧陆风情建筑物

的哈尔滨,算不上最著名的建筑物,在圣·索菲亚教堂、中东铁路办公楼、马迭尔宾馆等气势宏伟的建筑物面前,它不过是一座建筑小品。然而,它并没有因为小而失去夺目的光彩,它无论是选址、设计、建造都独具匠心;它的规模、体量、风格及至所用材料,都恰到妙处,令人叹为观止。

【民娘久尔之风水】它的位置占尽了风水,处在太阳岛西南的突出部位,波光潋滟的松花江与环岛水在它的阶前交汇,柳浪浮沉、碧草黄沙的江心岛在它的俯瞰之下;点点银帆、翩翩水鸟,装点着它前面的水空;硕大若柱、繁冠如伞的高大林木烘托在它的背后。站在它二楼平台上,极目远眺,松花江上游的来水,下游的航船,江南的景物均可以一览无余。

【民娘久尔之匠心】民娘久尔餐厅的建筑巧夺天工,大有镂月裁云,超轶绝群之妙,与其他类似的建筑相比,可谓虫沙猿鹤,判若云泥。它的形制、颜色、风貌、令文人徒升诗情画意,而没有描绘它的能力,常常给文人们留下无数的感叹和遗憾。

【民娘久尔之情景】走进去看看,但里边的情景让人却步,那里除了珠光宝气的碧眼金发女郎,就是神气十足的西洋绅士,交杯换盏,谈笑风生。再抬眼看传出音乐声的后厅,穿着睡衣的男人和穿着泳装的女人在翩翩起舞。坐在餐桌前,一边喝着清凉的啤酒,一边临窗眺望着松花江两岸迷人的风光。酒,实在是个好东西,它一向被文人认作是才思的涌泉,壮怀激烈的"能源",谈笑无忌的助剂。所以每当面红耳热、飘然欲仙之际,便有恒舞酣歌伴随着不竭的诗情。文友们或声出金石,引吭高歌;或日月入怀,文不加点;或开怀豪饮,心醉神迷,好不畅快,往往不到闭店不肯离去。文友们在此处尽显风流,造出多少华章名句,如今已记忆模糊,只有那忘情的醉相还时常引为笑谈。

【民娘久尔之屋顶】久而久之,泡民娘久尔,凭栏眺望,饮酒作歌,便成了挥之不去的情结。清晨漫步在民娘久尔的阶前,沐浴在湿凉的晨雾中,呼吸着清馨的空气,感受着大自然的亲密,任何生命体都会心旷神怡。此时登上华轮甲板般的民娘久尔屋顶,举目远眺,无处风光不令人倾倒。大江上下,晨雾缭绕,半睡半醒的波涛悄然东去。含珠戴露的岸柳轻轻地摆动着柔软丝条,姹紫嫣红的花丛尽情地吐着芬芳。仿佛满眼水木清华,满耳虫嘶鸟鸣,都在期待着一个庄严而伟大的时刻——日出。东方的天空终于润上了明丽的色调,鹅黄的光亮渐渐向外扩展,宛若一道透明的丝幕,高悬在天空之上。人们还没有来得及猜测它的神秘,它就转化成饱满的橘红色,片刻在丝幕与地平线的交接处,一团赤红的烈火燃烧起来,它那强烈的火苗跳动着,放射着耀眼光芒。刹那间,云蒸霞蔚,雾震烟惊,虹癫霓狂,一轮红日喷薄而出。

【极乐村】极乐村位于民娘久尔的北部,两者相距二里许。约于1910年,此处就有俄人修建的别墅、餐馆,并修建了一处小型的花园,成为当时俄人主要游览场所之一。1914年8月4日《远东日报》发表《江北公园游人甚伙》一文中载道:"本埠江北经俄人组织之花园,近因天气炎热,避暑者络绎不绝,以故该园迩尔,日夕游人如织颇称繁华云。"

【牛奶铺】1925年后,有于、曾、孙、蒋等人在此开设鸡鸭公司,以禽畜、奶牛生产为主,人们称之为"牛奶铺"。这里也是一个野浴场所。1929年8月20日《滨江时报》发表《松花江上流有一新儿》一文中载:"在江北岸牛奶铺附近,与俄人比赛游泳,该生遭灭顶……"可见此地野浴之繁华。

【鸡鸭公司倒闭】哈尔滨沦陷后,该地由满洲兴农株式会社占有,并且开招围和近藤林业在此经营,从此鸡鸭公司倒闭。

【极乐餐厅】伪康德三年(1936年)在原来餐馆的基础上,又加盖了一层二楼。并筑尖塔,为当时一景观。后来由日本人办起餐馆,命名为"极乐餐厅"。

【极乐村状况】1932 年以前,极乐村有农民十余户,以蔬菜生产为主,立村者为刘克文。由民娘久尔去极乐村有一条土路(现已沿路筑起江堤),路上原有柳树百余株,现上坞桥南侧堤坡上尚存三株。此路为通往极乐村之主要道路,来往游人川流不息,路旁有西餐馆数家。极乐村地势较高,西临长流小河,北临公开草原,东临丘陵、沼泽、苇塘,极乐餐馆的东侧有一高台,这里是牛奶铺所在地。由于极乐村地处旷野,这里飞禽、狐、兔之数甚多。每至夏季,此处则树繁草茂、鸟语花香。登极乐餐厅二楼,居高临下,视野宽阔,实有"伏首间兔跳,仰首望鸟飞"的大自然景色。

【小岛】极乐餐厅南约一百米处有一小岛,长约百余米,宽约四十余米,岛上生有刺玫和野生花冠木,岛的西端原有木亭一座,岛四面环水,松花江水位上涨时可与其他水网相连,乘船可沿水网进入松花江,小岛风光清秀,景色宜人。该岛虽经百年风雨,但现在仍完整如故。

【四道岗生态】四道岗位于极乐村的东北一里许,岗为淤沙成丘。岗上生有多年的花冠木十余种,冠幅宽阔、花繁叶茂。每至春夏各展其花、各放其彩。岗的两坡生有牛毛草,漫地茸茸踏如地毯。岗的两侧深处有水塘,塘内生蒲,水中有鱼、蛙甚多。游人多在此垂钓,收获可观,颇有情趣。四道岗是一个良好的野游场所。它以大自然田野风光取胜。这里是重点游览场所之一。此处草原沃旷、山花烂漫、丘陵起伏、沟谷纵横、环境优美、空气新鲜的大自然。到此野游者多是集体和全家。自带食品和餐具就地野餐。民国十四年(1925 年)7 月 14 日《滨江时报》发表《田野地址游行记》一文中载道:"柳林深处阿依归俄妇女凡家中小孩及其丈夫,甚有领犬者共为一处,铺纯毛毡席地坐,闷罐煮汤,而炊烟自柳梢而去……"此情此景很像一幅美丽的野外写生画面。酒兴之后,乐声高扬,载歌载舞,令人若狂。不同国籍有不同特点:中国的广东音乐,京剧清唱很受欢迎,有些专业演员游览至此也参加清唱,颇得游人喝彩。

日伪时期的江岛

【日本侵略哈尔滨】1932 年 2 月 5 日,是中国人民辞旧迎新、普天同庆的新春佳节。但是这个喜庆的日子却成了哈尔滨市人民最悲痛的时刻。是夜,日本侵略了哈尔滨市,各家关门闭店,熄灯窃听。没有爆竹声,只听到处的枪炮声,这是一个令人恐怖的夜。

【三大灾难】1913 年,日本侵略哈尔滨之后,给哈尔滨带来三大灾难(战灾、水灾、瘟灾),在太阳岛突出表现的是水灾。是年,哈尔滨洪水暴发,市区如道外、道里、太平等区水达两米之深。松花江北岸的呼兰、肇东等地大部分被淹,太阳岛则一片汪洋。大部分房屋浸入水中达两米之深,有的屋顶和水位拉平。华人为了保护自己的房子便在自己的屋顶上搭起席棚居住,外国人则雇人看管,自己逃至他处。有一部分贫困百姓逃至头道岗搭棚暂住。

【太阳岛上建筑毁坏】1932 年的特大洪水对太阳岛建筑物的破坏极为严重,部分木结构的别墅被狂风巨浪摧毁,残墙断壁顺流而下,常有完整的屋顶漂流而过。在头道岗逃难的难民们纷纷打捞上岸堆积如山,备以日炊燃料。这次水灾过后,太阳岛约有三分之一的房屋被洪水冲走,十字岛、上坞一带尤为严重。发展了三十余年的避暑地竟遭如此破坏,惨不忍睹。灾后,太阳岛的发展受到极大影响,损失严重的俄人从此离去,欲来建设者心怀忧虑,从此太阳岛的外国人逐渐减少。

【**伪水上警察署**】1932 年至 1933 年为伪满大同年间,1934 年伪满洲国成立实行帝制,扶持溥仪登基,年号由"大同"改为"康德"。1933 年,平民船坞(现太阳岛)成立了伪水上警察署于江平街。1936 年成立了伪松浦区事务所,将原水上警察署改为松花江警察署于平原街,在原水上警察署的旧址成立了警察分所。松花警察署位于平原街中段(现警校东楼),该楼原为俄罗斯风格的木结构二楼,于 1937 年 2 月晚间发生火灾,因扑救及时未成大灾,只烧毁二楼西侧一角,修复后和东侧的原样不一。松浦区事务所位于平权街东端(现临江街),原办公室为俄人所有(现改建为工大休养所)。设区长三人,区长刘道远,系益兴成杂货店经理。副区长李恒昌,系牛家店打米场经理。另有副区长一名取于农村,分工各有侧重。

【**伪政权建立后**】伪政权建立后,太阳岛实行了"划街道""整户口""编户号"等管理工作。同时建立了保、阁、组等民间组织,加强了对地方的统治,华人则处于水深火热之中。太阳岛的华人百姓(包括管内农村)则大难临头。警察特务横行霸道,百姓颇受凌辱。经济犯、政治犯、浮浪犯、国事犯、思想犯等无不犯在华人百姓的头上,于是大肆搜捕、无辜残害。无论白天或夜间,只要经过警察署门前,随时可以听到被酷刑折磨的惨叫声,闻者无不增加内心痛恨。有的被折磨得爬不起来,有的被送矫正院长期劳役,过着非人类的生活,而且多数死于矫正院。

【**抓劳工**】伪康德十年(1943 年),伪政权的形势更加恶化,因而对中国人民更加压榨,实行"抓劳工"解决劳力的不足。仅在四个船房子就抓走了四十余名船工为他们做劳工。至解放,被抓走的劳工中只有六名生还。如:侯喜贵(山东平原人)、潘秉章(山东长清县潘庄人)、陈建行(山东长清县张集人)等六人幸免一死。在死难劳工中杨姓者就有十余名,从此太阳岛同族杨姓者只剩四人:杨荣林、杨荣森、杨存民、杨存银。

沙俄占岛

【沙俄入侵】甲午战争以后,沙俄政府借清政府经济危急之际,野蛮地侵入我黑龙江各地。大肆掠夺我国财富,扰乱人们生活。特别是 1889 年以后,沙俄政府以保护铁路为名,大力扩充护路军,加深了对我省的侵略。到处野蛮掠夺,奸淫烧杀无恶不作,扰民甚重。根据《呼兰府志》记载:"一九〇〇年七月二十八日,俄人进石头河,居民被害甚重。九月一日哈尔滨俄队三百余人随深入呼兰驻于城南五里之包家店,十月十五日俄兵东渡入巴彦苏苏……十月十二日俄兵马队一营抄府城后路,倭延入府第,搜索署库,闯入民宅,奸淫妇女,杀伤华人,焚烧民宅。一九〇一年二月七日俄距巴彦之兵又逾木兰镇、东兴镇,焚烧协领署营房案卷。一九一一年八月二十九日,俄兵侵我东兴镇,军民房屋焚烧殆尽,人民死亡无算……"又据《呼兰府志》统计,人员死亡:呼兰 192名,巴彦 26 名。房屋损毁:呼兰 1 454 间,巴彦 550 间。呼兰两旁田亩损坏二万余垧。

【岛上俄军】驻在"札屯"(现太阳岛)的俄军横行无阻,渔民颇受其害。渔民必须定期定量向俄军缴纳鱼类,否则以肉充之。无力缴纳者扣船或毒打。对外地通过的渔民进行拦截,搜索一空为止。在石当站至于金店有炮台数处(指俄兵战壕,其四处遗迹尚存),驻炮台俄兵扰民甚重,不断侵入附近村屯掠夺财物,殴打村民,村民纷纷逃难。沙俄的野蛮行径,早已引起了华人群众的愤恨,因此群众的反俄情绪极为高涨。爱国清军、义和团、人民群众纷纷联合起来打击沙俄侵略者。

【岛上抗俄】根据《呼兰府志》记载:光绪二十六年三月(一九〇〇年)将军寿山伤于战争,派废棋为翼长,总统东路镇边各军候命……寿山电促呼兰各军进攻哈尔滨……于是统领定禄率领所部三营并跑队一营渡松花江,由背江子攻其北(指铁路东一带,现背江子已和太阳岛分割开来)。黑龙江的义和团和部分爱国清军在呼兰属地沿江一带展开了攻势。经过数日激战,义和团和清军攻入哈尔滨的傅家店子(道外区)和埠头区(道里区)。后因俄兵大力增援,使义和团和清军处于敌强我弱的状态,因此退回原地以利再战。

【渔民驰援】清军攻打"札屯"(现太阳岛)时,受到当地群众的大力支援。在攻打"札屯"俄兵时,当地渔民和船工将所有船只隐蔽起来。当俄兵遭受痛击被南岸俄船救走后,渔民和船工及时将所有船只驰来援助义和团和清军渡江并展开了水上战斗,为清军进攻哈尔滨制造了良好的战斗条件。这次抗俄斗争,沉重地打击了沙俄的嚣张气焰。沙俄统治者歪曲义和团是"红胡子",为此到处搜捕义和团,并对其残酷迫害和镇压,其手段极其残忍。在我省的抗俄战斗中,我爱国清军将领寿山为国捐躯。根据《哈尔滨历史编年》记载:"一九〇〇年七月二十三日义和团和爱国清军向哈尔滨江北船坞发起进攻。"于是太阳岛留下了抗俄斗争的历史。

【"五一"大游行】太阳岛不仅有着抗俄斗争史,而且在中国革命史上也写下了光辉的一页。1907年,中俄两国铁路工人第一次庆祝"五一"国际劳动节就在这里举办。根据《哈尔滨历史编年》记载:"一九〇七年五月十四日哈尔滨及中东铁路沿线中俄国人在哈尔滨松花江十字岛和道里区立公园集会庆祝'五一'国际劳动节,俄警察局派警弹压。"在中国革命斗争中,太阳岛又是传播党的方针、路线和决策的要地,中共地下党组织曾多次在太阳岛秘密召开会议。根据《哈尔滨历史编年》记载："一九二七年七月中共北满地委在太阳岛召开干部会议,胡步三传达'五大'精神。"

【赵一曼在岛上】在抗日年代,党中央派出大批优秀干部到东北从事抗日活动,赵一曼就是其中一个。1931 年九一八事变后,赵一曼来到了哈尔滨工作。在哈尔滨工作期间,为了躲开敌伪特务的耳目,经常来到太阳岛上一个同志家开会,共商抗日大计。赵尚志在哈尔滨期间,曾在太阳岛开展过工作。1932 年哈尔滨保卫战失败后,日本侵入哈尔滨,赵尚志就是在太阳岛出发去巴彦开展抗日活动,在转战松花江两岸时期,赵尚志也曾多次潜入太阳岛,侦察日寇活动情况。赵一曼、赵尚志等同志,在太阳岛进行革命活动的事迹已载入了史册。在抗日、抗俄斗争形势影响下,群众自发抗日、抗俄的事迹也不断出现。

【汽船运输】民国十四年(1925 年)7 月 7 日《滨江时报》发表《众拨船摆渡口远近因》一文中载道:"本埠江沿有船共一千余只,每小船以一人计算共一千余人,每日有赚洋一元左右或五六角者赖以生活……嗣经讽其停止小汽船不听,随起公愤与汽船争执理由,旋即被各小船将特区俄人开驰的汽船打坏五只……"据先辈人讲述:伪康德三年(1936 年)日本运输株式会社,曾在松花江上成立汽船运输队以横渡松花江为主,影响了舢板船工的收入,船工难以维持生活,多次向汽船营运方交涉无效,于当年 7 月由众船工愤起阻止汽船运行,双方引起争执,后将汽船砸坏一只,后当局停止了汽船运输,斗争取得了胜利。

江心岛上有疑端

【尼古拉教堂】尼古拉教堂华人称之为"喇嘛台",约建于

1923 年。教堂长约二十米,宽约十二米,总面积二百余平方米。室内高约六米,讲台对面有二楼,全高约有十三米。有铜钟五个,一大四小,大者直径约 80 厘米,小者约 30～50 厘米不等,大小不一,发音不同。各种祈祷都在此举行。祈祷内容不同,击钟方法也不同,后来官方又规定了一种"报警钟"。

【报警钟】报警钟始于 1931 年,原头道岗西端南坡(现后岗于西端普照寺门前)有木结构俄罗斯风格的二楼一座,为富俄所有。1931 年 8 月,松花江泛滥成灾,太阳岛则一片汪洋。西部(指现公路大桥以西)一带土匪四起,经常到处行抢。一日夜,尼古拉教堂更夫在钟楼上(更夫住房被淹暂居钟楼)忽然发现西方向有一大木船向富俄之木楼驰来。船乘多人。船靠拢北坡后,几人伏身慢慢向木楼扑来。此时钟楼上更夫判断是土匪行抢,在情急无措的情况下,于是使起大钟来,钟声急促响亮,声震夜空。驻在江平街的水上警察署听到钟声反常(从未这样击过)便试探性地鸣起枪来,随之守桥部队也鸣起枪来,富俄在睡梦中惊醒后,在惊恐之下也莫明其妙地鸣起枪来,于是土匪行抢未成便乘船逃之夭夭。次日,守桥部队和警察前来询问更夫,更夫将夜间所发生的事情说明之后,官方无不暗笑,而富俄却目瞪口呆。从此以后,警方便给教堂规定了报警钟。之后遇有匪情、盗情、火警等情况,教堂照例击报警钟以告警民救援。

【十字岛】十字岛初名为"东江心子",始见于清光绪年间有版图,这是一条多年淤积的荒滩。由于处在松花江之中,因此人们称之为江心子。据传,在光绪年间,为了拓荒施行了"跑马占荒"的政策,时有一逃荒至此的老者在这里落了脚,占据了这片荒滩,以经营柳条子和苦房草为生,后来东江心子又被称之为"老头江心子"。1900 年以后,这里被中东铁路局地亩处列为俄人居住区。当时哈市的东正教甚为盛行,于是就在老头江心子修建了一个木制十字架,为此华人又称这里为"十字岛"。约在 1935 年左右,住在该岛的俄人因常受水灾、火灾、匪乱之祸,因此大部迁至北对岸一带(现太阳岛),伪大同元年(1932 年)6 月 14 日《滨江日报》发表《胡匪百名包攻十字岛抢去许多财物》一文中载了"昨日白昼间,突有胡匪一百名,分乘小船将松花江十字岛包围攻击,夺抢许多财物……"

【太阳屯】解放后,原十字岛又改为"江心岛"。1942 年以后该岛有过华人居住,约有十余户,后被称之为"太阳屯",解放后被迁出。

【普照寺】普照寺位于后岗街(现锦江后里)西端,始建于 1934 年,为当地绅士杨福祥所建。普照寺有"真庙、假僧、假善人"之称。1933 年,松花江水又一次暴发,太阳岛仍然处于一片汪洋。一日夜,土匪前来绑票杨福祥,然而误将天合利经理绑去,而杨福祥却免去了这场灾难,因此杨福祥修建了这座普照寺。因而人称杨福祥是假善人。(天合利经理尹培扬被赎回)1944 年,杨福祥故去后葬在了庙的西端。1946 年土地改革运动时,贫民会令其后人将坟迁至四道岗。普照寺南北宽约六米,东西约五米。庙前筑一庙台,台可容十余人设坛诵经。庙内正堂为一大山洞,洞内塑有观世音菩萨坐像,高约 1.2 米,左右塑有仙童两个。大洞之上塑有若干个小洞。洞内塑有狼、虫、虎、豹、茅亭、塔宇等,颇有洞仙古刹之风。

【土地庙】正座香案下,左右塑有仙将两尊,两壁有各种画面,西壁为《善报篇》,东壁为《恶报篇》。普照寺西侧有土地庙一座,此庙多用于婚、丧二事。庙西十米处为一悬崖,崖下为一大坑,人称五八坑。庙原有二僧,后因香火不济而去。之后有一假僧进入。假僧庞玉玺,年二十六岁,山东长清县杜郎口人。庞玉玺独身来哈被雇佣于道外某饭店。忽染眼疾甚重,故而被店主辞之,无奈投奔其表妹夫张林盛。张住后岗街五号,家甚贫无力助其就医。久不愈,时有后岗街八号张贵玉献方用瓷碗粉末敷之。敷后眼部疼痛难忍,二日后眼球塌陷失明。庞失明后甚感无望,乞人介绍给假善人杨福祥看守庙宇,从此庞玉玺便成为普照寺的假僧。庞玉玺进庙后便身着僧衣,肩披袈裟,形似真僧,但不懂经文,听到人声只会两手合十念"阿弥陀佛"。故此普照寺有"真庙、假僧、假善人"之称。

老百姓的岛

【日本完蛋了】1945 年 8 月 15 日凌晨二时许,哈尔滨上空出现了三颗照明弹,其光亮之大,把哈尔滨市的大地照如白昼。道里中央大街江岸伪水上派出所发出了约五分钟手摇报警器的尖叫声,除此而外,一切仍很平静。

16 日,太阳岛的中俄人民怀着无比喜悦的心情相互传递着好消息:"日本完蛋了!"但是日本人仍然坚守着自己的岗位。伪警察在所在单位待命,街面上派日本人荷枪把守,出现了紧张的局面。17 日,太阳岛的人民沸腾起来。天满渡口的船工们不知在何处得到一面陈旧的中华民国的国旗,高高地悬挂在风球杆上(风险信号),锣鼓喧天、鞭炮齐鸣地庆祝起来。日本飞机仍在上空盘旋巡视,有时向上空扫射,垂死示威。18 日,伪松花警察署溃散,日伪警察逃之夭夭。21 日,发现戴白帽箍的警察集聚在原伪松花警察署前面,几日后便自散。

【民主联军在后岗】1945 年,松花江水位很高,8 月末太阳岛则一片汪洋。随着松黑两江水位上涨之势,苏联军队从水上、陆地进入了哈尔滨。是年初冬,民主联军进入了哈尔滨的外围,太阳岛进驻的民主联军在后岗街。这个时候除松浦区的西部新开口,商贸口,东、西兴隆岗出现了土匪外,太阳岛处于安全状态。1946年,我军正式接收了哈尔滨,太阳岛进驻了武装工作队。其管辖范围为伪时的原松浦区。李善增为武装工作队队长,先后有项起财、马开印为政委。

【土改时期的太阳岛】土改的重点为农村,主要任务是:发动群众、除恶霸、斗地主、分田地、划阶级、定成分、建政权。太阳岛的情况和农村不同,该地区外国人较多,因此土地运动的形式也不同。对以农业为主的菜园街、极乐村、呼家街等主要进行清查,而后定出成分,划出阶级。绝大多数农民被划为下中农,按政策不予清算。对一些自由工作者,主要是打击坏人划阶级、定成分。小商业、小房产受到了保护,其他群众定为城市贫民。对于一些在逃的伪官吏无法追究,对一些坏人做了不同的处理。在土地改革运动中实行了"扫荡",各贫农组织可交错进行深挖。在农村的西部,结合土地改革运动,在双面口、东西兴隆岗等地歼灭了三股土匪,匪首"压满洲""老黑手""老二哥"等在太阳岛处决。土地改革的最后工作为建政工作。首先建立村的一级政权,即村政府。在此基础上,建立区的人民政府。

【松浦区人民政府】1949年建立了松浦区人民政府,太阳岛为松浦区机关所在地,区政府设在伪近藤林业的办公楼。松浦区政府管辖十三个行政村,六十四个自然屯。第一任区长滕永财,第二任何枫,第三任张忠志、邱树宽、张英岐、王培勋。设中共松浦区委员会,地址在通桥街中段(现通江晶体管厂),第一任书记杨锡仁、第二任何枫。设松浦公安分局,地址在伪松花警察署旧址。第一任局长白光,第二任王克善、蒋永珠。设松浦区人民法院,地址在平权街(现临江街)中段(现化工疗养院),院长李宝桐。设松浦区检察院,地址与法院同,院长赵华。太阳岛设平原村政府,一任村长李长春,二任村长芦义生,文书先后有王德山、穆桂珍(回族)。松浦区主要任务是贯彻与执行党的方针政策,加强党对农村的领导,实行农、林、牧、副、渔全面发展。继而组织农业合作化,加强农业集体化的领导与发展,巩固农村集体所有制。

【太阳岛乡政府】1958年8月24日撤销松浦区。太阳岛归属道里区,设太阳岛乡政府。乡党委书记杨长青,乡长石兆扬、赵永吉、穆少庆。1960年撤太阳岛乡政府,改新兴乡委员会。同年撤新兴乡委员会,设太阳岛街道办事处。转年撤出太阳岛的所有机关,只留街道办事处和太阳岛风景区管理所。此时太阳岛已经出现了单位举办的休养所,但规模不大,多数占有了过去俄人的别墅。通过维修后,保持了原来面貌,每处别墅可容纳休养人员十余名。1954年,哈尔滨市政府决定:太阳岛为休养区。对太阳岛的居民进行了大力的动迁工作。极乐村的农民被动迁于后汲家和石当站一带,菜园街迁往市内,上坞三里窑的居民迁往户乡和前进乡,新设一屯曰陈家岗。据平原村的统计:太阳岛内有居民八百户,已迁出七百户,尚有一百余户未能迁出。未能迁出者大部分是后岗街、石当站一带。1954年,太阳岛开始筹建幼师、工人疗养院,省干部疗养院,土木公司疗养院等。与此同时,环太阳岛又筑起了长6 500米的围堤,高程为121米。1955年,市园林处在太阳岛开展绿化工作。初派技术干部金正禄在极乐村一带发展柳条通。后又发动解放军在上坞、呼家街一带大量营造柳条林。从此警备路以南为休养区,其北为太阳岛绿化区。1964年,市园林处将原园林管理所补充扩大。先后有谷殿山、马宝臣、田佐臣为领导,舒志国、姜风轩为技术员,陈国文、张贵、苏永全、张玉春、张树森等为工人。

【森林公园】太阳岛的树木虽然茂密成林,但是由于缺乏景观和园林设施,人们只能进入森林之中游玩,因此太阳岛又被称之为"森林公园"。

【游人高潮时期】1963 年,三年自然灾害之后,太阳岛的游人日益增多。原东北林业休养所(现青年之家)门前搭起了席棚数座办起了饭店。太阳岛餐厅也开始了营业。堤上出现许多个体食品经营者,太阳岛又呈现出一片繁荣景象。1963 年至 1967 年之间,太阳岛的游人比较旺盛,这个时期可称为解放以后第一个高潮时期。1967 年以后,太阳岛的游人大幅下降,太阳岛又出现了萧条。1977 年以后,太阳岛的游人又大量增加,游人每日可达五万余人,这个时期可称第二高潮时期。

【游人找不到岛】太阳岛的景象虽然出现了崭新局面,但是新的问题又在产生。由于外地游人对太阳岛的由来和发展不了解,因而对"岛"的概念较深。凡来太阳岛游玩者总想观览一下"岛"的景色,然而却找不到"岛"的所在。当游人问及太阳岛的所在地时,由于有的人(包括工作人员)连自己都不了解很难做出正确解释,无奈东指西指乱说一通,不断出现"所答非所问"的笑话。因此游人给太阳岛编了一个顺口溜:"来的高兴,走的扫兴,为了找岛,累得腿痛,何处为岛,至今不明。"而太阳岛的人却讽刺人家说:"站岛找岛,到处乱跑,满头大汗,真是山炮。"

事实证明,游人的认识和太阳岛本身知识的缺乏是当前的主要矛盾。其主要原因:一、对太阳岛的由来和发展宣传得不够。二、对太阳岛的遗址缺乏保护。三、太阳岛的游览项目补充与建设不够。四、遗留的文物(早期的别墅)逐渐消失,缺乏了历史见证。太阳岛出现了一无景观、二无设施,有名无实的局面,因而满足不了游人的需要,影响了游人对太阳岛的兴趣。

【指挥部】1977 年,在太阳岛公园的基础上成立了太阳岛风景区建设指挥部,还是一套人马两个牌子。机构成立后,为了活跃和繁荣太阳岛,加强了宣传工作的力度,开展了各类服务性项目,提高了游区绿化、彩化的标准等,通过采取上述措施,因此游人大量的增加,太阳岛出现了繁荣景象。太阳岛风景区建设指挥部党支部书记为杨桂林,先后有田佐臣、寻文贵、王兆才、李衡、曹风凯等为主任。下设工会、青年、妇女、工程技术、生产管理等组织。为了满足游人的需要,指挥部办起了饭店、冷饮店、游艺场、打靶场、射箭场、运动场、摄影部,并为游客准备和预约各种主食、副食等。如是方便了游客,受到了游客的欢迎。

【石碑上的太阳岛】为了使外地游人初步了解太阳岛,在太阳岛餐厅前设立了石碑一块,刻有"太阳岛"三个大字,甚为壮观醒目。游人在此留影者甚多。同时大量宣传太阳岛的范围、布局和游览场所。太阳岛究竟在哪?用支部书记杨桂林的解释"堤外四面环水、堤内绿树葱葱",这就是岛!这种解释虽然差距很大,但对现实来说还是有些说服力的。

【赵朴初所书三个大字】1983年,把餐厅前原来的石碑迁到公园内原中日友谊园内,后又在餐厅前新立一碑,碑高3.6米,重为1.5吨,碑刻"太阳岛"三个大字,为书法家赵朴初所书。

【114名知识青年】1973年,太阳岛进入了知识青年114名,他们成为当时太阳岛园林建设的主力军。他们怀着加强社会主义建设,接受社会主义教育的信心参加了太阳岛的建设工作。他们继承了老一辈革命的优良传统,发扬了现代青年奋进精神,在各项工作中,勇于克服困难,敢于向一切困难做斗争,出色地完成上级所交给的任务。他们的思想坚强性、工作表现一贯性为领导和全体职工所承认,不断受到领导和群众的表扬。

【太阳岛上】"明媚的夏日里天空多么晴朗,美丽的太阳岛多么令人神往,带着垂钓的渔竿,带着露营的帐篷,我们来到了太阳岛上,小伙们背上六弦琴哪,姑娘们换好了游泳装,猎手们忘不了心爱的猎枪……"郑绪岚一曲《太阳岛上》,抒情、欢快地传遍大地,韵击长空,唱出了太阳岛的多娇美丽,唱出了人们对太阳岛的前景和展望。

【风景区管理处】为了加速太阳岛的建设,积极改变太阳岛的面貌,适应改革开放的需要,满足中外游人的要求,哈尔滨市政府决定成立太阳岛风景区管理处。1980 年为太阳岛风景区筹建阶段,1981 年初经市人民政府正式批准,成立了太阳岛风景区管理处。管理处的业务:加强领导、全面规划,尽快把太阳岛建成中外游人所向往的旅游胜地。建设的重点为围堤以内,同时还向堤外开发。建设项目及原则:增加景观设施,搞好绿化、彩化项目。具体要求:山湖结合、亭桥结合、绿彩化结合。与此同时,通行所有道路、调整林间路网,快速度地把太阳岛建成一个功能分区明确、地方色彩浓厚、建筑风格独特、风景秀丽别致、服务项目完善、舒展大方、郁郁葱葱的综合性风景区。

【景区范围】为了进一步发展旅游事业,省市人民代表大会批准了太阳岛风景区的范围:东至滨洲铁路,西至阳明滩西端,南至松花江,北至前进、万宝大堤。开发地区为太阳岛围堤以外,其重点是上坞地区。建设上坞金水桥,开通堤内外交通道路。

【太阳岛公园】太阳岛公园位于围堤内警备路以北,面积为一百一十五公顷,系文化休息公园。该公园 1958 年隶属于市园林处兆麟公园。1960 年属于市绿化工程队管理。1963 年,市政府对太阳岛重新规划,组织义务劳动植树修路。1964 年 6 月 10 日,市委书记、市长吕其恩指示:挖掘太阳湖、堆集太阳山、湖中栽荷花,并将入园路改为太阳路("文化大革命"改为三新路,现改为游园路),将菜园街通北路改为少先路。1968 年,太阳岛公署与兆麟公园合并。1972 年,太阳岛公园又重新划出独立。1973 年与江防林场合并,并成为知识青年上山下乡场所。1975 年,为了建设农、林、牧、副、渔食品基地,曾在公园挖湖养鱼,后因财力、物力不足而停建。

【几个景观】1977 年,市园林处将太阳岛公园按文化休息公园重新规划,规划建设"水阔云天""清泉飞瀑""荷香鱼跃""绿柳繁花""亭桥映柳""长廊松涛""红塔入云""公园大门"八个景观。1980 年,太阳岛风景区筹备成立,按规划开始建设。1981 年,太阳岛风景区正式批准成立,按规划开展了工作。

【太阳岛的心脏】太阳岛公园为太阳岛的心脏,又是整个太阳岛的代表。园内有山、湖、桥、阁四大景观,成为公园的主体。山:1982 年堆假山一座,命名为"太阳山",山峰高为 22 米,落地面积为 1.5 公顷。峰顶建石亭一座,亭高为 4.7 米。亭体为白色,山亭相映极为醒目。山设"清泉飞瀑",瀑高为 20 米,分三层落下,每叠下面有池潭,潭水散出则形成小瀑布,几个小的瀑布连成一个飞溅直落的大瀑布。泉水直下,瀑面宽阔,瀑声呼啸,其势磅礴壮观。

【瀑布与水帘洞】瀑布后面设水帘洞一处,洞的前口即飞溅直落的瀑布,瀑声震耳,水帘如晶。透过水帘外望,一切景物时隐时现,好像一面纱帘在随风摆动。洞内阴森暗淡,冷气扑人。颇有深山古洞之感。在炎热的夏季,多有游人在此做短暂的乘凉。

【奇峰怪石】洞的后口有连着山间的小道,沿路可游览千姿百态的奇峰怪石。山坡以自然石护之,在石的装置上,采取了"卡、悬、挑、叠、挎"等艺术手法。山石各状,手法各异,颇有自然山石之感。在安装山石方面,采取了一些必要的惊险手法,有的"悬而欲垂",有的"卡而欲坠",有的"挑而欲飞",有的"卧石欲滚",令人望之生畏,游人在此提心吊胆疾步通过。游人过后四望,然而险石未动,自己却虚惊一番。山上植有异松及野生花冠木,夏则绿树葱葱,瀑布直泻。冬刚亭石叠立,雪映青松,实乃"冬夏常青、四季皆景"的一大景观。

【湖】1982年造人工湖四处,名曰"太阳湖""荷花湖""垂钓湖""北湖",共计水面为12公顷。太阳湖与太阳山相连,水面为4.7公顷,瀑布直下泻入湖中,"傍山依水,柳岸汀桥"。每至盛夏,在湖中划船者甚多。"寄情密语,轻舟荡歌"别有一番风趣。登水阁下望,展现出一幅美丽的画面。

【荷花湖】荷花湖位于太阳湖的西侧,两湖为一流源。湖内植荷花,荷花来自尚志市王军乡。1984年引进。先为盆栽,取得经验后投入湖内进行大面积繁殖。每至荷花盛开之时,观花者络绎不绝。湖内有鱼,遇有音响鱼则跃出水面。

【桥】有"姊妹桥""亭桥""白玉桥"三桥。桥为拱形,桥身为白玉和花岗岩石砌立。雕刻细密、造型美观,颇有江南园林的风光。

【阁】1981年建"水阁云天"一座,占地面积为五百九十六平方米。阁立于太阳湖之中,正面与陆地相连。阁为两座,游人自上观下有"洛水洞天"之感。湖内有鱼,游人掷食鱼则跃出水面。居阁之上,有"扶栏观鱼跃,仰首望云天"之美。游人多登阁留影。阁正门有"水阁云天"匾牌一个,为陈雷所书。

【人文景观】太阳岛公园以人文景观为主体,以绿化彩化为烘托,使之各有其景,各有特色,成为公园的主要载体。1981年至1985年,太阳岛公园共植树三万五千余株。树木的栽植采取了"点景、背景、对景"的艺术手法。对于树木搭配,采取了松阁结合,乔冠结合,使之绿化层次分明,冬夏存青,花色多彩,景无绝日。公园的北部有"中日友谊园"。再北有各种阔叶树木,是一个幽静的场所。绿化工程队的工作范围为太阳岛公园的周围,其重点为太阳岛休养区域。主要任务是开展绿化、彩化工作,加强游路和小景建设,调整和改善全岛面貌,达到远望绿海碧波、近瞻花草生辉,柳荫成片,花景比栉的效果。

【**休养区**】休养区有疗养院三十八处,有大小道路十二条,其中主要道路有:风景线、迎宾路、游园路、平原街、警备路、西林厅、围堤。1950 年以前,太阳岛没有正规的道路,而是沿着早期别墅的一些小路。1954 年以后,随着疗养院的规划建设,逐步形成了条条笔直的大路,从而改善了太阳岛的路线情况。

【**游园路**】游园路原名太阳路,"文革"期间改为三新路,1982 年改为游园路。游园路是由江岸通往太阳岛公园的主干路,1955 年始见成型。初为三合土结构,路宽为八米。1964 年栽植柳树两行。路的两侧深处各八米,路长约四百八十延长米。路两侧原为自然形成的臭水塘。夏日塘水变绿,臭味扑鼻,游人至此无不掩鼻而过。大部分路段雨后泥泞不堪,游人路过常把鞋子蹈于泥中。有的用塑料袋套在自己的鞋子上,防止污泥沾污自己的鞋子。1982 年,在改造游园路工程中,计填塘用土一千八百余立方米,铺装道板一千八百余平方米。至 1986 年为止,计栽花七千六百余平方米,移植云杉一百二十株,安装铁栅栏一千延长米,铺装柏油路面三千平方米。设花坛一个,计一百二十平方米。至 1986 年共栽植五色草六百平方米,设座椅三十个。经过改造以后,路面宽阔,花红草绿,垂柳成荫,十分壮观。

【**风景线**】风景线位于沿松花江江堤之上,全长为一千二百余米。1978 年栽植垂柳一行一百五十余株,为毛景月、杨荣森施工,1982 年以后,太阳岛风景区管理处决定开辟沿江一条线,加强了沿江江堤上的建设。沿堤建水泥花池子一千延长米,铺装道板三千余平方米,铺装柏油路面八千平方米。设雕塑四座,花池子填土五百立方米。至 1986 年共栽植花草六千五百平方米,植草坪一千三百八十五平方米,安装铁栅栏一百五十延长米,植云杉七十株、樟子松二十余株。樟子松来自尚志,云杉来自方正。

【**迎宾路**】1983 年植针叶树五十六株,补植杉槭二十株,至

1986 年共植花草二千七百一十六平方米,花色二百平方米,铺草坪五百平方米,设绿廊一处五十余平方米。设栅栏一百延长米,石凳十个、石椅五个,铺装道板五百平方米。围堤:除南堤改为风景线外,尚有东、西、北三面围堤。1983 年植樟子松一千余株,植花冠木一千八百六十株。樟子松来自台东五站苗圃,花冠木来自尚志三羊乡。自 1981 年至 1985 年,绿化工程队共植树十万零三千一百一十株。由于连遭不可抗拒的自然灾害,特别是上坞地区受灾严重,总平均成活率只达百分之五十。

【绿化工程队】绿化工程队建于 1981 年 2 月 28 日,初建时调来太阳岛公园干部杨荣森和工人杨克超(女)组建。4 月份调来职工子女(就业)张建国、冯占东、李佐东等六人。5 月份由公园调来工人张贵(党员)、胜太正(团员)等七名工人(原知识青年)。6 月份由道里区调来干部盖志民(党员),从此完整了绿化工程队的领导班子。任命:盖志民为绿化工程队党支部书记,杨荣森为绿化工程队队长。绿化工程队决定:胜太正为团支部书记,张贵为生产班长,吕力助为财务会计,邵桂书为财务出纳。年末总人数为十四人。1982 年调来技术干部黄淑范(女)。年末总人数为二十人。1983 年,原技术干部黄淑范被提为绿化工程队副队长,又调来工人一名。年末总人数为二十一人。1984 年,由道里区调来干部张举任党支部书记,原支部书记久病休养。是年调来园艺技术干部辛春德。1985 年,原技术干部辛春德提升为绿化工程队队长,又调来赵海山任党支部书记,原支部书记张举调管理处任建设科长,原绿化工程队队长杨荣森退居二线。是年辛春德被提为副处长后,原副队长黄淑范调出,又调来技术干部王晓东,后被提为副队长,年末总人数为三十九名。至 1985 年为止,绿化工程队共有职工三十九名,汽车六台,办公楼二百平方米,水塔一座,深井一眼,锅炉房一栋,围墙一百二十米,配电房三十五平方米。

【森林植物园】森林植物园位于太阳岛公园的北部,其工作范围为堤外,面积为六百三十余公顷。该地区沟谷纵横,丘陵起伏,而且多水面、多草原。盛夏之时,花木并茂,野草吐芳,环境十分幽静,保持了大自然的风光。早期这里被称为四道岗,为 19 世纪二三十年代的野游胜地。解放后,该地区的地被植物遭受严重破坏,地貌破乱不堪,风沙比较严重,失去了生态平衡。为了加强该地区绿化建设,从而恢复原来的自然面貌,于 1981 年建立了森林植物园。任命金学林为森林植物园党支部书记,李德会为主任,下设工人十名。

【植树造林】1981 年,森林植物园开始大面积植树造林,至1985 年为止,计栽树木一千亩。其中:灌木八十亩,杨树四百四十亩,柏树四百五十亩,樟子松二十亩,红皮云杉十亩,共计十九万八千零四株。植树任务由市机关义务植树,五年计动员义务劳动八千三百人次。

【基本建设】至 1985 年止,森林植物园建办公楼一座二百平方米,生活楼一座一百平方米,购置东方红拖拉机(75)一台,红旗号 100 型推土机两台,泰山(25)轮式拖拉机一台,重耙一台,五铧犁一台,解放牌汽车一台。职工人数由十一人增至十九人。

【太阳山】太阳山始建于 1982 年,工程设计与施工为李衡,共用土方十二万立方米,推土机七百余台次,人工四万余人次,各种石料三千余立方米,栽植各种树木一千余株,总工程造价人民币二十八万元。

【姊妹桥】姊妹桥始建于 1984 年,竣工于 1985 年。桥宽为二米,跨度为八米,以花岗岩为主。设计人员为东北林学院于诗全、太阳岛风景区宋利民。工程主管单位为太阳岛风景区管理处,主管人员为张举。施工单位为尚志鱼池公社建材厂,施工人员邱玉溪。工程总造价为人民币九万余元。

【白玉桥】白玉桥始建于 1985 年,竣工于 1986 年。工程设计为于诗全、宋利民。工程主管单位为太阳岛风景区管理处,主管人员为张举,施工单位为尚志鱼池公社建材厂,施工人员邱玉溪。工程总造价为人民币十八万元。

【亭桥】亭桥始建于 1985 年,竣工于 1986 年,桥长二十四米,桥宽 2.4 米,建筑面积为一百二十三平方米,桥为汉白玉砌之,设计人员为太阳岛风景区穆国康、宋利民。施工单位为黑龙江省林业设计院维修队。工程总造价为人民币三十六万元。

【山亭】山亭始建于 1985 年 5 月,竣工于 1986 年 1 月,工程设计为太阳岛风景区穆国庆,施工单位为黑龙江省林业设计院维修队。工程总造价为人民币十六万元。

【水阁云天】水阁云天始建于 1979 年,竣工于 1982 年 7 月。该工程原为市园林处组建,后由太阳岛风景区接管完成。设计单位为黑龙江省林业设计院,由市住宅四公司施工,工程总造价为人民币一百三十六万元。

【水榭】水榭工程始建于 1982 年,竣工于 1984 年,总面积为一千七百六十四平方米。由市人防办孟庆惠、吴广先设计,由市建一公司施工,工程主管为太阳岛风景区管理处徐登仁(副处长)。工程总造价为人民币九十三万元。

【上坞桥】上坞桥始建于 1983 年,竣工于 1985 年,桥宽十五米,中孔拱高为六点六七米,由东北林学院余诗全、赵家奎设计,由市建一公司施工,工程总造价为人民币二百五十万元。

【风景线】风景线于 1982 年 3 月施工,竣工于 1982 年 7 月 1日,工程主管人员为太阳岛管理处汪文宝。施工单位为尚志龙宫乡,工程总造价为人民币二十万元。

【锦江长廊】锦江长廊始建于 1984 年,竣工于 1985 年 12 月。由市建筑工程学院邓翰林教授设计,由市园林工程队施工。工程总造价为人民币二十八万元。

【道路】太阳岛计有道路十二条,总长为九千六百五十二延长米,总路面为六万三千八百一十九米。其中:风景线,全长为一千三百二十点五米,总路面积为七千九百二十三平方米。1982 年铺装柏油路面。

【平原街】全长为一千三百二十点五米,总面积为一万二千五百平方米,1983 年铺装柏油路面。

【临江街】全长为一千三百二十点五米,总面积为七千八百三十平方米,于 1983 年铺装方石路面。

【西林街】全长为四百二十三延长米,总面积为二千五百三十八平方米。1983 年铺装柏油路面。

【浏览街】全长为四百五十七米,总面积为二千七百四十二平方米,1981 年铺装柏油路面二千一百四十二平方米,方石路面六百平方米。

【太阳岛街】全长为一千三百零五米,总路面积为七千八百三十平方米,1982 年铺装方石路。

【警备路】全长为二千零二十五米(包括东堤外的部分),总面积为一万二千一百五十平方米。1982 年铺装柏油路面。

【游园路】全长为四百八十五米,总面积为三千八百八十平方米,于 1981 年铺装柏油路面。

【小迎宾路】全长为二百米,总面积为一千五百六十平方米。1981 年铺装方石路。

【西园街】全长为四百五十七米,总路面为二千七百九十二平方米,1982 铺装柏油路面。

【丁香街】全长为一百四十四米,总面积为八百六十平方米。1983 年铺装方石路。

【柳林街】全长为一百五十米,总面积为一千二百平方米。

1983 年铺装方石路。1980 年以前,太阳岛只有商店、饭店两个,由于商副业发展得不够,满足不了游客的要求,太阳岛出现了游客吃饭难和加重游客长途自带食品的负担。

【业态增多】1980 年以后,为了发展旅游事业,为了满足游人的生活需要,太阳岛加强了商副业的发展,增加了各种服务项目。至 1986 年为止,饭店达一百余家,并在平原街设立了饭店一条街。个体商贩也有较大的发展,经营副食、冷饮、旅游纪念品等商店达二百七十八户。除此外,还有气枪、套圈、碰碰车等各项游艺。

【游园游乐场】位于游园路南端西侧沿江一带,占地面积一千平方米。设有双人飞天、儿童跑车、激光射击、蹦床、投球、飞盘等二十个项目。

【公园游乐场】该场位于公园区西部,占地面积三万平方米。1983 年开始建设,1986 年建成。主要有航天飞机、海浪珍珠、碰碰车、射击、保龄球、儿童转车、赛车等二十个项目。

【青年之家游乐场】该场位于青年之家院内,1977 年由共青团市委建设射击场等十九个游乐项目,是青少年活动的场所。

【太阳湖游乐场】该场位于公园太阳湖上,水上游乐面积为四万平方米。由太阳岛公园 1981 年开设。设游乐船二十条,碰碰船二十个。

撒野的天堂

【文人墨客的岛】太阳岛,你像一首歌,和弦着与世不同的自然与环境,弘扬着"春看花、夏嬉水、秋观树、冬赏雪"的四季主旋律,凸显你大气的风采;太阳岛,你像一首诗,勾勒着北方民族的传统与文化,吟唱着"蓝天、白云、绿岛、洋房"的欧陆风情,展现你洋气的豪迈;太阳岛,你像一张名片,昭示着历史名岛的睿智与超凡,抒发着景与季节、岛与城市、人与自然的冥思遐想,拓展你灵气的底蕴。

【太阳岛与松花江】太阳岛,你是那么具有张力和异彩,又担负着那么多人对你的希冀,人们总希望用自己最美好的憧憬和意境来概括或描述你的诞生过程,更有情不自禁者想从松花江与太阳岛的热吻中寻找两者的情史与吻痕。从哈尔滨高端决策者们决定给太阳岛重新梳妆打扮的那一刻起,数不清的建议,收不完的方案,不请自来的设计家、园艺师和慷慨解囊者就如同候鸟回归一样,纷至沓来,人们动情、人们振奋、人们舒心,因为太阳岛是他们心中的岛、恬嬉的岛、"三野(野游、野餐、野浴)的岛",是人们的精神生活和物质生活家园中须臾不可割舍的岛。

【木刻楞与迪斯尼】抚摸着"木刻楞"的老房子,端详着掩映在丁香榆柳中的欧风古堡,有那么多的名人雅士在为太阳岛而歌,又有那么多的市民以质朴的语言在讲,因为,在孩子们心目中,太阳岛就是中国北方没有栅栏的"迪斯尼",在这里,孩子们可以撒欢嬉戏,体验岛式迪斯尼的惊喜,品尝逗小鹿嬉松鼠的快感;在老人的心中,太阳岛又是他们的"桃花源","小烧面包里道斯,赏花抚叶唱晚年",好不惬意;在姑娘们心中,太阳岛又是展示她们"准"模特的T台,虽不花枝招展,但也时尚风流。在游人如织的人海中,中外酷哥们瞭她们一眼,"准"模特们就像喝了酸奶一样甘甜;太阳岛,又是画家们的写生岛、作家的采风岛,也是异国姑娘择偶定情的玫瑰园,也许,还是中国农民工选择给家人写信的地方……太阳岛,是以文化为灵魂的生态岛、观光岛、旅游岛、幸福岛。

【自然重现】当太阳岛重现世人面前时不再是洋楼别墅的水

泥池,而是具有古典与现代融合一起的自然园林风光,集岛、山、水、水榭、亭台、楼阁于一体的至美的风景胜地。那时的太阳岛将是"谱新歌、唱新歌,一曲名人千载合。松江举碧波。宴如何,笑如何,儒宿吟哦景更多。声名四海播。"

【超凡神韵】松花江北岸上的太阳岛,虽然同属哈尔滨这座城市,但它总是矜持地与繁华的城市中心保持着一段距离,保持着一种天籁的品格、静思的个性、潇洒的风貌与超凡的神韵。特别是在红阳西悬、霞涛万顷之际,看客们从南岸隔江望去,在那轮巨大如血的晚阳之下,太阳岛神奇得如同熔化了的玛瑙泼地,与偌大的天宇瑰丽地融为一族,不分彼此。此时此刻的松花江,成了一条闪烁着亿万颗宝石之光的金色逝水,与舟帆、翔鸥、岛屿构成了一幅人间奇景。江南的老少看客会感到太阳岛确有天堂的气派和博大的襟怀。刹那之间,凝望之人便有脱胎换骨之感了。

【心灵的圣地】"太阳岛"不仅是天赐之名,也是一个充满着美学与哲学意味的神奇箴言。与公元前小亚细亚半岛上流行的雅木布拉斯小说"太阳国"(赫利奥波利特)有同样的象征意味。因此,多少年来,太阳岛始终是哈尔滨人心灵的圣地、精神的憩园、想象与遐思的翅膀、诗歌与爱情的乌托邦。于是,到松花江边观赏太阳西浴的壮观景色,就成了这座城市市民最神圣的享受和圣洁的精神洗礼。中外的伟人、名人,在途经这座城市的时候,也同样会站在江之南岸,凭栏眺望这一人间胜景,默默无言地放飞自己的心语,感慨一个民族的卓越品质和大自然的鬼斧神工。这些人当中有周恩来、刘少奇、瞿秋白、邓颖超、罗章龙、李立三、朱自清,还有悻悻离哈的学人胡适先生……

【文脉与血脉】哈尔滨人之所以既务实又浪漫,既自信又谦逊,既豪爽又慎思,大抵与这一水之隔的太阳岛不无关联。风土与人情,自古以来,就是互为词曲,情同手足,既是文脉,也是血脉。太阳岛上从来绝少宗祠庙堂、名人墨痕之类。这正是她的特别之处、不俗之处,更是她的天籁品格之一。太阳岛从一开始就呈现出了开放的姿态和包容的品质。她虽然不做名山名刹,但她却是大自然的一个缩影,沟通着普通人与上苍的情感。她的神奇是自然的神奇,她的风情是自然的风情,她的梦想是自然的梦想,她的魅力是自然的魅力。而大自然永远是人类的图腾、本土的魂灵。因此,她不仅构成了这座城市的精神,而且又赋予了哈尔滨人以清新之风、活力之风和超凡之风。

到哈尔滨不看太阳岛的落日景观,终是一桩绝大的憾事。

文化之岛含金量

【**北疆文化高地**】以百年太阳岛为文化之基,引入民俗精品,重塑欧陆风情,做大冰雪文章。设区以来,松北区依托太阳岛综合整治的契机,提出文化立岛的理念,为自然景观赋予人文精神,以文化创新引领城市发展。全新的太阳岛不仅以其秀丽风光成为独树一帜的生态之岛,更以其对中外文化的包容并蓄成为当之无愧的文化名岛,构筑出充满活力的北疆文化高地。

【**刘明秀的藏品**】太阳岛上出现"文化展馆群"。当年在国内收藏界小有名气的刘明秀怎么也不会想到,他在边陲城市黑河开办的俄罗斯艺术展览馆会搬到风光秀丽的太阳岛上。2004年6月,刘明秀和他的3 000余件藏品在松北太阳岛风景区安家落户,新的俄罗斯艺术展览馆由一栋俄式老建筑改造而成,展厅面积达2 500平方米,由太阳岛风景区无偿提供。除此之外,当地的松北区政府还为展馆无偿装备一套价值26万元的监控系统,并由太阳岛风景区管理局出资配备4名着装保安员和2名保洁员。

【展馆群】同刘明秀的俄罗斯艺术展览馆一样，北方民艺精品馆、于志学美术馆、太阳岛艺术馆、俄罗斯画家村、于庆成雕塑艺术园等一大批文化展馆也以相似的运作模式陆续在太阳岛上安家落户，加上岛上原有的哈尔滨冰雪文化展览馆、黑龙江省科技馆，太阳岛风景区内形成了全国独一无二的"文化展馆群"，打造出独树一帜的北疆文化高地。

【三张王牌】"文化立岛"包容并蓄。徜徉在如今的太阳岛，不仅可以欣赏到迷人的自然风光，更可以品味到包容并蓄的中外文化。松北太阳岛在综合治理中提出了"原野风光、冰雪文化、欧陆风情、北方特色"的规划定位，由此，冰雪艺术、欧陆风情和北方民俗成为太阳岛实施"文化立岛"的三张王牌。

【冰雪艺术牌】冰雪旅游是哈尔滨的重要品牌，以雪雕艺术发源地著称的太阳岛雪博会已走向世界，并以"世界最长的雪雕、最大的冰饭店、第一家冰旅馆、最大的中国结、最小的载人小火车"等作品冲击世界吉尼斯纪录。建成了占地面积 5 000 平方米、目前世界最大的室内冰雪艺术馆；建成了国内第一家集冰雪文化、冰雪历史、冰雪艺术为一体的哈尔滨冰雪文化展览馆。

【欧陆风情牌】通过充分挖掘太阳岛历史文脉，利用保留的俄式建筑，以彰显欧陆文化为主题，创建了俄罗斯艺术馆、俄罗斯金色大剧院、俄罗斯画家村等文化展馆；经常举办俄罗斯电影周、俄罗斯著名画家艺术精品展、俄罗斯艺术收藏展等对外文化交流活动；对核心区保留的具有百年历史的 26 座俄罗斯建筑进行修缮，修建了具有观光、购物、住宿等功能的俄罗斯风情小镇，使游客足不出户就可领略异国风情。

【北方民俗牌】充分挖掘太阳岛北方传统民俗文化内涵，与金源文化、黑土文化、红色文化相结合，创办了具有鲜明地域特色的太阳岛文化展览馆、太阳岛北方民艺精品馆、太阳岛于庆成雕塑园、太阳岛东北抗联纪念园。

【蜚声中外】文化优势让改造后的太阳岛不断地收获着惊喜。2006年，太阳岛风景区整治改造工程被评为年度"国家人居环境范例奖"；同年10月，联合国友好理事会评估委员会生态考察团专程来景区进行生态考察，授予太阳岛风景区"联合国FOUN生态示范岛屿"的称号，这是目前亚洲首个获此荣誉的岛屿；之后，国家旅游局公布了首批66家国家5A级旅游景区，太阳岛风景区作为黑龙江省唯一入选景区跻身其中，与蜚声国内外的故宫、天坛、长城、黄山等名胜一起成为中国旅游的一线品牌。三项荣誉接踵而至，太阳岛堪称"连中三元"，随着知名度的提升，太阳岛的游客接待量也大幅攀升。如今，太阳岛景区年接待游人达300万人次，与改造前相比增长200%，景区旅游收入平均每年以36.2%的速度递增。

【11座文化艺术场馆】太阳岛在规划、建设及管理上始终坚持文化理念先行，岛上相继建设了包括黑龙江省科技馆、哈尔滨冰雪艺术馆、哈尔滨极地馆等兼具景观和文化功能的展馆，后又引入俄罗斯艺术馆、俄罗斯风情小镇、俄罗斯金色大剧院、俄罗斯画家村、哈尔滨中俄油画艺术创作交流基地和俄罗斯画廊、俄罗斯风情小镇油画馆、于志学美术馆、北方民艺精品馆、太阳岛艺术馆、哈尔滨冰雪文化展览馆共11座文化艺术场馆，太阳岛风景区内出现了全国独一无二的"文化展馆群"。每逢周末或假期，到岛上逛逛各种文化展馆已成为时下许多市民的休闲度假方式，许多艺术院校和中小学校也开始把集体参观太阳岛上的各种文化场馆作为培养学生综合素质的重要内容。如今的太阳岛，不仅是生态岛，更是文化岛。多元互补的文化会聚将使这颗北国明珠更加明亮璀璨。雨后春笋般涌现的文化展馆，正在改变着这个岛屿的文化生态。

【雪雕艺术】以雪雕艺术发源地著称的太阳岛雪博会已走向世界,成功推出了"冰雪霓裳"、百名模特百场演出、俄罗斯冰上芭蕾表演、企鹅巡游等系列冰雪文化旅游产品,并以世界最长的雪雕、最大的中国结等作品冲击吉尼斯世界纪录。太阳岛建成了占地面积 5 000 平方米,目前世界最大的室内冰雪艺术馆,并拥有国内第一家集冰雪文化、冰雪历史、冰雪艺术为一体的哈尔滨冰雪文化展览馆。

【欧陆文化】以彰显欧陆文化为主题,创建俄罗斯艺术馆、俄罗斯金色大剧院等文化展馆;经常举办俄罗斯电影周、俄罗斯著名画家艺术精品展、俄罗斯艺术收藏展等对外文化交流活动;修建了具有观光、购物、住宿等功能的俄罗斯风情小镇,使游客足不出户就可领略异国风情。

【民俗文化】充分挖掘太阳岛北方传统民俗文化内涵,与金源文化、黑土文化、红色文化相结合,创办了具有鲜明地域特色的太阳岛文化展览馆、太阳岛北方民艺精品馆、太阳岛于庆成雕塑园、太阳岛东北抗联纪念园。已建的太阳岛北方民艺精品馆建筑面积达 1 800 平方米,展品总数超过千件,于庆成的泥陶、刘恒甫的白桦皮画充分展示了黑土文化的精髓。"文化立岛"的战略,重树太阳岛的盛名。据太阳岛风景区管理局副局长富有学介绍说,与改造前相比,太阳岛景区游客接待量增长 200%,年接待游人 300 万人次,景区旅游收入也是逐年递增。

【边疆文化建设独树一帜】随着众多人文景观和文化场馆的落户,太阳岛已经成为北疆文化的一处高地。太阳岛上的俄式建筑体现着浓郁的俄罗斯建筑文化,在岛上建设的俄罗斯民间艺术展览馆,藏品 4 000 余件,展品 1 200 余件,是目前我国最大的俄罗斯文化民间收藏展馆。太阳岛俄罗斯画家村以太阳岛俄罗斯民间艺术展览馆为平台,是集创作、展示、艺术教学与交流为一体的复合式研发实体。引来大量俄罗斯中青年优秀画家来太阳岛写生创作。目前,驻馆签约画家近百人,每季度一批次,每批次10~15位俄罗斯当代优秀画家驻馆创作。据了解,由于地缘关系,近三年来,先后有几百名俄罗斯绘画艺术家来到岛上进行创作、写生,进行艺术交流,举办艺术画展27次。

【于志学美术馆】据介绍,来岛内落户的展馆都是经过择优选择的,要与景区相得益彰,在展馆文化上突出特色,并在国内是一流的。于志学美术馆面积4 100平方米,黑龙江冰雪画研究会会址也设于此,馆内定期举办文化艺术沙龙、冰雪画廊、冰雪画艺术培训、文化艺术交流等活动,吸引了国内的游人和美术爱好者。

【太阳岛艺术馆】太阳岛艺术馆占地面积8 000平方米,是由哈尔滨市文学艺术联合会主办的集音乐、文学、艺术展示、艺术研究、艺术交流功能于一身的文学艺术综合馆,目前已成为哈尔滨市文学艺术的展示中心。

【北方民艺精品馆】北方民艺精品馆展品总数超过千件,展室分别为北方民艺精品展、萨满文化展厅、于庆成泥塑艺术馆等,展品个性鲜明,风格迥异;刘恒甫的桦皮画已经成为黑龙江文化产品的一个品牌,成为我省文化内涵丰富的旅游纪念品。太阳岛艺术馆是促进中外艺术交流的综合性展馆,包括文学展馆、美术馆、民间艺术馆、影视展馆和戏剧展馆。

【冰雪文化展馆】集冰雪文化、冰雪历史、冰雪艺术为一体的哈尔滨冰雪文化展览馆,是目前国内第一家冰雪文化展览馆。

岛上的太阳也是绿的

【太阳神鸟驮日】在东方古国以太阳为母题的传说中,位于华夏北疆的太阳岛,是太阳神鸟驮日起飞的那株扶桑神树的另一故地吗? 抑或,这个温暖的地名,寄托着雪乡人对于阳光热切而奢侈的渴望?

【一处域外飞地】17 世纪意大利的康帕内拉所著《太阳城》所描述的理想社会,曾借喻太阳这颗伟大的恒星,抒发宇宙间万物的灵性和智性。太阳岛,莫非是"太阳城"的一处域外飞地?

【文明的默契】希腊神话中的太阳神阿波罗,居于爱琴海中的一座岛屿。他的爱妻罗得斯,是爱神与美神的女儿。那么,哈尔滨的太阳岛,同那座小岛,是否有某种文明的默契?

【圆太阳浮出水面】起源于长白山天池的松花江,一路坦然浩荡奔泻而来,流经呼兰境内的河段,江水看似不经意地绕了一个几近180度的弯角,便把一大片囵囵的黑土地轻轻松松搂在了怀里。若是从空中遥看,半岛像一个正在浮出水面的圆太阳,从松花江北岸冉冉升起。那个由小渔村而衍生出的一座被称为"东方小巴黎"的远东著名城市哈尔滨,与其一水之隔,遥相呼应。江上或冰上往来太阳岛的人们,渐渐就有些迷惘:究竟是因为有了这个美丽岛,那座城市才会应运而生,还是因了那座城市的兴盛,太阳岛才逐渐被世人知晓并赏识?

【水师营地】据史书记载,康熙二十八年,驻扎呼兰的水师奉命从太阳岛出发,顺松花江而下,攻克雅克萨人的首府克萨城堡。太阳岛作为呼兰水师的营地而首次声名鹊起。这是太阳岛最早的荣耀。

【沙滩浴场】至 20 世纪 20 年代,因经商、避难抵达远东的俄国人,在哈尔滨"郊外"发现这一理想的沙滩浴场,在岛上陆续建起一幢幢颇具欧陆风情的木质别墅休闲度假。

【东正教教堂】岛上曾建有一座简洁精巧的圣·尼古拉教堂,为岛上的东正教教徒诵经祈祷之用。时而清脆时而低沉的教堂钟声,在雾气中传扬着异质的文明。

【太阳岛西餐厅】太阳岛西餐厅是一座木质装饰的白色雕花小楼,由犹太人卡茨在 20 世纪 20 年代出资开办,曾专为俄国贵族享受。整个外观设计如同一条乘风驶于江面的大船,顶层围栏如缆,舷窗风轮形状逼真。站在"甲板"上,江风吹起一头乱发,犹如正在起锚远航。如此浪漫多情的建筑,可惜毁于 1998 年的一场大火,从此只能在梦中与之相遇。

【名人上岛】"五四"以后直到抗战爆发前,哈尔滨作为赴俄求学的必经通道,先后有瞿秋白、朱自清等学者写下在太阳岛水域舢板驾舟、游泳戏水的文字。人们所景仰的女作家萧红,亦在岛上留下了情意绵绵的足迹。艰苦卓绝的抗战时期,岛上隐没于白桦林和老榆树下的俄式民宅,曾经成为中共地下党、东北抗联传递情报、转运武器的隐蔽之地。李大钊、刘少奇、赵尚志、杨靖宇等人都曾先后在岛上举行或参加过秘密会议;赵一曼烈士在一所树林小屋生擒过特务,冯仲云夫妇在岛上举行了彩虹下的婚礼……20 世纪 50 年代,作家周立波还曾"隐居"于太阳岛,写作那部著名的长篇小说《暴风骤雨》。

【因水生陷】历史上多次肆虐的松花江特大洪水,是太阳岛历史上不可缺失的记忆。宇宙洪荒、没顶之灾——太阳岛曾托水而生,亦曾覆水沉陷;泽国、淤泥、汪洋、废墟。1998 年的洪水,曾淹没了堤下赵朴初题写的"太阳岛"石碑,仅在水面上露出了"太阳"两个字——那是一个几乎被洪魔溺毙的奄奄一息的太阳。然而,豪爽顽强的哈尔滨人,终是用众人的双手,把"太阳"从水里打捞起来——重现长堤绿树碧水金沙。太阳岛在颓丧的洪水中一次次新生。

【天然巨石】那块来自金上京古都、阿什河上游河滩里的天然巨石,在雪雕般洁白的弧形拱桥状的"太阳门"前,犹如一位健硕的守门壮士,体态敦实浑厚,肌肤上折射出油亮的太阳光泽。

【青铜钢琴雕塑】入太阳门,过"太阳桥",草地一侧矗立着一架巨大的青铜钢琴雕塑,似有一双看不见的纤纤手指,在琴键上弹奏着流水般的旋律。

【白色倒影】具有东正教传统建筑风格的白色圆顶"水阁云天"和避雨长廊,辉映于湖中的白色倒影,恰如一群天鹅翩翩飞来,悠悠浮于水面缱绻不去。

【和谐之岛】辽阔的阳光沙滩浴场,沙浪灼烫,显得愈发的坦荡恣意;鹿苑中随意放养的梅花鹿,正与游客亲密接触;林木幽深的松树岛上,精灵般的小松鼠在树干上草叶间窸窸窣窣地蹿动,游人伸出手掌喂食,松鼠柔软的小舌尖舔得人手心痒痒。开放而又相对封闭的松鼠岛,设有几处别具匠心的旋转门,游客出入自如,却将企图逃跑的小松鼠,彬彬有礼地留在门内了。如今全岛共有2 000多只动物,100多种鸟类在此安居。随着民间环保意识的普及,当年那些酷爱狩猎的人早已放下了心爱的猎枪。若是春天,岛上的30余种丁香花灿烂怒放,那时便是一座紫霞萦绕的丁香岛。进入7月,岛上的106万株树木已是绿荫葱茏,几十万平方米绿草坪平坦如毡。举目望去,满眼皆绿——在夏天,岛上的太阳亦是绿的,一个绿色的太阳岛。

更有竖立着群马奔腾铜雕的"东北抗联纪念园"、稚拙淳朴的"北方民间艺术精品馆",将黑土地的珍贵史料和人文品貌一一展示。日本园林风格的"新潟友谊园"、俄罗斯皇家金色剧院、俄罗斯画家村、于志学美术馆,均镶嵌于太阳岛这硕大的画框之内,与自然景色浑然一体。

隐蔽而幽静的白桦树林间,还有专为情侣们设计的一处"恋爱角"——树叶沙沙,情话喃喃。

【亲雪】到了冬季,一年一度的大型雪雕艺术博览会上,人们会见到千姿百态的银白色雪塑冰雕,那些与冰雪一起狂欢的日子里,人们在严寒中纵情赏雪、踏雪、戏雪、沐雪,恰是对于这个缺少冰雪文化滋养的大汉民族,最为贴切的补偿。

【俄罗斯风情小镇】江岸边由一座座百年老别墅重新修茸规划而成的"俄罗斯风情小镇",那些带露台和低矮的木栅栏的绿屋顶小房子,也许是当年的太阳岛上,曾为哈尔滨人供应新鲜牛奶的俄国人所开办的小型奶牛场——"娜塔莎大婶家"或是"安德列表叔家"的旧居。人们手持模拟的"俄罗斯护照"悄然而入,在开满金盏花、波斯菊的院子里,见到一头漂亮干净、身上带着棕色条纹的小野猪,还有一对肥硕的白鹅,笨拙地摇摆着身体嘎嘎欢叫着致欢迎词……

【太阳总是新的】太阳岛,它不是江南的那种遍布人文景观、古迹遗址的风景名胜,而是一片洋溢着野趣和生命活力的原生态自然林地,一个充满了母性的温柔怀抱,一个善于接纳和催生万物的游子天堂。在北国温煦、明媚、炽烈、骄蛮,或是冷冽的阳光下,宁静而又喧嚣的太阳岛,无数次链接并激发起我们与"太阳"这个全世界共享的语词相关的思绪、内蕴和遐想。

一江之隔的那座年轻的城市,就这样在塑造自己的同时,亦将城市的性格糅入了太阳岛。百年轮回的太阳,每一天都是新的。几番沉落又重生的太阳岛,如今已成为"天鹅"项下一枚天赐、天然、天佑的五色城徽。

冰雪的温暖,冷的热力

【雪国】又是一个冬天,玉树琼花,素裹银装;又是一个冬天,长风浩荡,冰雪激扬。妖媚的太阳岛是雪雕的圣地,美丽的哈尔滨是冰雪的故乡。哈尔滨太阳岛雪博会是全国雪雕艺术的发源地。从 20 世纪 60 年代初,在冰城人创造出举世闻名的冰灯艺术之后,太阳岛人于 20 世纪 80 年代末,把民间堆雪人的游戏升华为艺术,使雪雕这种独具魅力的璀璨之花,盛开在雪国北疆。雪雕成为冰雕的姐妹;雪雕艺术笑傲群芳。

我们把民间的一种游戏领入了艺术的殿堂,我们让世界的目光聚焦在太阳岛上,我们用汗水和心血塑造了大北方的精神家园,我们用真诚和奉献雕刻着这座城市的迷人时光。是冰雪搅热了北方的冬天,是雪雕让哈尔滨成为梦幻的乐园。正像一首歌唱的那样:一片片雪花,起舞翩翩,那是一张张冬天的名片,一片片雪花,轻轻飞旋,那是一张张春天的请柬。

【大型组塑】岁月的流逝,雪雕在成熟,特别是哈尔滨第 16 届雪博会,以精美的构思、恢宏的气魄、卓然的风采,实现了历史的飞跃。这届雪博会,无论是在规划规模、雪雕内容还是在文化活动、文化内涵上都进行了重大突破。从而,成为标志、成为丰碑。从第 18 届开始,太阳岛雪博会加强了国际的交流与合作,与日本、加拿大、法国等国家合作举办。由此,太阳岛雪雕从成熟走向了辉煌。这辉煌来自大型组塑的横空出世。而在此届和此届之后的《万马奔腾》《悠悠牧羊曲》《东君出巡》等一大批令人叹为观止的雪雕作品,实现了真正意义上的艺术的跨越。

【雪艺术品】越来越成熟的透雕、凸雕、浮雕、圆雕等雪雕,就像一个个精美的艺术品,向世界展示了北方的神奇,更闪烁着雪雕艺术家们智慧的光芒。从此,雪博会大大提升了艺术品位,从此,雪博会真正走向了艺术的殿堂。秉承"冰雪文化"的理念。全力打造太阳岛雪雕恢宏的盛典。雪雕,为我们送来了北方的风情;太阳岛,为我们展示了灿烂的风景。有人说,太阳岛是太阳的故乡,而太阳文化更是深入人心,我们的祖先曾把太阳当成我们民族的图腾。

【雪文化】正因为如此,哈尔滨把"太阳文化"注入"雪文化"之中,把太阳岛雪文化锻造成"金字招牌"。于是,"太阳文化"和"雪文化"在太阳岛相得益彰,交相辉映。太阳岛雪博会已经成为一种呼唤、一个品牌、一个盛典。太阳岛雪博会,是一个精神的家园,是一座艺术的丰碑。太阳给大地带来了光辉,太阳给大地带来了妩媚,太阳和雪为黑土地描绘出多彩的画卷,太阳和雪为哈尔滨创造出丰韵和壮美。欢乐的歌声里,我们又一次在雪花中沉醉。迷人的景色里,我们再一次把雪雕赞美。听脚下的雪,在热烈地歌唱,看眼前的光,在开放着万千花蕊。我们祝福哈尔滨、祝福冬天,我们祝福太阳岛、祝福雪博会,祝愿"雪博会"在未来的日子里,展现迷人的光彩,大放冰雪的光辉。让我们"相约太阳岛,共享雪博会"!

【中国冬季的主题公园】冰雪为天地灵气之所钟,将哈尔滨变为童话,将童话变为现实。冰雪塑造了哈尔滨,哈尔滨用冰雪塑造了自己城市的理想。在当今这样一个务实的竞争激烈的商品时代,能走进童话般的冰雪世界,"净心抱冰雪",享受奇异的晶莹和宁静,感受大自然纯洁坚定的力量,倍增清爽。仿佛从里到外彻底消了一次毒,激活了体内潜藏的生命力! 难怪这冰雪世界里万头攒动,摩肩接踵。哈尔滨就是中国冬季的"主题公园"。

【大世界】人们从世界各地涌到这里来,什么肤色的都有,操什么语言的都有,这里的冰雪构成了名副其实的"大世界"! "大世界"里冰雪作品太多,想要仔细地都看过来,恐怕至少需要三天时间! 游人目不暇接、流连忘返,待的时间一长反而从心里生出一股热力,觉得脚下的雪地变得如阳春般的温暖起来⋯⋯这使奇异的冰雪世界愈加的神奇。

【冰城】"冰城",是北方城市哈尔滨的又一称谓。哈尔滨地处辽远的北国,属北温带气候,冬季漫长而寒冷。亘古以来,冰天雪地、冰封雪飘是这里冬日常见的景象。冰雪的频频光顾,给哈尔滨人以惊喜,同时也带来某些不便和麻烦。直到有一天,聪明的哈尔滨人化腐朽为神奇,以冰雪为原料,制作出可以向世人展示的艺术品,创造出包括文学、美术、音乐、舞蹈、曲艺等各种以冰雪为题材的艺术在内的冰雪文化,"冰城"的桂冠才戴在哈尔滨的头上。

【堆雪人】"堆雪人"这个传统民间游戏的艺术变身拉开了我国雪文化兴起的大幕,雪文化的孕育就从这里逐渐起步。

到了 20 世纪初,堆雪人已是我国许多城市冬季的一项重要娱乐,鲁迅先生在杂文《雪》中,对江南堆雪人做了生动形象的描绘:"孩子们呵着冻得通红,像紫芽姜一般的小手,七八个一齐来塑雪罗汉。因为不成功,谁的父亲也来帮忙了。"

【雪塑】塑雪成形,自古流传。雪雕,又称雪塑,是以雪为材料堆塑雕刻成形的艺术,属于新兴的艺术门类。记述北宋崇宁到宣和年间东京城市面貌、岁物物产和风俗习惯的《东京梦华录》记载,每年 12 月,"豪贵之家,遇雪即开筵,塑雪狮,以会亲旧"。这种习俗一直延续到 150 多年后的南宋都城杭州。

【雪象】雪雕作品《雪象》开创了雪雕艺术先河。早些年,冬天的哈尔滨白雪皑皑、积雪较多。每场大雪过后,孩子们都三五成群地在白雪世界里嬉戏和玩耍,拍雪团、滚雪球,堆成雪人造型。从这些雪人造型上我们不难看出,哈尔滨最早的雪塑作品仅仅是广大青少年堆出的简易雪人造型。1963 年初,由哈尔滨艺术学院 4 名学生做的雪塑大象,在第一届哈尔滨冰灯游园会内诞生了。此雪象长 4 米、高 2 米,尽管是用原始的堆雪人的方法制作的,艺术水准不甚高,但毕竟有了一定的艺术性和审美观。雪象的诞生,开创了哈尔滨市雪雕艺术的先河。

【比赛】首次雪雕比赛群众广泛参与。翌年的第二届冰灯游园会,人们在兆麟公园和太平公园内又陆续做了 4 件雪塑作品。此后的 20 多年里,因哈尔滨市降雪较少、雪源不足,雪雕作品一直未能与游人见面,但青少年自发的堆雪人活动却未曾间断。冰城少数雪雕艺术工作者还经常参加日本札幌、加拿大魁北克等地举行的国际雪雕比赛,同各国同行交流雪雕技艺。1988 年 1 月 18 日,当时的市教委在斯大林公园内组织了全市首届小学生雪塑比赛,16 支代表队用天然雪塑造了《冰城特产》《米老鼠》等作品,这是哈尔滨市第一次有组织的群众性雪雕比赛活动。从孩子们堆雪人的游戏,到有组织的群众性广泛参与的雪雕比赛活动,都为太阳岛雪雕的兴起做了一定程度的酝酿。

雪雕比赛唤起艺术创作热情。据《哈尔滨雪雕艺术大观》(作者:王景富)一书记载:原太阳岛风景区管理处于 1989 年 1 月成立了比赛活动筹备领导小组,在太阳湖的冰面上组织了"哈尔滨首届雪雕比赛",全市 41 个代表队 120 多名选手参加了角逐。

【摇篮中的雪博会】1981 年冬天,太阳岛风景区 178 名职工行动起来,自备工具、自堆雪块、自选题材,开始了真正意义上的雪雕制作。大家不顾寒冷、迎风冒雪,用铁锹、斧头、炉铲等原始工具一点点撮雪,慢慢堆制,有的还拿喷雾器往雪塑上喷水。经过 7 天奋战,在太阳湖及其湖岸用天然雪制成了弥勒佛、老寿星、圣诞老人、狮身人面像等近 20 件雪雕。1988 年冬季的太阳岛上,雪雕成了冰城中最惹眼的新秀。

【人工造雪】雪雕不再"靠天吃饭"。雪雕是以雪为介质的一门艺术,"靠天吃饭"是它的本性。但造雪机的成功运用,改变了天气对雪雕制作的制约,使雪雕作品品质和规模不断扩大,文化活动和娱乐项目迅速跟进,各项赛事相继推出。冰城人民智慧的结晶——雪雕艺术步入了发展快车道,成为冰雪节中一项极具分量的冰雪文化活动。

靠天赐雪受自然因素影响 。1990 年至 1992 年间,原太阳岛风景区管理处积极组织雪雕游园活动,将其命名为哈尔滨市太阳岛雪雕游园会,并正式列入第六届哈尔滨冰雪节活动方案。当时,做雪雕受自然因素影响较大,完全是"靠天吃饭",太阳岛依靠天然雪成功举办了前两届雪雕游园会。由于天然雪耐不住风吹日晒,雪雕展出时间只有 20 天左右。受天然雪的局限,作品数量也较少,主要是参赛作品。

购造雪机不再等天降雪 。1990 年冬,受暖冬影响,哈市降雪量非常少。原太阳岛风景区管理处从亚布力滑雪场租来一台滑雪场专用的造雪机,却因机械故障而无法使用。工作人员无奈之下紧急在岛内和松花江面收集积雪,同时以每立方米 3 元钱的价格向农民购雪,才如期举办了第三届太阳岛雪雕游园会。随着太阳岛雪雕的发展,太阳岛风景区管理部门决定购置造雪机。1991 年秋,他们从加拿大购进了第一台造雪机,改变了依靠老天赐雪的被动局面,雪雕艺术进入快速发展期。人造雪登场,雪雕会赢利。第五届雪雕会首次部分使用了人造雪,当时仅堆成两块雪坯子,《遥远的松花江》是哈尔滨市第一件用人造雪雕塑出的雪雕作品。人造雪与天然雪相比,不但获取更加方便,抗风化、抗日晒,更多了几分光泽和靓丽,更适合制作雪雕。从第七届开始,雪雕会甩掉了亏损的帽子,赢利 5 万元,其后利润逐年增加。到 1998 年初,办会资金从政府补贴变为自筹。

【走向国际】突破传统:雪雕艺术推陈出新。随着太阳岛雪雕艺术的发展、国际雪雕赛事的诞生,哈尔滨雪雕名扬海内外,人们对雪雕有了更高的评价。为进一步升华雪雕艺术的文化内涵,创新规划设计水平,提高雪雕艺术的影响力,太阳岛人开始酝酿推陈出新。

【森林之歌】《森林之歌》表现手法突破传统。雪雕艺术的创新,归功于异域文化的引进。在第一届国际雪雕比赛中,雪雕的表现艺术手法已经有了质的改观。国外选手们展现出的多是抽象、写实、变形的手法。在第二届国际雪雕比赛中,参赛选手张宁阁、贾士元、董晓波、殷晓实四人很早就投入雪雕设计中,以夸张、变形的艺术表现手法雕出的《森林之歌》在国际雪雕比赛中诞生了。这个与以往国内选手的创作手法不同的作品荣获国际雪雕比赛二等奖。《森林之歌》改变了我国雪雕艺术保守、传统的表现手法,开创了不拘一格的雪雕新纪元。

【万马奔腾】从第十四届雪博会开始,大型雪塑的创作即从前几届的"雪建筑"跃升为"整体雕",这样的施工方法使雪塑在外观上没有砌缝,浑然一体,更有立体感。第十四届雪博会中的大型雪塑《万马奔腾》就是用此种手法表现出来的。

【雪雕升级】新千年雪雕游园会晋升雪博会。1999 年 6 月,原太阳岛公园为提升档次,实施了花卉园一期改造工程,将园内西南部游乐设施全部拆除。腾出的 3 公顷空间,给雪雕艺术发展提供了更宽阔的创作空间。新千年的第一个雪艺盛会,传统的雪雕游园更名为雪雕艺术博览会。据冰雪艺术研究专家王景富介绍,为扩大规模、提升质量,在第十二届雪博会筹备期间,太阳岛风景区又购进了一台可在零下 6℃气温中工作的造雪机。太阳岛自此有了 3 台造雪机,保证了雪博会作品用雪量的需要。

【创新】市场运作助推雪博会走向成熟。第十二届雪博会占地面积增加到 30 万平方米。特别是景区打破了一条线、一大片的传统规划手法,形成了半环形完整的游览观光路线。同时,进一步完善了控制机制,加大了市场运作力度,展出时间也从过去的 20 天延长至 71 天。大体量、整体的雕刻手法在这届雪博会上多处运用,使雪雕作品在视觉效果和雕刻内涵上更具创新表现。

更加丰富的雪雕赛事,也在第十二届雪博会期间相继举行。据《哈尔滨雪雕艺术大观》记载:从 1999 年 12 月至 2000 年 1 月,雪雕博览会相继组织了群众、国际、全国、少儿、全省等五项雪雕比赛,是成功组织比赛最多的一届。

【冰雪文化】所谓冰雪文化就是指在冰雪自然环境中从事日常生活的人们,以冰雪生态环境为基础所采取的或所创造的,具有冰雪符号的生活方式。这个定义有如下含义:第一,冰雪文化的主体是生活在冰雪自然环境中,或者说在冰雪自然环境中进行日常生活的人们。第二,所谓日常生活,总是同个体生命的延续,即个体生存直接相关,它是旨在维持个体生存和再生产的各种活动的总称。如衣食住行、饮食男女、杂谈闲聊、礼尚往来等事项。第三,定义中的冰雪符号,不仅是天然存在物冰和雪的记号系列,它还指冰雪自然环境和冰雪生态环境。第四,所谓生活方式是指在一定社会客观条件的制约下,社会中的个人、群体或全体成员为一定的价值观念所引导的,满足自身生存发展需要的全部生活活动的稳定形式和行为特征。它包括人们的日常生活和非日常生活中的劳动、消费、闲暇、交往、家庭、个人等的生活形式。冰雪文化是以冰雪生态环境作为其存在条件的。人们在这样的生态环境中,创造着独特的文化情境和模式,并形成北纬 40 度以北的辽阔的文化布局。